L'ITALIE
DES ITALIENS
— LE LIBÉRATEUR —

TROISIÈME PARTIE
—
ITALIE DU SUD

PARIS. — IMP. SIMON RAÇON ET COMP., RUE D'ERFURTH, 1.

L'ITALIE
DES
ITALIENS

— LE LIBÉRATEUR —

PAR

Mme LOUISE COLET

Di una terra son tutti : un linguaggio
Parlan tutti : fratelli gli dice
Lo straniero : il comune lignaggio
A ognun d'essi dal volto traspar.
Questa terra fu a tutti nudrice,
. . . .
Che natura dall' altre ha divisa
E ricinta coll' Alpe e col mar.
MANZONI, *Carmagn.*, atto II

TROISIÈME PARTIE

ITALIE DU SUD

PARIS

E. DENTU, ÉDITEUR

LIBRAIRE DE LA SOCIÉTÉ DES GENS DE LETTRES

PALAIS-ROYAL, 17 ET 19, GALERIE D'ORLÉANS

—

1863

Tous droits réservés

A

GARIBALDI

GÉNÉRAL,

Le lendemain de la journée d'Aspromonte (page héroïque de votre histoire), je résolus de vous dédier ce livre inspiré par vous. J'ai tenté d'y refléter votre grandeur, vos mâles vertus, et votre mansuétude.

A l'heure où vous tombâtes sanglant, martyr d'un principe qui survit, s'affermit et dont le triomphe est certain, vos ennemis rêvèrent l'éclipse de votre gloire. Les plus ténébreux, ceux que la lumière morale épouvante, allèrent jusqu'à espérer votre mort, qui, pensaient-ils, sauvegarderait leur fortune. Ils proclamèrent bruyamment votre défaite; mais le vaincu, ce ne fut pas vous. Comme me l'écrivait un de vos frères d'Italie[1] : « L'important, c'est de ne pas se manquer à soi-même » c'est que l'âme reste debout! la vôtre n'a pas fléchi, général, elle est entière et toujours la même; la patrie y palpite; la justice l'enflamme; le corps qu'elle

[1] Le marquis Gino Capponi, voyez page 152 du tome II de l'*Italie des Italiens*.

soutient a repris sa vigueur; l'inquiétude et l'attendrissement universels se sont apaisés.

On chercherait en vain dans les annales du monde un héros qui ait ému comme vous les entrailles de tous les peuples. Dans ce Paris généreux (cœur, cerveau et bras de la France), le jour où circulèrent ces mots : *blessé, blessé à mort peut-être?* la foule eut un douloureux tressaillement; la bourse haussa, oui, les traitants se réjouirent; mais les ouvriers, les écrivains, les poëtes, les orateurs libres furent en deuil. L'Angleterre sentit une commotion immense; l'Amérique pleura sur le défenseur qu'elle attendait; la rêveuse et philosophique Allemagne se troubla de voir une identité du Bien menacée; la Grèce eut comme un soubresaut antique et voulut renaître pour honorer votre exemple. Cette sympathie électrique gagna de nation en nation; les peuplades obscures implorèrent leurs dieux pour vous.

Ce n'est pas à l'homme, mais à la doctrine qu'il défend que ce culte inouï fut accordé. Les âmes ne se courbent plus que devant ceux qui les relèvent, les éclairent et les guident ici-bas. Ils sont rares ces Purs et ces Inflexibles qu'aucune tentation n'égare, qu'aucun souffle corrupteur n'abat. C'est pourquoi l'humanité les vénère comme des divinités visibles.

Mais l'alarme est dissipée, général, vous êtes sauvé! vous pourrez ressaisir le glaive, le glaive dont parle l'Évangile, le glaive redouté des pharisiens. Vous vivez, général, et bientôt vous le prouverez au monde.

La vraie mort, l'anéantissement de toute influence et de toute renommée n'a atteint que ceux qui firent frapper le Libérateur. Jouets de leur cécité morale, ils trébuchent dans la vie et ne sont plus rien dans les destinées de l'Italie.

Je m'incline devant vous, général, comme devant la plus éclatante personnification de l'honnêteté et du courage.

Paris, le 18 juin 1865.

LOUISE COLET.

L'ITALIE
DES ITALIENS

I

« On n'élude pas un principe! » Ce mot juste et bref que m'avait dit l'illustre Ricasoli me revint comme un écho durant les derniers jours qui précédèrent l'inévitable nouvelle de l'entrée de Garibaldi à Naples. Ce mot était pour moi l'espérance ou plutôt la certitude de cet événement. Dès l'heure où le grand principe de l'unité italienne avait été proclamé, ses conséquences logiques devaient se produire dans les faits. Que pouvaient les forces déroutées de dynasties éphémères imposées de siècle en siècle à l'Italie par les violences et les embûches de la guerre ou de la diplomatie, en présence de ce sentiment unanime et vivace de la nationalité qu'il suffit de réveiller chez un peuple pour faire battre tous les cœurs et armer tous les bras!

Sur cette terre latine, la plus vigoureuse du monde antique, la domination étrangère et la conquête n'avaient rien fondé. Elles y laissaient les courages amollis et les esprits flottants. Qu'importe à l'esclave le choix de tel ou tel maître? L'orgueil d'un peuple ne se ranime que lorsque ce peuple a la conviction qu'il s'appartient, qu'il combat et meurt pour la patrie, non pour l'intérêt d'une caste et le profit d'un chef. L'idée révolutionnaire moderne porte en elle l'expansion de toutes les fiertés morales, de toutes les générosités collectives. L'homme cherche sa manifestation et son bonheur dans cette idée et non plus dans l'asservissement de ses semblables, dans leur exploitation, dans leurs ténèbres. Il veut sa part de liberté, de bien-être et de lumières, mais il la veut également pour tous. Jeter cette idée à travers un peuple, c'est le faire revivre de par la justice, c'est le rendre inexpugnable, de par la puissance invincible de la vérité, aux conjurations les plus formidables de l'erreur. Il n'y a pas de races déchues; il n'y a que des races déviées par les tyrannies. Sitôt qu'il ressaisit son âme, un peuple a reconquis son énergie.

La gloire et le triomphe de Garibaldi étaient infaillibles du jour où il mit en action le symbole révolutionnaire. Ce nouveau droit universel, c'est la réformation future du monde, c'est le Styx sacré où se trempent les générations naissantes. Garibaldi, en ralliant les Italiens à cette foi éclatante, a fait d'eux un peuple viril qui ne retombera plus dans les hésitations et les faiblesses des croyances éteintes. Ce peuple saura mourir pour désobstruer la route qui mène au but certain nettement indiqué. Après Palerme et Naples, Venise et Rome! Venise est affranchie malgré les réseaux d'armes qui l'emprisonnent. Rome palpitante est libre sous les bandelettes mortuaires dont l'enveloppent ses prêtres, héritiers des prêtres de la vieille Égypte. A l'heure où j'écris ces lignes [1], qui ne sent que Venise et Rome appartiennent à l'Italie? Qui n'est assuré qu'elles seront délivrées de fait par la victoire prochaine du principe *inéludable* qu'elles ont confessé?

Garibaldi fut le Libérateur unique de la Sicile et du royaume de Naples, et l'on peut dire aussi des États du pape. Sans lui, l'invasion des Marches et de l'Ombrie était impossible; sans ses triomphes à Palerme et à Naples, on n'aurait pas même tenté ces annexions nouvelles. C'est lui encore, ne l'oublions pas, qui le premier (en 1848) arma l'idée émancipatrice à Rome. C'est lui qui donna un corps à la théorie de l'unité italienne; il succomba matériellement, mais le principe proclamé par lui a survécu, il se propage dans l'Italie entière, et sa victoire complète est assurée désormais. Sans l'initiative du héros, l'Italie méridionale restait séparée de l'Italie du nord et de l'Italie du centre; Garibaldi, en isolant le pouvoir du pape, l'a réduit à un point noir, à une plaie circonscrite qui obscurcit et ronge encore la tête (*capo, capitale*), que tous les membres vigoureux et sains de la patrie rappellent à la vie et à la splendeur. Le jour où Victor-Emmanuel fera son entrée triomphale à Rome, il devra, s'il ne veut être ingrat, avoir à sa droite Gari-

---

[1] Juillet 1862.

...baldi, comme nous l'y verrons bientôt, lorsque ce libérateur intègre offrira Naples à son souverain.

J'attendais à Gênes, on s'en souvient[1], qu'un navire de l'État partît pour Naples. Le lundi matin, 3 septembre 1860, je reçus du général della Rocca le billet suivant :

« Chère madame,

« Je suis à Gênes en passant, je m'embarque dans une demi-heure avec un corps d'armée pour Livourne ; ce matin même le comte de Cavour m'a chargé de vous prévenir qu'il vous adressait une lettre pour Villamarina, et que vous étiez autorisée à vous embarquer sur un navire à vapeur prêt à partir pour Naples. J'ai prévenu l'amiral Sera.

« Agréez, madame, l'expression de mes sentiments les plus distingués.

« Général DELLA ROCCA.

« *P. S.* Envoyez de temps en temps à l'amirauté savoir si l'on part, je pense que ce sera pour demain ou après-demain. »

Le 4 septembre, je fis visite à l'amiral Sera. Je traversai les vastes salles de l'amirauté, tout en pensant à l'ancienne puissance maritime de Gênes que la liberté de l'Italie allait faire renaître. L'amiral me reçut avec empressement et me dit que je partirais sans doute le lendemain mercredi.

« Avec des troupes? lui demandai-je.

— Je ne crois pas, me répondit-il ; il est possible que vous partiez seule.

— Un navire pour moi seule ! oh ! ce n'est guère probable, repris-je en riant. Garibaldi doit être à Naples?

— *Chi lo sa, chi lo sa*, répliqua l'amiral, je ne conjecture rien ; je ne sais rien. » L'amiral Sera se conformait à la politique piémontaise, qui garda jusqu'à la dernière minute son masque de prudence et de circonspection.

J'eus le jour suivant la visite du capitaine Alexandre Wright, d'origine anglaise, et l'un des officiers les plus distingués de la marine sarde[2] ; il commandait le vaisseau *la Constitution*, qui devait m'emmener à Naples ; il me dit qu'il pensait que nous partirions le soir même ; je ne reçus aucun avis, et vers la nuit j'allai visiter avec ma fille le navire sur lequel je devais m'embarquer.

[1] Voir la fin du second volume de *l'Italie des Italiens*.
[2] Le même qui, à la tête de son équipage, s'est signalé au siége d'Ancône.

Le port était tout illuminé, notre barque rasa deux grands bateaux à vapeur : le *Comte-de-Cavour* et le *Victor-Emmanuel*, chargés de soldats qui chantaient des hymnes patriotiques. Comme nous pénétrions dans la grande chambre de la *Constitution* qui m'était destinée, un matelot drapait d'une bannière sarde le lit où je devais coucher; l'officier de service me dit :

« Je suppose que nous partirons demain. » J'étais ravie de la beauté de ce vaisseau où, grâce à la sympathie de M. de Cavour, je devais être traitée en souveraine. Cependant le charme et l'intérêt de la traversée étaient attristés par une séparation cruelle. Ma fille ne pouvait me suivre à Naples. Le lendemain, accompagnée de l'excellente madame Féder, qui n'avait cessé de lui prodiguer les soins les meilleurs, elle partit pour Nice, où sa tante vint la chercher. Chaque joie de l'esprit a toujours été achetée pour moi par une souffrance du cœur. J'espérais m'embarquer le soir même. Il n'en fut rien; enfin, le vendredi 7 septembre, je fus éveillée à onze heures du soir par le comte Giustiniani, aide de camp de l'amiral Sera, qui me faisait dire de me tenir prête à partir dans une heure.

« Garibaldi est à Naples, m'écriai-je. — Je le crois aussi, » me répondit en souriant le comte Giustiniani.

Un canot de l'amirauté, conduit par six rameurs de l'État, m'attendait à l'entrée du port, au pied de la terrasse; en quelques minutes je fus à bord; *la Constitution* essaya de lever l'ancre vers minuit, mais le vaisseau était entravé par une balise, et, malgré les efforts de tous les matelots réunis, nous ne pûmes partir qu'à deux heures du matin. Je restai sur le pont durant la manœuvre, à contempler la beauté du golfe, que la nuit enveloppait d'un dôme étoilé. Quand nous fûmes au large, le commandant Wright me dit que Garibaldi était entré à Naples le jour même, à trois heures. On l'avait appris à Turin par une dépêche télégraphique, et aussitôt le commandant avait reçu l'ordre de partir et de prendre en passant à l'île d'Elbe deux batteries d'artillerie.

On m'avait donné sur le navire *la Constitution* la chambre même qu'avait occupée le prince de Syracuse, venu de Naples à Turin les jours précédents. Je dormis d'un grand somme; le samedi matin quand je me levai, vers dix heures, nous passions devant l'îlot de Capraja.

Bientôt nous longeâmes les îles de Sardaigne et de Corse. Vers une heure l'île d'Elbe nous apparut avec ses rochers grisâtres, qui à distance dessinent sur la mer comme la moitié d'un colossal cirque antique. Le vaisseau tourna à droite dans la rade de Porto-Ferrajo. La ville, avec ses terrasses, ses monuments et ses forts se détachait dorée par un soleil brûlant sur le ciel d'un bleu merveilleux. L'embarquement des troupes demandait quelques heures, car une partie occupait un village situé dans les terres. Je profitai du temps qui m'était donné pour visiter la ville. Je trouvai sur le rivage le brave général Danesy, commandant de l'île, le même qui, à la bataille de Saint-Martin, eut son fils unique de dix-huit ans tué près de lui. Le général m'offrit son bras et me conduisit au pavillon *Stella*, ancien logement de Napoléon, qui fait partie du fort *Falcone*. Ce pavillon est aujourd'hui habité par le général. Il se compose d'un rez-de-chaussée et d'un premier étage, à portes-fenêtres et à fenêtres à jalousies vertes.

La chambre de l'Empereur, son salon et son cabinet de travail donnent sur un jardin suspendu au-dessus de la mer, que Napoléon avait fait planter lui-même. Des rosiers grimpants, des lauriers-roses, des massifs de belles-de-nuit, quelques marbres de Canova, un buste d'Elisa Baciocchi qui décore la niche d'une fontaine, restent encore. Une terrasse où l'Empereur se promenait chaque soir domine la mer bleue, qui gémit au pied des hautes murailles dans les rocs couverts d'une mousse sombre. J'ai noté ces détails sur le même bureau à cylindre où Napoléon écrivait.

Le général me fait servir des rafraîchissements, et, après ma tournée dans la ville, me ramène à bord, où bientôt il envoie, pour moi, des fruits, de la glace, d'excellents poissons et des fleurs. Je lui laisse, comme souvenir, mes vers à Garibaldi. Je m'assieds sur le pont et je contemple la configuration de l'île : dans un pli de montagne voisin du rivage est la villa San-Martino, qu'habita Napoléon et où le prince Demidoff a formé un musée des dépouilles du grand homme; plus loin s'élève le mont Giove. Lorsque la comtesse Walewska fit visite au titan prisonnier, on dressa sur ce mont une tente qui abrita la romanesque entrevue.

Nous levons l'ancre à cinq heures : l'île d'Elbe fuit derrière nous dans le rayonnement splendide du soleil qui décline. Les troupes embarquées encombrent le pont du navire; je reconnais dans le capitaine qui les commande un jeune officier de Turin, M. Émile Savio, notre muet et respectueux compagnon de table d'hôte à Florence. Le capitaine Savio a fait l'année précédente toute la campagne d'Italie. Nous causons sur le pont jusqu'à minuit. L'aumônier du navire, il signor Alessandro Bellendi, ancien chapelain du prince de Monaco, se joint à nous. Je le plaisante sur la double fonction sacerdotale et culinaire qu'il remplit à bord; il est l'actif majordome de la table des officiers; durant notre halte à l'île d'Elbe, il s'est pourvu de succulent poisson et de fin gibier; il me parle *con gusto* de délicieuses cailles grasses qu'il est parvenu à dénicher chez un chasseur de Porto-Ferrajo. Je lui dis de faire appeler le *cuoco* (le cuisinier), et nous composons en riant un souper imaginaire assaisonné d'un vieux vin de Madère que le mécanicien, Anglais et protestant, boit quelquefois à la dérobée avec le chapelain orthodoxe. Les vagues se gonflent et mugissent, la rafale souffle dans l'air sans altérer l'admirable limpidité du ciel constellé. Un peu de malaise nous gagne :

« Il nous faudrait, dit le capitaine Savio au chapelain, un verre de votre excellent vin de Madère pour nous préserver du mal de mer. » Le mécanicien est appelé, il se décide à nous sacrifier une de ses chères bouteilles. « Gardez-nous le secret, » me dit l'aumônier.

Le commandant survient, et le mystère est aussitôt divulgué.

« J'ai mieux que cela à vous offrir, » dit gaiement le capitaine Wright; et il fait apporter une bouteille de vin du Cap qui nous raffermit aussitôt. Vers une heure, je me décide à aller dormir; la tempête gronde, l'eau pénètre dans ma chambre par les écoutilles. A deux heures le navire s'arrête à peu de distance d'Orbitello, au port d'Hercule, pour prendre une nouvelle compagnie d'artillerie de siége. Nous stationnons là durant dix heures; la mer se calme et s'aplanit; au lever du jour, le vaisseau est encadré par le double azur des ondes et du ciel. C'est un dimanche; à onze heures on dresse un autel sur le pont; on place en face deux chaises et deux coussins de velours pour le commandant Wright et pour moi : l'aumônier officie; il m'est impossible de placer le sérieux et le recueillement sur son visage en me souvenant du joyeux buveur de la veille. La messe est servie par un jeune mousse à figure charmante; à l'élévation, un coup de canon retentit; tout l'équipage et tous les soldats s'agenouillent. Cette prière en commun s'élevant vers Dieu de la solitude de la mer, est d'une émouvante solennité. Le navire est à l'ancre à quelque distance du rivage; les chaloupes qui vont et viennent embarquent les troupes; enfin nous nous remettons en marche, et vers trois heures nous sommes en vue de Cività-Vecchia. Nous croisons le bateau français des Messageries impériales qui vient de Naples. Quelles nouvelles en apporte-t-il? Oh! si nous pouvions le héler et savoir les événements qui se passent dans la grande capitale! la curiosité et l'incertitude nous dévorent. Je reste à causer sur le pont jusqu'à dix heures avec le commandant Wright et le capitaine Savio, puis la fatigue me gagne, je vais dormir en recommandant qu'on m'éveille à quatre heures du matin pour voir apparaître Naples.

Le jour se lève rose, tiède, harmonieux, c'est l'atmosphère qu'on prête à l'Eden. Avant cinq heures je suis sur le pont : déjà Ischia et Procida se dessinent à gauche; nous découvrons les détails des rives fleuries et ombreuses, les tours, les villas, les églises; plus loin du même côté se dressent les hauteurs du Pausilippe. A droite le cap Campanella, Caprée, Sorrente, Castellamare, et au fond du golfe, le Vésuve qui projette une aigrette de fumée blanche sur le fond lumineux de l'aurore. Bientôt nous distinguons quelques barques de pêcheurs, enfin Naples, les grands navires de guerre, le château de l'Œuf, le fort Saint-Elme, le palais royal en briques rouges et ses terrasses babyloniennes surgissent devant nous. Nous sommes tous sur le pont dans une attente émue.

Nous savions bien que Garibaldi était entré à Naples le 7 septembre (1860); mais, depuis lors, que s'était-il passé? Y régnait-il en maître, ou combattu par les factions et par les restes de l'armée royale? Tout à coup le *porte-lunette* s'écrie : « Tous les monuments sont pavoisés de l'étendard de Sardaigne! » Un frémissement de joie court sur le navire : on se serre les mains les uns les autres; on s'écrie : « Quel beau jour pour l'Italie! »

Nous jetons l'ancre près de la frégate *la Reine-Amélie*. Le commandant de *la Constitution* s'y fait conduire aussitôt pour prendre les ordres de l'amiral Persano; à son retour à bord, il me dit que Garibaldi va venir visiter la corvette amirale; je me hâte de descendre dans un canot, qui bientôt croise celui qui porte le Dictateur : recueilli, simple et vêtu comme toujours de la chemise rouge et du foulard flottant autour du cou, il est debout à côté de l'amiral. Je fais approcher ma barque près de la sienne, je lui remets les vers que j'ai faits sur son entrée à Palerme, il me serre la main; je lui dis : « Au revoir, général, si vous le permettez! » En ce moment des salves d'artillerie partent de tous les vaisseaux sardes et me coupent la parole; ma barque se perd au milieu de beaucoup d'autres, d'où partent les cris, répétés sur toute la plage de Chiaja, de Vive Garibaldi! Revenue au rivage, je monte dans une de ces petites voitures conduites par des enfants, qui avec une dextérité surprenante lancent au galop les chevaux les plus fringants du monde. Avant de me rendre à l'hôtel, je veux parcourir les rues de Tolède et de Chiaja. Elles sont toutes pavoisées de drapeaux sardes et de festons en verres de couleur qui, le soir, s'éclairent et illuminent la ville.

Dans le jour ce sont les uniformes garibaldiens qui égayent et éclairent la cité; oui, qui *éclairent*, ce verbe n'est pas hyperbolique et rend seul avec vérité l'effet produit sous le ciel magnifique de Naples par tous ces jeunes et beaux soldats de l'indépendance italienne revêtus de la chemise pourpre.

Voici les Siciliens, ressemblant à autant de jeunes Bacchus indiens avec leur soyeuse chevelure noire et frisée; les Calabrais, grands, sveltes, aux traits réguliers, à la mine martiale, se distinguant par les poignards ciselés qu'ils portent à leur ceinture, et par le chapeau pointu où flottent des plumes noires et des touffes de rubans. Les Vénitiens, à la figure mélancolique et expressive; les Toscans, plus petits et plus frêles, qu'on reconnaît à leur élégance. Les Niçois, les Piémontais, les Lombards, tous ces enfants de la haute Italie, de l'Italie centrale et des Romagnes, phalanges héroïques et éprouvées, composées de braves qui presque tous ont fait partie des fameux chasseurs des Alpes. Ils vont et viennent dans Naples libre et joyeuse, dans *la Naples de Garibaldi!* ils s'ébattent comme des nuées de flamants superbes dans les cafés et dans les boutiques; ils remplissent les voitures qui s'entre-croisent; quelques-uns, las d'une longue marche ou de quelque blessure récente, se confondent à ce qui reste encore de lazzaroni et dorment au soleil sur le seuil des portes ou étendus sur les pans de murailles des maisons en construction au haut de la rue de Tolède. Dans cette rue, qui traverse Naples, quel mouvement et quelle rumeur sans trêve! Au va-et-vient des voitures se mêlent des ânes chargés de fardeaux, des moutons, des chèvres et voire même quelques vaches qui portent leur lait à domicile; puis, le long des trottoirs, ce sont des pyramides de figues, de raisins, d'oranges, de fleurs; des établis pimpants de limonadiers et ceux où s'entassent les journaux vendus par des enfants en guenilles. Les interstices de cette foule mouvante sont remplis et littéralement comblés par les mendiants, cette plaie hideuse de Naples. Et quels mendiants, quels haillons impossibles à décrire ! quelles plaies fétides et repoussantes ! à celui-là manque un œil, à celui-ci le nez, à cet autre une partie des lèvres. Ces malheureux sont l'accusation vivante de l'ignoble et stupide incurie du gouvernement qui vient de tomber; de ce gouvernement inepte qui cachait, dans le musée secret, une admirable Vénus du Titien, toute semblable à celle dont s'enorgueillit la tribune des *Offices* à Florence, et qui laissait circuler librement dans les rues et sur les places de Naples ces restes infects de la débauche et de l'abrutissement encouragés par le pouvoir même; la police ne veillant qu'aux prétendus délits politiques, la plus horrible liberté se propageait dans le mal physique et dans le mal moral. Si l'étranger a le courage de pénétrer dans une seule des petites rues de Naples, même des rues transversales de la rue de Tolède, ce qu'il y verra d'immonde ne saurait se dire. Mais, pour le moment, les bannières qui flottent aux fenêtres, les portraits de Victor-Emmanuel et de Garibaldi qui couvrent les devantures des magasins, et surtout ces nuées d'habits rouges éblouissants qui resplendissent au-dessus du pavé comme l'embrasement du Vésuve resplendit sur la base grise du roc, tout cela projette sur la misère et la saleté napolitaines quelque chose d'étourdissant et d'heureux. Les hôtels regorgent de garibaldiens; on n'entend que le bruit de leurs sabres sur les dalles de marbre des escaliers et des salles : ces vainqueurs sérieux, polis, réservés, sont tous de nobles ou d'honnêtes familles : il y a là des princes siciliens et hongrois, des fils de lords, des descendants de doges de Venise, deux frères de la famille Litta, enfin un volontaire du sang des Bandiera. A table d'hôte ils ont la dignité et la tenue des traditions de leur race, et ceux qui comptent moins d'aïeux ont la dignité du patriotisme. Si un peu de confusion se produit, elle vient des serviteurs napolitains ébahis et affairés; il faut les voir essayant de fourbir les armes des jeunes vainqueurs; ils tournent avec étonnement dans leurs mains ces épées qu'il leur fut si longtemps interdit de toucher; ils sont ravis de tout ce cliquetis guerrier; les gamins s'en enivrent et se transforment en gamins parisiens : ils portent tous la croix de Savoie sur leur veste déchirée et agitent dans leur main un petit drapeau sarde. Cependant le travail n'a pas été interrompu à Naples, excepté quelques heures le jour de l'entrée triomphale de Garibaldi, que tout ce peuple expressif et joyeux acclamait avec frénésie. Le lendemain, chacun reprenait son labeur; labeur lent et paresseux chez beaucoup, mais accompli gaiement et comme par habitude. Je lisais avec beaucoup d'étonnement, dans quelques journaux français, que l'anarchie régnait à Naples. Un peu d'anarchie administrative, c'est possible, je ne nie pas que la police napolitaine ne se fît toujours mal : c'était la continuation de la police des Bourbons ; je nie encore moins (et pour cause) que d'adroits et nombreux filous ne se trouvassent dans les foules ; il fallait bien que les forçats de Castellamare, lâchés par le roi François sur sa capitale lorsqu'il s'en est enfui, pussent exercer leur industrie.

Mais ce que je nie complétement, c'est qu'une ombre d'anarchie politique se soit produite à Naples après l'entrée du libérateur; qu'un seul rassemblement sérieux et dissident ait émis un vœu contraire à l'annexion; c'est que d'autres cris se soient fait entendre que ceux de Vive Garibaldi ! et Vive Victor-Emmanuel ! Qu'importe qu'il y eût çà et là, dans ce qu'on appelle les hautes régions, quelques ambitieux mécontents ! Le peuple, les ouvriers, la bourgeoisie étaient heureux de leur émancipation. Pas un Napolitain n'eût voulu retomber sous le joug de ce roi taciturne qui, à vingt ans, n'avait pas un des nobles instincts de la jeunesse; quel contraste avec ce peuple pétulant, spirituel et qui semble créé pour la liberté, pour les fêtes populaires, pour les ovations de héros tels que Garibaldi et Victor-Emmanuel ! Il aurait fallu voir ce peuple comme je l'ai vu, acclamant ses sauveurs au théâtre *San Carlo !* Il aurait fallu le voir aussi sur la grande place du Palais, devant l'église de Saint-François-de-Paule, attentif à l'éloquence douteuse du père Gavazzi, qui passionnait son auditoire par trois mots : *l'unité! Victor-Emmanuel! Garibaldi!* Ces trois mots terminaient toutes ses périodes comme une ritournelle, et chaque fois qu'ils étaient répétés, une longue clameur d'applaudissements couvrait le bruit des vagues de la mer voisine. Appuyée contre une des colonnes du péristyle de l'église de Saint-François-de-Paule, j'entendis un soir (dès mon arrivée à Naples) une des prédications du père Gavazzi. Il avait revêtu la chemise rouge des garibaldiens, et, debout sur une chaire improvisée, en plein air, il captivait la foule par les trois mots magiques écrits désormais sur la bannière italienne. Les portes de l'église étaient closes; quelques prêtres effarés passaient et repassaient sous la colonnade en se demandant : « Quel souffle nous menace? quel est donc ce frère dissident qui proclame la liberté de l'Italie et la chute de notre puissance temporelle? « Je voyais en face le palais des Bourbons fermé et silencieux, et, dans le fond, à l'un des angles de cette place admirable, le Vésuve ouvrant ses deux lèvres de feu vers le ciel, emblème sublime de ce peuple aspirant, béant, à la vérité d'une foi nouvelle. Le lendemain de ce jour, un décret du Dictateur supprimait les jésuites et confisquait leurs biens au profit de l'État. Leur couvent, ou plutôt leur palais (situé vers le haut de la rue de Tolède), était transformé en hôpital militaire, décoré de faisceaux d'armes, de festons de fleurs et de verdure et de drapeaux avec la croix de Savoie. Le soir on joua des fanfares devant le palais illuminé et dont la façade rayonnait des couleurs symboliques de l'Italie.

La jeunesse napolitaine semblait célébrer l'émancipation de son intelligence longtemps abâtardie par l'éducation corrompue des instituteurs du despotisme.

II

La lettre que M. de Cavour m'avait remise pour M. le marquis de Villamarina, ambassadeur sarde à Naples, me fit connaître, le lendemain de mon arrivée, cet homme éminent qui, depuis l'entrée de Garibaldi à Naples, était devenu le représentant du roi Victor-Emmanuel, c'est-à-dire de la monarchie italienne.

« Madame Louise Colet aime profondément l'Italie, écrivait M. de Cavour au marquis, nous devons lui rendre en hospitalité l'affection qu'elle porte à notre pays. »

Ces paroles me valurent, dès cette première entrevue, la confiance et la cordialité de M. de Villamarina. Il me parla des événements inouïs qui s'étaient accomplis, depuis six jours à peine. Le roi François II, sous son ineptie et sa couardise, cachait une férocité de race; il avait donné ordre, en fuyant de Naples, que les galériens, comme des bêtes fauves, fussent lâchés sur la ville, qui devait être en même temps bombardée et incendiée. Garibaldi était arrivé à Naples par le chemin de fer de Castellamare, accompagné seulement de quatre des siens. Lorsque les commandants des forts le menacèrent de tirer sur lui et de décimer la population, il leur fit répondre ce seul mot : « Osez! » Aussitôt la garnison et la flotte firent leur soumission. Qui ne verrait la main de Dieu dans le prestige du héros ; il n'eut qu'à se montrer pour vaincre. Quelques fonctionnaires patriotes, et surtout M. de Villamarina, contribuèrent à la reddition de la ville, qui s'accomplit sans qu'une goutte de sang fût répandue. J'ignore si le marquis ferait un habile diplomate dans un pays gouverné despotiquement, mais il a toutes les nobles qualités requises pour le représentant d'un peuple libre : la franchise, la droiture, la décision et le courage. Dans la marche glorieuse et en pleine lumière de l'Italie nouvelle, les finesses et les tergiversations d'un Talleyrand n'auraient que faire. Ce peuple sait ce qu'il veut et le dit tout haut à l'Europe et au monde par les paroles et les actes de tous ses nobles enfants. Dès qu'ils se rencontrèrent, M. de Villamarina plut à Garibaldi; ils devaient s'entendre par une égale simplicité de manières et par un patriotisme commun. Deux lignes de M. de Villamarina au Dictateur m'introduisirent auprès de lui. C'était le cinquième jour de l'entrée de Garibaldi à Naples. Je n'étais pas, d'ailleurs, tout à fait inconnue au héros; je lui avais remis la veille, au milieu des salves d'artillerie, les vers qu'il m'avait inspirés, et, en 1848, j'avais fait un chant de douleur sur la mort héroïque de sa noble femme Annita.

Garibaldi habitait à Naples le quatrième étage du petit palais d'Angri [1], situé dans la rue de Tolède; ce jour-là, ses soldats encombraient la cour, l'escalier et les antichambres; tous ceux à qui je m'adressai me guidèrent avec une politesse exquise jusqu'à la modeste chambre du Dictateur. Il était debout, un peu las, appuyé contre un des supports de son lit de fer.

M. Bertani lui lisait tout haut un décret, et un vieillard, qui depuis vingt ans ne quittait jamais le héros, se tenait près de lui. M. Bertani sortit. Le compagnon aimé de Garibaldi jeta

[1] Voici un fait caractéristique qui m'a été raconté par un témoin oculaire, et qui fera comprendre l'amour et l'enthousiasme que Garibaldi inspira aux Napolitains sitôt qu'il se montra parmi eux. Le soir de son arrivée, la rue de Tolède était encombrée de voitures, et le peuple y affluait tellement, qu'il empêchait les chevaux de se mouvoir; toutes les mains portaient des torches et des drapeaux; toutes les voix criaient : *Viva Garibaldi e l'Italia una!* Au plus fort de ces explosions frénétiques, quelques gardes nationaux de service demandèrent à la foule de faire silence en inclinant la tête sur la main gauche, signe conventionnel pour indiquer le sommeil : Garibaldi est fatigué; il repose, laissez dormir le héros! La foule a compris, elle se tait comme par enchantement; au mouvement des lèvres, on devine seulement qu'elle murmure encore : *Viva Garibaldi!* et à l'index en l'air, qu'elle dit toujours *Italia una!*

sur moi un regard scrutateur; ma physionomie le rassura sans doute, car aussitôt il me laissa seule avec l'invincible.

Le portrait de Garibaldi est partout, aussi ne le peindrai-je ici que rapidement. Le héros est de taille moyenne, mais droite et fière; il porte haut sa belle tête inspirée. Son sourire d'une extrême douceur, son front intelligent et pensif, sa barbe blonde, comme celle du Christ dans les tableaux des grands peintres italiens, donnent à son visage quelque chose de mystique. Son regard semble, pour ainsi dire, regarder dans son âme: il en replie la force en lui-même; mais si une parole l'émeut, si un sentiment l'attire, si l'action le sollicite, aussitôt un éclair s'allume dans sa prunelle. Quand, l'épée à la main, il donne le signal de la bataille, cet éclair devient flamme. « On voit le feu de ses yeux dans la nuit, » me disait un de ses soldats. Ses yeux dévorent l'ennemi, ils le consument, ils le terrassent. Garibaldi est foudroyant et beau dans la mêlée, comme l'archange Michel, de Raphaël, piétinant sur le démon[1].

[1] Je dois compléter ici le portrait de Garibaldi pour répondre aux inventions que, depuis quelque temps, la malveillance s'obstine à publier contre lui.

Il sait dompter un cheval et le conduire dans la mêlée aussi agilement qu'il sait fendre les flots courroucés à la nage. Sa voix, habituellement douce, a des intonations graves et superbes quand il parle au peuple ou à son armée. Son costume est la chemise rouge de ses volontaires; un foulard jeté en sautoir, un ceinturon en cuir auquel pend une épée qui ne le quitte jamais. Durant les campagnes de Sicile, de Calabre et de Naples, il n'a pas revêtu une seule fois son uniforme de général piémontais, pas même le jour où, assis à la droite de son souverain, il fit à Naples une entrée triomphale. Il parle l'espagnol, l'anglais et le français comme l'italien. Il lit tour à tour le *Romancero* du Cid, Shakspeare et Hugo, comme il lit Dante. Il ne sait des vers de Voltaire que ses petits vers, ceux qui nous ravissent encore et qu'il écrivit quelquefois dans ses jours oisifs sur des albums de femmes que nous avons vus. Béranger chantant l'Empire n'est pas, à tort ou à raison, le poëte qui peut l'enflammer. Il est lui-même un poëte inspiré dans ses heures émues, qui enfantent ses actions. Ses vers révolteraient l'école du *bon sens*; ils ont l'allure libre, fiévreuse, indisciplinée de ceux d'André Chénier prêt à mourir. Il fut le Rouget de l'Isle de la guerre de l'indépendance, et j'ai dit comment il composa l'*Hymne des Garibaldiens*, qui a fait le tour du monde. En prose, son style est ferme et décidé comme son épée; ses proclamations n'ont point d'ambages; il dit net et fort ce qu'il sent dans son cœur. Un journal napolitain a publié, pendant que j'étais à Naples, quelques pages de ses Mémoires originaux; ce n'était point l'abondance fantasmagorique des pages d'Alexandre Dumas, c'était la touche arrêtée et brève des *Commentaires de César*. On a reproché à Garibaldi de ne pas se servir à tout propos du nom de Dieu, à l'exemple d'Abd-el-Kader et de Schamyl, pour enflammer ses soldats. Il est vrai que Garibaldi parle de Dieu le moins possible, mais il en parle toujours avec respect, comme on doit parler

« Je suis très-heureux de vous voir, me dit en français Garibaldi, je ne confonds pas la nation française avec son gouvernement, ses évêques et ses nobles. Je suis en correspondance avec les braves ouvriers de Paris qui aiment les Italiens comme des frères.

— L'âme collective de la France est pour vous, lui répondis-je, et l'Empereur l'a compris le jour où il a passé les Alpes à la tête de nos armées.

— Il nous faut Rome et Venise, » répliqua Garibaldi.

Je ne dis au héros que quelques brèves paroles sur sa gloire personnelle, si universelle, si retentissante et si pure. Je savais que cette grande âme exceptionnelle n'était sensible qu'aux choses de la patrie : je lui parlai de Venise, où, trois semaines auparavant, j'avais porté, la première, la nouvelle de son débarquement à Reggio.

Garibaldi écouta, attentif et ému, mon récit sur Venise. « Je suis heureux de vous voir, vous avez bien fait de venir de suite, me dit-il ; dans trois jours je ne serai plus ici ; je vais faire le siège de Capoue, ensuite j'irai à Rome, plus tard à Venise. J'ai porté à Rome en 1848 l'amour de la patrie et l'idée de l'unité ; les Romains qui ont combattu sous mes ordres m'attendent comme un libérateur.

Ce furent ses propres paroles, et les proclamations qu'il publia les jours suivants semblèrent les confirmer. Les événements enchaînèrent son dessein qui est resté entier et bouillonnant au fond de son âme. M. de Cavour dut à cette époque circonscrire la marche du héros et temporiser avec les diplomaties de l'Europe, comme Garibaldi lui-même temporisa avec San Gennaro.

Le 19 septembre au matin, jour où le saint accomplit tous les ans son miracle[1], des salves d'artillerie annoncèrent, qu'en l'hon-

---

de ce formidable inconnu. Il ne traite pas Dieu, à l'exemple de presque tous les hommes politiques, ainsi qu'un comparse de sa destinée ou un complaisant de ses passions ; il voit dans son mystère redoutable le tribunal de la conscience, le symbole de la perfectibilité, et l'inspiration éternelle du bien et du beau ; il emprunte au Christ la charité, la mansuétude et l'amour des pauvres, jusqu'au martyre ; il est l'antithèse des prêtres de Rome et les combat l'Évangile en main. Son âme éclaterait indignée dans l'islamisme borné d'Abd-el-Kader et de Schamyl, que lui opposent nos journalistes cléricaux ; pour eux, un mahométan est plus près d'un papiste qu'un philosophe croyant.

[1] C'est dans l'église de Sainte-Claire, où l'on transporte processionnellement de la cathédrale le sang et la tête de saint Janvier, que se fait le fameux miracle. A droite du maître-autel se trouvent placées une trentaine de vieilles femmes qui se donnent le titre de parentes de saint Janvier ; elles lui adressent leurs prières, en psalmodiant des Litanies, en récitant nombre de *Pater* et d'

neur de l'indépendance italienne, ce miracle s'était opéré une heure plus tôt que les années précédentes. Je visitai, vers midi, l'église de San Gennaro. Je voulus m'approcher du sang ruisselant, j'en fus empêchée par un amas compact de prêtres officiant et chantant dans le chœur, et par la foule infecte des mendiants entassés dans la nef. Au point de vue de l'art, et après le Saint-Marc de Venise, les Dômes de Milan et de Florence, les cathédrales de Sienne et de Pise, et les vieilles basiliques de Ravenne, San Gennaro, avec ses bustes en argent de saints et d'évêques, ses *ex-voto* et ses reliquaires en clinquant, ne mérite que le dédain.

Cependant un canon plus glorieux que celui qui proclamait la superstition napolitaine grondait le jour même, sous les murs de Capoue. Garibaldi, secondé par ses trois généraux les plus capables et les plus renommés, Bixio, Medici et Türr, remportait ses premières victoires d'avant-postes.

Ce 19 septembre, le général Türr enlevait, à la baïonnette, la forte position de Cajazzo, qui était reprise, le lendemain, par les royaux, et perdue de nouveau par eux dans la soirée. Que de carnage! que d'héroïsme ignoré! que de sang prodigué dans ces luttes acharnées!

Naples était devenue déserte et veuve de ces jeunes héros empourprés, qui laisseront dans l'histoire une page si poétique et si glorieuse; chaque officier, chaque soldat était parti pour le camp. Je m'y sentis moi-même attirée après les sanglants faits d'armes de Cajazzo. Ce n'était pas une vaine curiosité de voyageuse et de poëte qui me poussait vers les débris douloureux des batailles; en visitant les hôpitaux de Caserte et de Sainte-Marie tout fumants

---

si le miracle ne se fait pas aussi vite qu'elles le voudraient, alors viennent les injures, les cris, les imprécations: *Fa presto*, lui crient-elles, *non ci fidiamo più*, nous n'avons plus le temps d'attendre, *Facia Gialla* (vilaine figure jaune). Le buste de saint Janvier est d'or massif, c'est pourquoi elles le qualifient de figure jaune. Puis elles reprennent leurs prières, et continuent ainsi, en entremêlant les oraisons d'injures, jusqu'à l'accomplissement du miracle. Aussitôt que le sang monte, ce ne sont plus que cris de joie et d'actions de grâce : le canon du fort Saint-Elme tonne, toutes les cloches de la ville se font entendre, l'on chante le *Te Deum*, et l'on conduit de nouveau le sang et le buste du saint à la cathédrale; le cardinal-archevêque est en tête de la procession, la noblesse et les confréries suivent; chacun porte un cierge à la main. Vue à distance, cette longue file de lumières forme un très-beau coup d'œil. Horace en racontant le voyage qu'il fit à Brindes en compagnie de Virgile et de Mécène, parle d'un miracle païen qui ressemble fort à celui de saint Janvier. « Egnatia, dit-il, la ville sans eau, nous prêta à rire et à plaisanter, car on voulut nous faire croire que dans le temple l'encens se fondait sans feu. Qu'un juif circoncis le croie, moi je n'en crois rien. » (Satire V°. livre I".)

encore du sang des blessés et des membres amputés, je voulais accomplir une mission compatissante.

Je ne me flattais pas de savoir et de pouvoir panser et soigner les blessés à l'exemple des sœurs de charité françaises attachées aux hôpitaux de Naples et de l'admirable miss White, dont la direction intelligente et active s'étendait à tous les hôpitaux circonvoisins; mais l'idée m'était venue que tous ces soldats de l'indépendance italienne, qui allaient mourir ou souffrir bien longtemps, trouveraient un peu de soulagement et de consolation à faire connaître immédiatement leur sort à leurs familles. Je résolus d'aller recueillir de lit en lit, de la bouche des blessés, les noms, les adresses et quelques détails, et d'écrire ensuite à leurs parents des lettres brèves, émues, rassurantes pourtant, car beaucoup de ces héros guériraient et pourraient revoir ceux qui les attendaient.

C'était là pour moi la poésie du moment, la poésie vivante d'une grandeur et d'une simplicité héroïques qu'aucune poésie écrite ne saurait égaler. Je remis à un autre temps les enchantements du golfe et des environs de Naples, la visite des musées, les relations mondaines et les études de mœurs. Je partis pour Caserte le 22 septembre. C'était à l'embarcadère du chemin de fer un mouvement de troupes et un encombrement de matériel de guerre composant un tableau tout nouveau pour moi. Je pris place dans un wagon, où je trouvai quelques officiers qui, légèrement blessés les jours précédents, étaient venus se faire soigner à Naples et s'en retournaient bien vite au feu. A Maddaloni, beau village au pied de hautes montagnes couronnées par les tours superbes d'un donjon du moyen âge, montèrent dans le wagon des blessés plus récents; les uns saignants encore, les autres tout courbaturés des coups reçus la veille à la reprise de Cajazzo. Je remarquai un jeune capitaine, la tête couverte d'une calotte de linge retenue par un bandage ; à ses côtés s'assit, avec l'aide du capitaine, un petit garibaldien de treize ans, courbé en cerceau et à qui tout mouvement semblait impossible ; je demandai au pauvre enfant ce qu'il avait. Le capitaine me répondit qu'au moment où cet enfant, l'épée à la main, se battait héroïquement contre les royaux, à la dernière attaque de Cajazzo, les paysans l'avaient bâtonné par derrière. « J'espère, pour leur honneur, que ce ne sont pas les paysans, dit un autre officier, mais quelques-uns des forçats de Castellamare que le Bourbon a lâchés dans la campagne. »

Nous arrivâmes à Caserte, dont le débarcadère est situé en face du palais royal, construction massive et imposante qui semble peser sur le sol comme la royauté qu'elle abritait pesait sur ces contrées. Devant la façade se déroule une vaste esplanade gazonnée, flanquée à gauche d'un corps de caserne. A gauche aussi monte à l'horizon le cône du Vésuve, jetant dans l'air sa fumée éternelle; de ce côté du mont on n'aperçoit point sa bouche de feu. Derrière le palais sont le parc et les jardins, où jaillit une cascade, imitation de celle de Saint-Cloud.

L'esplanade est encombrée de garibaldiens qui vont et viennent, quelques-uns ont les armes brisées, les habits déchirés et tout couverts encore de la poussière des combats. Je franchis l'énorme porte du palais; plus de gardes, plus de consigne, plus d'étiquette; le portier et les *custodes* effarés ne peuvent m'indiquer quelle partie du palais habitent les amis que j'ai dans l'armée de Garibaldi, et qui m'ont promis de me loger au palais. Après une heure de vaine recherche dans ce labyrinthe de cours, je me décide à chercher un gîte dans quelque auberge de Caserte. Si en tout temps les *locande* des environs de Naples n'offrent qu'un aspect assez repoussant, on doit penser ce qu'étaient ces auberges encombrées de soldats affamés et exténués de fatigue. Un custode du palais me conduisit dans le *plus bel hôtel* de la ville; dès le seuil de la porte je compris l'impossibilité d'y trouver une chambre. La cour intérieure était pleine de garibaldiens étendus, qui reposaient, fumaient ou mangeaient de la viande et des macaroni débordant des plats et des assiettes. Je franchis l'escalier tout suintant d'eau sale, de débris de légumes et de plumes de volailles. Au premier étage, je trouvai quelques vieilles femmes échevelées et peu vêtues égorgeant des poulets, les plumant et les passant à un cuisinier en haillons qui les faisait frire ou griller aussitôt. D'autres cassaient des œufs et les battaient pour les omelettes. Dans plusieurs salles, des matelas étaient épars sur le parquet et servaient à la fois de lit et de tables à manger. La foule des garibaldiens était en cet endroit si compacte, que je n'essayai point d'avancer. Je passai dans un hangar voisin de la cuisine, et j'y rencontrai enfin l'hôte affairé, en ce moment occupé à entasser en pile les *carlins* que tous les garibaldiens lui comptaient avec une scrupuleuse exactitude, en retour des mets problématiques qu'on leur servait. Je lui demandai, sans aucun espoir, une chambre pour la nuit. « *Vedete,* me répondit-il, *impossibile, cara signora!* » Je n'insistai pas, et je sortis suffoquée de l'auberge regorgeante d'exhalaisons âcres. L'air pur et une marche guerrière, qui remplissaient en ce moment les rues de Caserte, me ranimèrent. Les garibaldiens nouvellement arrivés de Naples, défilaient gaiement trompette en tête; ils chantaient l'hymne de Garibaldi, dont le héros lui-même improvisa la musique à bord du navire qui le portait de Gênes à Marsala :

>Aux armes! aux armes!
>Les tombes s'entr'ouvrent, les morts se lèvent!
>Nos martyrs sont ressuscités
>L'épée au poing, la tête ceinte de lauriers!
>L'amour et le nom de l'Italie au cœur,
>Courons, courons, jeunes bataillons!
>Partout déployons nos bannières au vent!
>Sus avec le fer, sus avec le feu!
>Va-t'en loin de l'Italie, étranger!
>L'heure est venue, dehors! dehors [1]!

D'autres entonnaient ce refrain de leur chanson favorite :

>Adieu, ma belle, adieu!
>L'armée part, adieu!
>Si je ne partais pas aussi,
>Ce serait une honte [2]!

Puis passaient des bandes moins joyeuses, moins légères d'allure et bien tristes à regarder; un peu de musique les précédait aussi, mais on eût dit une fanfare assombrie; les trompettes étaient noircies par la poudre, et quelques baguettes de tambour avaient été brisées dans la bataille.

C'étaient des volontaires revenus vivants du dernier combat de Cajazzo; parmi eux je retrouvai le jeune capitaine blessé à la tête

---

[1] All' armi, all' armi,
Si scopron' le tombe, si levan' i morti,
I Martiri nostri son' tutti risorti,
Le spade nel pugno, gli allor' alle chiome,
La fiamma ed il nome d'Italia nel cor,
Corriamo, corriamo sù ô giovani schiere,
Sù al vento per tutto, le nostre bandiere,
Sù tutti col ferro, sù tutti col fuoco,
Sù tutti col nome d'Italia nel cor.
Va fuori d'Italia, va fuori, ch'è l'ora,
Va fuori d'Italia, va fuori, ô stranier.

[2] Addio, mia bella, addio,
L'armata se ne va;
Se non partissi anch'io,
Sarebbe una viltà.

que j'avais rencontré dans le wagon; près de lui se traînait l'enfant de treize ans moulu par la bastonnade des paysans; quelques autres, du même âge, avaient de légères entailles au visage et aux mains, et les vêtements déchirés. « Pauvres petits, leur dis-je, et vous aussi vous vous êtes battus pour l'Italie! — Ils se sont battus comme des lions, me répondit littéralement le capitaine; ils étaient cinquante d'une légion que j'avais formée dans l'Italie centrale. On les avait nommés les petits chasseurs de Bologne. Il en reste à peine sept; ils sont tous morts l'épée à la main; hier j'en ai vu tomber plus de trente sur les hauteurs de Cajazzo, leur dernier cri a été : « Vive l'Italie! vive Garibaldi! » Ils ont fait le signe de la croix, murmuré un acte de contrition, et tout était dit. Je dus abandonner aux royaux ces jeunes corps mutilés sans sépulture; je vois encore leurs faces pâles et leurs yeux morts, qui semblaient me regarder. Presque tous étaient de pauvres enfants du peuple que le nom de Garibaldi avait enflammés; mais un était né dans une belle villa des bords du lac de Côme; riche orphelin saisi du sublime délire de la patrie, il avait quitté ses tuteurs, il s'était enfui pour nous suivre. Il me disait souvent : « Capitaine, quand je serai ma-« jeur, je veux que vous et tout le bataillon veniez festoyer chez « moi. » Pauvre enfant si brave, si bon, si expansif; à présent il n'a pas même une tombe! »

Tandis que le capitaine parlait, je voyais tous ces héroïques enfants couchés sur l'herbe sanglante, je pensais au désespoir des mères; un sanglot m'étouffait, des larmes jaillissaient sur mon visage; pour les dérober aux regards, je baissai mon voile et je m'enfuis dans une rue plus solitaire.

Je marchais seule dans un quartier presque désert, où sont situées les plus belles maisons de la petite ville royale de Caserte. Ces maisons étaient closes; aucune femme ne se montrait sur le seuil des portes ni aux balcons.

Le jour commençait à tomber; je désespérais de trouver un abri pour la nuit, et j'étais désolée de penser que je serais forcée de repartir le soir même pour Naples sans avoir pu visiter l'hôpital de Caserte. Tout à coup je vis venir à moi un jeune volontaire de Garibaldi, M. Francesco Tedaldi, dont le père est un des avocats distingués de Palerme. Ce père avait trois fils, jeunes, beaux, instruits. Un jour, il les vit partir tous les trois avec Garibaldi, et il leur dit : « C'est bien, faites votre devoir. » L'aîné (Francesco) avait à peine dix-huit ans; je l'avais connu, les jours précédents, à Naples.

Je lui dis ma détresse; il me répondit :

« Plus heureux que vous, j'ai un gîte à la caserne pour la nuit; mais, jusqu'ici, dîner m'a été impossible. »

Je lui montrai, du geste, toutes ces grandes maisons fermées, qui semblaient nous narguer par leur mutisme. Puis je m'écriai :

« Je vais monter à l'assaut d'une de ces maisons et demander qu'on nous donne à souper.

— Voilà une idée, répliqua-t-il, qui ne pouvait venir qu'à une Française et à une Parisienne. Mais je vous préviens que vous ne réussirez pas, car toutes les maisons de Caserte sont closes pour nous depuis quelques jours.

— Bah! lui dis-je, laissez-moi faire. » Et j'entrai résolûment dans une belle maison à balcons, située tout près du palais. Le portier me dit que cette maison appartenait à M. Rossi, architecte de l'État. J'allai tout droit au *padrone di casa*. Je trouvai un homme à manières distinguées et circonspectes; je me nommai; je parlai des amis que j'avais dans toute l'Italie, et madame Rossi, qui parut bientôt, escortée de ses huit enfants, m'assura avec bonté et simplicité que je recevrais chez elle toute l'hospitalité qu'elle pouvait offrir, c'est-à-dire un souper improvisé. Quant au lit, c'était presque impossible; les chambres que n'occupait pas la nombreuse famille étaient déjà prises par des officiers de Garibaldi.

Le souper, excellent et d'une propreté exquise, fut servi dans une salle à manger d'où l'on domine la campagne, et qui a pour perspective le Vésuve. Au dessert, le jeune Sicilien nous quitta pour aller dormir à la caserne. Je ne l'ai plus revu. Vit-il? A-t-il été tué dans quelque escarmouche?

Bientôt M. Charles Litta, de Milan, qui savait mon arrivée, vint m'offrir un logement pour la nuit. J'y dormis peu. Des rumeurs alarmantes avaient couru tout ce soir-là (22 septembre), dans Caserte. On parlait d'une attaque des royaux, qui pouvait avoir lieu dans la nuit. J'entendais, de mon lit, des pas lointains de soldats et des cliquetis d'armes. Enfin, vers trois heures du matin, un roulement de tambours traversa la place où donnait ma chambre, et je crus distinguer le piétinement de quelques chevaux dans la direction de la vieille caserne. Qu'était-ce donc? Je me levai et me renseignai. Garibaldi, m'assura-t-on, venait de faire une ronde de nuit et de déjouer une conjuration des royaux et de quelques habitants réactionnaires. Je ne me rendormis pas. Quand le jour parut, je m'habillai, et à huit heures j'étais prête à aller visiter l'hôpital. Le capitaine Litta, en me conduisant à une voiture, me donna quelques détails sur la conjuration de la nuit. Il en parlait avec une sainte colère, à laquelle se mêlait un juste enthousiasme pour la fermeté et l'audace heureuse de Garibaldi.

Je n'avais jamais visité d'hôpital militaire. Celui de Caserte est fort beau, entouré de jardins en fleurs et de grands arbres. Les rois de Naples, qui n'avaient aucun souci de la misère du peuple, se préoccupaient avec sollicitude du bien-être des soldats. Ils caressaient en eux des instruments de servitude. Au dehors, l'hôpital de Caserte ressemble à un palais; mais, à l'intérieur, les salles me firent l'effet de vastes sépultures. Je n'y rencontrai pas une femme; quelques infirmiers napolitains donnaient des soins insuffisants aux héros de l'indépendance italienne.

Je m'approchai de chaque lit pour accomplir la mission sympathique que je m'étais imposée. Peu de blessés l'étaient mortellement, mais beaucoup avaient reçu des décharges de mitraille en plein visage. De ceux-là je ne vis pas les traits; ils étaient cachés par un masque de toile blanche ensanglantée. Ces patients héroïques ne poussaient pas même un gémissement. Étendus sur leurs lits alignés, ils chassaient avec leurs mains pâlies, les mouches qu'une température brûlante attirait autour des blessures. D'autres me souriaient en disant : « Ce n'est rien, dans huit jours nous nous battrons encore! » Bien peu acceptèrent quelque monnaie; tous me répondaient : « Garibaldi ne nous laisse manquer de rien. » J'en vis deux assis sur des chaises de paille, plus défaits que les autres, et qui pourtant souffraient moins; l'un avait tous les membres courbaturés pour avoir traversé un courant d'eau froide couvert de la sueur du combat; l'autre *tremblait* la fièvre, selon l'expression italienne et provençale. J'insistai auprès des infirmiers pour qu'on mît tout de suite le premier dans un bain chaud, et pour qu'on fît prendre de la *quinine* au second. Quelques heures après, j'appris que cette double ordonnance exécutée avait soulagé les deux malades.

Quelque aérés et quelque spacieux qu'ils soient, les hôpitaux me semblent toujours des catacombes; mes yeux y manquent de lumière et ma poitrine de respiration; il me sembla revenir à la vie en me retrouvant sous les allées d'énormes platanes qui ombragent la route du palais de Caserte à l'hôpital. Il faisait une chaleur douce; le ciel, dans ses profondeurs bleues, n'avait pas un nuage. Des myriades d'insectes bourdonnaient sur les fleurs des enclos voisins; je pensais au contraste de ce bourdonnement inoffensif avec celui des mouches affamées qui irritaient les blessures des pauvres soldats. Des cavaliers garibaldiens couraient porter les ordres du Dictateur de Sainte-Marie à Capoue; d'autres passaient dans des *corricoli*, qui, lancés à toute bride, soulevaient sur la route des tourbillons de poussière. Je me rendis au palais, où je trouvai au pied de l'escalier le capitaine Charles Litta et le lieutenant Giuseppe Marinoni, de l'intendance militaire (un officier vénitien que j'avais rencontré précédemment à Parme); tous deux m'attendaient pour me faire visiter les appartements royaux, la chapelle et le théâtre. — Nous montâmes les marches de l'escalier monumental auquel conduit un portique soutenu par soixante-quatre colonnes de marbre. Les Napolitains sont très-fiers de ce palais, construit d'après les dessins de Van Vitelli, et surtout de l'escalier en marbre de diverses couleurs. Les ornements de sculpture et d'architecture qui le décorent m'ont semblé un peu lourds, mais, dans l'ensemble, d'un effet très-grand. Les trois rangs parallèles de vastes marches en marbre blanc aboutissent à une rotonde où donnent les portes de la chapelle et celles des appartements royaux. La chapelle ne renferme aucun tableau et aucune statue de maître; elle est riche seulement par ses marbres variés. Le théâtre (situé dans une partie opposée du palais), est petit, mais d'une extrême élégance; les loges à galeries dorées sont divisées et soutenues par seize colonnes antiques, débris du temple de Sérapis à Pouzzoles. Les appartements royaux ressemblent à tous ceux de l'Europe. Une seule chambre attira mon attention, c'est celle où est mort Ferdinand II dans une horrible agonie. De cette chambre, il ne reste plus que les quatre murs; elle a été dépouillée de ses meubles et de ses tentures; on a dû les brûler de peur de la contagion d'un mal biblique qui consuma le roi châtié : on dirait que le feu du ciel a passé par là. On sent, en traversant cette chambre vide, une sorte de terreur; ce n'est que le dégoût qu'inspire le cabinet de travail du roi, situé au rez-de-chaussée, et faisant partie de l'appartement qu'occupait en ce moment le général Medici et au-dessus duquel se trouve le modeste entre-sol où campait Garibaldi. Ce cabinet renfermait les pièces de conviction de la misérable politique et de la surveillance de police qu'exerçait en personne le roi. C'étaient, çà et là, des ballots étiquetés et annotés de la main de Ferdinand II ; des amas d'armes saisies, des paquets de journaux, de brochures séditieuses et de portraits lithographiés du prince Murat.

Je sortis de ces chambres royales avec un malaise plus écœurant et moins attendri que celui qui m'avait saisie à l'hôpital. Ici c'était comme une *mal'aria* morale qui m'envahissait. Mais à peine avions-nous descendu le grand escalier qu'une clameur vivifiante retentit et nous releva le cœur : Garibaldi traversait les cours intérieures du palais. Un frémissement respectueux courut parmi les assistants ; on n'acclama point le héros par des cris. Il était triste des combats sanglants de la veille, et sa belle tête méditative se penchait sur sa poitrine. Il passa, saluant de la main, et faisant venir à lui presque tous les officiers présents ; il allait prendre avec eux un de ses repas spartiates et rapides qui se distinguaient seulement de ceux de ses soldats par l'abondance des fruits que le Dictateur préfère à tout autre mets.

Accompagnée du capitaine Litta et du lieutenant Marinoni, je parcourus les vastes jardins déserts du palais. Un des jardiniers m'offrit un bouquet. Je songeais à la destinée de cette jeune reine de Naples qui avait erré parmi ces fleurs, et qui, un jour, avait dû s'enfuir devant la haine populaire. Ainsi Marie-Antoinette fut chassée des ombrages de Versailles et de Trianon ; mais à Naples toutes les modérations ont été du côté du peuple italien : c'est ce qui a rendu cette révolution si grande et si pure. Nous restâmes longtemps sous de grands arbres d'un vert tellement frais qu'on se fût cru au printemps, et non dans cette mélancolique automne qui, au nord de la France, chose étrange, s'annonce bien plus vite qu'en Italie par la chute des feuilles jaunies.

Le battement du tambour rappela au capitaine Litta l'heure où il devait commander l'exercice sur la grande place du palais, et me rappela à moi-même l'heure du retour à Naples. Je trouvai devant l'embarcadère un mouvement inusité. Une foule, accourue de la compagne, se mêlait aux soldats, et bientôt les cris bruyamment répétés de *Viva Garibaldi !* annoncèrent l'approche du Dictateur. Il partait pour Maddaloni dans le même convoi qui me ramenait à Naples. Il n'était accompagné que de trois ou quatre officiers ; il marchait silencieux et pensif. Je n'avais jamais vu son visage plus grave. Les cris et les gestes de la foule redoublaient ; quelques femmes en haillons lui jetaient des baisers en hurlant ; *Com' è bello Garibaldi!* Des enfants déguenillés essayaient de toucher ses vêtements. Un des officiers impatienté s'écria : « Eh! brigands, vous êtes, je crois, les mêmes qui hier nous pourchassiez durant le carnage! » Il n'y avait dans le convoi qui allait nous emmener qu'un wagon de première classe. Garibaldi s'y plaça. Le billet que j'avais pris me donnait le droit d'y montrer, mais il me sembla qu'en ce moment celui qui portait le poids des destins de l'Italie désirait la solitude ; je sentis qu'il serait respectueux de l'y laisser.

Je lui offris avec vénération mon bouquet du jardin royal et j'allai m'asseoir dans un wagon de seconde classe. Quand le Dictateur descendit à Maddaloni, un de ses aides de camp vint m'engager à me placer dans le wagon que Garibaldi avait quitté. Je reconnus dans cet officier M. Auguste Vecchy, que j'avais rencontré à Paris chez le comte Ricciardi. M. Vecchy était l'ami et le compagnon d'armes de Garibaldi depuis le siège de Rome. Il allait en ce moment à Naples chercher de la poudre et des armes. Il s'assit près de moi et nous causâmes pendant toute la route du grand prédestiné qui est le culte de sa vie. Il me raconta la mort de la fière et sublime Annita, expirant sur une plage déserte après avoir combattu, comme une héroïne du Tasse, aux côtés de son mari. Il me parla du fils aîné Menotti, qui est brun, vif, charmant; il ressemble beaucoup à sa mère, il en a la vaillance de cœur secondée par une force physique et une rectitude militaire inouïes à son âge. C'est l'amour, la gloire, l'étonnement de l'armée, l'orgueil de son père. L'autre fils, plus jeune, faisait, comme je l'ai dit, ses études dans un collège de Liverpool. Il y avait été récemment l'objet d'une de ces ovations anglaises, sérieuses, senties, et qui ont leur retentissement dans le monde. Cet enfant ressemblait aussi à sa mère.

La fille, blonde, recueillie, presque mystique, était le portrait de son père; elle l'attendait à Gênes, où chaque jour elle voyait partir les navires qui conduisaient des soldats au grand capitaine.

J'écoutais, émue, les détails que me donnait l'aide de camp de Garibaldi sur ces trois enfants élus et glorieux entre tous, car quel nom fut jamais plus pur et plus grand que celui de leur père!

Auguste Vecchy, touché de l'émotion qui se répandait sur mon visage tandis qu'il me parlait, prit mes deux mains dans les siennes : « Si jamais vous désirez quelque chose de nous, venez me parler, me dit-il. — Eh! que peut désirer de plus le poëte, m'écriai-je dans un élan attendri, que cette atmosphère vivifiante où nous fait planer Garibaldi! Par lui, tous les beaux et grands sentiments qui s'étaient engourdis dans les cœurs se raniment et éclatent! Il arrache les esprits à la matière! Il dégage les fronts courbés et nivelés de la cape de plomb du despotisme; il rend aux âmes la pâture idéale que depuis longtemps elles cherchaient en vain sur la terre! Je dois à votre ami le bonheur d'admirer et de croire encore, de croire au beau, au bien, à l'honnête. De quels dons ne nous a-t-il pas comblés, le noble et généreux libérateur de l'Italie! Il nous a offert le spectacle inespéré de vertus sincères, du désintéressement dans la plus haute fortune, du scrupule dans la gloire; lui seul dans ce siècle a fourni à l'inexorable histoire un héros tel qu'on n'aurait pas osé le peindre ni dans un roman, ni dans un poëme, de peur d'exciter la dérision et l'incrédulité des contemporains habitués aux renommées frelatées des rois et des grands politiques du jour. Vous voyez bien qu'il a fait pour moi et pour tous ceux qui ont encore le culte de la beauté morale, ce qu'aucun potentat du monde n'aurait pu faire!»

III

Trois jours après cette première excursion à Caserte, j'eus la visite du jeune capitaine d'artillerie Émile Savio, qui avait fait la traversée avec moi sur le navire *la Constitution*.

Lui aussi avait été voir l'armée de Garibaldi, il avait dépassé Caserte, avait parcouru les avant-postes de Santa-Maria et visité les travaux de siége devant Capoue. Il s'était entretenu avec le général Medici, et tous deux avaient reconnu l'insuffisance de l'artillerie des volontaires pour réduire cette place forte. « Les garibaldiens se battent comme des héros, me dit le capitaine; à l'arme blanche ils sont invincibles; mais le matériel de guerre et la science militaire leur manquent pour pousser les travaux d'un siége. Nous sommes à Naples deux batteries d'artillerie; nous pouvons être utiles à nos frères qui se font tuer sous les murs de Capoue; j'ai honte et me désespère de n'être pas parmi eux; avec quelle joie nous endosserions en ce moment la chemise rouge! Je vous en prie, madame, si vous voyez Garibaldi, faites-lui comprendre que nous pouvons être bons à quelque chose; obtenez de lui qu'il nous demande et nous donne aussi notre part dans le danger. »

Je serrai la main de ce vaillant jeune homme et lui promis de m'acquitter de sa commission.

Le même jour je rencontrai dans la rue de Tolède, droit, souriant, heureux et pimpant dans son habit neuf de sergent, le petit garibaldien que j'avais vu tout courbé et tout moulu avec son capitaine blessé. La brise de la mer faisait flotter autour de son cou un foulard aux trois couleurs nationales d'Italie qu'il avait noué à l'imitation de Garibaldi, et qui, sur sa partie blanche, étalait le portrait du héros. Le nouveau sergent vint à moi et me dit :

« Madame, je suis le petit blessé à qui vous avez adressé de bonnes paroles dans le wagon qui allait à Caserte. »

Je voulus lui donner un peu d'argent, qu'il refusa, mais il fut très-content de décorer son chapeau d'une longue plume noire et de quelques ornements de passementerie d'or qu'il vint chercher le soir à mon hôtel. Les plus jeunes de ces volontaires héroïques étaient ravis de ces fantaisies de costume qu'un uniforme plus régulier leur eût interdit. Le lendemain, le capitaine de ce petit sergent, et qui lui aussi était monté en grade, car Garibaldi l'avait fait major et l'avait embrassé en le félicitant de sa bravoure, vint me voir pour me remercier des bagatelles que j'avais données à son soldat.

En l'absence de son colonel, le brave Cattabene grièvement blessé et fait prisonnier par les royaux, il était chargé par le Dictateur de former un régiment d'adolescents, et déjà quatre cents petits Siciliens et quatre cents petits Napolitains rapidement recrutés étaient casernés dans le magnifique palais royal de *Capodimonte*.

J'avais le désir de visiter ce palais ; le major m'engagea à voir en même temps ces jeunes et enthousiastes recrues. Le mouvement actuel italien, dans sa partie militaire, fait penser à celui qui se produisit en France en 1793, alors que de la puberté à la vieillesse tous les hommes se levèrent pour aller mourir à la frontière.

Le jour suivant je me rendis à Capodimonte. La principale beauté de cette élégante résidence royale est la vue merveilleuse de Naples et du golfe qu'on découvre du haut des balcons. A droite, ce sont d'abord de blanches villas sous les ombrages des ondulations de la montagne dont le sommet est couronné par le couvent des Camaldules ; puis les maisons échelonnées de la ville, le fort Saint-Elme, et en bas le château de l'Œuf, et une partie de la rive de *Chiaja*. A gauche, la rade, les navires à l'ancre, tout ce cirque éblouissant que le Vésuve semble garder comme un géant.

Dans l'intérieur du palais, je remarquai une immense table que le roi Murat fit faire avec une mosaïque, trouvée à Pompeï dans la maison de Castor et Pollux et représentant un lion enchaîné par des Amours; puis deux portraits de Caroline de Naples: dans l'un, la jeune reine, sœur de Marie-Antoinette, plus belle qu'elle, revit pour nous, souriante, heureuse. Quelle noblesse et quelle séduction dans cette tête délicate et dans tout ce corps charmant si gracieusement vêtu. La jeune mère est entourée de ses six petits enfants, beaux et frais à ravir. Le mari, le roi, seul fait tache dans cet attrayant tableau; il est rouge de visage, vulgaire de tournure; toute la finesse et toute la poésie du pinceau d'Angélique Kaufmann n'ont pu idéaliser cette face de boucher.

On recule d'épouvante devant l'autre portrait de Caroline de Naples! elle a quarante ans: sa taille s'est épaissie, et une sorte de sarrau en satin blanc, dont le corsage monte jusqu'aux aisselles, accuse déplaisamment des contours massifs. Les fines attaches du visage primitif disparaissent dans la graisse du cou; les joues pendent et, au lieu du frais incarnat qui les colorait autrefois, elles sont couvertes d'une pourpre sanguinolente; le nez est fort et arqué, à allure d'épervier; les yeux sont durs et lubriques; le front s'est abaissé sous les épaisses boucles d'une chevelure noircie, sur laquelle se croisent grotesquement deux énormes plumes bleues semblables à deux panaches de catafalque qui se battraient entre eux. Cette tête me terrifia; l'artiste avait fait, sans s'en douter, une satire à la façon de Juvénal.

Le jour baissait; quand je sortis du palais, déjà quelques étoiles s'allumaient au ciel, et la lune radieuse, au milieu de l'éther profond, montait au firmament du côté du Vésuve. A cette douce lumière, les jardins et le parc de *Capodimonte* s'agrandissaient et paraissaient enchantés. Je marchais, ravie, dans les allées sablées. Le major me dit: « Tous mes enfants viennent de se coucher; ils dorment déjà; voulez-vous voir ces innocents qui demain seront des soldats?

— Allons! » lui dis-je.

Nous passâmes à gauche, puis nous entrâmes dans un bâtiment qui servait de communs au palais. C'est là que reposaient les huit cents petits volontaires. C'était le premier jour de leur installation; ils dormaient pêle-mêle sur des matelas placés çà et là dans les vastes salles. Bien peu avaient la chemise rouge; le plus grand nombre étaient encore couverts des haillons qu'ils portaient dans leurs pauvres familles. Ces enfants endormis me rappelèrent ceux couchés sans sépulture sur les hauteurs de Cajazzo. *Chair à canon*, disait-on sous le premier Empire. Mais ici du moins, pensai-je, chair intelligente, chair émue, qui meurt avec un cri de l'âme.

Le lendemain (samedi 29 septembre), je me rendis au palais d'Angri, qu'habitait Garibaldi, pour demander M. Auguste Vecchy; je voulais lui parler de ce que m'avait dit le capitaine Savio qui désirait la bataille comme une fête. M. Vecchy était à Caserte; il ne quittait presque jamais son général. Je fus reçue par M. Bertani; il s'intéressa à ce que je lui racontai. « Dès demain, répliqua-t-il, nous demanderons ces braves artilleurs. Ils seront reçus en frères par les garibaldiens. » Je parlai aussi à M. Bertani de l'humble mission que je m'étais imposée d'aller chaque lendemain de combat dans les hôpitaux de Caserte et de Sainte-Marie pour écrire les lettres des blessés à leurs familles. Il loua l'idée de cette consolation morale, de ce soin immatériel qui, en apaisant les inquiétudes du cœur, diminue certainement la souffrance physique.

Je quittai M. Bertani, charmée de ses manières et de son esprit. Il partait le lendemain pour Gênes.

En redescendant la rue de Tolède, je rencontrai un major d'infanterie piémontaise, ami du capitaine Savio. Je le priai de prévenir celui-ci que sa commission était faite. Je ne lui dis rien de plus.

Cependant l'armée piémontaise avait commencé, dans les Marches, sa courte et glorieuse campagne. M. de Cavour, avec cette sûreté de coup d'œil et cette décision audacieuse dont il a fait toujours preuve aux heures solennelles, avait, à l'encontre de toutes les prévisions de ceux qui ne reconnaissaient en lui qu'un ministre habile, secoué les langes de la diplomatie et tranché avec l'épée le nœud gordien de la question ou plutôt de l'imbroglio de Rome.

Lui aussi voulait que l'Italie se fit. Le ministre qui, le lendemain de la paix de Villafranca, se retira des affaires, sentait que le moment d'une revanche éclatante était arrivé pour l'Italie, et il décréta la guerre. Cette hardiesse ne me surprit point; car si les lèvres sérieuses et sardoniques du Richelieu de l'Italie (un Richelieu pur de sang! ainsi que je le lui dis un soir) exprimaient la circonspection et la finesse, son front ouvert, son œil lumineux, révélaient les élans d'un patriote incorruptible qui ne devait jamais trahir les destinées de son pays.

Les victoires de Fanti, de della Rocca et celles plus éclatantes du eune héros Cialdini, relièrent bientôt pour jamais l'Italie du midi à celle du nord.

La rupture des télégraphes était cause que nous ne recevions que lentement à Naples les nouvelles de ces rapides et héroïques succès.

Était-il bien vrai qu'Ancône fût prise? que Lamoricière fût vaincu et prisonnier? que le général de l'indépendance eût triomphé du général de la servitude? que le patriote éclairé eût terrassé le partisan aveugle? Je pensais à la destinée si différente de ces deux hommes dont ma pensée de poëte avait un instant traversé la vie comme un éclair. L'un, Italien, avait un soir conquis toute mon admiration, et l'autre, quoique Français, avait un jour éveillé à Pérouse toute ma colère.

Tandis que les nouvelles, encore incertaines, du succès des armes piémontaises et de la défaite des troupes papales nous arrivaient à Naples, les combats des garibaldiens contre les royaux se continuaient sous les murs de Capoue.

C'est le 29 septembre que j'avais parlé à M. Bertani du désir du capitaine Savio, et le premier octobre au soir, le bruit se répandit qu'un engagement acharné entre les troupes de l'indépendance italienne et celles de François II avait commencé le matin et duré jusqu'à la nuit.

Dans un moment où les royaux semblaient l'emporter, Garibaldi avait demandé en hâte à M. de Villamarina les artilleurs et les *bersaglieri* piémontais. M. de Villamarina n'avait pas d'ordre de son gouvernement, mais il avait la conscience d'un patriote italien. Avant tout, l'armée du libérateur de l'Italie ne devait pas subir un échec, même momentané; le prestige de l'Invincible ne devait pas être entamé. Les soldats demandés furent envoyés et aidèrent leurs frères dans la sanglante défaite de l'armée bourbonnienne.

Cette journée du 1ᵉʳ octobre coûta cher aux royaux. Une colonne des leurs, forte d'environ trois mille hommes, fut coupée par les garibaldiens et se rejeta du côté de Caserte, qu'elle attaqua imprudemment le 2 octobre au matin. Il y eut plusieurs heures de lutte sanglante dans le voisinage du palais même ; les volontaires italiens firent des prodiges de valeur. Chaque garibaldien, l'épée à la main, valait quatre hommes. Les royaux, enveloppés et serrés de toutes parts, jetèrent bas les armes et se livrèrent prisonniers; les soldats en criant : « Vive Garibaldi! » les officiers silencieux. On voulait désarmer et fouiller ces derniers : la générosité du Dictateur intervint. « Que notre histoire, dit-il aux siens, reste pure de toute vengeance ; ce sont des frères égarés, ne les humilions point. » Les soldats royaux avaient, dans leur marche, pillé les pauvres villages. On trouva dans leurs sacs des paquets de soie brute enlevés aux filatures, des vêtements de femmes et des ornements d'église. Les défenseurs du droit divin préludaient déjà au brigandage qui devait se développer plus tard. A peu près deux mille prisonniers furent amenés le soir même à Naples.

Je traversai, le 2 octobre, la rue de Tolède, pendant qu'ils défilaient ; ils étaient conduits au fort Saint-Elme par la garde nationale. Je rencontrai aussi des voitures chargées de blessés que l'on transportait aux hôpitaux de Naples ; mais ceux qui l'avaient été le plus grièvement étaient demeurés à Caserte et à Sainte-Marie. Je me décidai aussitôt à partir le lendemain matin pour aller les visiter.

IV

Il régnait à Naples, le matin du 3 octobre, une activité sérieuse, un mouvement empressé et régulier qui partait d'une pensée commune et réfléchie : l'horreur des royaux, l'amour et l'admiration des valeureux soldats qui les avaient vaincus, pénétraient enfin dans cette population jusque-là un peu inerte, et l'initiaient au dévouement des nations libres.

Toutes les voitures étaient mises en réquisition pour le transport des blessés et des prisonniers ; les gardes nationaux se multipliaient ; ils allaient au débarcadère, à Caserte, à Sainte-Marie, chercher les blessés, porter des ordres ou des secours ; eux aussi étaient devenus volontaires de l'indépendance. Ils ne souffraient pas qu'un oisif ou un étranger se promenât ce jour-là en voiture, pendant que les mourants encombraient les environs de Naples ; chaque attelage était pris pour porter les blessés aux hôpitaux. Les gardes nationaux avaient pour faire descendre ceux qui passaient en voiture une politesse persuasive et une fermeté inébranlable qui triomphaient de toutes les fatigues ; c'est ainsi que, la veille au soir, ils enlevèrent le cabriolet qui me remenait chez moi de chez la marquise de Villamarina.

Quand je pus me rendre, le mercredi 3 octobre, à Caserte, j'attendis vainement deux heures une voiture; enfin je me décidai à descendre sur la porte de l'hôtel, espérant que le hasard me viendrait en aide; en effet, je vis passer en cabriolet le petit sergent, qui s'arrêta pour me dire bonjour. Je n'hésitai pas et le priai de me conduire à l'embarcadère : grâce à l'uniforme de l'héroïque enfant, qui s'était si bien battu à Cajazzo, je pus pénétrer à travers la foule compacte qui se pressait aux entours du chemin de fer. Le cabriolet ne s'arrêta qu'à côté du convoi prêt à partir; la locomotive fumait et hurlait déjà, mais ce bruit était couvert par celui des voix qui s'entre-croisaient pour donner des ordres. Il y avait à l'embarcadère un entassement mouvementé et confus de gardes nationaux et de soldats de Garibaldi; les premiers partaient pour aller chercher les blessés, les autres pour aller remplir les vides que la mort venait de faire dans l'armée des volontaires. J'aperçus dans cette foule le brave général d'Ayala qui donnait ses dernières instructions aux gardes nationaux, et quelques garibaldiens que je connaissais et qui se rendaient à Caserte; je les saluai sans pouvoir les rejoindre; tous les wagons regorgeaient de personnes assises, entre lesquelles d'autres se tenaient debout; je me hâtai d'accepter une place que m'offrit un officier; le petit sergent déposa mon sac de nuit à mes pieds. Mais tout à coup je sentis le sac se hisser sur les genoux d'une pauvre fille de Naples qui s'était glissée à ma suite dans le wagon. On crut qu'elle était à mon service et on la laissa s'asseoir; c'était une sorte de naine vêtue d'un sarrau d'indienne grise sur lequel flottait un tablier déchiré; un foulard de coton jaune se croisait sur sa poitrine cambrée; son cou était large, charnu et prématurément rayé; sa tête était déprimée vers le haut, son front était si bas que la racine des cheveux touchait presque aux sourcils arqués et noirs. Ses petits yeux, noirs aussi, pétillaient; son nez était épaté, sa bouche grande laissait voir des dents jeunes et intactes mais de couleur de bois d'acajou; son abondante chevelure crépée, rebelle au peigne et à la pommade, était relevée en bandeaux et en nattes. Cette fille était laide et malpropre, et pourtant elle n'inspirait pas de répulsion : elle avait dans la physionomie quelque chose de passif, de servile et de bon, une sorte d'animalité douce et de résignation dans la misère qui interdisait au cœur toute dureté envers elle. Il était difficile de lui donner un âge déterminé; son teint bilieux et les contours flétris de son visage accusaient plus de trente ans, et cependant son sourire et son regard étaient presque enfantins.

« Qui es-tu et où vas-tu? lui dis-je, et pourquoi tiens-tu mon sac? »

Les soldats et les officiers de Garibaldi assis dans le wagon, voyant qu'elle m'était étrangère, l'interrogèrent à leur tour, et voici ce que par lambeaux elle nous répondit.

Elle ne savait en quel lieu elle était née, ni en quelle année, ni de quels parents : on l'avait amenée toute petite à Naples, où elle avait vécu, tantôt sur le pavé, tantôt en service dans de pauvres maisons ou chez une tante qui lui donnait asile et la soignait quand elle était malade; elle se nommait Maria. Jusqu'alors elle avait adoré *san Gennaro*, mais à présent c'est Garibaldi qu'elle adorait; elle n'avait pu le rencontrer à Naples, et elle venait à Caserte pour le voir passer; voilà pourquoi elle s'était glissée derrière moi dans le wagon. Quelques soldats lui dirent : « Mais puisque tu aimes tant Garibaldi, tu dois nous aimer un peu : si tu veux, nous t'emmènerons au camp et tu nous feras la cuisine. » Elle leur répondit :

« Si madame le permet, c'est avec elle que j'irai; je porterai son bagage jusqu'au palais où elle vous a dit qu'elle logeait, et là peut-être j'aurai la bonne chance de voir Garibaldi. » On ne put la faire démordre de sa résolution; je lui avais donné deux *carlini* et fait manger du pain et des fruits confits : c'était plus qu'il n'en fallait pour allécher une pauvresse de Naples; puis peut-être avait-elle réellement dans le cœur cette espèce de dévotion pour Garibaldi qui s'est emparée de tout le peuple de Naples.

Un officier assis près de moi me dit : « Ne la refusez pas, madame, ne la laissez pas avec les soldats, voici la nuit; vous ferez coucher cette pauvre fille près de vous, elle pourra vous être utile. » Nous arrivions; je donnai le bras à l'officier qui m'avait parlé. Maria nous précéda, portant mon sac assez lourd sur sa tête dont les cheveux flottaient au vent.

Nous traversâmes l'esplanade toute jonchée de soldats au bivac, de chevaux, de pièces d'artillerie et de faisceaux de fusils. Nous passâmes la grande porte du palais, et, dans la première cour à gauche, je trouvai M. Marinoni, commissaire de guerre, et plusieurs officiers de l'intendance militaire qui mirent à ma disposition un logement.

Le portique, les cours, le splendide escalier de marbre et les jardins du palais étaient, comme l'esplanade, remplis de soldats entassés, mangeant, dormant ou raccommodant, à la lueur d'un fanal, un vêtement déchiré. Les chevaux se heurtaient pêle-mêle aux cavaliers; hommes et bêtes partageaient la même litière; on devinait la fatigue de la bataille récente.

M. Marinoni, qui savait mon intention de visiter les hôpitaux les lendemains de combat, m'avait écrit pour me dissuader. La veille, Caserte avait été presque investie par les royaux; une nouvelle attaque, me disait-il, pouvait avoir lieu dans la nuit. Cette lettre ne m'était point parvenue, et, l'eussé-je reçue, je crois qu'elle ne m'aurait pas empêchée de partir; j'ai toujours eu la curiosité attractive du danger et de la douleur.

Suivie de Maria, je m'installai dans une grande chambre voisine du théâtre du palais, et qui avait été autrefois occupée par une des femmes de la reine; cette chambre était divisée en deux par une travée en boiserie; on dressa un lit de camp pour Maria dans la partie voisine de la porte, et je m'établis dans l'angle opposé, où se trouvaient un fauteuil, une commode, une toilette et un lit élégant, débris du mobilier primitif. La clarté douce et l'air vif de la nuit pénétraient dans la chambre par deux énormes fenêtres qui s'ouvraient sur le jardin; quelques épais nuages roulaient dans le ciel et se confondaient aux grandes montagnes qui forment le fond du parc de Caserte; des coups de feu tirés de temps en temps sous les arbres me faisaient tressaillir. Étaient-ce les royaux qui revenaient? Quelque engagement sanglant allait-il recommencer?

Tandis que j'écoutais ces bruits de balles, auxquels se confondaient les rumeurs vagues de la nuit, un jeune soldat vénitien, une des ordonnances de l'intendance militaire, m'apporta à dîner; on me servit, dans de la porcelaine royale, des faisans du parc et des truites de la cascade, soldatesquement apprêtés; j'y goûtai du bout des lèvres; l'âcreté des sauces me répugna, et j'assouvis ma faim avec de belles pêches jaunes et du raisin muscat doré. Maria fit ripaille avec les mets, inusités pour elle, que j'avais dédaignés, puis elle se coucha et s'endormit d'un somme pesant.

Moi, je ne dormis guère dans mon lit à courtines de soie verte; je regardai la fresque du plafond, représentant une Didon trop grasse qui racontait ses malheurs à Énée. J'entendais le piétinement des chevaux et des soldats sous les voûtes du palais; quelques voix fredonnaient l'hymne de Garibaldi. Les décharges d'armes redoublaient dans le jardin et dans le parc. Parfois, un roulement de tambour s'y mêlait; tous ces bruits m'arrivaient distinctement par la fenêtre ouverte; jusqu'au jour je crus à de fausses alertes. Maria, réveillée deux fois par les coups de fusil, me dit toute épouvantée : « *Signora, ecco i regi!* » (Madame, voici les royaux!) Le récit que le lieutenant Marinoni m'avait fait de l'attaque de la veille m'avait causé une émotion qui contribuait aux fantasmagories de la nuit. Les coups de fusil tirés dans le parc l'étaient contre les faisans et les pigeons qui voltigeaient là par milliers comme sur la place Saint-Marc, à Venise. Quelques-uns s'abritaient sous mes fenêtres et jusque dans ma chambre.

Renonçant à l'espérance de m'endormir, je me levai et m'habillai à la hâte; je montai dans une voiture que l'intendance militaire mettait à ma disposition, et je me rendis d'abord chez l'architecte Rossi, pour le remercier de l'hospitalité qu'il m'avait donnée à mon premier voyage à Caserte. J'offris quelques souvenirs à ses enfants et je conduisis son fils aîné avec moi visiter l'hôpital. L'architecte Rossi m'apprit qu'il venait d'être mandé par le général Sirtori, qui lui avait demandé la communication d'un plan détaillé de Caserte et des environs. Au moment où j'entrais à l'hôpital, miss White en sortait; je retrouvai aussitôt les traces bienfaisantes de la présence de l'active Anglaise; les salles étaient plus aérées qu'à ma première visite, les lits plus propres, les infirmiers plus nombreux : il y avait là peu de blessés qui le fussent dangereusement. Quelques-uns acceptèrent l'offre que je leur fis d'écrire à leurs familles. Mais c'est à Sainte-Marie que m'attendait le spectacle déchirant d'un lendemain de bataille.

La voiture roula sur une route superbe, et en trois quarts d'heure j'arrivai dans le village de Sainte-Marie, encombré comme Caserte de soldats et de matériel de guerre. J'allai jusqu'aux avant-postes, puis je me fis conduire à l'hôpital improvisé où l'on avait réuni les blessés de la veille et de l'avant-veille.

C'était une grande maison délabrée ouverte à tous les vents. Je traversai une cour remplie de décombres et de fumier; je montai à droite un escalier étroit, et je parvins dans une chambre suivie d'une grande salle à murs gris où deux files de lits étaient alignées; ici pas une femme, peu d'infirmiers, deux médecins de l'armée allant de lit en lit avec leurs trousses, sondant les plaies, extrayant les balles ou bien tranchant les membres fracassés et désormais inutiles. C'était la souffrance dans toute son intensité, la mort en perspective, et pour adoucir tant d'angoisses, au dehors pas d'arbres, pas de fleurs, pas d'oiseaux, pas même d'azur et de soleil dans le ciel, car le temps était sombre et brumeux; une pluie fine se collait aux vitres et ne laissait pénétrer dans la salle qu'un jour opaque. Je m'arrêtai devant chaque lit, suivie de Maria, qui distribuait des fruits à ces pauvres altérés, tandis que je recueillais leurs noms, quelques indications et quelques détails sur leurs familles. Plusieurs refusèrent tout secours et toute consolation; pourquoi faire savoir à ceux qui les aimaient qu'ils allaient mourir? Ce qu'ils désiraient, c'était de mourir vite. L'un d'eux, m'exprimant avec désespoir cette pensée, me poursuivit longtemps de ce cri : « Oh! par pitié, madame, achevez-moi!. » Je vois encore ce visage pâle dont les muscles étaient tendus; les yeux sortaient de leurs orbites; la chevelure noire baignée de sueur se collait aux tempes décolorées; les deux bras en l'air, passés dans un suspensoir, s'agitaient convulsivement; son buste sillonné d'un bandage sanglant vacillait comme dans l'ivresse; il avait été frappé d'une balle en pleine poitrine; par miracle il n'était pas mort sur le coup, mais il allait mourir, mourir en proférant cette prière dont je n'oublierai jamais l'accent : « Madame! par pitié, achevez-moi! » J'en vis un autre auquel on venait d'extraire deux balles; il était d'une pâleur livide, mais ne poussait pas un gémissement; il tenait lui-même le bras que l'instrument martyrisait. Un troisième, un Sicilien, me frappa par sa loquacité; il était d'un village près d'Agrigente; il voulait vivre, et il vivrait, disait-il. Mais en attendant, comme il était marié, il exigeait que sa femme vînt le soigner; c'était son devoir, comme son devoir à lui avait été de se battre pour son pays. Il me chargea d'écrire en ce sens à sa chère Annunziata.

Dans la salle des amputés, j'en trouvai plusieurs endormis; était-ce la nature ou le chloroforme qui leur donnait cette halte dans la douleur?

J'allais m'approcher du dernier lit placé dans le fond de la salle; un des infirmiers me dit : « Celui-ci, madame, est un *regio!* » Je lui proposai, comme aux autres, d'écrire à ses parents; il me répondit qu'il était de Naples et qu'il y retournerait bientôt; il souffrait beaucoup.

« Votre roi François est maudit, lui dis-je, de vous faire ainsi tuer Italiens entre Italiens; il voit bien pourtant que c'est inutile, qu'il est perdu, qu'il ne rentrera jamais dans sa capitale. »

A ces dernières paroles que je prononçai en m'éloignant, le soldat se souleva et murmura à l'oreille de Maria, qui lui donnait des fruits :

« On a trompé cette dame; elle ne sait pas ce qui se passe : aujourd'hui même, le roi François est à Naples. »

Voilà de quels moyens on se servait pour entraîner les soldats à la mort. Tantôt on leur annonçait que cinquante mille Autrichiens et Prussiens venaient à leur aide ; tantôt que l'armée, toujours triomphante, de Cialdini, avait été vaincue; ou bien que Garibaldi était mort, que Naples était soulevée et rappelait son roi légitime. Ces inventions étaient crues par l'armée, parquée autour du roi et séparée du reste de l'Italie. Si quelques-uns des officiers, instruits de la vérité des événements, voulaient se retirer, on les menaçait de les faire fusiller.

Lorsque j'arrivai de Sainte-Marie à Caserte, il faisait nuit ; comme la veille, les cours et les escaliers du palais étaient encombrés de soldats. J'étais si brisée de fatigue et d'émotion, que je m'endormis lourdement dans le lit où je n'avais pu dormir le premier soir. Maria en fit autant; au jour, elle se leva et se vêtit sans bruit ; je la trouvai prête à sortir au moment où je m'éveillai. Elle me demanda ce qu'elle pouvait faire pour me servir; je lui dis d'aller remplir à la fontaine du palais une grande cruche vide qui était dans la chambre; elle sortit en tenant la cruche sur sa tête, comme une amphore antique. J'attendis deux heures sans voir revenir Maria; j'avais hâte de m'en retourner à Naples pour faire partir mes lettres écrites aux familles des blessés ; je me décidai à sortir de ma chambre; je trouvai la cruche vide dans un couloir; Maria avait jugé que l'eau destinée aux ablutions m'était parfaitement inutile; il n'y a pas de pays où l'on se lave moins qu'à Naples. Je dis adieu à mes amis de l'intendance et je quittai Caserte sans avoir retrouvé la bohémienne napolitaine.

Il y avait dans le wagon où j'étais montée un chapelain de l'armée de Garibaldi qui me frappa par sa mine hardie, fière, inspirée; c'était un Sicilien à la taille élancée, au teint brun, au profil arqué, à la chevelure noire et frisée ; il portait avec distinction la culotte courte et une sorte de dalmatique en drap noir qui me rappela le costume des frères Arméniens de Venise; son chapeau tricorne était orné de cordons en passementerie rouge et or, qu'une petite croix groupait en ganse sur le côté; une croix plus grande, avec un Christ en relief, pendait à son cou; il avait à sa ceinture un poignard. Ce prêtre sicilien parlait avec un accent fébrile et nerveux à un autre prêtre assis auprès de lui. Celui-ci était un gros chanoine de Naples qui venait de passer quelques jours en *villegiature* et semblait tout ahuri de se trouver dans une compagnie aussi guerrière. Le Sicilien lui disait : « Le Pape se perd et nous perd, et si l'Église n'était pas immortelle, il la perdrait avec nous ; il est temps de renoncer aux biens de ce monde, sous peine de renoncer à jamais à l'intelligence des choses du ciel. Soyons avides des trésors de la foi, de la direction des âmes et de l'exercice de la charité; laissons aux princes de la terre le gouvernement de la partie fragile et passagère de l'homme; réservons-nous la partie immortelle, le domaine des esprits; c'est sur eux seulement que notre autorité doit s'étendre. Jésus-Christ l'a dit : « Notre empire « n'est pas de ce monde! » Tandis qu'il parlait, ses deux yeux brillaient comme deux flammes de l'Etna ; sa main, osseuse et fine, avait des gestes saccadés qui semblaient vouloir secouer l'inertie du chanoine obèse, dont il tirait à grand'peine quelques monosyllabes objectifs. Je n'ai jamais vu un plus singulier contraste que celui qu'il y avait entre ces deux prêtres : l'un était la doctrine vivante de l'Évangile, l'autre l'incarnation des abus de l'Église. Ce prêtre sicilien suivait l'armée de Garibaldi depuis le commencement de la campagne.

Comme j'arrivais, le 5 octobre, de cette excursion à Caserte, j'eus la visite de la marquise de Villamarina et de sa délicieuse belle-fille qui réunit la grâce d'un portrait de Watteau à la suavité d'une madone de Raphaël. Ces dames m'annoncèrent que le soir même s'embarquaient pour Ancône les notables de Naples qui allaient féliciter le roi Victor-Emmanuel et lui porter les vœux de la ville. Le président de cette députation était porteur d'une lettre admirable que Garibaldi écrivait au roi. M. Michel Baldacchini, dont les précieux renseignements m'avaient été autrefois d'un si grand secours pour mon livre sur Campanella, était un des membres de cette députation. Ainsi il lui fut donné de contribuer à l'édification de la liberté de son pays, après avoir préconisé l'essence même de cette liberté dans ses écrits.

Le lendemain de mon retour à Caserte, je voulus visiter le palais royal de Naples, ce grand monument en briques rouges et jaunes dont les terrasses dominent la perspective du Vésuve. Ces terrasses couvertes de fleurs et d'orangers seraient fort belles si elles descendaient en gradins jusqu'au rivage; mais un singulier caprice de la tyrannie des rois de Naples a fait de la base de ce palais si riant une immense fonderie de canons et de bombes; comme pour étayer leur souveraineté sur les instruments de guerre et de mort. Vaine garantie, parade fanfaronne dont la haine du peuple a fait justice! Ce qui attirait surtout ma curiosité dans cette visite au palais royal, c'étaient les vestiges de la royauté disparue. On trouve dans les objets habituels dont un homme s'entoure, la révélation certaine de ses pensées intimes et de ses passions : dans le cabinet du dernier roi mort, de ce roi que son peuple a surnommé le roi *Bomba*, sont rassemblés une profusion de petits livres, reliés aux armes royales et renfermant autant d'oraisons à chaque saint de l'année; près de ces livres, on voit rangés dans des vitrines, ou bien gisant sur les meubles, toute une série de portraits de Pie IX : peints, gravés, photographiés, en sculpture et en camées; vis-à-vis du bureau est un dressoir qui soutient une collection complète de magnifiques pipes turques. Le roi mort fumait sans cesse; il se grisait de tabac, quelquefois même d'opium. Il aimait la torpeur dans la dévotion. Le cabinet de sa femme, de celle que, devenue veuve, on nomma *reine mère*, m'a fait penser au contraste des deux portraits de la reine Caroline, dont j'ai parlé plus haut. Mais ici le contraste est constaté par le rapprochement des objets dont la reine mère s'entoura aux différentes époques de sa vie : on voit, d'un côté de son cabinet, un piano couvert des partitions les plus célèbres de la musique allemande et italienne, puis un rayon de bibliothèque où sont les poëtes. Jeune et nouvelle mariée, l'Autrichienne gardait dans l'âme un peu d'idéal allemand; mais mère, et mère ambitieuse, inféodée à la politique d'un roi despote, elle cherche bientôt dans le bigotisme une assiette à sa conscience; elle demande aux reliques, aux ex-voto, aux légendes, une sécurité dans le mal et dans la tyrannie, que les voix sincères des poëtes et les chants émus des musiciens ne pouvaient lui donner. Elle entasse alors autour d'elle un amas de puérilités religieuses. Son oratoire en regorge, et, dans les chambres attenantes, les petits lits de ses huit enfants en sont obstrués. A la tête et au pied de ces lits sont groupés des Jésus en cire à chevelure de filasse blonde, des ossements de saints enchâssés dans du clinquant, des chapelets, des médailles, des rameaux bénits, des fioles remplies d'eaux miraculeuses, des lambeaux de vêtements de martyrs, des dents et des cheveux de missionnaires crucifiés, enfin toutes les défroques des sacristies et des couvents.

Le cabinet de la jeune reine est exempt de cet attirail : on y trouve, parmi les petits meubles exquis de Giroux et de Barbedienne, toute l'immortelle pléiade des poëtes allemands. Mais, dans le cabinet du mari, de François II, *du roi de Gaëte*, comme l'appelait désormais le peuple de Naples, pas un livre, pas une carte, rien de ce qui dénote l'être intelligent. Près d'un bureau j'ai trouvé un crachoir et sur ce bureau des feuilles de papier à bordures coloriées, puis la plume qui servait aux signatures, puis un numéro du journal officiel de Naples encore sous bande; c'est le numéro du 5 septembre au soir, du jour même où le roi s'est enfui de Naples; il renferme la proclamation d'adieu rédigée avec une sensibilité de rhéteur par Liborio Romano. J'aurai bientôt occasion de parler de ce ministre libéral du dernier roi, qui se perdit de réputation en étant utile à son pays : le despotisme justifie la déloyauté; mieux vaut pourtant la mort, la guerre ouverte, que de telles embûches.

De chaque côté du buvard de François II, je remarque deux énormes cornets de pralines et de dragées longues (bonbons au cédrat qu'on nomme en Italie bergamasques), que ce prince enfantin aimait avec passion.

Voilà comment les races finissent.

Les appartements de réception sont fort riches, plusieurs salons ont encore des ameublements du temps de Murat et renferment des portraits de ce roi. De très-beaux vases de porcelaine de Sèvres les décorent. Les portes en bois, dorées, ornées de peintures de fleurs, d'oiseaux et de figurines, contrastent par leur splendeur avec les parquets en pierres rouges cirées. La salle du trône est tendue de velours pourpre à semis de fleurs de lis d'or et d'argent.

Dans un salon, je suis éblouie par un magnifique buste de Marc Aurèle et une tête d'Érigone trouvés à Herculanum; ce sont deux des plus beaux bronzes antiques que j'aie vus. La salle de bal, moderne, est revêtue de glaces et de damas jaune; elle aboutit, singulier passage pour une galerie de fêtes, à une chambre toute en marbre blanc appelée *camera dei Morti*. C'est là qu'on déposait les corps des rois et des reines avant leur inhumation.

Au second étage, où se trouvent l'appartement de la reine mère et celui de Ferdinand II, dont j'ai parlé, est une bibliothèque fort belle, suivie d'un cabinet de physique. Pour ces rois Bourbons, ignorants, cruels et dévots, livres et instruments de science n'étaient qu'une décoration vaine. Je descends par l'escalier d'honneur, un des plus vastes et des plus somptueux qui existent. Derrière le palais, dans une aile en retour, est le grand théâtre San Carlo, puis une galerie qui aboutit au jardin clos d'une grille superbe. Une allée me conduit à une terrasse qui communique avec la forteresse de *Castel Nuovo*, dont les cinq tours du treizième siècle et l'arc de triomphe du quinzième formaient une grandiose décoration. Ce fort était comme le gardien du palais des rois despotes. Malgré les souvenirs de meurtre et d'esclavage qu'il rappelait, je regrette qu'on l'ait abattu. Il faut conserver les vieux monuments quels qu'ils soient; ils racontent l'histoire. Les bastions de la tyrannie sont sans danger pour un peuple libre. En sortant du jardin je traverse plusieurs cours du palais; dans l'une sont rangées les voitures de la cour, sur les panneaux desquelles on substitue en ce moment la croix de Savoie aux fleurs de lis.

Ce palais fermé, désert et muet, va se rouvrir, se repeupler et s'animer; il attend un hôte nouveau, un hôte digne de sa grandeur et de la majesté de la vue de ce golfe de Naples, merveille du monde. C'est l'hôte de l'Italie entière, l'hôte pour lequel déjà se sont ouverts et parés le palais archiducal de Milan, celui des Farnèse à Parme, celui des princes d'Este à Modène; celui du Pape (*S. Michele in Bosco*) à Bologne; celui d'Éléonore à Ferrare; celui *della Signoria* à Sienne; celui du *Cambio* à Pérouse, et l'immortel palais *Pitti* à Florence, tout rayonnant des chefs-d'œuvre de l'art; c'est l'hôte enfin qui trônera un jour dans le palais du Vatican de Rome et dans le palais des Doges de Venise! c'est Victor-Emmanuel, c'est l'Italie, unie, forte, héroïque, se personnifiant dans son roi!

Il approchait de Naples à la tête de son armée victorieuse, qui en huit jours avait délivré les États du pape et fait prisonnier Lamoricière. Déjà arrivaient par mer les détachements des nombreux bataillons piémontais; ils marchaient aussitôt sur Maddaloni, sur Caserte et sur Sainte-Marie; ces soldats fraternisaient avec les lég..

de l'indépendance; bientôt ils ne formèrent plus qu'une seule armée.

A Naples, on recueillait, avide, tous les détails du drame mémorable qui s'accomplissait; les rencontres dans les rues, celles dans les musées, aux théâtres ou à table d'hôte formaient autant d'épisodes qu'il ne faut pas dédaigner.

Le 8 octobre, je vis venir à moi, dans la rue de Tolède, M. Auguste Vecchy et d'autres officiers : « *Siete una buona signora!* » me dirent-ils en me serrant la main, c'est ainsi qu'ils me remerciaient du peu que j'avais fait aux hôpitaux de Caserte et de Sainte-Marie.

Le 9, dînait à table d'hôte une mère qui arrivait de Venise, elle était en quête de son fils, volontaire de Garibaldi : est-il mort ou vivant? que de tribulations elle a subies, la pauvre mère! Tracasseries de la police autrichienne, tempête sur mer, incertitude cruelle et qui dura plusieurs jours! Mais enfin son fils est retrouvé, il vit, une joie immense submerge toutes ses douleurs.

Le 10, les décharges d'artillerie et les fanfares annoncèrent un nouveau débarquement de troupes, c'était le vainqueur d'Ancône, l'amiral Persano qui revenait à Naples et y amenait des soldats piémontais; il descendit à l'hôtel de Rome, ou je logeais, et le soir, en dînant, il me raconta comment Lamoricière s'était rendu prisonnier à son bord; il parlait du vaincu avec l'exquise indulgence, la générosité et la politesse d'un gentilhomme.

Lamoricière avait prématurément vieilli, ses cheveux grisonnaient, sa taille était lourde et sa physionomie commune; il affectait une brusquerie tranchante de *faux bonhomme*; il avait l'outrecuidance de la défaite, il rejetait la sienne sur la fatalité. Il exposait avec un orgueil inimaginable ses plans de campagne et les justifiait : il n'avait point vaincu, mais il devait vaincre. Des voyageurs qui arrivaient par le bateau à vapeur des Messageries impériales françaises, avaient la veille déposé le général à Civita-Vecchia; ils avaient constaté sa superbe; relâché sur parole, il s'en retournait à Rome.

L'amiral Persano, le soir même de son arrivée à Naples, se rendit à Caserte pour y voir Garibaldi; il le trouva endormi sur son lit de camp, dans le modeste entre-sol qu'il habitait dans l'aile droite du palais. Conquérant de deux royaumes, il ne voulait pas même d'une chambre d'honneur dans les résidences royales; trois de ses officiers dormaient aussi dans une pièce à côté. Ils se levèrent pour introduire l'amiral auprès du Dictateur. Ces deux grands citoyens de l'Italie libre concertèrent ensemble un plan d'attaque et décidèrent le blocus de Gaëte. Mais quelques jours après nous apprîmes que les puissances européennes s'opposaient à ce blocus et que l'amiral français, en croisière devant Gaëte, était allé à la tête de son état-major, rendre visite au roi François II.

En dehors de sa célébrité, l'amiral Persano plaît et attire; il est grand et svelte, sa figure est distinguée, sa physionomie est expressive, ses yeux pétillent d'esprit; il parle le plus pur français; marié à une charmante Anglaise, il a un fils unique de dix-sept ans, qui est le portrait vivant de sa mère et qui déjà est le lieutenant de son père.

Ce ne furent pas seulement des troupes piémontaises qui débarquèrent à Naples durant cette première quinzaine d'octobre. Le 14, un dimanche au matin, le rivage de Sainte-Lucie retentit du chant national anglais, les vieux murs du *château de l'Œuf* furent ébranlés par le *God save the queen* : quinze cents Anglais, beaux, grands, robustes, irréprochables de tenue, venaient compléter le régiment du valeureux colonel Pear; ils portaient l'éclatant uniforme garibaldien, rehaussé de broderies d'or. Dans leurs rangs se trouvaient un fils de lord Seymour, un fils de lady Campbell et le jeune Alfred Edelman de Monteiro, italien par sa mère, anglais par son père, ce hardi volontaire s'était vaillamment battu à Milazzo, à Melito et à Reggio.

Le lendemain de son débarquement, la légion anglaise partit pour Caserte et alla camper sous les hauteurs de Sant'Angelo; le jour suivant elle recevait le baptême de sang.

Cependant M. de Villamarina s'était rendu auprès du roi Victor-Emmanuel pour hâter son arrivée à Naples. Quand le roi l'aperçut, il lui dit en riant :

« Eh bien! donc, le 1er octobre, sans mon consentement, vous avez envoyé nos soldats au feu?

— Ai-je donc si mal fait, sire! répliqua le marquis.

— Oh! pour cela, non, repartit le roi énergiquement, et je n'ai qu'un regret, c'est de ne pas m'être trouvé là pour les commander. »

La persistance du roi de Gaëte à ensanglanter le pays nécessitait pour en finir la jonction des deux armées. Le brave colonel Cattabene, fait prisonnier par les royaux dans la terrible journée de Cajazzo, fut échangé, le 10 octobre, contre un prisonnier de l'armée bourbonienne. Le 15, il me fit visite et m'assura que le roi François II avait encore une armée de cinquante à soixante mille hommes. Mais incessamment une attaque générale et victorieuse se préparait sur toutes les lignes, du côté des Italiens. Cialdini devait surprendre l'ennemi par derrière, tandis que Garibaldi le harcelait par devant.

Toutes les forces de l'Italie, toutes ses capacités, l'intelligence et l'action, se confondaient avec une entente parfaite pour le triomphe de l'unité et de la liberté. On faisait taire toutes les vanités, les griefs et les intérêts particuliers; on ne se préoccupait que du bien du pays, de sa moralité, de sa gloire; les uns sur le champ de bataille, les autres dans l'arène de la politique. Tandis que la grandeur d'âme du roi et celle de Garibaldi éclataient à la tête des armées, la même grandeur d'âme se révélait en M. de Cavour dans les deux mémorables discours qu'il prononçait devant les deux Chambres. Ces hardies et rassurantes paroles furent la surprise et l'admiration du monde, comme elles le seront de l'histoire; quelle habileté, quel patriotisme, quelle sérénité montra ce grand esprit à cette heure anxieuse!

Honte à ceux qui, ne comprenant pas ce que cette heure avait de solennel et de décisif pour l'Italie, tentèrent de semer le soupçon et la division entre ces nobles cœurs et ces intelligences généreuses! C'était méconnaître l'intervention de Dieu même, qui, successivement, s'était manifestée dans l'apparition de ces hommes suscités pour concourir, avec leur foi, leur dévouement et leur martyre, à la résurrection de l'Italie. Hommage à tous ceux qui participèrent à l'œuvre immortelle : hommage aux victimes du Spielberg! hommage aux frères Bandiera! hommage à Poërio! hommage à Mazzini! hommage à Menotti! hommage à Santa-Rosa ! Hommage à ce roi qui, mort dans l'exil et sur un lit de cendre, a légué à son fils la réalisation d'un rêve trahi, remords de sa jeunesse! Hommage à Cavour qui, le premier, introduisit dans les conseils des souverains de l'Europe le germe vivace des droits de son pays! Ce germe a poussé, il a grandi, il s'est fait colosse, il vit, il combat, il triomphe, il parle haut au monde surpris! Hommage à Manin, qui, en mourant, a dit à Venise : « Fille glorieuse, soumets-toi à la patrie commune! » Hommage à Farini, qui a groupé trois provinces au giron de la mère-patrie! Hommage à Ricasoli, qui a voulu que la Toscane fût la grâce et la poésie de l'Italie guerrière! Hommage aux cités et aux provinces qui vaillamment ont brisé leurs fers! à Pérouse, à Ancône, aux Marches et à l'Ombrie! Hommage à Rome, qui attend et espère, et par-dessus tout hommage au libérateur de deux royaumes! hommage au téméraire, au pur, au simple, au juste, à l'inspiré, hommage à Garibaldi! hommage au héros en qui l'âme du peuple italien s'incarne! Hommage enfin au roi, lien et couronnement de ce faisceau formidable, au roi, force et majesté visible de la nation, et garant de ses destinées devant le monde!

O Italie! ne permets pas qu'on touche à un seul des glorieux rameurs de ton arche sainte, ne souffre pas qu'ils s'insultent ou se méconnaissent entre eux, n'imite pas la faiblesse fatale de la France, où les désastres ont suivi les divisions, où l'étouffement de la liberté a suivi la licence! Sois comme la jeune Amérique de Franklin et de Washington, unie et digne, reconnaissante et respectueuse envers ceux qui t'ont fait revivre et t'ont rétablie à ton rang, ô reine du monde!

V

Il était fort difficile et presque impossible de visiter un lendemain de combat les avant-postes de l'armée italienne. D'ailleurs, j'ai dit dans quel but je m'étais rendue deux fois à Caserte et à Sainte-Marie; je n'avais pu aller plus loin, et il me restait une immense curiosité de voir Sant'Angelo, ce petit village autrefois si paisible et qui depuis un mois avait été le théâtre de tant de luttes sanglantes. Que de vaillants étaient tombés dans ses ravins et dans ses champs d'oliviers!

Nous étions arrivés au 20 octobre, c'est-à-dire à la veille du vote du plébiscite; depuis quelques jours une sorte de mollesse se faisait sentir dans l'attaque et la défense de Capoue, il n'y avait plus de part et d'autre que de légères escarmouches; les bataillons de Garibaldi semblaient attendre, pour frapper un coup décisif, l'arrivée des troupes royales conduites par Victor-Emmanuel; le vote populaire était comme la consécration de l'accord de ces deux armées qui allaient se confondre. Je profitai de cette espèce de suspension d'armes pour aller coucher à Caserte le samedi 20 octobre. Trois voyageurs qui logeaient dans le même hôtel que moi. M. George Lévy, banquier à Alexandrie, M. Estéve et M. Bendix, chimistes de Paris, devaient me rejoindre en voiture le jour suivant dans la matinée et me conduire aux avant-postes ; je savais que tous mes amis, officiers de Garibaldi, étaient consignés pour le vote du lendemain et ne pourraient quitter Caserte.

J'étais montée dans le seul wagon de première classe du départ de deux heures, lorsque je m'aperçus qu'il était complètement plein. M. Alfred Edelman de Monteiro qui était au nombre des voyageurs, se leva, me donna sa place et s'assit sur une sacoche d'argent ; c'était la paye du régiment anglais que ce jeune officier venait de retirer au ministère de la guerre et qu'il allait porter au quartier de Sant'Angelo.

Je me trouvai placée à côté d'un colonel polonais qui servait dans l'armée de Garibaldi et qui se rendait aux avant-postes de Sainte-Marie ; il avait fait ses premières armes sous le brave général Pelletier, dont le souvenir l'enflammait encore dans les batailles présentes. Je lui parlai des deux charmantes filles du glorieux général qui avaient entouré sa vieillesse de tant de tendresse, d'esprit et de poésie. Le colonel me fit remarquer dans un angle du wagon une dame enveloppée d'un grand burnous de soie noire ; son visage avait une expression sévère et triste ; ses traits réguliers étaient encadrés de boucles soyeuses et blanches.

M'entendant causer en français avec le colonel, elle me demanda dans la même langue quelques renseignements. C'était lady Dorothea Campbell ; j'ai déjà nommé son fils en parlant de la légion anglaise ; il était arrivé un des premiers et avait rejoint Garibaldi dès le commencement du siège de Capoue. Sa mère, comme pour le sauvegarder par son amour, avait quitté Londres, ses habitudes de luxe et de confort, et était venue s'établir à Naples. Chaque semaine, elle allait au camp porter à son fils de quoi se nourrir et se vêtir. Je fus profondément touchée à l'aspect de cette grande dame à qui le dévouement maternel faisait oublier l'extrême fatigue et parfois le danger de ces excursions. Ce jour-là, elle craignait avec raison de ne pas trouver à Caserte une voiture qui la conduisit à Sant'Angelo le soir même. Je lui présentai M. Edelman de Monteiro. Il se rendait justement au quartier des Anglais, et il offrit à lady Campbell une place dans sa voiture. En me séparant de lady Campbell, je convins avec elle que je l'attendrais le soir, à neuf heures, devant la grande porte du palais, et que si elle ne pouvait retourner coucher à Naples, elle partagerait ma chambre.

Le palais était devenu presque désert. Les grilles en étaient closes, les cours tranquilles. Ce n'était plus ce désordre accidenté et ce bruit d'armes d'un bivac que j'y avais trouvés après les combats du 1er et du 2 octobre. Je dormis d'un sommeil paisible, et le lendemain, à l'heure fixée d'avance entre nous, je rencontrai, dans l'une des cours du palais, mes trois compagnons de table d'hôte, avec qui je devais me rendre au camp. Nous montâmes en voiture et nous parcourûmes Caserte, en fête pour le vote du plébiscite. Les gardes nationaux, bannières déployées et musique en tête, défilaient dans les rues ; les fenêtres étaient pavoisées ; mais ce qui décorait et égayait surtout la petite ville, c'étaient les lignes de soldats garibaldiens, précédés de leurs officiers en grande tenue, qui allaient voter en chantant l'hymne de combat. Nous vîmes passer à cheval le valeureux colonel Spangaro, de Milan, entouré d'un brillant état-major. L'un de mes compagnons d'excursion était l'ami du colonel ; il me le présenta. Je fus heureuse de serrer la main de ce brave, qui s'était héroïquement battu dans la terrible journée du 1er octobre, et avait mérité les paroles suivantes dans un ordre du jour de Garibaldi : « Je suis bien content de vous, de vos officiers et de vos soldats ; une grande part de la gloire de cette journée est due à votre courage et à l'amour que vous portez à la cause de l'Italie. »

Le colonel nous engagea à dîner, pour le retour de notre promenade, à Sant'Angelo. Comme nous le quittions, Garibaldi, qui se rendait à Naples, passa en voiture auprès de nous ; ces messieurs s'élancèrent et baisèrent la main du héros ; je le saluai, il me sourit, et me fit un signe amical de sa tête grave et pensive.

Munis d'un sauf-conduit pour les avant-postes, nous traversâmes rapidement Santa Maria, que j'avais vue si triste le 3 octobre ; comme Caserte, ce village était en fête et votait le plébiscite qui unissait le royaume de Naples à la libre Italie.

Ces messieurs avaient rempli les caissons de la voiture de cigares et de bouteilles de vin, de viandes froides et de fruits destinés aux soldats et aux officiers, car au bivac on ne dédaigne point ces attentions du hasard. Nous fîmes notre première distribution en sortant de Sainte-Marie, à des soldats d'infanterie piémontaise fumà au soleil, assis sur la paille qui leur avait servi de lit durant la nuit. — Aussitôt, comme pour nous remercier, un brigadier détacha d'un mur de clôture un petit imprimé, qu'il nous présenta au bout de sa baïonnette : c'était une dépêche télégraphique du général Cialdini, qui annonçait une défaite des royaux. Le vainqueur de Lamoricière venait de faire prisonnier un général et huit cents soldats bourbonniens.

Nous étions partis par une journée magnifique ; tous les rayonnements du ciel de Naples étaient répandus sur une campagne encore verte. La voiture suivait une large route sablée et bordée, à droite et à gauche, par des champs d'oliviers séculaires.

Les arbres de droite s'échelonnaient jusque sur les premiers plans de hautes montagnes qui découpent dans les airs leurs crêtes superbes. La légion anglaise campait à gauche, près d'une maison blanche. Nous trouvâmes d'abord à droite un détachement d'infanterie piémontaise, puis un autre de bersagliers, et enfin le bataillon d'artillerie commandé par le capitaine Savio. Justement il était là debout, au milieu des canons épars, et donnant quelques ordres. Il fut très-étonné en m'apercevant. Je le trouvai maigri et pâli. Ce n'était pas seulement vingt-trois jours de bivac qui l'avaient ainsi changé. Son frère, son compagnon et son ami, avait été tué au siége d'Ancône ; il était mort dans une action héroïque que tous les journaux avaient racontée. Mais qu'est la gloire (la gloire, hélas ! passagère) pour compenser la perte des affections qui sont une part de notre vie même et que le sort brise tout à coup ! Contre de pareilles douleurs il n'y a pour le soldat que le mouvement de la guerre, et pour l'artiste que l'étourdissement du labeur de la pensée. Je serrai la main du capitaine Savio, et, pour le distraire un moment de ce malheur si grand, je l'engageai à nous accompagner sur les hauteurs de Sant'Angelo, couronnées par plusieurs batteries de canons. Il me répondit qu'il nous rejoindrait bientôt. Nous quittâmes le campement des artilleurs en y laissant quelques bouteilles de vin, des cigares et des fruits.

La voiture tourna à droite, dans une espèce de gorge, et nous conduisit jusqu'aux premières maisons du petit village de Sant'Angelo, presque entièrement abandonné de ses habitants ; les plus vieux et les plus jeunes étaient seuls restés dans les masures les moins exposées. Quelques petits mendiants sortaient des portes et des broussailles pour nous demander l'aumône. Une vieille femme au chef branlant et aux cheveux emmêlés et jaunâtres, comme le chanvre de sa quenouille, filait au soleil sous un figuier. La voiture dut s'arrêter devant la petite église close du hameau, où nous prîmes un guide pour nous conduire sur les hauteurs, en suivant des sentiers presque impraticables. Il y avait une autre route plus large mais plus longue, par laquelle la voiture pouvait se rendre jusqu'aux derniers plateaux du roc. Cette route avait été frayée par les artilleurs; l'étroit sentier que nous suivions l'avait été par les chevriers. Nous venions de dépasser une maison blanche un peu plus grande que les autres misérables habitations de ce village : c'était de cette maison que Garibaldi dirigeait chaque jour les opérations du siége, et pointait sa lunette sur Capoue.

Nous poursuivions notre marche haletante, quand je vis venir à nous, à travers rocs, le capitaine Savio, monté sur un cheval fougueux. L'animal s'élança avec dextérité jusqu'à nous; mais tout à coup il se cabra et sembla vouloir se précipiter dans l'abime qui bordait le sentier. Déjà ses deux sabots de devant se levaient dans le vide; c'en était fait du capitaine Savio, si son admirable sang-froid ne l'avait pas sauvé; il se rejeta lestement du côté de la montagne où nous marchions, puis il aida le guide à remettre le cheval sur ses pieds. Comme je le complimentais de sa présence d'esprit, il me dit avec un mélancolique sourire : « Quoi d'étonnant, madame, nous vivons en compagnie habituelle de la mort et du danger, et nous devons les traiter cavalièrement. Tenez, ajouta-t-il, nous voici précisément arrivés à l'endroit où commença l'attaque des royaux le 1ᵉʳ octobre. Garibaldi était parti avant le jour de Caserte, et m'avait fait asseoir près de lui dans sa voiture, continua le capitaine Savio. Nous étions suivis d'un détachement de garibaldiens et de mes vingt artilleurs conduisant quatre batteries. L'aube blanchissait comme nous franchissions la côte de Sant'Angelo. Nous n'apercevions pas les royaux embusqués dans les ravins et sous les arbres. Tout à coup une décharge nourrie nous révéla leur présence. Nous nous élançâmes tous de la voiture l'épée à la main, Garibaldi le premier et le plus rapide. Pour animer les soldats, il criait : *Vive l'Italie!* et *Vive Garibaldi!* Il savait que son nom magique faisait reculer l'ennemi et centuplait la force des siens. Les morts tombaient des deux côtés : ces pierres et ces broussailles qui sont là devant vous en étaient jonchées. Nous nous battions en chancelant sur les pentes glissantes, comme des hommes ivres, et en effet nous étions ivres de la frénésie acharnée des combats; c'était une lutte souvent corps à corps, où l'on s'étreignait pour s'étouffer. Mes artilleurs avaient pointé leurs quatre pièces et faisaient des trouées profondes dans les rangs ennemis. Bientôt la bataille devint générale sur toutes les lignes. Le reste de l'artillerie arriva. Les bersagliers et l'infanterie piémontaise renforcèrent les régiments garibaldiens. »

Tandis que le capitaine Savio me racontait le début de cette journée sanglante, nous parvenions au sommet de la montagne. Sur le plus haut mamelon étaient encore quatre canons piémontais; les artilleurs, penchés sur leurs pièces, lançaient des obus sur la rive droite du Volturne, toujours occupée par les royaux. La rive gauche du fleuve serpentait au-dessous de nous au pied des rocs. Les soldats royaux, abrités derrière une grande ferme, ripostaient aux artilleurs piémontais. Plusieurs bombes vinrent s'abattre à quelques pas de nous. Nous dominions toute la vaste plaine où Capoue est située. Nous voyions les dômes, les édifices, les maisons, les jardins, les terrasses de la ville gracieuse groupée au bord du Volturne. A l'horizon s'étendait la mer bleue, qui se confondait presque avec le ciel. A gauche, au dernier plan, se dessinait un grand roc qui s'avançait en pointe sur le rivage. C'était Gaëte, dernier antre de la tyrannie expirante. La plaine que mon regard embrassait était fraîche et riante, toute parsemée de villas et de petits hameaux.

Les dévastations commises par les royaux ne s'apercevaient point à distance. Les pièces d'artillerie continuaient à tirer d'une rive à l'autre. Je touchais aux canons piémontais, chauds et fumants encore. Le temps était splendide, la vie partout; je ne sais pourquoi, par cette belle journée, ce jeu guerrier ne m'effrayait point. Il me semblait que ces obus ne pouvaient m'atteindre, et d'ailleurs, mourir ainsi m'eût paru moins sombre que mourir à Paris, par un temps de brouillard. La mort en pleine lumière est mon vœu le plus fervent. Je sens de plus en plus mon origine grecque[1]. Cependant, si une grande bataille s'était tout à coup livrée dans

---

[1]
Mes aïeux ont baigné leurs flancs dans l'Ilissus;
Du sang des Phocéens mes pères sont conçus,
Et mon cœur a gardé de la race première
Le triple amour de l'art, du beau, de la lumière,

ai-je dit dans des vers sur Arles, cette antique colonie de Phocéens où sont nées ma grand'mère et ma mère.

cette plaine, au-dessous de moi, si la terre s'était couverte instantanément de cadavres, la splendeur du ciel et le calme de la nature m'auraient semblé une dérision de l'implacable Inconnu...

J'aurais voulu rester jusqu'à la nuit sur ces hauteurs et y voir l'effet de la lueur des bombes dans l'obscurité; mais le dîner du colonel Spangaro nous attendait. Nous descendîmes par la route large, praticable aux voitures, dont j'ai parlé, et nous fîmes un détour à gauche pour visiter la petite église de Sant'Angelo. Comme nous en approchions, nous entendîmes des gémissements; nous entrâmes, et nous vîmes trois soldats anglais blessés, oubliés depuis vingt-quatre heures dans la nef abandonnée. Mes compagnons de route les ranimèrent avec un peu d'excellent vin, et leur laissèrent des fruits pour étancher leur soif; leurs blessures n'étaient pas graves, et ils nous dirent : « Au revoir! » avec confiance. Nous nous séparâmes à regret du capitaine Savio. En serrant sa main, je fus saisie d'un pressentiment. La pâleur de son visage était telle qu'on l'eût dit frappé de mort. Je pensais à sa mère déjà désespérée. Si cet autre fils allait rejoindre son frère, que deviendrait-elle? Cette impression funèbre me suivit jusqu'à Caserte. J'en fus distraite par le dîner du colonel Spangaro. Il y avait parmi ses hôtes le commissaire des guerres Marinoni, dont l'esprit vif et la bienveillance cordiale résistaient à toutes les fatigues et à tous les dangers; puis l'aide de camp du colonel, un officier polonais dont la distinction me frappa, et dont le nom m'échappe; citadin de Paris, avant qu'il ne fût soldat de l'indépendance, il a connu toutes nos élégances : nos salons, nos théâtres, et ce luxe sans frein dont l'extension toujours croissante absorbe tout idéal et immobilise le cœur et l'esprit. Le jeune officier polonais convenait avec moi que le spectacle que nous donnait en ce moment l'Italie était plus grand, plus pur, plus émouvant que toutes les merveilles et toutes les curiosités matérielles dont Paris est devenu le centre.

Le colonel Spangaro a une tête expressive et belle qui porte la noble empreinte de ses sentiments habituels. Nous le quittâmes en emportant la promesse de sa visite à Naples.

Il était neuf heures quand nous partîmes de Caserte. La voiture, plus rapide que les locomotives en désarroi, glissa dans la grande avenue royale, en face du palais. Cette avenue avait quelque chose de féerique à la lueur d'une de ces nuits d'Italie qui projettent sur la nature une teinte à la fois nacrée et irisée. Jusqu'à Naples l'ancienne route royale est superbe; elle offre tout à coup des coins de paysage où l'on voudrait vivre; des villas capricieusement situées, des pins en parasol groupés comme dans un décor de théâtre; des rochers couverts de la plus riche végétation.

Nous rentrâmes à Naples du côté de *Capodimonte*; tous les monuments, et toutes les rues étaient illuminés; des bandes joyeuses parcouraient la ville, portant des drapeaux, des torches, et les bustes couronnés de lauriers de Garibaldi et de Victor-Emmanuel; c'était la célébration du vote du Plébiscite, de cet imposant assentiment populaire qui ne faisait plus de l'Italie qu'un seul corps robuste et puissant.

VI

Mon excursion à Sant'Angelo me donna l'idée d'aller visiter le Vésuve. Je remettais chaque jour cette ascension, devenue de plus en plus difficile depuis la dernière éruption du cratère. Mais, après avoir gravi jusqu'au sommet de Sant'Angelo et vu tomber les bombes à côté de moi, il me sembla que j'étais aguerrie; puis je trouvais une sorte de joie féminine, tandis que la guerre était là, près de nous, à prendre aussi ma part volontaire de fatigue et peut-être de danger. On trouvera, dans mes impressions pittoresques qui suivront, le récit technique de cette excursion. Je dirai seulement ici l'espèce de vision qui m'assaillit en traversant ce sinistre et sublime océan de lave aux vagues durcies, plus effrayant et plus sombre que la mer mouvante soulevée par un jour de tempête dans le golfe voisin. Durant mon passage à travers ces solitudes, où l'idée de la fin violente de la terre et des êtres vous heurte à chaque pas, j'éprouvai comme l'écho et le complément de ce que j'avais ressenti le lendemain des combats meurtriers livrés autour de Capoue. A mesure que je m'élevais sur les cascades pétrifiées, en vacillant sur un cheval qui bronchait, je pensais à l'assaut d'énormes fortifications qui défendraient une ville inexpugnable. Derrière moi la baie de Naples, paisible et irisée, s'illuminait des feux du soleil couchant; les îles et les campagnes des deux rives souriaient sous la lumière qui les caressait. C'était bien la beauté calme et l'inerte indifférence de la nature en face d'une bataille sanglante : qu'importe à la terre la destruction et la mort?

Parfois je tournais la tête pour regarder le golfe et j'étais ravie; je poursuivais mon escalade, haletante, et soudain la fantasmagorie d'une mêlée acharnée au milieu des décombres fumants de rocs et de précipices me revenait à l'esprit; au lieu d'aller lentement et en hésitant, ainsi que ma tranquille monture, les chevaux, furieux comme les combattants, se précipitaient et s'élançaient, naseaux ouverts, crins hérissés; les blessures ne les arrêtaient pas plus qu'elles n'arrêtaient les hommes, sur lesquels ils piétinaient; le cri suprême des soldats expirants se confondaient avec le dernier hennissement des bêtes. Cependant les plus forts, les plus heureux, les prédestinés du hasard montaient toujours, traversant des flots de sang et des montagnes de chairs déchirées; ils parvenaient enfin devant la ville conquise, ville merveilleuse trônant sur ces hauteurs formidables. Mais, comme ils arrivaient triomphants, embouchant les trompettes et sonnant des fanfares, tout à coup, la ville prise devenait flamme; ses places, ses rues, aux maisons alignées, ses terrasses, ses dômes, ses péristyles, ses aqueducs, ses arcs de triomphe, ses pyramides et ses colonnes oscillaient dans un embrasement général; les arbres des jardins et des avenues petillaient et dessinaient dans l'air sombre leur feuillage lumineux; au lieu d'eau, les fontaines versaient du feu, et les vainqueurs eux-mêmes, en entrant dans cette cité qui brûlait de toutes parts, devenaient des charbons ardents, s'amoncelaient et s'agitaient un moment sous les portiques, puis, chancelant, allaient s'engloutir dans l'immense fournaise.

Non, ce n'était pas là une vision qui me poursuivait; c'était une réalité superbe et terrible, à laquelle je touchais. En s'échappant des crevasses du volcan, les caprices de la lave décrivaient véritablement devant moi cette vaste cité incendiée que je peuplais d'assaillants et d'assiégés. On eût dit la Rome de Néron se consumant dans la nuit : quelles tours majestueuses! quels remparts énormes! quels temples! quels forums! quels cirques! ils brûlaient sans trêve, et pourtant ils restaient entiers et debout; n'allaient-ils pas tout à coup s'effondrer et tomber en cendres? Par quel miracle cette ville en flammes durait-elle toujours? N'était-ce pas là l'emblème de la destruction et de la guerre, par qui tout meurt, et qui se perpétuent de siècle en siècle? « La vie naît de la mort, » a dit Platon.

On croirait qu'un souffle intelligent circule dans cette cité que modèle la lave; elle se conserve intacte comme l'amiante qu'aucun feu ne peut dissoudre. Cependant elle est déserte. Où donc sont cachés les vainqueurs et les vaincus? Où sont tombés les combattants qui l'ont prise d'assaut? Cherchons! cherchons! leur tombe est peut-être dans ce dernier fort titanique qui gronde et tonne sur ma tête. A mon tour, je monte à l'escalade; j'entends comme une artillerie souterraine et formidable qui retentit au-dessus de moi; je gravis jusqu'au cratère. Altérée d'inconnu et d'infini, j'appuie mes lèvres au bord de l'immense bouche qui flamboie; je suis enveloppée par la fumée brûlante, diaprée de quelques jets lumineux. Les clameurs incommensurables de l'abîme s'élèvent vers moi; ce sont des détonations qui s'enroulent comme feraient les jeux de voix d'un géant. Je crois entendre dans cette rumeur sans trêve tous les gémissements et toutes les plaintes des héros inconnus morts pour la liberté. Le vertige de l'abîme me saisit et m'attire; je m'en détourne avec épouvante; mes lèvres desséchées se soulèvent; elles se tendent aux étoiles et aspirent l'air froid de la nuit. Au bas d'un des versants extérieurs du cratère, j'aperçois des solitudes immenses séparées du reste du monde par des montagnes de lave [1]. Je m'y précipite à travers les cendres, qui s'éboulent sur moi comme pour m'ensevelir. Là, pas un murmure humain ne parvient; je crois marcher dans le vaste et sévère cimetière de tous ceux que la guerre a violemment retranchés de la vie. C'est la tombe superbe et désolée qui convient aux gloires déçues et aux renommées anéanties; où la nature est sans écho, la tristesse des ombres oubliées est moins amère.

Sous les fleurs, les gazons d'un vert tendre et les marbres enjolivés du *Campo Santo* de Naples, en face du golfe étincelant de vie, de joie et de lumière, des campagnes qui s'épanouissent en riant, des îles qui semblent chanter l'amour, des nuits rayonnantes où trône la volupté, que deviendriez-vous, mânes héroïques, vous dont les jours prématurément tranchés furent un constant et stoïque sacrifice!

---

[1] Cette chaîne de montagnes se nomme la *Somma*; elle forme un soulèvement circulaire qui enveloppe un grand nombre de volcans.

VII

Cependant le règne du père de tous ces héros pour qui je rêvais ce sublime cimetière, le règne si pur, si désintéressé, si inouï dans l'histoire, le règne de Garibaldi touchait à sa fin. Le 27 octobre, les deux hommes qui, avec un accord merveilleux, avait ressuscité l'Italie, le Dictateur et le Roi, se rencontrèrent près du village de *Santa Agata*. L'armée italienne, en marche depuis plusieurs jours, était arrivée à l'embranchement des deux routes qui viennent de *Venafro* et de *San Germano*. Le général della Rocca, en tête d'une colonne, aperçut un groupe de garibaldiens ; on lui dit que le Dictateur était parmi eux. Le général della Rocca s'approcha et pressa la main héroïque qui avait conquis l'Italie méridionale pour l'offrir à son roi. Le général annonça à Garibaldi que Victor-Emmanuel approchait avec le gros de l'armée. Aussitôt le Dictateur monta à cheval et marcha à la rencontre de l'Élu de l'Italie. Bientôt les deux prédestinés se trouvèrent face à face : le roi était entouré de son état-major, Garibaldi de ses fidèles. Victor-Emmanuel, ému, tendit la main à son ami. Puis ils s'éloignèrent ensemble et, un peu à l'écart de leur suite, ils se parlèrent pendant deux minutes ; pas un mot de ce qu'ils se dirent n'arriva jusqu'aux assistants. Ainsi donc les paroles et les petits discours plus ou moins politiques et étudiés que leur ont prêtés plusieurs journaux, sont dénués de toute vérité. Après ces deux minutes solennelles de conférence, ils rejoignirent l'armée attentive qui s'était un moment arrêtée. Le roi et le héros marchèrent alors côte à côte, causant familièrement, escortés de leurs officiers et suivis du gros des troupes ; ils allèrent ainsi jusqu'à *Teano*.

Les jours suivants, Victor-Emmanuel et le Dictateur se virent souvent à Caserte, à Sainte-Marie et dans les divers villages qui cernent Capoue jusqu'au bord du *Garigliano*.

Le 31 octobre, le Dictateur vint à Naples pour assister à la bénédiction des drapeaux du régiment hongrois sur la place de Saint-François-de-Paule. Devant l'église, en face du palais royal, en vue du Vésuve fumant comme un gigantesque trépied, un autel avait été dressé ; des drapeaux étincelants de broderies d'or se groupaient en faisceaux de chaque côté de l'autel. Ces drapeaux étaient l'ouvrage patient des femmes italiennes. On se fût cru revenu au moyen âge, au temps où les dames châtelaines brodaient des écharpes et des bannières pour les chevaliers; la fille absente de Garibaldi et la marquise Pallavicini, heureuse femme du noble martyr du Spielberg, étaient les deux marraines des drapeaux hongrois. Après la bénédiction des drapeaux, Garibaldi, penché au balcon du palais de la *Foresteria*, parla au peuple du véritable esprit du christianisme, méconnu par la papauté; l'assistance l'applaudit avec amour, puis s'écoula recueillie, emportant l'écho de ses paroles.

Dans l'intérieur du palais, la fête continua; le général Türr, le chef vaillant du régiment hongrois, fit asseoir à une table splendide le Dictateur, son état-major, les principaux officiers hongrois, le marquis et la marquise Pallavicini, le marquis et la marquise Villamarina et quelques dames anglaises. On porta des toasts à l'union de l'Italie libre et de la Hongrie encore esclave. Dans un élan de lyrisme très-noble, mais un peu chimérique, le général Türr dit à la marquise Villamarina : « Avant un an nous ferons Victor-Emmanuel roi de Hongrie. »

Garibaldi, pensif et recueilli comme toujours, écouta plus qu'il ne parla; il semblait méditer; et, selon son habitude, regarder en lui-même. Tout à coup la porte de la salle s'ouvrit, une mendiante fut introduite; c'était une de ces pauvresses des rues de Naples que Garibaldi avait prise en amitié. La vieille en haillons s'approcha du héros; elle l'appela son fils, et l'embrassa; l'homme juste et simple, le vrai chrétien, rendit à l'indigente le baiser de paix et d'égalité, et dit qu'on lui donnât à manger. On eût cru une scène de l'Évangile.

Après ces agapes de gloire, de liberté et de foi, Garibaldi retourna au camp; l'apôtre redevint soldat.

Le soir de ce jour on dansa chez le général Türr, et nous osons dire que ce bal fut de trop dans cette fête. Plusieurs femmes refusèrent d'y assister, car on se battait et on mourait à l'heure même autour de Capoue et au bord du Garigliano. Il fallait être aussi fou de danse que le sont les Hongrois pour essayer de justifier une telle frivolité; justification légère comme cette passion même. Ce ne fut là du reste qu'une faiblesse et une puérilité de cette forte race, qui aime un peu trop la mise en scène de la galanterie : les écharpes brodées et les couronnes tressées par des mains féminines; les anneaux échangés, les serments passionnés et passagers faits aux femmes sur les noms sacrés de patrie et d'honneur; faconde de soldat, hyperboles chevaleresques rappelant involontairement le Phébus de *Notre-Dame-de-Paris*, mais qu'en somme l'héroïsme dans les combats rachète et ennoblit.

VIII

Le lendemain, 1ᵉʳ novembre, jour de la Toussaint, il faisait un temps glacé et pluvieux, inusité sous ce beau ciel de Naples. Une bruyante rafale soufflait sur la mer, qui se gonflait et mugissait; la nature semblait pleurer et plaindre ceux qui allaient mourir. Vers quatre heures, l'orage éclata et s'étendit sur tout l'horizon. J'étais en ce moment chez la marquise de Villamarina. Une dépêche télégraphique parvint à son mari annonçant que le bombardement de Capoue commençait à l'instant même. Le commandement en chef du siège avait été donné au brave général della Rocca, compagnon assidu du roi dans tant de batailles et qui eut encore le bonheur d'avoir son roi pour témoin, lorsqu'il fit ouvrir le feu contre cette ville assiégée vainement depuis plus de six semaines! Voici ce que le général m'écrivit à ce sujet le jour même de la reddition de Capoue, qui subit environ dix heures de bombardement avant d'envoyer un premier parlementaire au général :

« Chère madame,

« Je viens de signer la capitulation que j'ai accordée à la garnison de Capoue il y a à peine une heure. J'ai été heureux de voir tomber aujourd'hui cette forteresse en mon pouvoir, ayant ouvert le feu hier au soir, vers quatre heures, en présence de mon roi, qui avait eu la bonté de venir me faire visite. Je ne voudrais pas recevoir souvent de telles visites, car Sa Majesté, pour parvenir jusqu'ici (sur les hauteurs de Sant'Angelo) s'est mise en voyage toute seule, sans escorte en passant devant Capoue, ouverte sur la rive droite du Volturne, au risque de tomber dans les mains d'une patrouille ennemie. Sa Majesté s'expose tous les jours beaucoup trop, et nous ne pouvons pas lui persuader qu'il est de son devoir de tâcher de ne pas être prise ou tuée par l'ennemi. Vous sentez, madame, quelles seraient les conséquences d'une telle aventure, non-seulement pour le Piémont, mais pour l'Italie et peut-être aussi pour l'Europe entière. »

Le lendemain de la capitulation de Capoue, j'eus la visite du général della Rocca, qui ajouta à ce qu'il m'avait écrit les détails suivants : Le roi resta auprès du général, sur les hauteurs de Sant'-Angelo, jusqu'à six heures du soir ; puis il retourna à son quartier en traversant les lignes ennemies ; le feu ouvert contre Capoue à quatre heures de l'après-midi dura jusqu'à cinq heures du matin ; à cinq heures un quart, un envoyé du général de Corne, commandant la place assiégée, vint demander au général della Rocca s'il consentirait à recevoir des parlementaires. Le général répondit affirmativement ; à sept heures arriva un major bourbonien porteur d'une lettre du général de Corne. Celui-ci demandait une trêve de vingt-quatre heures et un laisser-passer pour un officier des royaux qui irait prendre les ordres du roi François II. Le général della Rocca accueillit cette proposition par un éclat de rire ; il s'écria que sans doute le général de Corne était devenu fou, et menaça le parlementaire de faire à l'instant même recommencer le feu interrompu ; mais, sur la prière et la promesse du parlementaire qu'à huit heures des propositions sérieuses lui seraient apportées, le général prolongea la suspension d'armes ; il voulait d'ailleurs autant que possible épargner une ville italienne. A neuf heures et demie seulement le général Liguori, accompagné de deux aides de camp et porteur de pleins pouvoirs, se présenta au quartier du général della Rocca ; il chercha encore à gagner du temps, et par deux fois s'en retourna à Capoue pour soumettre les clauses de la capitulation au général de Corne : enfin, à trois heures cette capitulation fut signée. Le général della Rocca se détermina à accepter les propositions du commandant de Capoue et à accorder les honneurs militaires à la garnison de cette ville, par trois motifs qu'inspiraient à la fois la prudence et le patriotisme : d'abord, il fallait le plus tôt possible rétablir les communications directes entre Naples et le gros de l'armée italienne campée au bord du Garigliano ; ensuite il eût été affreux de réduire en cendres une ville italienne dont les habitants étaient innocents des excès et des erreurs des troupes bourboniennes ; enfin il ne convenait pas d'avilir onze mille quatre cent vingt-trois soldats[1] qui se rendaient prisonniers et qui allaient être incorporés dans l'armée italienne : les vainqueurs ne pouvaient humilier les vaincus, destinés à redevenir leurs frères.

La nouvelle de cette capitulation causa une joie immense à Naples; ce long siège de Capoue, marqué chaque jour par quelque rencontre sanglante et fratricide, pesait sur le pays comme une incertitude cruelle. Capoue libre, on sentait que Gaëte tomberait bientôt.

Les assaillants ne perdirent qu'un seul homme dans le bombardement de la ville et n'eurent que deux blessés. Du côté des royaux, les pertes furent plus considérables. Parmi les habitants il n'y eut qu'un enfant tué.

La ville pouvait tenir encore; les vainqueurs y trouvèrent un énorme approvisionnement de bestiaux, pour plusieurs millions d'équipements militaires, deux cent quatre-vingt-dix canons, vingt mille fusils, dix mille sabres, quatre-vingts chariots, cinq cents chevaux et mulets, etc., etc.

J'ai dit le chiffre des prisonniers; six généraux se trouvaient parmi eux. Le samedi 3 novembre, lendemain du jour où cette capitulation avait été signée, les prisonniers furent envoyés à Naples. La reddition de Capoue et les dispositions successives prises par le général della Rocca lui firent le plus grand honneur. Les régiments piémontais qui prirent part au siège, furent : le 4⁰ régiment des grenadiers de Lombardie, le 1ᵉʳ et le 2⁰ régiment de la brigade du roi, le 1ᵉʳ et le 16⁰ des *bersaglieri*, deux batteries de campagne, deux compagnies de place, quatre du génie. Dans un ordre du jour plein de convenance et de patriotisme qui suivit la capitulation de Capoue, le général della Rocca remercia Garibaldi du concours actif que lui avaient prêté ses braves volontaires.

Le dimanche (4 novembre) qui suivit la reddition de Capoue, ce furent comme des trains de plaisir de voitures et de toutes sortes d'attelages, qui dès l'aube partirent de Naples pour la ville libérée, redevenue italienne. Je voulus aussi voir cette Capoue guerrière qui, depuis que j'étais à Naples, occupait anxieusement ma pensée : je fis cette excursion en compagnie de M. Mauro, un patriote napolitain ami de Poërio, de sa charmante fille, de M. Joseph Romano, frère de Liborio Romano, et de sa femme, une de ces intelligentes

---

[1] Chiffre exact de la garnison de Capoue.

et enthousiastes Anglaises qui, à l'exemple de lord Byron, ont choisi l'Italie pour patrie adoptive.

Nous arrivâmes à une heure à Sainte-Marie; cette petite ville était triomphante; les soldats piémontais, mêlés aux volontaires garibaldiens, encombraient les rues; ils chantaient, riaient et faisaient des emplettes dans les boutiques; ils avaient cette bonne humeur et cette insouciance qui fortifient contre les fatigues physiques et contre les défaillances morales. Leurs uniformes étaient encore tout poudreux des combats de la veille. Un bersaglier qui passait, chapeau sur l'oreille et plumes au vent, en sifflant un air patriotique, nous conduisit au palais qu'habitait le général della Rocca. Le général venait de partir pour Naples; mais un de ses aides de camp nous signa avec empressement un laisser-passer pour visiter Capoue.

Nous laissâmes à droite le grand cirque romain de la voluptueuse Capoue d'Annibal, et nous traversâmes les premiers travaux de siége élevés en avant de cette arène de marbre. Ici la dévastation de la campagne commençait; tous les arbres de la magnifique avenue qui reliait autrefois Sainte-Marie à Capoue avaient été coupés. Je regardai tristement ces troncs mutilés; il faut si longtemps avant qu'un arbre pousse, grandisse et couvre la terre d'un peu d'ombre! Mais plus tristes encore étaient les petits tertres de terre fraîche nouvellement remuée qui jonchaient çà et là toute la plaine. C'étaient autant de tombes improvisées où les morts avaient été enterrés à la place même où ils étaient tombés. Je pensai aux mères qui forment les enfants de leur sang, les nourrissent de leur lait et les élèvent avec leur amour, et je me répétais avec une émotion plus vive : « Il faut si longtemps pour le développement de l'homme avant qu'il sente, pense, souffre, aime et croie! Puis il meurt tout à coup, la terre l'ensevelit et il ne laisse pas même de lui le vestige que ces arbres coupés laissent sur cette route. »

Ces idées sombres étaient traversées et égayées par le va-et-vient de la route, où les plus étranges voitures se croisaient. Dans les *corricoli*, que j'appellerai volontiers casse-cou, et qui se composent de trois planches posées sur un essieu, s'entassaient pêle-mêle des soldats piémontais, des volontaires garibaldiens, des grisettes napolitaines à la robe voyante, au chapeau discordant, des polissons déguenillés, sans compter les petits mendiants qui s'accrochaient aux roues et dont les cris mêlés aux aboiements de quelques roquets excitaient les chevaux et le cocher. Emportés par le mouvement et les défis qu'ils se lancent en courant, tous ces attelages se provoquent, se dépassent, se heurtent tour à tour, au risque de jeter sur la route leur nombreuse cargaison, qui rit, jase et salue bruyamment, sans souci du danger.

La journée était superbe : le ciel semblait aussi joyeux que tous ces voyageurs bondissants. En approchant de Capoue, nous vîmes à droite, dans un champ dépouillé d'arbres et de culture, un grand nombre de soldats assis près de leurs tentes. Nous franchîmes le double rang de fossés et de remparts qui entourent la ville, et nous entrâmes par une grande porte à l'arche élancée. Jusque-là, à peine avions-nous trouvé quelques traces de bombes. Dans l'intérieur de la ville, les vestiges du siège étaient plus nombreux : les vitres de la plupart des maisons étaient brisées, plusieurs façades avaient des trouées faites par des obus; une bombe était tombée dans le théâtre, une autre dans la sacristie de la cathédrale, une troisième dans le palais du cardinal-archevêque, qui l'un des premiers, dit-on, malgré son dévouement au roi de Gaëte, engagea le général de Corne à capituler.

Oubliant ses terreurs récentes, la population de Capoue était en fête; elle saluait les soldats italiens comme des libérateurs, et, curieuse, questionnait les visiteurs napolitains sur Garibaldi, *sopra il grand uomo!*

Nous traversâmes la ville et passâmes le Volturne sur un beau pont où s'élève une statue de saint Jean en marbre blanc. De ce côté, les fossés, les remparts étaient pleins de bœufs et de chevaux qui paissaient.

Nous nous fîmes conduire en dehors de Capoue, un peu dans la campagne, devant une *bettola* [1] exposée au soleil; nous déjeunâmes là en plein air, avec des provisions que nous avions apportées. L'hôtelier ne put nous donner une seule assiette; c'est à peine s'il trouva deux verres ébréchés échappés seuls, nous dit-il, au pillage des royaux.

Toutes les mouches bourdonnantes d'une journée d'été volaient par essaims autour de nous et montaient en spirale mouvante sur le bleu du ciel; sur ce fond limpide, le demi-cirque des montagnes

---

[1] Petite auberge de campagne, équivalant au *bouchon* français.

qui, au nord, enveloppent Capoue, découpait ses contours avec une netteté sculpturale. Le sommet de Sant'Angelo dépassait les crêtes voisines. Je saluai comme un ami ce mont que j'avais gravi quinze jours auparavant.

Nous traversâmes de nouveau Capoue, dont tous les habitants, assis ou debout sur leurs portes, savouraient la triple fête de la paix, d'un soleil resplendissant et de la liberté. Avant de regagner Sainte-Marie, nous nous arrêtâmes au Cirque Antique. Cette arène majestueuse était, assure-t-on, plus vaste que le Colisée de Rome. Presque tous les gradins en sont détruits; les fragments d'arcades qui restent de l'enceinte extérieure se marient avec les arbres et la végétation, et produisent un grand effet. La partie la mieux conservée est l'hémicycle épargné par la marche lente et destructive des siècles. On descend par des couloirs en pente et l'on pénètre dans d'admirables constructions souterraines. Les chambres des bêtes et des gladiateurs sont intactes; les corridors qui y conduisent sont jonchés de débris de colonnes, de chapiteaux corinthiens, de torses, de bras et de jambes de statues. J'emportai avec moi un de ces fragments épars. A quelle déesse inconnue avait appartenu cette cuisse exquise du plus pur Paros? qui donc le saura jamais? C'est comme si l'on recherchait dans les champs de bataille voisins les membres mutilés des cadavres récents et qu'on se demandât de quel être ils ont fait partie!

Dans le voisinage du cirque sont des vestiges de la voie Appia, qui partait de Rome, traversait Capoue et allait jusqu'à Brindes.

Ce même dimanche 4 novembre, tandis que je visitais Capoue, se célébrait à Naples une cérémonie militaire des plus émouvantes et à laquelle je regrettai de ne pas assister : sur cette même place de Saint-François-de-Paule où, quelques jours auparavant, avait eu lieu la bénédiction des drapeaux hongrois, Garibaldi distribuait au bataillon sacré de la première expédition de Sicile les médailles d'honneur qui venaient d'être apportées de Palerme par une députation. Des onze cents braves débarqués avec Garibaldi à Marsala, il n'en restait plus que quatre cents survivants; en leur distribuant ces médailles, Garibaldi leur dit : « Jeunes vétérans, c'est parce que je vous connaissais que j'ai entrepris avec vous une chose que tous jugeaient impossible; je savais qu'avec des hommes comme vous, toujours prêts à mourir au nom de l'Italie, tout pouvait être tenté. L'œuvre impossible vous l'avez accomplie! »

Une de ces médailles fut offerte par Garibaldi à madame Crispi. « Elle mérite aussi bien qu'aucun de nous, avait-il ajouté, la médaille de Marsala, elle était la seule femme dans l'armée; au milieu du feu et sur le champ de bataille elle a relevé et pansé les blessés! »

Cette touchante cérémonie fut comme le dernier acte public et l'adieu de Garibaldi aux Napolitains; le peuple ému, rassemblé sur la place, lui criait comme à un père : « Reste avec nous! »

IX

Le lundi 5 novembre défilaient, tristes et honteux, dans les rues de Naples, les soldats faits prisonniers à Capoue, qui allaient s'embarquer pour Gênes; ils marchaient tête baissée à travers la foule silencieuse et sévère. Quelle différence avec les mines héroïques et joyeuses des bataillons garibaldiens et piémontais! A chaque heure on apprenait quelque nouveau succès de l'indomptable armée italienne; Fanti et Cialdini refoulaient les royaux et cernaient Gaëte, tandis que l'amiral Persano bombardait cette place forte à l'embouchure du Garigliano. Les deux reines, disait-on, s'étaient enfuies, épouvantées, de ce dernier asile d'une royauté détestée.

Le nouveau monarque élu par l'amour et l'enthousiasme du peuple pouvait désormais venir dans sa capitale; il y fit son entrée le mercredi 7 novembre, à dix heures du matin, au son de toutes les cloches des églises et de toutes les salves d'artillerie des citadelles et des vaisseaux. La voix du peuple, joyeuse et tonnante, dominait celle du canon; deux cris partaient de toutes ces âmes et s'échappaient de toutes ces voix : « Vive Victor-Emmanuel! Vive Garibaldi! » Ils étaient assis l'un près de l'autre dans la même voiture, ayant en face d'eux le marquis de Pallavicini, prodictateur de Naples, et M. Mordini, prodictateur de Palerme. Mais le peuple ne regardait que le roi et que le héros; le peuple était ravi de contempler l'une près de l'autre ces deux têtes expressives, franches et loyales, où se lisaient la force, l'héroïsme et l'union du pays.

Du haut d'un balcon du palais royal, que le général della Rocca avait bien voulu mettre à ma disposition, je vis s'avancer par la rue de Tolède le simple et populaire cortége qui entourait le roi et le héros: la voiture, presque portée par la foule enivrée de joie, franchit la cour intérieure du palais. Victor-Emmanuel et Garibaldi montèrent ensemble l'escalier d'honneur. Bientôt ils se montrèrent de nouveau au peuple sur le grand balcon, et tous deux furent salués par des acclamations confondues de reconnaissance et d'amour.

Le roi dut rentrer dans la salle du trône pour recevoir les diverses députations de la ville; alors Garibaldi prit congé de son souverain et s'éloigna simplement, sans faste et sans bruit, entouré de quelques-uns des siens; je le vis venir dans une des galeries. Il portait sa chemise rouge, son foulard flottant autour du cou et une espèce de burnous en laine à carreaux noirs et rouges.

J'allai à lui, je lui pris les mains et lui dis avec émotion : « Général, est-il vrai que vous partez!

— Oui, dans peu de jours, me répondit-il.

— Non, non, cela ne se peut, repris-je avec un attendrissement qui me coupait la parole, et votre ami Gusmeroli, ajoutais-je, ne le reverrai-je plus?

— Il vient avec moi, » répliqua Garibaldi.

Les deux fils de madame Romano m'avaient suivie.

« Permettez que ces deux enfants vous baisent la main, dis-je à Garibaldi.

— Y pensez-vous! s'écria-t-il; c'est sur le visage qu'il faut baiser ces deux jolis anges; » et avec sa bonté et sa mansuétude habituelles il embrassa les deux enfants, qui, en le voyant disparaître, me dirent, pensifs et émus : « Oh! madame, nous ne l'oublierons jamais! »

Le soir le théâtre de San Carlo fêtait le roi d'Italie. Girandoles de lumières, femmes belles et parées, corbeilles et massifs de fleurs, éclat des uniformes et surtout vivats populaires et sincères, rien ne manquait à l'accueil que reçut le prince élu lorsqu'il se montra dans la splendide loge royale couronnée de la croix de Savoie. Mais oui, cependant, il manquait quelque chose à cette fête; une place restait vide auprès du souverain; une ombre absente attirait tous les regards inquiets; où donc était-il le féal et fier capitaine, le conquérant désintéressé d'un royaume, le rêveur tranquille et doux sitôt que finit l'emportement de la bataille? — Il se recueillait dans la sérénité de sa forte et glorieuse action accomplie! Il faisait ce qu'ont fait tous les grands hommes de l'humanité, à l'heure des séparations solennelles ou à l'heure de la mort, cette séparation suprême ; il s'entourait de ses amis et de ses disciples et leur disait ses derniers désirs de concorde et d'amour.

Libérateur de l'Italie, il emportait dans sa retraite l'espoir d'être le libérateur du monde. Cette pensée rayonnante était son auréole; cette aspiration était sa fortune; cette vision, si c'en est une, était l'éblouissement de ses jours, la volupté de ses nuits! Pour qui plane si haut, il n'est pas de récompense possible : le monarque l'avait compris et ne fit pas violence au héros; il le laissa partir paisible et grand, sans lui imposer d'inutiles honneurs et une vaine fortune; il ne tenta pas de niveler cet idéal de l'héroïsme aux charges et aux distinctions d'une cour; il voulut qu'il restât dans sa libre sublimité! Il partit ainsi de Naples, un matin, stoïque et solitaire; il allait se recueillir sur son rocher sauvage de Caprera.

Le jour même où il disparut, laissant Naples étonnée et comme anxieuse, je parcourus, en rêvant à lui, le golfe agité où je le vis dans tout l'éclat de sa gloire au moment de mon arrivée; je me disais : « Il faudrait pourtant que son ombre, que son image, restât visible pour ce peuple napolitain qui lui doit la liberté et en qui ses deux mois de règne ont semé ses fières doctrines. » Tandis que la mer houleuse soulevait la barque qui me portait, j'imaginais un monument digne de lui; je métamorphosais en un énorme et magnifique piédestal ce fort Saint-Elme à jamais perdu pour la tyrannie et qui couronne si poétiquement la cité; j'en fondais les canons inutiles, dont je coulais le bronze en bas-reliefs splendides qui remplissaient le vide des arceaux de pierre; je plaçais, du côté qui regarde la mer, Campanella enchaîné dans un hideux cachot du château de l'Œuf, dans cette roche, comme il le dit lui-même, *consacrée aux tyrannies secrètes;* j'osais le montrer garrotté avec des cordes serrées, subissant sept fois la torture, une fois durant quarante heures, les chairs déchirées jusqu'aux os, les mains liées derrière le dos, suspendu au-dessus d'un pieu de bois aigu qui fouillait sa chair et faisait couler son sang à flots; *il fatigua et vainquit les tourments,* selon sa belle expression; je le représentais entouré de bourreaux, d'espions et de faux témoins, et s'écriant : « Les siècles futurs me jugeront, car le siècle présent crucifie ses bienfaiteurs; mais ils ressusciteront. » Enfin je déroulais toutes les phases du martyre et de la gloire de ce grand philosophe napolitain, semeur lointain de la liberté, précurseur hardi des hommes d'action, père intellectuel de Garibaldi.

Sur le bas-relief de gauche je plaçais les deux frères Bandiera et leurs compagnons d'insurrection fusillés dans les champs de la Calabre. Sur celui de droite, je faisais voir Poërio et ses glorieux complices; je les montrais enchaînés dans cette ile adorable de Nisida, nid charmant élu du ciel pour la poésie et l'amour et dont la tyrannie a fait un bagne! Durant douze ans de tortures (quelle similitude avec Campanella!), Poërio répétait souvent :

« Pour que le peuple aime un jour la liberté, il faut qu'il aime et plaigne ses martyrs. Le peuple ne comprend point une liberté métaphysique, mais il comprend les souffrances endurées et le sang répandu pour lui. »

Enfin, sur la quatrième façade du majestueux piédestal, j'inscrivais les noms de tous ceux qui ont travaillé et combattu pour la liberté de l'Italie. En première ligne, vos noms, héros de la guerre de l'indépendance : Bixio, Manin, Sirtori, Medici, Menotti, fils du héros, Carini, Miibitz, Orsini [1], et les noms aussi des frères d'armes qui les ont aidés dans la lutte : les noms de Fanti, de Cialdini, de Persano, vainqueur d'Ancône, de della Rocca, vainqueur de Capoue; puis, au-dessus de ce monument unique dans le monde, j'élevais la statue colossale de Garibaldi, debout, le front superbe, les yeux pensifs, la lèvre bienveillante, et du geste appelant à lui un peuple libre.

X

Garibaldi, en partant de Naples (le vendredi matin, 9 novembre 1860), emporta avec lui la poésie de la révolution; un grand nombre de ses héroïques volontaires s'en retournèrent dans leurs foyers; ceux qui restèrent au service furent envoyés en garnison dans les villes et les villages du royaume nouvellement annexé. Naples fut occupée par les soldats piémontais qui avaient suivi le roi et ses généraux. Plus de tranquillité et plus d'ordre apparents semblèrent

[1] Le général garibaldien de ce nom, et non point Orsini, mort sur l'échafaud, comme ont eu la stupidité et la méchanceté de le dire quelques critiques de ces pages déjà imprimées.

s'établir dans la ville ; en réalité moins de gaieté et moins de contentement y régnèrent ; pour ce peuple à imagination vive, amoureux de spectacles, s'enivrant de gestes et de paroles, et comme les Grecs pérorant volontiers sur les places publiques, Garibaldi avait été l'idéal du souverain : accessible et familier à tous, se prêtant aux ovations et aux accolades, se montrant à toute heure aux balcons des palais, dans les rues, sur la plage, écoutant la foule et lui répondant ; même au camp, sous la tente, laissant venir à lui le pauvre monde ; ayant pour tous les malheureux et les ignorants de ces mots émus que la charité inspire et qui proclament l'égalité des âmes ; il avait conquis ce royaume plus encore par le sentiment (je dirais volontiers la sensation) que par l'épée. Ce n'est pas à dire que le roi ne fût appelé et désiré et qu'il n'eût été accueilli à Naples avec enthousiasme ; il était d'avance adoré comme un symbole ; mais pour ce peuple enfant et impressionnable, tout symbole doit revêtir des formes qui lui plaisent et le captivent : Victor-Emmanuel a toujours dédaigné dans sa vie publique tout charlatanisme et toute mise en scène ; nous aimons cette simplicité dans la grandeur, elle a suffi pour conquérir et pour attacher les esprits dans l'Italie du nord et dans l'Italie du centre ; le midi de la Péninsule exigeait moins de sérieux et plus d'élan. Le roi ne se montra pas assez au peuple dans ce premier séjour à Naples ; il excita la curiosité sans la satisfaire ; il ne déploya ni assez de pompe royale ni assez de pompe guerrière. Les soldats de l'armée régulière italienne produisirent sur la foule la même impression que le souverain ; tout à la discipline et au devoir, ils se mêlaient peu aux citoyens, qui reprochèrent bientôt une roideur de conquérants à ces braves, en réalité leurs libérateurs à l'égal des garibaldiens. Il n'y avait pas jusqu'à leur uniforme qui ne déplût aux Napolitains, leur rappelant trop celui de l'armée bourbonienne, tandis que le libre costume pittoresque et peut-être un peu théâtral des volontaires les avait ravis. Il restait encore à Naples un assez grand nombre de garibaldiens débandés, incertains s'ils s'en retourneraient chez eux ou s'ils s'incorporeraient à l'armée italienne ; oisifs désormais, on les voyait à toute heure dans les promenades publiques et dans les cafés ; quand ils avaient quelques querelles avec les soldats piémontais, c'était toujours contre ces derniers que le peuple prenait parti. Tous les griefs et tous les mécontentements retombaient sur le gouvernement régulier. La résistance de Gaëte pesait sur les affaires publiques, et l'on accusait l'administration nouvelle du malaise que Naples en ressentait. « Si Garibaldi était resté parmi nous, disait le peuple, il en aurait déjà fini avec Francesco. » Ceci était profondément aveugle et injuste : Garibaldi n'avait pu prendre Capoue et aurait échoué devant Gaëte, dont la résistance tenait à la protection de la flotte française qui depuis plus de deux mois empêchait par sa présence le bombardement de cette place. A l'ombre de cette protection, la réaction bourbonienne, faible, obscure et craintive d'abord, commençait à se remuer, elle se cachait dans les couvents, s'insinuait dans les campagnes jusqu'aux frontières papales, et y jetait les germes de ce honteux brigandage béni par les prêtres qui enflamment par la superstition tous les instincts féroces et grossiers. Tant que le Dictateur fut à Naples, aucun dissident n'avait osé se montrer ; la rapidité des événements les avait frappés comme la foudre ; de là cette croyance populaire que Garibaldi en s'éloignant avait emporté la paix et la prospérité du royaume. En somme, il se répandit dans la ville comme une atmosphère morne et triste qui frappait tout observateur; les chants, les proclamations patriotiques, les promenades aux flambeaux, les bandes joyeuses portant des drapeaux et hurlant des vivat, cessèrent presque instantanément. J'avoue que mon imagination de poëte participa de la sensation populaire. La Naples royale n'avait plus pour moi le charme qu'avait eu la Naples de Garibaldi, ce n'était plus ce mouvement expansif, cette rumeur gaie, cette palpitation visible de tout un peuple affranchi et heureux.

La torpeur extérieure me laissa plus de loisir pour visiter la ville et ses monuments ; dès mon arrivée, mes observations sur le mouvement politique de Naples et mes promenades à Caserte, dont j'ai fait tout d'un trait le récit au lecteur, s'étaient alternées avec mes visites au musée, mes excursions à Pompéi et sur tout le littoral du golfe. Il n'y a pas de ville qui ait plus occupé mon enfance que cette grande capitale qu'on dirait asiatique ; je l'avais connue et je l'avais aimée avant de l'avoir vue : il est des cités que nous entrevoyons en rêve, d'autres que nous nous représentons d'après les récits des voyageurs ; j'avais de Naples une connaissance plus intime et pour ainsi dire plus familière. Mon père l'avait habitée plusieurs années dans sa jeunesse ; que de fois, toute petite fille, je m'étais assise sur ses genoux durant les veillées d'hiver, le caressant d'une façon câline, entourant sa tête de mes bras et lui disant :

« Je n'irai dormir que lorsque tu m'auras raconté quelque belle histoire sur Naples. » Alors mon père souriait et me cédait toujours; il trouvait lui-même un grand charme à me parler de ses souvenirs; il me conduisait à travers la grotte de Pausilippe et me disait les noms des villages et des volcans éteints auxquels elle aboutit. Mon imagination d'enfant augmentait l'étendue de cette longue route souterraine éclairée seulement par quelques fanaux; elle se remplissait pour moi de fantômes; j'en frissonnais de terreur; mon père riait et contrefaisait aussitôt Polichinelle donnant son spectacle en plein vent sur *il largo del mercate* (place Masaniello). Ce nom de Masaniello était l'occasion d'une leçon d'histoire. Mon père me faisait lire dans les Mémoires du duc de Guise le récit de l'insurrection du hardi pêcheur; il me montrait Salvator Rosa faisant le portrait du héros populaire d'Amalfi; puis, revenant à Polichinelle, récompense enfantine d'une heure d'étude un peu grave, il me répétait les lazzis joyeux et profonds du bouffon indigène qu'entouraient les mendiants et les lazzaroni, il me faisait voir les limonadiers criant leur marchandise en mesure en agitant les grelots d'argent de leurs établis pour attirer les chalands; les vendeurs de pastèques, de figues d'Inde et de raisin doré de *Torre del Greco* et de Sorrente étalant leurs pyramides de fruits sous le grand arc *della strada di Chiaja*; ceux de *frutti di mare*, groupés sur la rive *Santa Lucia*, donnant à manger aux passants sous de petites tentes en toile grise. « — Que de fois j'ai déjeuné là, me disait mon père, avec une friture de trilles, des coquillages exquis et du vin clairet couleur de soleil; j'avais pour quelques carlins ce repas délicieux, la vue du golfe, Sorrente, et Caprée, en face le Vésuve, et parfois la barque de la reine Caroline, couverte d'une tente de pourpre et d'or qui voguait au large emportant quelque mystère. Sur la rive, auprès d'une belle fontaine sculptée, la musique en plein vent des *piferari* accompagnait les chansons des pêcheurs napolitains. » Je pressais alors mon père de me chanter un de ces airs expressifs qu'il connaissait tous; et lui, pour me décider à dormir, entonnait de sa voix juste et vive une des cantilènes que les pêcheurs des trois golfes de Naples, de Baïa et de Salerne se transmettent de génération en génération; parfois il s'accompagnait d'un petit clavecin que je vois encore; il avait appris en se jouant la musique à Naples, il se rappelait, avec une émotion d'artiste qui le rajeunissait, les belles représentations du théâtre San Carlo, où il avait entendu les opéras de Pergolèse, de Paësiello et de Cimarosa : il avait connu ce dernier, qui le prit en affection. Il rencontrait souvent

> . . . . au Mercato
> Un homme en habit rouge, en perruque à marteau,
> Les manchettes au poing, au côté la rapière,
> Et tenant à la main sa riche tabatière,
> Au milieu des enfants des bruns lazzaroni
> Et mangeant avec eux de leur macaroni.
> A ce groupe aux pieds nus, qui, joyeux, l'environne,
> Chantait à pleine voix quelque aria bouffonne,
> Et voyant les yeux noirs de toute part briller,
> Écrivait à l'instant son air sur le papier ;
> Comme autrefois l'auteur qu'en tout pays on vante,
> Molière, en son réduit consultait sa servante ;
> Or ce Napolitain, chantre de la gaîté,
> Mourut six mois après chantant la liberté[1].

Cet homme, c'était Cimarosa, essayant sur le peuple l'effet de sa musique. Quand plus tard il apprit son exil et sa fin si triste à Venise, mon père pleura comme un ami le grand maestro, mort pour la liberté. Il se souvenait aussi de Ferdinand I*er*, ce mari maté et vulgaire de la belle et hautaine Caroline d'Autriche; il me le peignait au naturel, se mêlant aux lazzaroni sur la rive de Chiaja, leur parlant patois, singeant leurs gestes et leurs allures; roi populacier essayant de sauvegarder par sa bonhomie feinte et sa familiarité basse la tyrannie et les vices de la reine ; il était le bouffon de cette Theodora moderne. Le peuple l'acclamait du surnom satirique de Saint-Joseph; à chaque nouvel héritier que lui donnait Caroline, *vacca reale*, disait la foule. L'ombre orgueilleuse de Louis XIV, ajoutait mon père, devait s'indigner dans l'autre monde en voyant ce rejeton de son sang dégénéré mendier par son abaissement les suffrages railleurs de ces courtisans déguenillés et nus.

Des fouilles d'Herculanum et de Pompeï mon père avait vu les premiers et magnifiques résultats; la basilique et le grand théâtre d'Herculanum lui étaient apparus peuplés de ces statues et de ces bustes de bronze grecs qui nous ont révélé l'art antique dans toute sa splendeur. A Pompeï il avait erré dans la villa de Cicéron, dans celle de Diomède, dans les temples d'Esculape et d'Isis, dans une

---

[1] Antoul Deschamps, *Étude sur l'Italie*.

partie de l'amphithéâtre et de la voie des tombeaux ; c'était presque tout ce que les fouilles, interrompues par le gouvernement des Bourbons, avaient mis à découvert de la ville ensevelie. Mon père rapporta d'Italie quelques marbres et une collection de tableaux dont il s'entoura jusqu'à sa mort. Son esprit s'était passionné et trempé à jamais dans ce foyer de lumière et de chaleur qui le vivifiait encore au déclin. Fils d'un négociant de Lyon, il le suivit à Naples pour y faire le commerce des cordes d'instruments, petit commerce en apparence, mais très-considérable en réalité, car le dix-huitième siècle qui finissait berçait partout, et principalement en Italie, son insouciance par la musique ; il n'y avait pas de mains qui ne tinssent alors un violon, une mandoline, une harpe ou une guitare ; mon père était allé à Naples adolescent, indécis, avec une éducation à peine ébauchée, il en revint avec une intelligence inspirée ; charmant, beau, attrayant comme un de ces marbres grecs qu'il avait vus reparaître au jour ; formé par les voyages et par le meilleur monde, il pouvait lutter contre tous d'esprit et de distinction. Sous la Terreur, il épousa ma mère, fille de M. de Servanne, ami de Mirabeau, ancien conseiller au Parlement de Provence. Sous le Consulat, quand la noblesse émigrée rentra en France, cette caste dédaigneuse qui n'avait rien oublié ni rien appris, et qui, suivant l'image si vraie de Chateaubriand, est comme « une geôle murée où la lumière n'entre point, » n'osa pas exclure mon père de son cercle borné, elle sentait en lui une force qui lui imposait. Les nobles parents et les amis titrés de ma mère devinrent les siens ; il exerçait sur eux une influence morale et intellectuelle dont le souvenir m'émeut encore ; les hommes le consultaient sur leur carrière et sur celle de leurs fils ; les femmes enviaient à ma mère cet appui de la vie séduisant et sérieux. Les artistes provençaux, comme Constantin, l'éminent paysagiste, et Granet, le grand peintre d'intérieur, lui soumettaient leurs esquisses ; Auguste de Forbin, qui le nommait *mio caro fratello* dans cette douce langue italienne que tous deux parlaient également bien, lui lisait ses voyages et ses romans avant de les publier.

Qu'on me pardonne cette digression ; depuis si longtemps que nous voyageons ensemble, je m'imagine que le lecteur est devenu pour moi un ami et que mes impressions, même les plus intimes, le trouveront indulgent et bon ; au début du voyage, l'ombre de ma mère m'a prise par la main au milieu des ruines d'Arles et ne m'a plus quittée jusqu'à la frontière française. Arrivée à Naples, presque au terme de mon long pèlerinage à travers l'Italie affranchie, l'ombre de mon père m'est apparue; qu'on me laisse cheminer côte à côte avec elle et l'avoir pour guide des excursions artistiques qui me restent à faire dans la ville de lumière où il a vécu; si jamais les yeux du public se lèvent jusqu'à moi, je veux qu'il me voie entre ces deux ombres vénérées et pures. Ce que je suis, je le leur dois; mes plus saines clartés découlent d'eux; la fleur qu'ils ont fait éclore et qui fleurit ne vaut pas les tiges qui la portèrent. Quand j'évoque dans une prière attendrie ces mémoires obscures si belles, je leur dis humblement, fière d'elles et humiliée de ma vaine rumeur : « Pardonnez-moi de valoir si peu. »

XI

Le premier jour de mon arrivée à Naples, mal renseignée, je me logeai à l'*hôtel de Genève*, strada S. Guiseppe Maggiore, dans le voisinage de la grande place *largo del Castello*. Presque exclusivement habitée par des commis voyageurs, quoique tenue par une Française, mère d'un écrivain estimable, M. Marc Monnier, cette auberge ne saurait convenir ni aux poëtes ni aux artistes; j'y étouffai dès la première heure, cherchant en vain du regard la mer, les îles et le Vésuve, ce phare immortel du golfe de Naples. A peine installée, je montai en voiture, traversai la strada di Chiaja, encombrée de monde, puis celle de Tolède, où la foule était plus compacte encore, une rue transversale qui y aboutit me parut exclusivement habitée par des cordonniers; ils travaillaient tous dans la rue qu'ils obstruaient, chantant et tirant en mesure leur alêne. Naples est, je crois, la ville où l'on fabrique le plus de bottes, de bottines et de souliers et où les chaussures sont à meilleur marché; elles sont pour la plupart enjolivées; les paysannes d'Ischia se plaisent encore aux nœuds de rubans, aux rosettes et aux broderies qui rient à leurs pieds. Les établis de citrons et de limonade en plein vent, couronnés d'un saint protecteur et d'une girandole qui s'éclaire le soir, me sollicitaient; les limonadiers me conviaient de leur cri, me montrant du geste un morceau de glace claire, la fontaine et les gobelets d'étain reluisant comme de l'argent. Je bus un verre de cette boisson rafraîchissante, songeant que mon père s'était peut-être arrêté il y avait plus d'un demi-siècle devant la même boutique; ces espèces de niches à grelots sont très-anciennes et se transmettent de génération en génération : j'achetai des figues blanches à une petite marchande de Procida, un bouquet de roses à un enfant de Sorrente et des crevettes énormes à un pêcheur coiffé d'un bonnet rouge; toutes ces nouveautés me divertissaient; j'étais comme un écolier en liberté. Le soir je fis arrêter ma voiture devant le *Café de l'Europe*, plein de garibaldiens; sur la porte, la foule des marchands de journaux et des mendiants se démenait; un garçon facétieux et grand parleur m'apporta une de ces *pezze dure* qui sont les plus délicieuses glaces du monde; je me souvins que j'avais promis ce régal aux officiers du navire *la Constitution*, et fis envelopper trente de ces pavés fondants et parfumés pour les porter à bord. Je pris une barque à *Santa Lucia*; le golfe était sublime de limpidité et de rayonnement. De tous les vaisseaux de guerre à l'ancre montaient des symphonies guerrières; au loin, le Vésuve semblait écouter, comme un cyclope taciturne ouvrant dans la nuit son grand œil de braise rouge. Je ne trouvai sur le vaisseau que le commandant Wright et deux officiers de service, presque tout l'équipage était à terre; les troupes que nous avions amenées avaient été débarquées dans la soirée et casernées au fort Saint-Elme. Nous dégustâmes à quatre les trente *pezze dure*; l'intensité de la chaleur justifiait cette débauche de glaces. Je pris congé de mes compagnons de traversée et leur souhaitai en m'éloignant une entrée triomphale à Civita-Vecchia; c'est devant une autre ville papale qu'ils devaient faire parler d'eux. Bientôt le canon d'Ancône m'apporta de leurs glorieuses nouvelles. Ce soir-là, en rentrant dans ma chambre sans horizon de l'*hôtel de Genève*, je me sentis comme dans une geôle; le mirage du golfe flottait devant moi et me criait : Viens!

Ma première visite à Naples fut pour le baron Aimé d'Aquin, qui, depuis le départ de notre ambassadeur M. Brenier, était resté le chargé d'affaires politique de la France à Naples. J'avais pour le baron une lettre de recommandation. Son accueil fut cordial et empressé; il m'offrit de recevoir sous son couvert mes lettres de France et d'y envoyer celles que j'écrirais; il assura ainsi une correspondance régulière entre ma fille et moi. La poste de Naples allait à la diable; les lettres qui m'étaient adressées du nord ou du centre de l'Italie ne m'arrivaient guère qu'après un mois de date et parfois ne me parvenaient pas du tout. C'était dans les bureaux un chaos bruyant où s'agitait un désordre affairé; les lettres s'égaraient de salle en salle, puis allaient s'enfouir dans des cases pour n'en plus sortir; le plus court parti était de venir les disputer soi-même à ces sortes d'oubliettes; je dus à l'obligeance de M. Aimé d'Aquin de recevoir sans interruption les nouvelles qui m'étaient le plus chères; durant cinq mois que j'habitai Naples, sa bonté et sa courtoisie ne se démentirent pas un moment. Allié par sa mère à la noblesse napolitaine, le baron Aimé d'Aquin connaissait depuis longtemps le pays et le jugeait en observateur bienveillant et éclairé; il était très-aimé, et sa conduite publique ne cessa de mériter l'approbation de tous durant les circonstances difficiles qui se succédèrent. Je trouvai notre chargé d'affaires dans le palais de marbre de l'ambassade, situé sur le quai de *Chiaja*, presque en face du petit palais de *Chiatamone*, alloué à Alexandre Dumas par Garibaldi en retour des chaleureux services que l'illustre écrivain lui avait rendus pendant son expédition en Sicile. J'aperçus en passant l'auteur de *Monte-Christo* écrivant au bord de la mer dans un joli kiosque ombragé de rosiers grimpants; il travaillait chaque matin quelques heures au journal italien l'*Independente*, qu'il venait de fonder et dans lequel sa verve facile défrayait tour à tour les nouvelles politiques, l'histoire anecdotique des derniers Bourbons, le roman, les articles d'art et de littérature. C'est dans cette feuille que nous verrons se produire bientôt une curieuse et amusante polémique entre Liborio Romano et Alexandre Dumas. La direction des musées royaux et le droit de chasse et de pêche, que Garibaldi avait concédés à notre célèbre romancier (faveurs dont il se démit bien vite de la meilleure grâce du monde), firent pousser les hauts cris aux puritains napolitains. Alexandre Dumas avait été en réalité très-utile à la cause de l'indépendance italienne; ami de Garibaldi, il était adoré de tous ses volontaires; son journal devint leur tribune, sa maison leur lieu d'asile quand ils se débandèrent; généreux et prodigue comme toujours, notre poëte tenait table ouverte; il exerçait envers les Français la plus expansive hospitalité; je ne l'ai jamais vu pendant mon séjour à Naples; mais je ne pourrais oublier sans ingratitude les pages éloquentes et sympathiques qu'il écrivit sur moi dans l'*Independente*. Il y a si peu d'âmes de sa trempe dans le monde littéraire!

lui seul peut dire avec vérité : « Je ne me connais pas un ennemi! Je n'ai jamais trempé ma plume dans le fiel pour insulter un confrère ou décourager une vocation naissante. » Ce beau quai de *Chiaja*, où j'aperçus l'inépuisable écrivain dans sa force et sa verdeur, longe le golfe de Naples jusqu'aux hauteurs du Pausilippe; les palais le bordent à droite, à gauche est la mer; du même côté, les frais ombrages de la *Villa reale* abritent des statues et des temples grecs imités de l'antique; sur la plage est un vaste établissement de bains; les lazzaroni et leurs petits se baignent plus loin sans voile et sans tente, n'ayant pour pavillon que l'azur du ciel. Étendus sur le sable, ils y sèchent au soleil leurs corps nus tout ruisselants de l'écume des vagues. Avant de se plonger dans la mer, les enfants s'agenouillent d'ordinaire, font le signe de la croix et murmurent une courte oraison; le passant étranger est ému de cette invocation à la Divinité; mais, le bain pris, tous les gamins de Naples se livrent au grand jour à de telles incartades d'impudeur, qu'on est forcé de s'enfuir et de se cacher à travers les arbres, comme si les figures du musée secret s'animaient tout à coup et promenaient par groupes leurs saturnales en pleine lumière. Superstition, turpitude et saleté composent la trinité immonde et séculaire que le gouvernement des prêtres et des Bourbons faisait trôner dans cet Eldorado de la nature; la superstition beugle et trépigne en face du sang de saint Janvier; la débauche, à l'état de cynisme naïf, s'étale sur la voie publique, et la saleté pullule sur chaque seuil. Les femmes du peuple, presque toutes petites et laides, au visage expressif, au front bas, aux yeux de Moresques, aux dents bordées dès l'enfance d'un cercle noir, peignent sur leurs portes leur chevelure inculte, écrasant la vermine qui en jaillit sous l'ongle de leur pouce; les hommes, en général plus grands et plus beaux que les femmes, ont la même malpropreté repoussante. Un nez aquilin, rappelant un peu trop celui de Polichinelle, est le signe caractéristique du visage. Les femmes lavent leur linge devant leur maison dans des baquets pleins d'eau trouble et le mettent à sécher, encore souillé et déchiré, sur des cordes tendues d'un côté à l'autre de la rue; les toiles d'araignées pendent aux corniches et aux vitres des fenêtres; chiens, chats, cochons errent par troupes sur les pavés défoncés des rues, cherchant leur pâture dans les tas d'ordure jetés aux pieds des façades; tel est le spectacle qu'offrent plus ou moins les rues transversales de la *grande strada di Toledo*.

Les Napolitains qui exercent un métier ont une incurie de costume presque égale à celle des mendiants; le tablier de cuir du cordonnier est crasseux et troué; celui d'un garçon des petits cafés populaires n'est qu'un lambeau taché d'huile dont il essuie avec à-plomb le verre qu'il offre au chaland. Même saleté dans les vêtements des cochers napolitains; dès l'enfance, *i figli* d'un cocher père sont dressés à mener les chevaux ou plutôt à les lancer au galop à travers les crevasses du pavé. Rien de plus sûr que le regard de ces chétifs automédons, dignes héritiers des conducteurs des chars antiques; rien de plus ferme que leur poignet nerveux; ils se jouent du danger et en triomphent presque toujours; ils parlent à leurs chevaux, les caressent, les gourmandent et semblent leur communiquer leur pétulance. Le petit cocher qui me conduit ce jour-là à travers la rive de Chiaja, est un spécimen des cochers napolitains : grêle, à mine de sapajou, il est vêtu d'une vieille redingote bleue percée aux coudes et rapiécée en drap marron sur le dos; assis et presque juché sur un gros carrick à collet de peau de mouton, il tient les rênes et le fouet du bout de ses doigts poudreux; entre ses jambes se cache un enfant de cinq à six ans qu'il appelle *il mio fratello*, et un chien barbet grouillant en société; une démangeaison m'avertit que les poils du chien, la chevelure du *bambino*, celle du cocher et la fourrure de sa houppelande, sont autant de nids d'insectes dont quelques-uns ont sauté jusqu'à moi. Je suis distraite de cette irritante compagnie par le panorama magnifique qui se déroule à gauche, tandis que la voiture tourne au pied de la côte de Pausilippe. Je dois borner ce jour-là mon excursion, mais elle a suffi à m'enchanter. Voir à toute heure ce golfe merveilleux, me lever pour le contempler reflétant les étoiles ou les premières lueurs du jour quand il se colore des roses de l'aube, devient le désir impérieux de mon regard. Le marquis de Villamarina, à qui je fais visite après cette promenade, devine de quel horizon je suis en quête.

« Dès ce soir, me dit-il en apprenant que je loge à l'hôtel de Genève, je ferai cesser votre prison, je vais vous recommander à l'hôtel de Rome; vous y aurez une chambre sur le golfe : Caprée et Sorrente en face; au fond le port, Portici et le Vésuve. »

Les noms sont des symboles; celui de Genève convient à une maison bourgeoise; celui de Rome à un palais digne par sa vue des maîtres du monde, de ces Césars vertigineux dont les ombres semblent errer encore dans les trois golfes de Naples, de Baïa et de Salerne. Quelques heures après je suis installée dans une jolie chambre à tenture verte, au lit doré, clos d'une cousinière de tulle blanc. J'ai pour salon une terrasse couverte d'une tente, meublée d'un guéridon, d'un canapé et de fauteuils en fer creux. Suspendue entre le ciel et la mer, je puis, à toute heure du jour et de la nuit, rêver, lire ou écrire, enveloppée pour ainsi dire des lueurs de l'éther, de l'azur des vagues, des sinuosités du rivage dont les aspects changent et se succèdent superbes et fantasmagoriques. Les deux premières semaines de mon installation, je ne me lasse pas de ce spectacle toujours varié; je vis sur ma terrasse, j'oublie la cité populeuse et le tumulte guerrier qui s'agite derrière moi pour la contemplation du tableau qui se déroule sous mes yeux; il me sourit, me pénètre et me fascine; j'éprouve une sensation de joie et d'orgueil d'être comme assimilée à sa grandeur et à sa beauté. Un soir (21 septembre 1860) je note ainsi ce que je vois et ce que je ressens : « Hier il a éclaté sur la ville, sur la mer et sur la campagne, un de ces orages formidables qui m'a fait penser aux orages des tropiques dont j'ai lu la description; ce matin le ciel s'est éclairci, et la soirée d'aujourd'hui est la plus belle qui m'ait souri depuis que je suis à Naples. Quelle vue prestigieuse que celle de ce golfe! il fait penser à toutes les scènes de passion et de volupté dont il fut le théâtre, il les évoque et ranime les ombres évanouies de leurs acteurs; j'embrasse de la terrasse où j'écris ce cirque magique, j'ai au-dessous de moi, et m'environnant, la mer toujours bleue malgré la nuit; sur sa surface limpide et plane se dressent par groupes les navires de guerre sardes, français et anglais, une corvette espagnole et une corvette autrichienne; à gauche, plus rapprochée du port, est la flotte napolitaine qui s'est soumise à Garibaldi; les maisons de la *Marinella* sont éclairées par une lueur rouge, œil qui brille au front du grand phare; puis, dans le port même, les vaisseaux marchands innombrables, les bateaux à vapeur, les canots, les barques; en suivant dans cette direction le rivage qui tourne en ellipse, je découvre *Portici, Resina, Torre del Greco, Torre dell'Annunziata,* Pompéï dominé par le Vésuve géant fantastique ouvrant au ciel ses deux lèvres de feu [1], son

---

[1] Deux crevasses, près de l'établissement météorologique, jetaient alors de la flamme et de la lave embrasée.

front sombre s'élève au-dessus faisant flotter jusqu'aux étoiles sa chevelure formée par la fumée blanche du grand cratère; continuant à suivre du regard le cercle immense, j'ai directement devant moi d'abord *Castellamare*, puis *Vico, Sorrente*, puis à la pointe du littoral le cap *Campanella*; les montagnes de ces rives lointaines m'apparaissent azurées; leurs contours se dessinent si nettement dans l'éther, qu'on les dirait tout proche; à l'extrémité du cap Campanella se dresse *Caprée* avec ses rocs à postures superbes, piédestal inouï du spectre de Tibère; en retour de ma terrasse, à droite, se projette dans la mer la langue de terre où s'élève le vieux château de l'Œuf; je crois y entendre gémir Campanella subissant la torture. Ce vieux fort termine la pointe du quai de Chiaja, puis vient le quai de *Santa Lucia*, où sont les marchands *di frutti di mare*, et des tables sous les tentes pour les repas du peuple. C'est le mouvement, la vie, le bruit; la foule compacte crie : *Vive Garibaldi!* les sons des instruments se mêlent aux voix qui chantent et qui acclament; les maisons projetant çà et là par leurs mille fenêtres des points lumineux irréguliers, s'échelonnent jusqu'au sommet verdoyant que couronne le fort *Saint-Elme*. Cette citadelle imposante, du plus bel effet décoratif, est assise sur une base formée par un triple rang d'arceaux dont le vide est muré; toujours à gauche, au delà de la pointe du château de l'Œuf, je devine le quai de *Chiaja*, les hauteurs de *Pausilippe, Nisida, Pouzzoles*, le cap *Misène*, le golfe de *Baïa, Procida, Ischia*, tout le panorama qui m'est apparu en arrivant à Naples. Au pied de ma terrasse les vagues murmurent et lancent leur blanche écume sur les petites roches caverneuses où flottent les algues et où se cachent les *frutti di mare*. De sveltes bateaux, éclairés d'une torche de résine et montés par deux pêcheurs nus jusqu'à la ceinture, rasent les roches; le plus vieux des pêcheurs rame et conduit; l'autre, presque toujours un enfant, plonge dans les creux marins et en arrache les crustacés. » Cependant les étoiles se multiplient dans le firmament clair et profond, les deux crevasses du Vésuve s'embrasent de plus en plus dans la nuit; entre l'interstice que décrivent le *fort de l'Œuf* et la plage de *Santa Lucia*, la lune qui plane au-dessus entourée d'un cortége d'astres, répand sur la mer une longue irradiation qui se déploie au-dessous de ma terrasse et serpente sur toute l'étendue des flots; on dirait un fleuve de lumière traversant le golfe. Je me recueille par cette nuit si belle; j'éthérise pour

7.

ainsi dire mes sensations ; je pense à ceux qui vont mourir le lendemain sous les murs de Capoue; je les ai vus partir le matin, joyeux et intrépides, sonnant des fanfares sur les quais, et déroulant, telle qu'une traînée de feu, leurs uniformes rouges dans la rue de Tolède.

Un autre soir, je monte en voiture, je traverse le *Largo del Castello*, passe devant *Castel Nuovo*, dont les tours formidables se groupent si imposantes dans l'espace, je descends vers le port et le longe jusqu'au *Largo del Mercato*; cette place a gardé la physionomie qu'elle avait au temps de Masaniello, c'est le même mouvement, les mêmes cris, la même turbulence populaire; les vendeurs de poissons, de viande, de légumes et de fruits y tiennent un grand marché deux fois par semaine; le soir, elle est le théâtre des petits spectacles en plein vent; on gesticule, on chante, on se coudoie, la présence des garibaldiens *benedetti* double la gaieté et l'animation. Les limonadiers ne peuvent suffire à désaltérer la foule; un enfant en guenilles, juché derrière les établis, coupe en deux les citrons et les presse sans désemparer dans la fontaine qui se vide et s'emplit incessamment. J'entre un moment dans la petite église *Santa Maria del Carmine*, où fut enterré Masaniello; je passe sous l'arc d'une porte qui se dresse à côté de l'église; une madone, qu'éclaire une lampe, sourit à la joie de tout ce bon peuple, si insoucieux de sa misère et de sa saleté. La voiture tourne au pied des hautes murailles, restes des vieux remparts, j'arrive à travers *Strade*, au haut de la rue de Tolède, je la descends dans toute sa longueur; je m'arrête au théâtre San Carlo, où je suis attendue; la troupe des chanteurs est en désarroi; le premier ténor s'est enroué en beuglant des hymnes patriotiques; la prima donna est laide et mal habillée, mais je me soucie peu de l'opéra qu'on joue, le spectacle n'est pas pour moi sur la scène; il est dans la salle entièrement remplie de garibaldiens, du parterre au paradis; la pourpre de leur uniforme se détache sur le rouge plus foncé des tentures; à peine une centaine de femmes de la bourgeoisie sont mêlées dans les loges à ces beaux volontaires, fleur de la jeunesse sicilienne et napolitaine, qui demain iront se battre gaiement dans la plaine du *Volturno*. Les femmes de la noblesse sont en fuite ou boudent dans leurs palais; d'autres trouvent de mauvais ton de se mêler à tous ces libres soldats qui viennent d'affranchir leur pays.

A la table d'hôte de l'hôtel de Rome, c'est la même affluence d'habits rouges ; le premier jour je m'y trouve en compagnie de cent garibaldiens ; je lie conversation avec un officier assis à ma droite ; sa figure expressive et mélancolique porte l'empreinte de longues souffrances : c'est le brave colonel Lungo [1], un des martyrs de la tyrannie de Ferdinand II; coupable de libéralisme en 1848, jugé et condamné à mort avec Poërio, sa peine fut commuée en celle du bagne ; il languit enseveli douze ans dans le fort de Gaëte ; libre, il redevint soldat, suivit Garibaldi en Sicile, fut nommé par lui ministre de la guerre à Palerme, accompagna le libérateur à Naples, et, quelques jours après notre rencontre à table d'hôte, combattit en héros à la bataille du *Volturno*, où il fut blessé. J'ai eu le bonheur de revoir à Paris le brave général Longo, et de le présenter à mes amis comme une des gloires les plus pures de la guerre de l'indépendance. Parmi les convives que je remarquai à l'hôtel de Rome, et dont je devais bientôt connaître la famille, était le jeune duc de Noja [2], fils du prince et de la princesse Sant-Élia ; il s'engagea un des premiers comme volontaire de Garibaldi ; il était fier de porter la chemise rouge, et d'ajouter au blason de ses ancêtres la médaille militaire octroyée par le libérateur : « Hâtons-nous de partir pour la guerre sainte, disait-il à tous ses amis de la noblesse napolitaine, c'est une croisade bien autrement importante que celles qui armèrent nos pères ; il s'agit d'avoir une patrie. »

XII

Un des plus beaux spectacles qu'offre le ciel de Naples est le soleil couchant vu de la plage des *Bagnoli*, presque en face la petite île de Nisida. Je prenais souvent une voiture découverte à l'issue du dîner ; je longeais le quai de Chiaja, dépassais la promenade de la *Villa reale*, rendez-vous des oisifs élégants, et j'arrivais à l'embranchement du quai où la route se divise en deux ; au lieu de continuer à gauche le chemin qui se déroule sur le promontoire de Pausilippe et qui domine le golfe et la mer, je prenais à droite la

---

[1] Aujourd'hui général d'artillerie.
[2] Aujourd'hui attaché à la légation italienne à Paris.

rue *Piedigrotta*, aboutissant à la fameuse grotte où les récits de mon père m'avaient si souvent promenée dans mon enfance. La grotte, ou plutôt le tunnel de Pausilippe fut percé dans l'antiquité à travers le tuf volcanique; il était si bas au temps de Néron, qu'il fallait se courber pour le franchir; la poussière y tourbillonnait et y suffoquait les passants; Sénèque prétend qu'il dut se frotter d'huile comme un athlète avant de s'exposer à le traverser; ce tunnel fut agrandi, exhaussé et aéré au quinzième siècle; deux niches de saints, où brûlent des lampes, sont à l'entrée, quelques fanaux l'éclairent, et mieux encore l'orbe de lumière que projette le grand arc ouvert en face du rivage en perspective. On dirait l'œil énorme d'un cyclope vous regardant venir. Des vaches et des chèvres, dont les sonnettes tintent, croisent ma voiture sous la voûte. En sortant de la grotte, je traverse le village de *Fuori grotta*; puis la fraîche vallée des *Bagnoli*, ancien cratère d'un volcan éteint; la route est bordée de beaux arbres; au fond, la mer s'étend empourprée. La première fois que je fis cette promenade, j'étais seule; lorsque j'arrivai sur la plage je poussai un cri involontaire d'admiration en voyant le tableau déroulé devant moi; je m'élançai de voiture, franchis les sables et les varechs amoncelés, et m'étendis sur leur lit humide pour contempler à l'aise l'horizon magique : les vagues, dans leur mouvement cadencé, tantôt roulaient jusqu'à moi effleurant mes pieds, tantôt se reculaient avec mollesse, laissant à nu la grève semée de cailloux et de coquillages; les premières zones des eaux étaient bleues, puis roses, puis rouges à l'horizon, où elles reflétaient le globe du soleil qui les embrasait avant de disparaître derrière la pointe ombreuse du cap Misène; le ciel, à l'entour de l'astre, semblait continuer la mer éclairée de ses reflets, on eût dit une marée montante d'or et de rubis envahissant l'éther; les tours de la vieille forteresse du golfe de Baïa se dressaient dans la lumière toutes ruisselantes de vives lueurs, comme si des combattants invisibles les eussent inondées de sang du haut des créneaux. Flots et nues, ne formant plus qu'un élément radieux, décrivaient des draperies magnifiques à l'entour du lit du soleil. Le rivage arrondi de Pouzzoles, dessinait à gauche un grand arc enflammé; les maisons, la campagne et les rochers prenaient des proportions fantastiques sous l'éclat qui les revêtait; tandis qu'à droite, tout près du bord, la petite île Nisida flottait sur des ondes moins rayonnantes, et dressait sur une partie azurée du ciel les murs blancs de ses prisons sortant des bouquets de verdure. Ferdinand II avait fait un bagne et un lazaret de cette île adorable, où Cicéron abrita dans sa villa Brutus fugitif, après le meurtre de César; les deux grands citoyens romains s'entretinrent de la liberté mourante. Cette antithèse à la mémoire de Brutus parut plaisante au roi *Bomba*. Jeanne première, reine de Naples et comtesse de Provence, tenait au moyen âge une cour d'amour à Nisida; elle y cachait ses voluptés et ses caprices, poursuivie par le spectre d'André de Hongrie, le premier de ses quatre maris; il avait dix-neuf ans quand elle le fit étrangler. Naples garde les vestiges et la tombe de cette reine ardente et cruelle, et la Provence, où je suis née, s'en souvient aussi; il est au bord d'un étang, dans le voisinage du château de ma mère, une ruine appelée le *manoir de la reine Jeanne* qui est pendant la nuit la terreur des paysans. Ils prétendent que le fantôme de la reine y apparaît, tenant à la main une bourse remplie de florins, dont le pape paya à Jeanne la ville d'Avignon. Parfois, quelques pièces s'échappent de la bourse, mais au jour, par une métamorphose de l'enfer, d'or brillant qu'elles étaient, elles deviennent cuivre terne et noir. Quelques vieilles monnaies, à l'effigie de la reine Jeanne, découvertes dans la campagne provençale, ont aidé à cette superstition populaire; suivant la même légende locale, Jeanne pousse des gémissements au milieu des ruines; elle se tord livide et déformée, les chairs bleues et meurtries, telle qu'on la mit à Naples dans sa bière, après l'avoir étouffée entre deux matelas[1]. Nous verrons bientôt sa tombe dans l'église de *Santa Chiara*. Sur le rivage de Nisida ses crimes et son supplice font écho aux forfaits antiques; le sang d'Agrippine semble teindre en ce moment la grande nuée de pourpre où le soleil disparaît dans le golfe de Baïa; les rois catholiques ont continué sur ces rivages les monstruosités des Césars; les enchantements de la nature qui font planer l'âme des tribuns, des poëtes et des artistes, faisaient ramper l'âme effrénée des tyrans dans une boue sanglante; où Virgile chantait, Néron tuait sa mère; où les trouvères jouaient de la viole d'amour, Jeanne étranglait son mari; où Brutus et Cicéron parlèrent de liberté, Ferdinand II torturait Poërio!

Je me dégage de ces vapeurs sinistres de l'histoire; le ciel s'azure et s'étoile sans s'obscurcir; une triple sérénité se déploie dans le

---

[1] Elle fut étouffée par Charles de Duras, son cousin, qui devait lui succéder

firmament, sur la mer et sur la terre; Dieu s'empare de la nuit et y répand son calme éternel; les actions violentes des hommes s'effacent à travers la placidité de l'espace. Sur la plage des *Bagnoli*, les fenêtres des *bettole* s'éclairent; des groupes de garibaldiens, qui soupent sur les terrasses, chantent des hymnes à la liberté; les soupiraux du bagne de Nisida projettent çà et là sur les murailles quelques lueurs pâles, on dirait des yeux en larmes qui vous implorent. La geôle de Nisida ne renferme plus aujourd'hui que quelques malfaiteurs; mais, à cette heure mélancolique, tranquille et pure comme son âme, j'y revois Poërio enchaîné; il se dégage des fers qui le garrottent, il se transfigure; de l'île qui lui sert de piédestal, il se dresse jusqu'au firmament; son front se couronne d'étoiles, son sourire rayonne de mansuétude et de paix, l'ombre de Brutus lui murmure dans la nuit : « Tu vaux mieux que moi! »

Je reviens les jours suivants, avec quelques amis, sur ce rivage qui me captive, et le lendemain d'une de ces excursions j'adresse au grand patriote italien les strophes suivantes :

A CHARLES POËRIO

Hier, quand des amis m'ont fêtée
Au bord d'une mer enchantée,
Teinte des derniers feux du jour,
Je leur montrais la petite île
Que Dieu fit affable et tranquille
Pour la poésie et l'amour.

Ainsi qu'une immense émeraude
Flottant sur la mer bleue et chaude,
Nisida riait devant nous.
Et par cette nuit radieuse
D'une idylle mystérieuse
Je peuplais ce nid calme et doux;

Mais, dans un pli de la montagne,
Tout à coup j'aperçus le bagne
Dont la souilla la main des rois;
Parmi l'azur, les fleurs et l'ombre,
La tyrannie abjecte et sombre
Bâtit ces sinistres parois.

Où devait résider l'ivresse
De l'amour et de la jeunesse,
Elle entassa pleurs et sanglots,
Gémissements, lentes tortures,
Qui toujours mêlaient leurs murmures
Aux lamentations des flots.

C'est là, qu'anticipant ta tombe,
La main cruelle du roi Bombe
T'ensevelit durant douze ans;
Mais toi, fier martyr, homme antique,
Tu secouais, l'âme stoïque,
L'étreinte de tes fers pesants.

Tu disais, libre dans ce gouffre :
« Il faut qu'on meure, il faut qu'on souffre
Le peuple s'émeut des tourments;
Pour lui, la théorie est vaine,
Mais nos corps saignant sous la chaîne
Lui sont de vrais enseignements! »

Contemplant ta grandeur muette,
Les astres planaient sur ta tête
Dans leur pure sérénité;
Comme eux, au joug inaccessible,
Ton esprit superbe et paisible
Semblait refléter leur clarté.

Les vagues étaient tes compagnes,
Les brises soufflant des montagnes
Te caressaient en soupirant;
Les fleurs écloses sur la rive,
Jusques à ta lèvre captive
Apportaient un souffle odorant.

Comme un baume à tes cicatrices,
Toutes ces voix consolatrices
Se dégageaient de l'infini :
Dans leur intimité sublime
Rien de beau, rien de magnanime
Jamais en toi ne s'est terni;

Et le jour où s'ouvrit ta geôle,
Tu parus ceint d'une auréole
Où ton supplice rayonnait,
Clarté féconde et surhumaine,
Où le peuple alluma la haine
De ses tyrans qu'il détrônait.

Ils ont fui... L'Italie est faite,
Et toi, précurseur et prophète
De ces temps de gloire et d'honneur,
Dédaignant toutes récompenses
Du souvenir de tes souffrances
Tu goûtes le mâle bonheur.

Oh ! je voudrais, si j'étais reine,
Voir ton existence sereine
Au sein d'un splendide horizon ;
Dans Nisida l'enchanteresse
J'élèverais pour ta vieillesse
Un palais où fut ta prison.

> Au bord des sources, sous les branches,
> Des déités chastes et blanches,
> Écloses du plus pur paros,
> Souriraient dans les avenues
> Auprès des sévères statues
> Des rédempteurs et des héros;
>
> Et, s'animant à ton passage,
> Elles glorifieraient, ô sage,
> Le martyre qui t'a fait grand;
> Et les penseurs et les poëtes
> Qui visiteraient ces retraites
> De ta vie iraient s'inspirant.

Dans une de ces promenades sur la rive des *Bagnoli*, j'étais en compagnie de M. et de madame Frazine de Lyon, nouveaux mariés, bons, aimables, intelligents, qui passèrent leur lune de miel en Italie. Après avoir parcouru toute la plage, nous montâmes la route qui côtoie le promontoire de *Gajola* et mène jusqu'à Naples, à travers les hauteurs de Pausilippe; au pied de la montée, en regard de Nisida, nous fîmes une halte à la *Grotta di Sejano*, percée dans le roc du cap. Ce tunnel, plus long et plus monumental que la grotte de Pausilippe, fut construit sous Agrippa. Nous pénétrons dans la vaste galerie souterraine, précédés d'un custode qui porte des torches de résine, des langues de feux fantastiques vacillent dans les ténèbres; à droite, par d'étroites ouvertures pratiquées dans le roc et s'ouvrant sur la mer, le ciel engouffre sa lumière, et les vagues leur murmure. Madame Frazine, dont la voix est superbe, entonne un duo de Meyerbeer avec un jeune ténor français qui nous accompagne; le chant monte, s'enroule et se répercute dans toute l'étendue du souterrain sonore. Arrivés à l'issue de la *Grotta di Sejano*, nous trouvons sur un terrain inculte, où les langues de terre s'enchevêtrent au roc, au milieu des figuiers, des vignes rampantes et des ronces, les ruines d'un cirque romain; à la pointe extrême du promontoire, sur une roche crevassée appelée *Gajola*, est la villa rustique d'un cardinal napolitain; la demeure est déserte; le cardinal intrigue à Rome, au lieu de rêver à Dieu dans cette solitude; nous nous asseyons sur la terrasse que le ciel et la mer encadrent; nous dominons le golfe de Naples: Caprée est en face avec ses grands rocs titaniques; à nos pieds, et sous nos yeux qui la caressent, sourit Nisida; Pouzzoles, le cap Misène, le golfe de Baïa, Procida, Ischia, flottent devant nous dans un fluide d'or. J'envie la villa du cardinal; je dis au gardien d'obtenir de l'intendant de Son Éminence qu'il me loue une chambre dans cette habitation déserte : « *A lui non bisognan danari* » (Celui-là n'a pas besoin d'argent), me répond-il.

Nous passons de nouveau sous la *Grotta di Sejano*; puis, remontant en voiture, nous gravissons une côte escarpée et revenons à Naples par la route aérienne, à travers les hauteurs merveilleuses de l'Ausilippe, où s'échelonnent jardins et villas. Je ramènerai mes lecteurs dans cet Éden. Par ces beaux soirs, apparaissant tout à coup du haut du chemin qui se précipite sur le quai de *Chiaja*, Naples ressemble à un décor splendide; elle rit, elle chante, elle s'agite et s'éclaire sous le firmament immobile; le Vésuve la regarde menaçant et semble lui crier de sa bouche de feu : « Folle, tu dois mourir! »

XIII

Je visitai le *Museo Borbonico* dès mon arrivée, j'y retournai bien des fois durant les cinq mois que je passai à Naples; je noterai ici tout d'un trait mes admirations les plus vives pour les chefs-d'œuvre de l'art antique qui y sont réunis; la collection la plus frappante du musée, celle qui saisit comme une nouveauté merveilleuse, se compose des fresques de Pompéi, d'Herculanum et de Stabia, rassemblées dans plusieurs salles du rez-de-chaussée. La noblesse des lignes, la pureté des contours de toutes les figures représentées dans ces fresques, les égalent à la sculpture grecque; qu'importe que certains procédés de la peinture moderne aient été ignorés des anciens en face de cette perfection de dessin qui reproduit, avec un sentiment si vrai et si idéal, la beauté des corps et des visages, je me soucie peu que les couleurs fassent défaut aux ajustements et la perspective aux fonds des tableaux. Une femme parfaitement belle l'est-elle moins si elle n'est pas vêtue de pourpre et d'or, et si la chambre où vous la surprenez est sans ornement? Je crois, au contraire, que l'absence d'éclat de ce qui l'avoisine rend plus éclatante encore sa beauté; le regard s'y concentre et n'en est pas distrait par les recherches de la toilette et de l'ameublement. De même, dans ces fresques divines, la sobriété des accessoires fait apparaître les figures à la fois plus naturelles et plus radieuses, c'est le plus haut degré de la réalité dans l'art; chaque pose des corps, chaque expression des têtes sont telles, qu'on se souvient de les avoir vues dans des êtres vivants doués de beauté; demander au delà à l'artiste me paraît puéril et dangereux; ce qu'il donne aux détails détruit dans son œuvre la grandeur et la simplicité.

Je trouve dans la première salle l'adorable fresque de la *Marchande d'Amours*, si hardie d'exécution, découverte à Herculanum. Quelle riante idée! Quelle mine sérieuse et presque effrayée a la jolie marchande qui met en cage, pour les vendre aux cœurs épris, ces gentils Cupidons éclos sur la mer Égée d'un souffle d'Aphrodite! Il a fallu beaucoup d'audace à M. Hamon pour exposer au Salon, il y a quelques années, une imitation maniérée de cette composition célèbre; que penseriez-vous de Désaugiers tentant de traduire Anacréon? Nous sommes restés dans l'art des Gaulois presque barbares; la suavité grecque du nu nous échappe, nous ne le rendons qu'empreint de roideur ou de contorsions.

Les treize *Danseuses* de Pompeï sont des miracles de grâces et de légèreté que la gravure et la photographie ont fait connaître; les attitudes planent, les têtes ondulent, les chevelures frissonnent à l'air. Voici une fantaisie en miniature, une sorte de jouet peint à faire trépigner un enfant de désir; l'enfant est un bon juge en matière d'art; s'il demande l'oiseau ou le fruit d'un tableau, soyez certain qu'ils sont vrais comme la nature; la fresque mignonne dont je parle représente une *cigale conduisant un char que traîne un perroquet*. On croit que c'est une épigramme contre Sénèque (le perroquet), que Néron, enfant (la cigale), lutine en se moquant de ses leçons. Je m'arrête éblouie devant une *Muse* qui, selon moi, surpasse en beauté toutes les figures des fresques antiques; poëtes, inclinons-nous tous devant elle, et supplions-la de nous inspirer, elle a la grandeur d'Homère, le souffle de Pindare, l'audace d'Eschyle et le pathétique de Sophocle. Ses pieds de déesse sortent d'une draperie légère comme un nuage, qui paraît la soutenir; ses ailes démesurées palpitent dans l'air; d'une de ses mains elle presse la lyre sur son sein frémissant, de l'autre elle en fait jaillir l'harmonie; le bras tendu est le plus beau qu'on puisse rêver; sa bouche est sérieuse comme le mystère; ses yeux rayonnants comme la révélation; on sent qu'elle porte en elle l'âme universelle, l'inconnu pénétré et les cieux atteints. Sa beauté terrasse celle de Vénus:

qu'est l'amour borné près de son délire? Qu'est l'humanité près de son infini ? Son front a l'éclat d'un astre qui monte; ses cheveux flottants vont au vent du ciel, une couronne de lauriers la sacre reine de l'inspiration ! Je la contemple immobile ; je crois à une vision prête à m'échapper; je la touche, je la soulève au mur où elle est appendue, j'ai l'invincible envie de commettre un vol. Par un heureux hasard, qui est un de mes meilleurs souvenirs d'Italie, le jour où m'apparut pour la première fois cette Muse, symbole inespéré de mes plus fières aspirations, je rencontrai dans la salle des fresques M. Ferdinand Gaillard, grand prix de Rome; il partagea mon enthousiasme, et fit plus tard, pour moi, de cette figure éthérée, un dessin que je publierai un jour en tête d'un volume de vers, non que j'aie l'orgueil insensé de voir en elle un emblème de mes chants, mais pour l'offrir aux poëtes et à moi-même comme l'incarnation d'un idéal dont il faut tenter d'approcher.

Quoique toutes les autres fresques pâlissent auprès de celle que je viens de décrire, je regarde encore avec ravissement la *Toilette d'une jeune fille :* quelle douce ivresse de soi-même, quelle certitude de plaire dans cet être charmant que sa mère et sa sœur contemplent avec amour tandis qu'une belle esclave orne sa tête. Le même sujet a tenté M. Eugène Delacroix, et il nous a montré la *Marguerite* de Goethe se parant ; mais la petite bourgeoise allemande n'est qu'une laideron dont Méphistophélès, penché derrière elle, peut se moquer sans blasphème. La *Toilette* fut trouvée dans une chambre d'Herculanum, ainsi que quatre autres fresques dont je vais parler : c'est d'abord le *Concert,* représentant une femme grecque qui tient un rouleau de papier; elle chante ou déclame ; une esclave vêtue à la persane l'accompagne sur la lyre; un musicien couvert d'un masque joue des *Tibiæ*. Un vieillard écoute. Le *Poëte tragique,* sorti de la même chambre, représente un personnage assis, vêtu d'une toge violet clair, fixée par une ceinture d'or; d'une main il serre une épée, de l'autre il s'appuie sur un sceptre. La tête rappelle d'une façon frappante Napoléon premier consul ; une jeune fille, agenouillée auprès d'un masque tragique, écrit ce que lui dicte le poëte ; la quatrième fresque d'Herculanum, la *Délivrance d'Andromède,* nous montre la belle enchaînée dégagée de ses liens par Persée, et descendant, chancelante et émue, le rocher sombre. Quelle ravissante figure, craintive encore quoique souriante d'espoir ! Enfin, la cinquième fresque représente un

Guerrier vainqueur; la tête est nerveuse et fine, on y sent la volonté de la lutte. Le cheval du guerrier hennit près de lui, tenu par un esclave. Parmi les fresques peintes sur marbre, je remarque le *Quadrige;* les *Acteurs comiques; Thésée vainqueur du minotaure,* et surtout les *Joueuses d'osselets* ou les quatre filles de Niobé revivent dans leur grâce insoucieuse : la mère seule pressent la vengeance de Diane; elle est debout, pensive et triste; ses bras nus superbes sont croisés sur son cœur; tout le reste du corps est couvert d'une longue draperie; elle contemple ses filles avec une tendresse désespérée; deux sont accroupies à ses pieds dans une pose délicieuse; l'une vient de lancer deux osselets qui retombent; sa main ouverte et son bras charmant sont encore suspendus en l'air; sa sœur regarde, le corps inclinée, en face d'elle. Quelle expression vive dans sa jolie tête, dont l'œil brille du plaisir du jeu; quelle souplesse dans le vêtement sur lequel retombe le bras droit tendu qui la soutient. Ce bras est un chef-d'œuvre; les lignes en sont d'une pureté à désespérer l'art moderne; il frissonne vers l'épaule sous la draperie : les deux autres sœurs sont debout; la plus grande, la plus belle, celle qui forme le centre du tableau, et dont l'œil ne peut se détacher, tend à sa mère le gain de la partie achevée. Surprise de la gravité de sa mère, elle la regarde anxieuse, son sein ému palpite sous la robe qui le dessine; que dire de son cou et de son profil de déesse et de sa chevelure mouvante! On comprend que le courroux de Diane redouble par l'envie de cette tête idéale. L'autre sœur, plus petite et plus svelte, pousse par les épaules son aînée. Elle ne touche pas au sol, sa légère draperie flotte au vent, sa tête est mutine, c'est l'adolescence heureuse.

Je considère avec curiosité une autre fresque représentant le groupe du *Taureau Farnèse,* puis l'*Ariane abandonnée,* composition savante, où les nombreux personnages concourent tous à l'effet du drame. *Vénus pleurant la mort d'Adonis* est une figure tellement expressive, qu'on sourit en la regardant de la prétention de l'art moderne d'avoir, à défaut de la forme, trouvé l'expression; j'en dirai autant de la tête d'Achille adolescent dans la fresque de l'*Éducation d'Achille.* Quel éphèbe superbe que le jeune héros! ses grands yeux mélancoliques semblent voir venir la mort rapide; ses lèvres entr'ouvertes aspirent la vie qui doit sitôt finir! L'antiquité seule a su comprendre et peindre la beauté de l'homme; être beau, dans l'antiquité, était un don des dieux et un titre à l'adoration pour les dieux mêmes; Vénus aimait un berger pour sa beauté. La statuaire et la peinture grecques excellaient à peindre la grâce de la puberté. Dans cette fresque admirable Achille adolescent est représenté debout devant le centaure Chiron, son corps nu est aussi divin que sa tête; de sa main gauche il tient la lyre d'or appuyée sur son cœur ; son bras droit retombe avec grâce. Le buste du centaure est merveilleux de force et de modelé; sa tête couronnée de feuillage s'incline légèrement vers son élève; elle respire le recueillement et l'inspiration; son bras droit est tendu vers la lyre; sa main nerveuse en fait sortir des sons comme les gémissements d'une âme; ses jambes de cheval encadrent les beaux pieds d'Achille; toute la partie animale, poitrail, dos, queue flottante, ferait honneur à un coursier divin. L'énergie et la vérité dans l'art ne peuvent aller plus loin.

Les *Amours occupés à des métiers*; *Douze faunes acrobates*; le *Maître d'école fouettant un écolier*; le *Mendiant aveugle et son chien*, sont autant de délicieux tableaux de genre, où la grâce, l'esprit et la fantaisie des Grecs se révèlent tour à tour. La *Néréide couchée sur un cheval marin* a servi de modèle à la statuaire. Elle est inimitable dans sa force et sa grâce frémissante et nue, elle enlace de ses bras le monstre qui bondit, on dirait qu'elle le dompte par sa beauté; ses jambes et ses pieds, d'un modelé adorable, s'agitent dans l'air; sa tête a l'expression enivrée du triomphe. L'antiquité seule pouvait donner une rivale et créer une sœur jumelle à cette figure vertigineuse. La *Néréide couchée sur un tigre* égale en beauté celle que je viens de décrire; elle rit sur la croupe du terrible animal ému et soumis, au contact de sa chair, comme le serait un homme; de sa main gauche elle tient une coupe d'or sous la gueule du tigre; de sa main droite elle y répand le vin, ou le philtre, en inclinant une légère aiguière; elle est sûre d'elle et regarde en riant son formidable esclave; sa tête et son corps sont radieux, ils semblent dire : « Voyez! il m'obeit! » — *Briseis enlevée à Achille*, et *Médée et ses enfants* sont encore deux fresques magistrales trouvées à Pompeï; le *Poëte tragique* (un autre que celui dont j'ai parlé) fait penser à Euripide composant sa Phèdre ardente. *Quatre petits centaures*, sur un fond noir, produisent un effet qu'un fond enjolivé amoindrirait à coup sûr. *Une biche allaitant Téléphe* est une des fresques les plus grandes du *Museo Borobnico*. Le fils d'Hercule, héros naissant, que blessera la

8.

lance d'Achille, tette en souriant une biche blonde; attentive, elle lève la jambe pour mettre à l'aise son nourrisson; elle tend son cou, incline son museau et lèche le genou de l'enfant en fixant sur lui ses yeux noirs caressants. Hercule, debout, musculeux, athlétique, regarde le petit d'un air paterne. Devant Hercule est assise une déesse superbe qu'on croit être Cérès et qui pourrait être Junon, car l'aigle de Jupiter est à ses pieds; mais elle s'appuie sur le tronc élancé d'un pin, et l'on sait que c'est l'arbre dont Cérès se fit un flambeau pour courir à la recherche de sa fille. Quelle que soit cette déesse, il n'en est pas de plus fière. Sa taille opulente se dessine sous les draperies; ses deux bras puissants sont ceints de cercles d'or; une de ses mains tient le sceptre de bois résineux, l'autre presse sa joue; la tête olympienne est couronnée de fleurs et de feuillage; la bouche est sérieuse; les grands yeux plongent dans l'infini et semblent y lire le destin de l'enfant. Un petit faune riant est juché derrière la déesse; une Victoire ou une Renommée, aux ailes frissonnantes, se penche sur la tête d'Hercule et lui montre, en tendant le bras, l'enfant prédestiné.

La fresque de *Péronée nourrissant de son lait son père Cimon* réunit le pathétique au naturel, c'est de l'art réaliste plein de noblesse. *Diane et Endymion*, *Mars et Vénus*, les *Muses*, la *Déesse Isis*, la *Fortune*, sont les vrais dieux de la Grèce, comme *Hercule et le lion de Némée*, et *Thésée vainqueur du minotaure*, en sont les vrais héros. Les fresques d'ornementation, arabesques déliées, où tous les caprices de l'art fourmillent, sont aussi des chefs-d'œuvre; les mosaïques de Pompéï et d'Herculanum réunies au musée offrent la même perfection de dessin que les fresques: en voici une toute parsemée de poissons et de crustacés que vous venez de voir vivants au *Mercato* et à *Santa Lucia*; une autre représentant un combat de coqs qui fait se pâmer d'aise les Anglais; une troisième, où un squelette debout vous crie: *Memento mori*. Sur d'autres se détachent des fleurs, des fruits, des perdrix, un chat étouffant une caille qui se débat, des instruments de musique, des masques tragiques, des groupes d'Amours, des rondes de bacchanales.

J'entre dans les salles des marbres, et parcours sans guide cette assemblée superbe de dieux et de héros. L'œil est d'abord frappé par les taches blanches maculées de plâtre qui masquent la nudité de ces chastes figures; le sabre des garibaldiens a fait sauter d'un coup railleur toutes les *sciocche foglie*, dont l'impudique pudeur des Bourbons et des prêtres avait affublé ces chefs-d'œuvre, et qui faisaient demander aux enfants si les feuilles poussaient sur la peau comme aux arbres. Naples et Rome ne se sont pas contentées d'enlaidir et de mutiler la race humaine, d'annuler sa dignité morale, elles ont insulté l'apothéose de la chair jusque dans les marbres. L'art leur a paru un ennemi à combattre, une idolâtrie qu'il fallait extirper; le culte du beau, un danger; l'amour du vrai, une impiété : il n'est pas si petit bas-relief qui ait trouvé grâce à leurs yeux ; les *sciocche foglie* ont été appliquées comme des emplâtres calmants sur tous les Cupidons émancipés; le frisson même de la douleur et de la mort n'a pu les secouer à Rome du groupe de *Laocoon*. Un plaisant disait un jour devant ce marbre que les serpents altérés de vengeance, qui étreignent le grand prêtre, devraient bien engloutir ces pampres rafraîchissants. Quand Louis XIV, pris d'un zèle dévot, couvrit de ce pudique accessoire les statues du parc de Versailles, madame de Montespan dit gaiement : « Elles seront plus belles à la chute des feuilles. »

Je m'arrête d'abord, dans un premier portique, devant des statues de *Gladiateurs mourants* et de *Prisonniers gaulois* dont l'expression farouche et douloureuse émeut de pitié; un joli buste de *Cléopâtre* sourit auprès et semble dire : « Qu'importe la mort des esclaves!» Dans le second portique, je trouve les deux statues équestres des *Balbus*, père et fils, préteurs et proconsuls d'Herculanum ; c'est dans la basilique de cette ville que furent découverts ces deux marbres puissants; les chevaux surtout sont superbes, les têtes, les jambes et le poitrail ont l'élégance et le mouvement des chevaux de Corinthe à Venise; à côté est un groupe d'*Électre et Oreste* du plus beau style antique. Quelle simplicité et quelle tristesse dans ces deux têtes fatales! Un *Hermès* se dresse auprès, surmonté de la tête de *Socrate*, forte et belle dans sa laideur. Un *Faune* grec, admirable, porte Bacchus tout petit sur ses épaules : les deux jambes mignonnes du dieu naissant pendent au cou musculeux du faune, dont les deux bras tendus tiennent des cymbales, et dont la tête souriante convoite une grappe de raisin qui s'agite aux doigts de l'enfant. La *Minerve Farnèse*, colossale, me fait rêver aux temps héroïques d'Athènes; dans le troisième portique, la statue souveraine est celle d'*Agrippine* assise et méditant; le corps souple et vivant palpite sous le peplum qui retombe en longs plis du côté gauche; la taille se dégage aérienne du siége antique (sorte de trépied); la tête est pensive et comme imprégnée de la clairvoyance des futurs forfaits de Néron. Les cheveux ondés, massés vers la nuque, couronnent ce beau front impérial mieux qu'un diadème; le sein frémit indigné sous la draperie qui en moule les contours; les bras affaissés et les mains qui se croisent sont d'une beauté de déesse. Malgré ses crimes, Agrippine est restée une des plus nobles et des plus tragiques figures de ces temps impurs des Césars; elle sut lutter, elle sut mourir, et proféra en mourant ce mot déchirant et terrible : *Ventrem feri,* qui fait tressaillir toutes les mères. Le buste colossal de *Julius Cesar* est du même style noble et fier, la grande victime de Brutus y revit dans son énergique beauté. A côté, *Néron* et *Tibère* portent sur leur face leurs turpitudes sanguinaires. Dans la salle de *Flore* est la statue colossale de cette déesse couverte des plus savantes draperies, et tenant de la main gauche une corne d'abondance d'où jaillissent des fleurs. Cette figure grecque fut trouvée à Rome dans les thermes de Caracalla avec l'Hercule Farnèse; comme je la contemple j'aperçois tout à coup, dans la même salle, la statue d'*Eschine* et j'oublie la déesse pour l'orateur. Ce marbre grec, découvert à Herculanum, et qu'on nomma longtemps l'*Aristide,* est le chef-d'œuvre du musée de Naples; rien de plus noble que l'attitude du rival et du contradicteur de Démosthènes; la tête fière, un peu présomptueuse peut-être, est une des plus vivantes de la statuaire antique; les yeux vous regardent, la bouche prudente vous défie, le front est plus haut que celui de toutes les figures grecques, l'avocat de Philippe a la satisfaction du triomphe. Comme expression, je préfère la tête de Démosthènes, dont nous verrons la statue au Vatican; il y respire plus d'âme, plus de conscience et la tristesse immense du patriotisme vaincu. Comme œuvre d'art, la statue d'Eschine est bien supérieure; la majesté du péplum, retenu sur la poitrine par le bras qui se meut sous les plis, surpasse en perfection toutes les draperies connues. Dans la même salle que l'Eschine sont deux statues de *Junon* et d'*Antinoüs* du plus grand style; celle de l'*Apollon jouant de la lyre* m'a paru, malgré sa célébrité, assez médiocre : le corps est trop charnu et la tête peu expressive. C'est dans la salle de Flore que se trouve la grande mosaïque de la *Bataille d'Issus,* qui pavait une des chambres de la maison du Faune à Pompeï. Dans la salle des marbres coloriés, je regarde longtemps deux mystérieuses statues d'*Isis*; les bras et les têtes sont en marbre blanc; sur les corps élancés et chastes descendent jusqu'aux pieds les longs plis d'un peplum en marbre noir; l'austère pâleur du visage jeune et pur se détache plus frappante sur ce fond sombre; à côté deux barbares, deux *Gaulois*, deux de nos pères vaincus et captifs, un genou en terre, regardent taciturnes et menaçants. *Brutus*[1] est en face; sa tête, empreinte d'une tristesse altière, semble leur dire : « La liberté n'est qu'un nom! » — Tout près, un buste délicieux de *Faustine*, en albâtre oriental, sourit au tribun farouche. Je salue, en passant, toutes les *Muses* dans la salle qui porte leur nom; elles sont belles et dignes, mais aucune ne vaut la Muse unique de la fresque dont j'ai parlé; elles entourent, comme un chœur antique, un immense vase grec, où Mercure, Bacchus enfant, des faunes et des bacchantes décrivent des bas-reliefs merveilleux.

La salle d'*Adonis* renferme quelques figures d'une grâce et d'une fantaisie inouïes. La plus exquise est celle de l'*Amour enlacé par un dauphin*. On croit voir Éros, dans la mer Égée, se baignant ou volant à la recherche de sa mère; tout à coup le monstre, à tête énorme, le surprend et enserre son corps frêle et divin de sa queue formidable; les jambes de l'Amour se dégagent dans l'air, il sourit et l'on sent qu'il triomphe. Est-ce que l'Amour s'effraye de rien? Est-ce qu'il n'est pas le dompteur certain des forces de la matière? Ses ailes et ses pieds légers échappent à la brute aquatique; ses bras charmants la pressent vers la gueule, qui, béante, engloutit les vagues bleues; son fin visage effleure du menton la peau rugueuse du stupide lutteur, dont les yeux ronds et glauques semblent dire : « Je suis vaincu! » O Grecs inspirés! maîtres inimitables de la beauté parfaite, que n'avez-vous pas tenté et réalisé dans l'art!

Un *Jupiter* colossal donne son nom à l'une des salles qui serait mieux nommée la salle de *Bacchus*, car elle renferme le torse si fameux de ce dieu qu'on croit l'œuvre de Phidias. N'importe, ce n'est ni Bacchus, ni Jupiter qu'on cherche dans cette salle; c'est toi, mystérieuse *Psyché*[2], à la tête inclinée, tu regardes pour ainsi dire en toi-même, l'inquiétude de l'inconnu t'agite; l'absorption de l'idéal courbe ton front pur, le monde des sens a disparu pour toi!

Porter son regard de ce visage divin à la face aplatie de

---

[1] Un buste grec superbe.
[2] Le moulage a reproduit et fait connaître au monde entier ce marbre grec.

Tibère, c'est tomber de l'éther au cloaque. *Alexandre* [1] est en compagnie de ce César infâme dont le spectre hante la nuit les grands rocs de Caprée ; les traits du jeune héros grec sont empreints d'une tristesse résignée, comme s'il voyait venir sa mort prochaine; *Homère* [2] le considère et semble dire : « Il eût été digne de mes chants ! » Le poëte est un juge éternel dont les siècles respectent les arrêts, à son gré il distribue la gloire ou l'interdit ; faire passer dans le marbre l'âme d'Homère n'a pu être donné qu'au ciseau grec. Une *Néréide sur un monstre marin* est l'éblouissement de la salle de *Tibère;* elle semble murmurer à chaque visiteur les vers d'André Chénier :

> . . . . . Regarde, je suis belle,
> Blanche comme Diane, et légère comme elle,
> Comme elle grande et fière !...

Et, parlant ainsi, elle rejette avec grâce l'écharpe légère qui l'enveloppe et qui se gonfle derrière elle au souffle de l'air.

La statuaire grecque se joue de la difficulté de reproduire avec le marbre ou le bronze tout ce qui est d'essence aérienne ; les ailes des amours et des oiseaux, le soulèvement des vagues, le galop du cheval, l'élan de la biche, le saut du pugilat, et par-dessus tout la démarche ailée si pleine de pudeur et de morbidesse qu'ont les vierges indécises, Camille de Virgile qui courent sur les blés mûrs sans les faire ployer; c'est par cette allure entre ciel et terre, prêtant au marbre la légèreté d'une vapeur qui monte, que la *Vénus Callipyge* se distingue, entre toutes, des Vénus qui lui font compagnie dans le cabinet humide et sombre où elle est enfermée. Elle rayonne et voltige, pour ainsi dire, dans cette geôle claustrale, comme elle ferait en plein azur sous le soleil de la Grèce, sa patrie. Ses pieds d'enfant se détachent du socle, et tout son corps se dresse comme pour fendre l'air; elle soulève jusqu'au-dessus de ses reins cambrés les longs plis de sa robe flottante, soutenue par son bras replié, qui forment une grande aile au niveau de la tête ; cette tête penchée, câline et caressante, vous regarde et vous sourit. Quel profil juvénile ! quelle beauté chaste! quelle chevelure splendide enroulée avec art ! Tout le côté

---

[1] Superbe buste grec.
[2] C'est le plus beau des bustes connus d'Homère.

gauche de la taille et du flanc se dérobe jusqu'au pied sous le vêtement; tout le côté droit, le dos et les cuisses sont nus. Nudité de déesse plus éthérée que provoquante, et que les commentaires seuls ont rendue impudique.

Je traverse une vaste cour où sont rangées les *Collections de marbres épigraphiques* de tous les temps et de tous les peuples; dans une salle voisine se trouve le groupe fameux du *Taureau Farnèse;* qu'en dire qui n'ait été dit? Ici encore le marbre s'épanouit en figures fluides, mouvantes, déliées comme les cordages d'un aérostat qui fend l'air. L'*Hercule Farnèse,* qui est dans la même salle, respire la force foudroyante du terrible vainqueur des monstres de la Grèce; c'est une anatomie grandiose des muscles d'airain des héros fabuleux, auprès desquels l'homme moderne n'est qu'un pygmée.

On se figure que l'admiration est épuisée après avoir parcouru, au *Museo Borbonico,* les galeries des fresques et des marbres, il n'en est rien; l'enthousiasme pour l'art antique devient plus vif en entrant dans la galerie des bronzes, située à droite, au rez-de-chaussée. Poëtes, statuaires, architectes, philosophes, orateurs, tribuns, quelle humilité ne doit pas nous donner à tous la Grèce!

Petite nation, immense par l'idée!

Athènes seule, en un siècle ou deux, a fourni plus de vrais génies à la postérité que le monde entier n'en a produit depuis trois mille ans. Génies heureux qui s'épanouissaient sans efforts, comme les fleurs sur une terre naturellement fertile. Quel sceau ineffaçable de grandeur et de grâce l'antiquité a mis sur tous ces bronzes retrouvés à Herculanum et à Pompeï! Cette découverte fut pour la statuaire une révélation. Très peu de bronzes grecs étaient arrivés jusqu'à nous. Rome en avait dépouillé Athènes, et, à leur tour, les empereurs du Bas-Empire les enlevèrent à Rome pour en décorer Constantinople. Presque tous ceux qui restèrent dans la ville éternelle furent, plus tard, détruits par les barbares ou fondus par les papes pour en faire des cloches et des canons. La lave, plus soucieuse du beau que la prétendue civilisation chrétienne, nous a rendu intacts quelques-uns de ces chefs-d'œuvre d'airain. En entrant dans la salle, les six figures aux yeux d'émail, du théâtre d'Herculanum, se groupent sous vos regards charmés; celle qui agrafe, de sa main mignonne, la chlamyde sur son épaule droite, est ravissante. Que n'aurait pas donné Racine pour ce joli buste de *Bérénice*, encore plus harmonieux que ses vers ! Deux *Faunes*, celui que l'ivresse endort sur un rocher, et l'autre plus petit, qui danse éperdu, tête renversée, effleurant à peine de l'orteil le sol inutile pour le porter, tant il est bondissant, sont des miracles de modelé et de légèreté. La statuette de la *Victoire*, découverte à Pompeï, les surpasse pourtant en souplesse exquise; son pied gauche touche seul à la sphère qui la porte; son pied droit rejette en arrière une longue draperie s'échappant de la tunique courte que le ceste fixe à la taille : elle porte au bras un cercle d'or. Ses deux grandes ailes dressées encadrent sa tête mutine, où les caprices et l'inconstance se révèlent en riant. L'*Apollon Pythien* la regarde; Vénus Anadyomène, moins attrayante qu'elle, semble l'envier. *Platon, Alexandre, Scipion l'Africain, Sénèque*, revivent pour nous dans quatre bustes superbes; le *Cheval en course*, incrusté d'argent, surpasse en élégance tous les chevaux antiques; le poitrail frissonne, la tête hennit, fière, presque humaine; un autre cheval admirable se cabre sous une amazone qui le pique au front de sa lance; *Alexandre*, dans une statuette équestre, chevauche aussi sur un de ces coursiers divins qu'on dirait ravis au char d'Hélios; mais le cheval qui eût gagné sur tous les autres le prix de beauté dans la course qu'ils semblent décrire au fond de la galerie, eût été à coup sûr le cheval colossal qui ornait le portique du temple de Neptune à Naples; il n'en reste que la tête, prodigieuse de modelé et d'expression. Le fier animal subsistait tout entier au quatorzième siècle; le peuple disait que, d'abord vivant, il avait été élevé par Virgile, puis pétrifié par la magie du poëte; le peuple prêtait à ce cheval la vertu de guérir les maladies épizootiques, et l'invoquait, à genoux, comme un *Santo del paradiso*. Un archevêque de Naples, indigné de cette idolâtrie, dont le monopole était réservé à saint Janvier, détruisit le cheval grec et en fit des cloches pour l'église de son saint. Je regarde une statue colossale d'*Auguste* et une statue équestre de *Néron*, moins rares que les autres, puis une série de tout petits *Amours* potelés, rieurs et querelleurs : l'un agite une torche, l'autre tient une amphore sur l'épaule, l'autre serre gravement un dauphin sous son bras. C'est ensuite une ineffable statue de *Faustine* symbolisant la pudicité; le groupe voluptueux de *Bacchus et Ampelos*, et enfin l'*Apollon citharistre*, la dernière figure en bronze découverte à Pompeï[1]. Le corps est celui d'un superbe adolescent, la tête est pensive, un peu farouche, la chevelure abondante et crépue retombe en boucles de chaque côté du cou; la main gauche, qui repose tendue à la hauteur du sein, est faite pour tenir la lyre; les pieds ont la même finesse de modelé que cette main divine. J'ai vu, parmi les volontaires de Garibaldi, de jeunes Siciliens dont la tête rappelait celle du *Cithariste*; leur teint naturellement brun, noirci par les longues marches des jours d'été, avait le ton cuivré du bronze antique; la perfection des lignes était égale; la grâce et l'élégance du corps se trahissaient sous la casaque rouge. Les modèles, en Italie, existent encore pour l'art; mais l'art s'est abâtardi; espérons qu'avec l'indépendance la fille d'Athènes retrouvera la vigueur et l'inspiration du beau.

Je m'abreuve et m'enivre de la divine antiquité, à mesure que j'avance de salle en salle, et, comme le buveur qui ne peut plus s'arrêter quand le vertigineux attrait du vin le saisit, je dis à M. Gaillard qui m'accompagne: « Encore, encore! » Avant de visiter les maisons vides de Pompeï, j'en veux connaître toutes les dépouilles. Après les grands bronzes, c'est avec l'intérêt le plus vif que l'on voit la collection des petits bronzes : on en compte plus de treize mille, et chaque fouille nouvelle en augmente le nombre. Ustensiles, meubles, armes, casques, instruments de musique et de chirurgie, instruments aratoires, objets d'ornementation et de toilette, dieux lares, petits autels pour brûler les parfums, vases pour les sacrifices, tout ce qui composait un mobilier antique réapparaît dans son élégance et fait honte à notre luxe moderne; car tout cela c'est encore de l'art, et de l'art parfait, tandis que nos somptuosités ne sont que du clinquant d'or et de soie, et rappellent le luxe des Perses, qui se jugeaient supérieurs aux Grecs. Qu'est-il resté d'eux? Tous les meubles réunis du premier Empire français ne valent pas ce svelte candélabre de bronze, trouvé dans la maison de Diomède, qui se compose d'un léger pilastre corinthien soutenant quatre lampes; je donnerais toutes les rocailles du dix-huitième siècle pour cette table en mosaïque de Pompeï, et pour ce vase incrusté d'argent d'Herculanum;

---

[1] Je parlerai des fouilles nouvelles, faites par ordre du roi d'Italie, d'où sont sortis de nouveaux chefs-d'œuvre.

tous nos lits dorés, en fer creux, pour cette couchette antique, à pieds de griffons; des ossements et des restes de poussière humaine sont encore adhérents à plusieurs objets; un casque contient le crâne qui le porta; un squelette de courtisane a longtemps gardé, entre les os disjoints de sa main crispée, une bourse pleine d'or qui paya sa dernière nuit de débauche; la lave, en l'engloutissant, épura sa honte. Qui sait les mystères de ces instants suprêmes! Qui pénétrera les terreurs et les repentirs de toutes ces âmes surprises dans les délires et les crimes de la vie! Voici des squelettes de condamnés : autour de leurs fémurs sont encore les entraves dont ils étaient liés; le Vésuve hâta le supplice qui les attendait; la sentence passive du destin tomba du même coup sur leurs juges. Les boîtes de fard sont encore pleines de blanc et de vermillon; les joues qui s'en imprégnèrent sont devenues cendres; les fuseaux, les aiguilles, les ciseaux ont survécu aux doigts dissous; les amphores et les jarres contiennent des restes d'huile, de graisse et de vin; les meules, du blé prêt à moudre; les spectres qui se repaissaient de ces aliments et de ces boissons n'ont plus faim ni soif. Cymbales, clarinettes, trompettes, clairons ne retentissent plus aux mains agiles et aux lèvres souriantes; ces billets de théâtre annonçaient un spectacle joyeux que le tonnerre du volcan changea en drame. Le vent de la mort emporta les chevelures où ce peigne a glissé et que ces cosmétiques faisaient reluire; que de têtes charmantes ont reflétées ces miroirs qui me reflètent en passant; ombres vaines auxquelles d'autres ombres succéderont!

Oublions le néant inexorable des êtres, et revenons à ce qui survit de leur pensée. Quelle grâce fluide, quelle ténuité de flot transparent ont tous ces verres antiques! Les filets d'or et les nuances des pierreries rehaussent les fonds clairs. La forme des vases, des coupes, des bouteilles et des amphores, variée à l'infini, est toujours exquise; le verrier antique était artiste, il donnait au verre les contours harmonieux que le statuaire donnait au marbre; sur une grande amphore en verre bleu, trouvée à Pompeï, se détachent des camées blancs représentant des Amours; les terres cuites, même les plus vulgaires, les lampes des pauvres et des soldats, où la mèche à demi consumée reste encore, sont modelées avec goût.

La collection des vases italo-grecs, qu'il serait trop long de décrire, est superbe; tous ont été trouvés dans des tombeaux; les plus splendides viennent de Pœstum, de Ruvo et de Nola; les urnes funéraires de Pompeï et d'Herculanum sont médiocres; dans ces villes toujours menacées de destruction, le culte des morts était négligé. La chute de Troie est représentée sur le plus beau vase italo-grec. Je traverse la salle des papyrus d'Herculanum, qui malheureusement n'ont ajouté à notre connaissance de la littérature antique que quelques commentaires sur la philosophie d'Épicure. On en veut au possesseur ignoré de cette bibliothèque de n'avoir pas eu sur un de ses rayons un manuscrit de Sophocle et de Sapho. Ce devait être quelque pédant à qui les poëtes paraissaient des fous inutiles.

Dans la salle des *gemmes*, qui m'arrête longtemps à chaque visite que je fais au musée, les collections Farnèse des camées antiques et des pierres gravées sont réunies à la vaisselle d'or et d'argent et à tous les bijoux trouvés à Pompeï et à Herculanum. Les orfévres italiens ont imité les bijoux; la gravure a reproduit les dessins exquis des pierres fines; l'étude de la Grèce a été complétée par tous ces objets de parure qui nous ont fait comprendre l'étendue et l'harmonie du goût de cette nation chez qui l'art embrassait depuis la poterie vulgaire jusqu'à la couronne d'or des triomphateurs et à l'anneau des archontes et des prêtres.

Parmi les *gemmes* resplendit par sa grandeur et son travail exquis la fameuse *tasse Farnèse*, en sardoine orientale. Ce camée énorme représente la fête de Cérès; ce fut là, dit-on, la coupe homérique enfermée dans l'urne cinéraire du mausolée d'Adrien. A quelle source inconnue espérait-il la remplir dans la mort, ce César inassouvi dont l'immensité de l'Empire ne suffit pas à repaître les somptuosités babyloniennes et les voluptés infâmes?

Le fameux *Musée secret* que les Bourbons tenaient sous les scellés, dans une sorte de cabinet de Barbe-Bleue, arbre tentateur aux fruits défendus, et par cela même plus convoités, était ouvert au public au moment de mon arrivée à Naples. Je le parcourus sans curiosité et sans attrait; l'art ne doit pas s'abaisser à reproduire ces turpitudes; ces marbres et ces bronzes obscènes sont sortis pour la plupart de Capoue et de la collection des Borgia; le pape Alexandre VI se complaisait en leur compagnie, et les rois de Naples, quoiqu'ils les tinssent religieusement sous clef, n'en avaient pas la sainte horreur qu'on peut croire. L'oncle du dernier roi, le duc d'Aquila, les avait fait reproduire dans sa villa de Sorrente; l'ostracisme de toutes ces impuretés était plus apparent que réel; il s'étendait stupidement jusqu'au cabinet qui renferme la noble Vénus Callipyge et il avait couvert d'un voile le tableau de la Vénus du Titien, connue sous le nom de *Danaé*, et presque identique à la Vénus du même maître de la Tribune de Florence; cette belle toile est aujourd'hui réintégrée dans la galerie des tableaux, collection riche et nombreuse, mais fort inférieure à celle *des Offices*. Après avoir visité les salles des fresques, des marbres et des bronzes antiques, on ne la parcourt qu'avec distraction. Je remarque, en passant, un portrait très-vivant de Masaniello fumant une pipe, par *Dominique Gargiullo;* on dirait une peinture flamande. Naples, où est né Salvator Rosa, ne possède que ses peintures les plus médiocres; on en peut dire autant de *Luca Giordano*, cet autre grand peintre napolitain. *Corrége* a deux tableaux au *Musco Borbonico*: la *Vierge au lapin* et le *Mariage mystique de sainte Catherine*. Titien, deux portraits: le pape Paul III et le sombre Philippe II; Raphaël y est aussi représenté par deux portraits, qu'on conteste être de lui; Jules Romain, par sa *Vierge à la chaise*.

Le cabinet numismatique, que je ne dois pas oublier, renferme cinquante mille médailles; toutes les monnaies antiques des villes d'Italie, de la Grande-Grèce et de la Sicile y figurent.

Deux cent mille volumes et trois mille manuscrits composent la *Biblioteca Borbonica*. Nous verrons plus tard celle des archives, riche des plus curieux documents historiques.

XIV

Les jours où je n'allais pas au musée et dans les environs de Naples, je flânais souvent des heures entières à travers la ville; la population napolitaine est de toutes celles de la Péninsule la plus curieuse, et, pour nous Français, la plus nouvelle à observer. Hâbleur et bon enfant, le Napolitain se prête à tout propos à nos remarques; on dirait qu'il pose volontiers devant les étrangers; familier dans sa jactance et naturel dans ses étrangetés, il ne se doute pas même d'être resté à part et en arrière de plusieurs siècles dans la marche du monde civilisé; bien entendu que j'entends parler des classes populaires. Je m'arrêtais chaque jour dans les boutiques de coraux, de bijoux en écaille, de camées en lave, de figurines en terre cuite et de vues coloriées des monuments de Naples. Ces boutiques sont situées dans les *Strade di Chiaja* et *di Toledo*, *al largo del Castello* et à *Santa Lucia*. J'avais fini par être connue de ces marchands bons et affables; je leur achetais peu et les faisais parler beaucoup, ce qui paraissait être pour eux une compensation. Causer est pour les Napolitains, comme c'était pour les Grecs, un exercice qui les tient en belle humeur. Si on permet à ce peuple les harangues, les ovations et les cris, il oubliera qu'il a faim; il perd beaucoup de temps en gestes et en paroles, il grise ainsi sa misère qui est d'ailleurs plus apparente que réelle. Quelques *frutti di mare*, un peu de charcuterie, une *frittura*, des figues, du café et de la limonade entre les repas, lui suffisent, et il a tout cela pour quelques carlins. Les jours de grande fête on y ajoute un *fiascone di vino di Capri*. Depuis le mendiant en loques puantes jusqu'au boutiquier en redingote râpée, la saleté est endémique chez les Napolitains; ils la gardent imperturbablement en face de ce golfe tranquille qui les convie à un bain éternel; ils s'y plongent parfois, mais sans s'y laver jamais. La crasse est comme une chemise naturelle (la seule pour beaucoup) dont ils semblent craindre de se dépouiller. Je me souviens qu'un jour, ayant acheté un joli bracelet d'écaille *al largo del Castello*, le marchand m'offrit de me l'agrafer, je tendis mon bras sans avoir regardé ses mains, mais, quand je vis ses ongles noirs et ses doigts souillés de poussière et du stigmate des cigarettes, je me reculai pour que sa peau n'effleurât pas la mienne. Les prêtres et les moines sont encore plus sales que les boutiquiers, ils portent des frocs et de petits collets où se dessinent les prises liquéfiées dont ils bourrent leur nez; l'idéal des guenilles et des haillons repoussants s'étale en plein jour sur le quai de *Santa Lucia;* pas une paysanne en corset rouge d'Ischia, de Sorrente ou de Procida, mais toute la défroque, aujourd'hui introuvable à Paris, des anciens voyous de la rue Mouffetard, je n'ai vu de pareils vêtements qu'au bas peuple de Londres. Je contemplai longtemps, une après-dînée, la splendeur du golfe, appuyée contre la vasque de la fontaine de *Santa Lucia*, puis je suivis le rivage pour rentrer à mon hôtel, qui était tout

9.

proche, et je m'engageai sans y penser dans ce que j'appellerai les coulisses des établis des *frutti di mare;* par devant, les petites boutiques en plein vent offrent aux regards des pyramides de coquillages dressées sur des herbes marines avec beaucoup d'art; par derrière le spectacle change : chaque creux d'établi contient une famille qui grouille; les mères rapiècent les loques ou passent un peigne ébréché dans la chevelure en broussaille des enfants, elles écrasent du pouce les vermines trop apparentes; jamais la tuerie des insectes n'est complète; la graine en reste; cela purge et préserve des malignes humeurs; un enfant pouilleux n'est pas malade, vous disent ces femmes. Les hommes en attendant que les chalands se présentent, assis à califourchon sur une des planches qui étayent l'établi, jouent aux cartes, et avec quelles cartes? leur épaisseur est doublée par une couche de crasse. Les vives couleurs des rois, des reines et des valets ont disparu sous cet enduit; n'importe, on joue avec une passion, une fièvre, une gravité qu'on ne trouve pas autour des tapis verts couverts d'or; ici, pour un enjeu d'un *grano*, tous les yeux brillent de convoitise, toutes les bouches sont effarées, quelques lèvres laissent tomber la pipe sans y prendre garde; à un coup douteux les grosses injures retentissent; à un soupçon de tricherie on dégaine les couteaux cachés sous la chemise. J'ai vu une de ces scènes sauvages; les spectateurs laissaient faire et criaient *benissimo!* C'est moins l'amour du gain qui ensorcèle ces partners frénétiques que le désir de triompher du hasard; tout vrai joueur est pris de ce vertige; un démon se cache dans les dés et les cartes, l'ardeur de le terrasser pousse à la démence. Parmi ces hommes prêts à s'éventrer en apparence pour un quart de carlin, on m'en montra deux qui, le jour de l'arrivée de Garibaldi à Naples, étaient allés lui porter au palais d'Angri un *bel regalo* (un cadeau) d'oursins et d'huîtres rangés dans des corbeilles : « *Il grand'uomo*, disaient-ils, *amàre piu Napoli dopo aver mangiato i frutti di mare.*» (Le grand homme aimera encore plus Naples après avoir mangé les fruits de mer.)

Il se fait à Naples un grand commerce de gants; ils sont à très bon marché, bien taillés, bien cousus, et, grâce sans doute au miracle de saint Janvier, ils sortent d'une propreté irréprochable des mains mal lavées qui les confectionnent; les boutiques où on les vend sont pleines de poussière et offrent à peine une chaise pour s'asseoir. A part un bazar turc et quelques grands établissements de modes françaises, il n'est pas à Naples un beau magasin; les pharmacies seules sont décorées avec un peu d'art; il n'est pas rare d'y voir des poteries antiques recélant du cérat et de la magnésie. Les petits bourgeois viennent s'asseoir sur des banquettes rangées autour du comptoir; ils apportent ou reçoivent les nouvelles; le maître pharmacien en tablier blanc attend debout la pratique; avant l'indépendance, c'était un personnage important; les conversations politiques étant interdites, on se rejetait sur les commérages d'intérieur; à l'égal du médecin, le pharmacien pénètre tous les mystères des nobles familles de l'aristocratie : il avait préparé le matin un vomitif pour une marquise quelconque, il savait que la princesse une telle était en mal d'enfant, qu'une autre n'aurait jamais d'héritier et que monsieur le duc un tel dépérissait; il lui fournissait des remèdes qui hâtent un homme au *Campo santo*. Dès qu'un souffle de liberté passa sur Naples, l'apothicaire perdit toute sa faconde; les nouvelles qui intéressaient venaient du dehors; on lui en apportait plus qu'il n'en pouvait donner; il cessa de pérorer, cela le rendit triste et le décomposa. Un Napolitain forcé au silence est frappé de mort. Le pharmacien fut contraint de se rabattre sur ses clients, tentant avec chacun une dissertation sur la drogue qu'on lui demandait.

Étant fort souffrante après une excursion à Caserte, on m'ordonna un purgatif, spécifique universel de la médecine italienne; j'entrai dans une pharmacie de la rue de Tolède et demandai une bouteille d'eau de Sedlitz.

« *Signora, no*, me dit l'apothicaire, *l'olio di ricino è la regina delle purghe, questo olio è molto buono in Napoli; nostra città è la terra promessa del ricino.* » (L'huile de ricin est la reine des purges, elle est excellente à Naples; notre ville est la terre promise du ricin.) J'acceptai l'affreux liquide que l'apothicaire traitait de nectar, en lui répétant toutefois, tandis qu'il en remplissait une fiole : « *Basta! basta! poco! poco!* »

Mais son attention s'était détournée *della purga regina*, il la concentrait en ce moment tout entière sur moi, et me regardait avec une expression de surprise admirative; je crus un moment que mon chapeau parisien lui plaisait, lorsque je l'entendis murmurer à un de ses visiteurs : « *Il bel naso! il gentil naso, Gesù Maria, il bel naso!* » (Le beau nez! quel nez mignon, Jésus Marie, le beau nez!) Si Naples est l'Eldorado du ricin, il est aussi le sol plantureux des nez énormes, dont celui de Polichinelle offre un spécimen; la petitesse du mien émerveillait l'apothicaire; quand je voulus payer notre homme, il me répliqua : «*Niente, signora, niente, resto al suo commando per suo bel naso!* » (Rien madame, rien, je reste à vos ordres pour votre beau nez.) Il fallut le forcer à accepter quelques carlins ; ce refus galant et cet éloge d'un nez à l'occasion d'un purgatif me causèrent un rire nerveux inextinguible. — « Calmez-vous, et oubliez la faculté de *sentir*, » me dit un journaliste napolitain qui m'accompagnait, enchanté de clore cette bouffonnerie indigène par cet affreux jeu de mots français.

La haute société de Naples était dispersée lorsque j'y arrivai, une petite partie de la noblesse avait émigré, presque tout le reste était en villégiature. Quelques hommes politiques, administrateurs et journalistes, avaient aidé au triomphe de l'indépendance; ils se réunissaient chaque soir chez le marquis de Villamarina, qui les avait ralliés dans l'action et les dirigeait encore après le succès; sa charge d'ambassadeur à Naples n'avait plus sa raison d'être depuis la chute du roi François, mais le marquis continuait d'exercer son influence salutaire; il représentait le gouvernement de Turin auprès de Garibaldi; il était pour ainsi dire le trait d'union entre le héros et M. de Cavour; il calmait les impatiences du premier et servait d'interprète à la prudence du second; il eut jusqu'au dernier moment les rapports les plus cordiaux avec le Dictateur. Son séjour à Naples, sa participation active à tous les événements qui s'y passèrent, avaient fait connaître au marquis le caractère napolitain, les ambitions et les vanités des adhérents; il les ménageait et les faisait tourner au profit de la patrie. Les hommes que je vis chez lui rêvaient tous plus ou moins un ministère, des croix, des honneurs, fortunes et faveurs subites qu'ils étaient habitués à voir découler du bon plaisir d'un gouvernement despotique; les élever à l'allure plus fière et plus désintéressée d'un gouvernement libre n'était pas chose facile; ce résultat ne pouvait être que l'œuvre du temps. M. de Villamarina fit appel à une ambition plus haute, à une vanité plus glorieuse que celles qui inspirèrent d'abord la plupart des hommes publics de Naples; ils les rappelait sans cesse au bien public, au dévouement à la cause commune; si des dissidences se produisirent, si des convoitises déçues éclatèrent plus tard en turbulences divergentes dans quelques hommes qui, à l'exemple de Liborio Romano, voulurent à tout prix leur part dans la direction de l'État, ce ne fut pas la faute du marquis de Villamarina; ce sage et ferme esprit aura une belle page dans l'histoire de la révolution de Naples qui prépara l'annexion. Tous ses actes furent empreints du plus habile et du plus pur patriotisme. Dès mon arrivée à Naples, la maison du marquis me fut ouverte par la lettre de M. de Cavour; la marquise de Villamarina, un des esprits les plus fins et les plus pénétrants que je connaisse, me fit un accueil plein d'amabilité; sa ravissante belle-fille était l'attrait et la poésie de cet intérieur où j'ai passé des heures si douces; son jeune mari secondait son père dans les affaires; il apportait à son expérience le concours de son patriotisme toujours prêt à l'action. Je rencontrai chez les dames de Villamarina, le prince et la princesse Torremuzza, de Palerme, et l'aimable princesse de Morra dont je reparlerai; j'y connus aussi le comte Arrivabene longtemps exilé à Londres, et qui volontaire dans l'armée de Garibaldi, était devenu le correspondant du *Daily News*; il fut fait prisonnier dans une rencontre avec les royaux; durant plus d'un mois on le crut mort. Un matin, comme je lisais sur la terrasse de ma chambre, je m'entendis appeler d'une terrasse voisine, c'était le comte Arrivabene, sorti des prisons de Capoue, amaigri, souffrant; un échange de prisonniers l'avait libéré depuis quelques heures.

Les dames de Villamarina venaient quelquefois me chercher pour la promenade; un jour où je devais dîner chez elles, elles arrivèrent, à trois heures, et nous allâmes visiter le *Campo santo*. Le cimetière de Naples est le plus riant de l'univers, il domine la mer et la campagne; la splendeur de la nature, l'exubérance des arbres et des plantes en fleurs, l'éclat des jours, la sérénité des nuits lumineuses, la palpitation des vagues y projettent une vie éternelle qui fait oublier la destruction des êtres; il se dresse et plane sur la ville comme un asile de repos enviable et non comme la menace du néant; une belle église et des salles d'attente où l'on dépose les bières jusqu'à l'achèvement des sépultures, forment, au-dessus des labyrinthes de monuments et des jardins, un ensemble de constructions grandioses. Si les morts y voient, ils peuvent encore embrasser de leurs couches immobiles les enchantements du golfe.

J'allais habituellement deux fois par semaine passer la soirée à la villa de l'ambassade sarde, nichée dans un bois d'orangers sur les hauteurs de Capodimonte. Je faisais toujours faire deux haltes à la voiture qui me conduisait; la première en partant de l'hôtel à l'angle *del largo del Palazzo* (place Saint-François de Paule), à l'endroit même où le palais royal dresse son angle et d'où l'on domine une grande échancrure du port; au fond, le Vésuve m'apparaissait toujours nouveau; sphinx recélant les mystères des tempêtes de feu. Parvenue à la hauteur qui termine la rue de Tolède, je faisais ma seconde halte sur le pont qui relie Naples à Capodimonte; là, l'infatigable et fantastique veilleur se montrait encore au delà de la côte derrière la perspective des ravins boisés; ses zones de pourpre brillaient au loin entre l'ombre noire des bois et la blancheur de son sommet, roi asiatique et fastueux, l'éther l'enveloppait d'une robe étoilée! Je me souviens qu'un jour le croissant de la lune, clair et net comme l'arc d'or d'un géant, s'était posé perpendiculairement sur la fumée du grand cratère; on eût dit un navire lumineux flottant dans le firmament.

Une de ces courses nocturnes devint l'occasion d'une scène de mœurs napolitaines que je dois noter : bravant l'étiquette (d'ailleurs sans importance sous le règne du dictateur), lorsque j'allais seule, je prenais de préférence à une calèche un petit cabriolet rapide; il roulait plus vite et m'offrait sur son train exhaussé plus d'air à respirer, plus d'espace à voir. Je m'assis un soir dans un de ces *casse-cou* pour me rendre à l'ambassade sarde; mais à peine eus-je dit : A *Capodimonte!* à mon petit cocher, un garçon de quinze ans, paraissant en avoir dix, qu'il se récria sur la longueur de la course; il descendit de son siège, se glissa sous le ventre de son cheval, et exclama en l'étreignant : « *O povera e cara bestia, infelice cavallo, mai andremo a Capodimonte, impossibile! impossibile!* » (O pauvre et chère-bête! malheureux cheval, nous n'irons jamais à Capodimonte, impossible! impossible!) Et sur l'ordre réitéré de partir que lui donna le *cameriere*, il se serra de plus belle contre l'animal, le baisant au museau, le caressant, pleurant de vraies larmes et continuant sa mélopée glapissante : « *Non si può muovere, la dolce bestia è ferita, sicuro. Sua Eccellenza non ha core! Principessa vedetela; c'è sangue all' orecchio! Andar a Capodimonte! è la morte del mio cavallo!* » (Elle ne peut se mouvoir, la douce bête est vraiment blessée. N'avez-vous donc pas de cœur, madame? Princesse, voyez, elle a du sang à l'oreille. Aller à Capodimonte, c'est la mort de mon cheval.)

— Si ton cheval est blessé, lui objecta fort logiquement le camérière, pourquoi, au lieu de rester sur la place, ne l'as-tu pas conduit à l'écurie ?

— *Ci andavamo sicuro* » (Nous y allions bien sûr), répliqua-t-il.

Le cheval hennissait, comme impatient de partir; il était évident qu'il se portait fort bien et que les lamentations de son maître avaient pour but de faire doubler le prix de la course; une foule compacte s'était assemblée autour de nous, riant, gesticulant et examinant l'animal; tous les gens en guenilles le déclarèrent fourbu; chaque drôle qui veut rançonner un étranger trouve aussitôt vingt compères dans les rues de Naples; tout ce peuple se connaît. *Facchini, cocchieri, birrichini* (portefaix, cochers, gamins) s'appellent tous entre eux frère ou cousin ; c'est ainsi qu'un jour, tandis que je donnais quelques carlins à des mendiants rassemblés devant ma voiture d'autres, de leur famille, se hissaient derrière moi et m'enlevaient mon burnous. Cependant personne n'intervenait pour forcer le récalcitrant à partir; les gens de l'hôtel prétendaient qu'il n'y avait plus de police; l'impatience me gagnait; en ce moment passèrent quelques officiers garibaldiens; je les appelai et leur dis le fait. L'enfant loquace devint muet en voyant s'approcher de la voiture les chemises rouges; d'un bond il s'était élancé sur son siège . « *Birbante, avanti!* (Brigand, en avant!) dit un de ces braves en faisant mine de tirer son épée.—*Basta! basta! Eccellenza! Principe!* »(Suffit, suffit! excellence! prince!), s'écria le cocher, et, fouettant à tour de bras son cheval adoré, il lui fit franchir au grand galop la *salita* en précipice qui relie le quai au palais royal. Arrivé au bas de la rue de Tolède, mon drôle ralentit sa course et tenta en ces mots une nouvelle harangue : « *Principessa, andremo come la tramontana, ma bisogna dare una buona mancia*. (Princesse, nous irons comme le vent de mer, mais il faut un bon pourboire.)

—*Niente!* » repartis-je, irritée de sa longue *polichinade* qui m'avait fait perdre près d'une heure. Il ne répondit pas; mais, serrant les rênes, il imprima au cheval une allure de hanneton mourant, en répétant tout bas: « *Èveramente ferito.* » La menace d'un nouvel appel à un groupe de garibaldiens qui entrait au café de l'Europe, le détermina à reprendre sa course. Alors, il lui vint sans doute en tête de me mettre à contribution par un autre moyen; vers le mi lieu de la rue de Tolède, il fit un signe à un homme en guenilles, qui aussitôt sauta sur le siége et s'assit près de lui.

« È mio fratello, » me dit-il, suivant la coutume.

L'idée que ces deux hommes arrivés dans la solitude de Capodimonte pourraient s'entendre pour m'enlever ma montre et mes bracelets, me causa quelque frayeur; il me parut superflu de parlementer, mais quand nous passâmes devant le palais d'Angri, où logeait Garibaldi, je criai au cocher : « *Fermati!* » (Arrête-toi!) et, m'adressant au poste composé de gardes nationaux et de garibaldiens, je demandai qu'un soldat d'escorte me fût accordé jusqu'à l'ambassade sarde. Aussitôt un de ces belliqueux habits rouges, terreur des malfaiteurs de Naples et joie de tout le peuple honnête, prit sur le siége la place *del fratello* remis sur le pavé. Le cocher maté acheva sa course en dix minutes. Je remerciai le volontaire en lui offrant quelque argent qu'il refusa.

Tous les cochers de Naples ne ressemblent point à celui qu'on vient de voir en scène; j'en trouvai un à la figure intelligente, vêtu d'une redingote de nankin presque propre, à qui le rêve des voyages tournait la tête; il voulait voir Paris à tout prix, dût-il y aller à la nage et à pied. Il savait quelques mots de français, un jour il me dit fort sérieusement : « *Se Sua Eccellenza vuol insegnarmi il francese, potrei portarla per niente.* » (Si son Excellence veut m'apprendre le français, je pourrai la conduire pour rien.)

XV

Après ma première visite au musée de Naples, mon désir le plus vif fut d'aller visiter Herculanum et Pompeï; voir ces villes sépulcres d'où tant de chefs-d'œuvre intacts et inaltérés avaient surgi tout à coup, comme il en sera, dit-on, de nous dans la vallée de Josaphat, me parut la joie de l'esprit la plus grande que pût m'offrir mon séjour à Naples.

Je partis un matin de la fin de septembre pour Portici en compagnie du jeune garibaldien, Francesco Tedaldi, dont j'ai parlé; il avait fait enfant quelques études classiques sous la direction de son père, magistrat de Palerme, il connaissait les orateurs et les poëtes de l'antiquité ; les temples et les ruines grecques de a Sicile l'avaient passionné pour l'art des anciens, complément harmonieux de leur littérature; il voulut, avant d'aller mourir pour la liberté, visiter Herculanum et Pompeï, ces deux filles de Rome où palpite encore l'âme de leur mère.

L'atmosphère était lourde et chaude, des nuages noirs coupés de lueurs dorées s'amoncelaient sur le golfe; quelques éclairs les sillonnaient par intervalles comme des javelots de feu lancés des profondeurs de l'éther; chaque rivage se dessinait en relief par un admirable effet de clair-obscur. Nous prîmes une calèche découverte sur le *largo del Palazzo*, traversâmes le *largo del Castello*, où se dressait le fort du *Château Neuf*, longeâmes ensuite le port militaire jusqu'au môle, puis le port marchand et la *Marinella* aboutissant au pont de la Madeleine jeté sur le *Sebeto* qui écoule en cet endroit ses flots paresseux dans la mer. Le *Sebeto* est un bras de l'*Acqua della Bolla*, dont la source cachée aux flancs du Vésuve arrive à Naples par des conduits antiques et alimente les bas quartiers de la ville. Tout ce côté de Naples est grandiose et donne l'idée d'une capitale immense et populeuse. Les bâtiments des casernes, de l'hôpital militaire et des tanneries s'y déroulent en longues lignes architecturales; nous nous arrêtons quelques minutes sur le pont de la Madeleine, d'où l'on embrasse toute la circonférence du golfe, puis nous roulons sur une route superbe qui côtoie les bords de la mer jusqu'à *Portici*; cette ville est à Naples ce que Saint-Cloud est à Paris : un joli faubourg peuplé de villas. La route traverse une grande place où s'élève le château royal. Nous faisons une halte pour le visiter. C'est une élégante construction du dix-huitième siècle, à laquelle manque l'attrait des vieux souvenirs; la façade principale et les terrasses ornées de bustes donnent sur la mer; les appartements très-vastes sont meublés avec toute la somptuosité du luxe moderne; mais rien de rare, pas un seul marbre antique. Le plus beau salon est un salon chinois aux parois de porcelaine, où des oiseaux et des fleurs en relief se détachent sur un fond blanc.

Portici et le village de *Resina* s'élèvent aujourd'hui sur toute l'étendue d'Herculanum, qui fut engloutie sous une masse formidable de lave vomie par la bouche du volcan; nous nous arrêtons pour visiter ce qui a été découvert de la ville antique; des gardiens portant des torches allumées nous font descendre dans le théâtre devenu un immense souterrain. C'est le plus vaste monument de ce genre qui soit parvenu jusqu'à nous; il pouvait contenir huit mille spectateurs. Nous marchons à travers le dédale des couloirs sur la boue noire et liquide qui couvre le pavé; nous arrivons dans l'enceinte encore intacte où s'échelonnent dix-neuf rangs de gradins. La scène est d'un tiers plus large que celle de *San Carlo*; une foule de figures en bronze et en marbre, et quatre statues équestres en bronze doré ornaient ce théâtre où retentissaient tour à tour les vers de Sophocle et d'Aristophane, de Plaute, de Térence et de Sénèque. La plupart des statues ont péri, celles qu'on a retrouvées sont au musée de Naples. Les colonnes brisées ont fait place à de grossiers piliers qui étayent aujourd'hui la voûte du souterrain. Durant le jour, quelques lueurs y pénètrent à peine par un puits percé au-dessus d'une galerie. On sort attristé de ces ruines comme d'un caveau mortuaire; on traverse une ruelle boueuse encombrée d'immondices, et l'on arrive sur l'emplacement de la basilique d'Herculanum. Quelques vestiges en restent à peine; les marbres et les bronzes qui la décoraient sont au *Museo Borbonico*, de même que tous les chefs-d'œuvre qui ornaient la *villa d'Argus* et celle *d'Aristide*, mieux conservées que la basilique. Mais des rues entières de maisons semblables nous attendent à Pompeï; un fragment ne vaut pas un vaste ensemble.

L'orage commence à gronder dans l'air comme nous remontons en voiture; la tempête gonfle la mer et soulève sur la route des flots d'une poussière brûlante détachée des talus que la lave calcinée et les cendres durcies du Vésuve forment au bord du chemin.

En sortant de Resina nous remarquons la magnifique villa de *la Favorite*, ancienne propriété du prince de Salerne, père de la duchesse d'Aumale. A gauche se dresse un pin d'Italie gigantesque et s'étendent les belles terrasses d'un couvent de femmes. Nous traversons *Torre del Greco*, si souvent ravagée par les courants de lave, mais se relevant toujours riante et fleurie de ses ruines. Au delà de *Torre del Greco*, sur la cime d'une montagne, se trouve un couvent de Camaldules qui domine le golfe et figure un décor superbe. La poussière devient intolérable; ses tourbillons qui s'engouffrent dans la voiture nous forcent à nous couvrir le visage de nos manteaux. La pluie éclate en larges gouttes, bientôt elle tombe en torrents et nous inonde. Nous trouvons heureusement un abri à *Torre dell' Annunziata*, dans une bonne auberge rustique au bord de la mer; nous nous séchons au feu flambant de la vaste cuisine. Devant l'âtre, la *minestra* bout dans une marmite de forme antique; les jambons et les mortadelles dessinent des guirlandes aux poutres du plafond; des rougets et des dorades, pêchés il n'y a pas une heure, frétillent sur une longue table; on nous sert bientôt une délicieuse friture, des œufs frais et des tranches de charcuterie dans une petite salle blanchie à la chaux qui a vue sur la mer. Le golfe tempétueux a des effets superbes; les flots qui montent se confondent aux flots qui se précipitent du ciel; des éclaircies de lumière filtrant à travers la pluie la nuancent de toutes les couleurs du prisme. L'orage s'épuise par sa violence même; les nuages noirs se changent en blanches vapeurs d'abord compactes, mais bientôt disjointes en flocons neigeux qui s'enroulent sur l'éther et en découvrent l'azur; tout à coup le soleil brille irradiant toute l'étendue du golfe. La terre altérée a bu ce déluge. A peine, en repartant, trouvons-nous quelques flaques d'eau dans les ornières du chemin. Nous côtoyons encore quelques instants la mer, dont les vagues écument; un récif en surgit couronné d'un vieux château fort; nous avons en face Castellamare avec ses maisons étagées de la plage aux montagnes; au loin, sur le même rivage, Vico et Sorrente nous convient à leurs enchantements; nous leur disons : au revoir. La route forme un coude à gauche; nous tournons le dos à la mer et suivons l'avenue qui mène à Pompeï; nous entrons dans la ville du côté de la porte *Stabia* (aujourd'hui détruite), nous réservant d'en sortir par la *voie des Tombeaux*, où se trouve la villa célèbre de Diomède. Nous avons ainsi à droite le vaste terrain inculte revêtu de vignes et de ronces recouvrant la partie de Pompeï qui n'a pas été fouillée et qui renferme à son extrémité l'amphithéâtre; à gauche, se déroule toute la partie de la cité qui a été découverte; en face de nous, de l'autre côté de Pompeï, le Vésuve toujours menaçant se dresse au nord-est, gardien sinistre de la ville morte; c'est l'assassin qui veille le cadavre de l'assassiné. Deux fois le volcan mugit et se rua sur Pompeï à seize ans de distance. D'abord il la mutila, puis il l'engloutit tout entière[1]. La première éruption eut lieu sous le règne de Néron, au moment même où Néron chantait sur le théâtre de Naples; la lyre

---

[1] Le 23 octobre de l'an 79, au milieu du jour.

vibra plus stridente sous ses doigts; un éclair joyeux courut dans son œil sombre. L'incendie de Rome et l'ensevelissement de Pompeï n'étaient qu'un décor théâtral pour cet histrion titanique; les lueurs de la flamme et de la lave composaient la rampe de la scène impériale; les cris des victimes, le chœur antique qui accompagnait la voix de César; la figure démesurée de ce bateleur redoutable prenait les proportions d'un dieu. Pour serviteurs de ses fantaisies le maître du monde avait les éléments. Son spectre ricane encore sur la ville morte qu'il eut la tristesse de ne pas voir périr.

Pompeï était entourée d'un mur d'enceinte; on voit encore de grands fragments de ces remparts ainsi que des tours ou plutôt les bastions qui la défendaient de distance en distance. En pénétrant dans la ville de ce côté, nous avons à gauche le *temple de Neptune* dont il ne reste que les fondations et quelques tronçons de colonnes. On a trouvé dans ces débris des squelettes de prêtres portant de riches ornements. A droite, le long du *Forum triangulaire,* s'élèvent les constructions grandioses du *quartier des soldats.* Les colonnes du portique sont couvertes de stuc peint en noir et jaune et enveloppées de broussailles auxquelles s'enlacent des rosiers. Le guide qui nous accompagne me fait un bouquet de ces fleurs des ruines qui exhalent pour moi comme un parfum de la riante antiquité. Six grands pans ouverts des parois des deux rangs de chambres superposées se dessinent réguliers. L'étage inférieur était occupé par les soldats, l'étage supérieur par les officiers. Les chambres des officiers renfermaient des armes, des objets de toilette et des bijoux parmi lesquels un collier de femme orné de douze émeraudes; des squelettes d'hommes et d'enfants gisaient dans toutes ces chambres, ce qui prouve que les soldats aussi bien que leurs chefs vivaient là en famille. De belles armes à poignée d'ivoire étaient enfouies dans la salle du conseil. Dans les écuries on découvrit la carcasse d'un cheval; dans les prisons quatre squelettes liés à une barre de fer. Cette ruine qui touche au mur d'enceinte ressemble beaucoup à celle des casernes des gardes prétoriennes dans la *villa Adriana,* que nous visiterons à Rome; c'est la même disposition dans les chambres et les communs. Les restes du *grand théâtre* s'élèvent aussi sur le *Forum triangulaire,* qui lui composait un immense portique. Bâti sur une colline, ce théâtre dominait la ville et la mer; il contenait cinq mille spectateurs; tout l'intérieur était en marbre de Paros, décoré de colonnes, de statues et de bas-reliefs; à ses murs brisés pendent encore les anneaux de bronze où l'on passait les poutres qui soutenaient le vélarium; tout près est le petit théâtre comique ou *Odéon* presque intact; puis les *Curies Isiaques*, dont l'atrium est bordé de superbes colonnes cannelées à chapiteaux ioniques; au milieu se dresse une chaire d'où les prêtres d'Isis parlaient au peuple; le petit temple d'Isis est d'une conservation parfaite; on y arrive par un portique composé de six colonnes d'ordre corinthien; les degrés qui mènent au temple sont bordés d'autels. La *cella* était revêtue de fresques intéressantes qui ont été enlevées. Un grand bâtiment carré contenant les chambres des prêtres entourait le portique et le temple. Les cultes tombent, mais les passions des prêtres sont immuables; les chanoines du *Lutrin* et le chapelain du navire la *Constitution* ont hérité des prêtres d'Isis l'amour de la bonne chère. Un squelette trouvé dans une des chambres sacerdotales avait près de lui du poisson, des poulets, des œufs, des amphores de vin; ses doigts décharnés tenaient encore une coupe; son crâne était ceint d'une guirlande de fleurs.

Près du temple d'Isis se dressait un *temple d'Esculape* où l'on a découvert les statues en terre cuite de ce dieu et de la déesse Hygie. C'est dans le voisinage de ces deux temples qu'était l'*atelier d'un statuaire*. La mort surprit l'artiste le maillet à la main; ses statues terminées et d'autres seulement dégrossies ont été portées au musée de Naples. Les fouilles furent reprises et poursuivies de ce côté quelques mois après ma première excursion à Pompeï. J'en parlerai plus tard; quelques archéologues ont prétendu que la partie découverte de Pompeï était la plus belle et que celle qui restait ensevelie, renfermant les quartiers populaires, ne devait contenir ni fresques ni statues; d'autres ont dit, et c'est je crois avec plus de vérité, que les monuments, les temples, les forums, les théâtres, alternés avec les demeures patriciennes, devaient s'étendre jusqu'à l'angle du mur d'enceinte où est le *Cirque* et occuper au moins l'emplacement compris entre ce mur d'enceinte et la *voie de l'Amphithéâtre*; les fouilles récentes leur ont donné raison; elles rendent à la lumière des maisons ornées de fresques aussi pures, de marbres et de bronzes aussi exquis que les maisons de la *rue des Thermes* et de la *rue de Mercure*, où nous passerons bientôt. Dans l'antiquité toutes les villes de l'Italie étaient plus ou moins bâties sur le modèle de Rome. Or, dans la ville éternelle, du Colysée au Capitole, le Forum était jonché de temples, de palais, d'arcs de triomphe, de portiques ouverts. Il devait en être de même à Pompeï. De l'amphithéâtre à la porte *Stabia*, par où nous sommes entrés, se déroulaient sans doute jusqu'au Forum civil, où nous allons arriver, les constructions les plus rares.

Le quartier des théâtres, point où nous nous sommes arrêtés, est relié au Forum civil par la *rue de l'Abondance,* dans laquelle se trouvent les *maisons du Sanglier* et celle *des Grâces*. Nous ne leur donnons qu'un regard rapide; nous passons aussi en courant à travers la maison *d'Adonis,* qui renferme la grande fresque d'*Adonis blessé* qui n'a pu être transportée; c'est à mon avis une des plus belles peintures antiques qui existent; j'en parlerai en détail dans ma seconde excursion; ce jour-là je ne pus que l'entrevoir et emporter le souvenir ineffaçable de l'adorable figure du berger. L'orage recommençait à gronder dans l'air; des nuages noirs se précipitaient sur nos têtes des hauteurs de Castellamare; le ciel, en s'abaissant, découpait plus nettes et plus lointaines les perspectives qui s'ouvraient devant nous.

Nous remarquons dans la *rue de l'Abondance* une grande cuve de marbre blanc qui servait de fontaine. Nous arrivons en glissant à chaque pas dans le *Forum civil*. Il était entouré sur trois côtés de portiques à colonnes doriques de marbre blanc, au-dessus desquelles s'élevaient des terrasses. Quelques bases et quelques fûts brisés de colonnes indiquent seuls ces constructions; les piédestaux des statues qui décoraient le Forum subsistent encore; sa vaste enceinte était pavée de marbre; les rues qui y aboutissaient se fermaient la nuit par des grilles de fer, sortes de herses que nous retrouverons à la *porte d'Herculanum*. A droite du Forum était le temple d'Auguste ou *Panthéon,* au milieu d'une cour ouverte se trouvait un autel entouré des statues des douze grands dieux de l'Olympe, dont il ne reste que les piédestaux. Les grandes statues de Livie et de son fils Drusus, qui sont au musée de Naples, ont été trouvées dans les abords de ce temple. Les chambres des prêtres étaient revêtues de fresques; on distingue encore à gauche, sur un mur, une femme peintre tenant une palette et des pinceaux; un Ulysse qui raconte ses voyages à Pénélope; tandis qu'une petite servante écoute curieuse; puis c'est une autre figure d'Ulysse découvrant les armes d'Achille, puis un bel éphèbe nu à cheval sur un bélier. Toujours à droite du Forum s'élève le *temple de Mercure* et l'*édifice d'Eumachia,* qui fut construit par Eumachia, prêtresse publique de Pompeï, dont la grande statue est au musée de Naples. Les restes de cet édifice, qu'entouraient quatre portiques soutenus par des colonnes de marbre de Paros, sont très-imposants; mais plus majestueuse encore est la basilique située à gauche du Forum et qui s'y reliait par un vestibule; des degrés conduisaient dans l'intérieur de la nef à ciel ouvert, supportée par plusieurs rangs de colonnes, qui sont les plus belles de Pompéï; nous nous asseyons devant le tribunal, et nous embrassons du regard un des aspects grandioses de la cité morte : l'ensemble du Forum; le *temple de Jupiter* au centre, avec des arcs de triomphe sur les côtés; à droite, le *Panthéon* ou temple d'Auguste, et à gauche, le *temple de Vénus* avec ses colonnes intactes; leurs fûts sont unis jusqu'au tiers, puis cannelés jusqu'au chapiteau, qui est d'ordre dorique. Ce genre de colonnes se retrouve souvent parmi les monuments de Pompéï. C'est dans ce temple, le plus grand de la ville, que furent découvertes les statues en marbre de Vénus et de l'Hermaphrodite.

Du même côté se déroulent les *prisons* et le *grenier public*; à l'extrémité du Forum, se dresse un arc de triomphe qui était couronné d'une statue équestre en bronze. Nous tournons à gauche dans la *rue du Forum* (ou *de la Fortune*), où se trouve la maison des bains publics et le petit temple de la Fortune. La pluie, sillonnée d'éclairs, tombe par torrents; nous entrons dans les *thermes* dont les salles couvertes nous offrent un abri; la foudre éclate et tombe autour de nous, on dirait la voix du Vésuve menaçant de replonger sous terre le grand squelette de Pompéï. Ces thermes, destinés aux femmes, étaient précédés, dit-on, d'un atrium à portique conduisant dans un corridor dont la voûte, peinte en bleu, était semée d'étoiles d'or. Nous traversons une première salle où les baigneuses déposaient leurs vêtements; puis une autre salle ronde plus petite, restée intacte; elle est éclairée par en haut; sur les corniches sont modelés, en stuc, des amours à cheval conduisant des chars. Quelle grâce et quelle pureté de dessin dans ces ornements! cette salle servait aux bains froids; à côté est la salle carrée, plus vaste, où les baigneuses se massaient et se parfumaient; la voûte est supportée par une double frise encadrant les niches où l'on mettait le linge et les essences; des figurines en terre cuite et des médaillons en stuc coloriés décorent les parois; une fenêtre vitrée au châssis de bronze y introduit le jour et l'air; un grand brasier et des sièges de bronze composent l'ameublement; à droite de cette salle, une petite porte conduit à la chambre des bains de vapeur; les murs ainsi que le pavé en sont creux; ils communiquaient avec les fourneaux extérieurs par des conduits qui aboutissaient au bassin de marbre blanc placé à une des extrémités de la salle; dans l'hémicycle est encore le grand vase qui contenait l'eau bouillante et d'où s'échappait la vapeur. Longtemps on avait cru que ces bains publics, plus élégants que vastes, étaient les seuls de Pompeï; des fouilles postérieures firent découvrir les *bani nuovi*, situés d'un autre côté et dont je parlerai plus tard. Le petit *temple de la Fortune*, voisin des premiers thermes, renfermait une statue de Cicéron, vêtu d'une toge peinte en rouge et violet. A l'angle de la *rue du Forum* et de la *rue des Augustals* apparaît tout à coup le superbe portique de la *maison d'Ariane*, dont quinze colonnes d'ordre corinthien sont encore debout. On dirait le péristyle d'un temple. Tout près est le quartier des courtisanes, qui s'atteste par les peintures et les inscriptions obscènes. La pluie continue à tomber, mais la curiosité nous aiguillonne, et nous glissons en riant sur les dalles irrégulières qui pavent les rues, l'eau ruisselle et s'écoule dans les ornières où passaient les chars antiques; elle empreint de teintes plus sombres toutes ces maisons ouvertes que d'ordinaire le soleil dore et égaye de ses rayons; les portes et les toitures de bois ont été brûlées par l'incendie qu'alluma l'éruption; les vitres des fenêtres ont été fondues par la cendre embrasée; ces murs, ces arcs, ces piliers, ces colonnes debout ressemblent aux monuments et aux pierres funèbres d'un immense cimetière. Hélas! Pompeï n'est plus que cela! Je m'abrite sous mon ombrelle et ris de l'orage qui donne à ces ruines un aspect nouveau; M. Tedaldi brave ce déluge en soldat. Nous arrivons dans la partie de Pompeï entièrement fouillée et découverte sans discontinuité. De ses entrailles sont sorties les marbres, les bronzes et les fresques emportés au musée de Naples. La *maison du Faune* nous attire, en souvenir du beau faune dansant qui lui donna son nom et de la grande mosaïque de la bataille d'Issus dont j'ai parlé. Toutes les décorations de la maison du Faune étaient en mosaïques, on n'y a pas trouvé de peintures. Le bassin spacieux de l'atrium est d'une conservation parfaite; de chaque côté du péristyle exhaussé se dressent deux énormes colonnes tronquées. La maison appelée *Taverne et Lupanar* est fort curieuse, elle a donné une idée exacte des mœurs des anciens. Nous trouvons dans la *rue de Mercure*, au bout de laquelle se découpe dans l'air un joli arc de triomphe, la *maison de Castor et Pollux;* c'était une des plus somptueuses de Pompeï. *Médée et ses enfants, Persée et Andromède, Castor et Pollux* étaient représentés sur les fresques du vestibule; il reste une fresque de *Phèdre et Hippolyte* presque effacée; mais quelle noble expression dans la tête d'Hippolyte, qui résiste, et dans celle de Phèdre, affaissée par la honte et la douleur. Nous remarquons aussi une figure de Méléagre et une de la déesse Hygie, enveloppée d'une longue draperie blanche serrée au corps par les enroulements d'un serpent; enfin une danseuse tenant un crotale, digne de ses sœurs aériennes transportées au musée. Un pavé d'exquise mosaïque et huit grandes colonnes du portique subsistent encore. Nous parcourons ensuite la *maison des Néréides*, dont le péristyle est formé par vingt-quatre colonnes; celle *de Méléagre* et celle *d'Apollon*, où se trouve une chambre à deux alcôves; celle *d'Adonis*, où le berger que Vénus adore meurt entre ses bras, soutenu par des Amours; celle de la *grande fontaine* ornée d'une grotte de mosaïque abritant une vasque, où l'eau jaillit du bec d'un cygne qu'embrasse un Amour. Nous passons devant la *fullonica*, usine des teinturiers et des dégraisseurs, dont tous les ustensiles ont été retrouvés. Nous visitons plus attentivement la petite *maison du Poëte tragique*, une des plus délicieuses et des plus ornées de Pompeï; on y a découvert une belle fresque qui est au musée; nous y voyons encore une Cérès, un combat et une chasse. Quatre grandes colonnes de la seconde cour sont intactes; dans l'atrium est une citerne en marbre. Nous poursuivons un peu au hasard notre excursion; la pluie nous pourchasse, et malgré la voix du guide nous allons de çà et de là. La *maison de Pansa* nous arrête; c'est une des plus vastes et des mieux disposées, elle était entourée de boutiques où l'on vendait les denrées que le maître récoltait dans ses champs. Ainsi, quelques nobles Italiens de Rome, de Naples et de Florence vendent encore leur vin à domicile. L'atrium est superbe; au fond un portique à double étage mène au jardin, dont les plates-bandes sont encore visibles. Dans la cuisine était une curieuse peinture représentant un autel à *Fornax*, divinité des fourneaux; nous remarquons une pharmacie, à laquelle le serpent sculpté d'Esculape sert d'enseigne; la *maison à trois étages*, élevée sur les anciennes murailles de la ville, domine la mer. Le *four public et la boulangerie* encadrait la *maison de Salluste*, habitation close et recueillie d'un épicurien; les petites chambres, auxquelles menaient des couloirs mystérieux, étaient revêtues de fresques exquises : Hébé, Vénus, Mars, Cupidon, Diane et Actéon se jouaient sur les lambris; il reste des débris de pavé de marbre colorié et une belle fresque; puis de fines arabesques d'une grâce inouïe où des serpents s'enroulent à des candélabres déliés et des chimères aux tiges de fleurs fantastiques. Cette maison est la seule de Pompeï dans laquelle on ait trouvé un vrai *triclinium*. Les colonnes du portique qui supportaient une terrasse sont peintes en rouge. Dans le jardin jaillissait une fontaine. Près de cette maison, d'où elle s'enfuyait sans doute, a été découvert le squelette d'une jeune femme. Elle avait aux doigts quatre bagues d'or, aux poignets cinq bracelets d'un travail exquis, et près d'elle un miroir tombé de sa ceinture.

Nous regardons en passant la *maison de Narcisse*, veuve comme toutes les autres d'une admirable fresque qui lui donna son nom. Nous arrivons à la *porte d'Herculanum*, qui était la principale entrée de Pompeï. Elle se compose de trois arcades; les deux latérales, petites et étroites, servaient aux piétons; cette porte se fermait la nuit avec une sorte de herse en bois descendant dans des rainures encore visibles; avant de franchir la porte d'Herculanum, nous remarquons de chaque côté les escaliers menant sur les remparts, qui servaient de promenades et d'où l'on embrasse une vue admirable : à gauche, Castellamare, Sorrente, le cap Campanella et Caprée. La pointe de Torre del Greco dérobe à droite la vue de Naples; le Vésuve se dresse en face de nous; en retour, dans le lointain, les montagnes de Pœstum dessinent leurs croupes dans l'azur. En sortant de la porte d'Herculanum, nous regardons à gauche une niche voûtée désignée sous le nom de *guérite*; on y trouva le squelette d'un soldat, la visière de son casque baissée et la lance au poing; fidèle à sa consigne, il accomplit immobile sa dernière faction; un des premiers il vit la mort venir; il entendit la voix du volcan qui tonna à la porte de la cité et sentit les jets précurseurs de la cendre embrasée heurter aux remparts comme ces combats d'escarmouche qui précèdent un assaut général; peut-être s'écria-t-il en riant : « On ne passe pas! » car les soldats des légions romaines avaient de ces gaietés stoïques en face de la mort. Nous voici arrivés dans le faubourg, à l'ouest de Pompeï, où se déroule la *voie des Tombeaux*. Le Vésuve est là tout près; en jaillissant il n'eut qu'à décrire une courte ellipse pour embrasser l'étroite vallée qui le sépare de la cité. Ses rugissements dirent aux morts : Réveillez-vous ! avant de dire aux vivants : Il faut mourir! Maintenant il fume pacifique devant nous, comme si la pluie avait éteint sa flamme. Un grand nombre de tombeaux subsistent encore; un des plus remarquables est celui d'Arius Diomède, sans doute le père ou l'aïeul du possesseur de la villa voisine. Une autre sépulture, appelée *Tombeau rond*, se compose d'une haute tour sur une base carrée, une étroite porte percée ras de terre introduit dans le caveau; de petites pyramides couvertes de bas-reliefs en stuc s'élèvent aux angles de ce monument; un de ces bas-reliefs exquis représente une jeune mère posant un filet sur le corps d'un enfant. La plupart de ces tombes sont d'une conservation parfaite. Sur l'une est sculpté un gladiateur combattant un ours : d'une main il tint un glaive et de l'autre un voile qu'il va jeter sur la tête de l'animal; on dirait un toréador espagnol; les fleurs, les ronces, les broussailles et les arbres s'enchevêtrent aux sépultures; un cyprès gigantesque se découpe dans l'air au-dessus de la tour du *Tombeau rond*. Cette voie des Tombeaux est un des plus beaux aspects de Pompeï. En face des tombes dont je viens de parler se dressent les grandes arches d'une vaste construction qui fut, dit-on, une hôtellerie, et de l'autre côté de la voie des Tombeaux, l'enclos qui renfermait la *villa de Cicéron*. Cicéron s'y retira après la bataille de Pharsale; il y reçut Auguste et y écrivit ses *Offices*. Sénèque passa sa jeunesse à Pompeï; Phèdre le fabuliste s'y retira pour fuir Tibère et Séjan. Les anciens ne redoutaient pas le voisinage des sépultures, ils traitaient la mort cavalièrement, ils n'en faisaient pas l'épouvante perpétuelle et énervante de la vie; mourir était pour eux une fonction naturelle des êtres. La *villa de Cicéron* n'a été qu'imparfaitement fouillée; on y a trouvé des fresques et des mosaïques fort belles. Cette villa de l'auteur des *Catilinaires* était plus élégante encore que celle de Diomède, que nous verrons bientôt. Près de la *villa de Cicéron* est le tombeau de Proscius et celui de la prêtresse Mamia, sa fille; puis les sièges publics, formant deux demi-cercles adossés à un tertre ombreux, couvert d'arbustes e d'oliviers; un énorme cyprès se dresse derrière ces ruines, où de beaux papillons s'ébattent en ce moment, séchant au soleil leurs ailes qu'a mouillées la pluie; en face est l'*hémicycle couvert*, autre banc demi-circulaire abrité par une voûte. Sous le beau ciel de Grèce et d'Italie on vivait plus au dehors que chez soi; les maisons étaient petites; elles suffisaient aux heures des repas, du sommeil, de l'amour, de l'étude; elles avaient des horizons splendides qui les agrandissaient; les atriums, les temples, les théâtres, les cirques, les forums, les gymnases, les palestres, les thermes et les siéges publics offraient aux habitants des cités des lieux de réunion. Les demeures privées n'étaient que pour la famille et quelques amis. La *maison de Diomède*, qu'il nous reste à visiter, est la plus célèbre et la plus connue, c'est aussi la mieux conservée; elle domine presque entièrement la voie des Tombeaux; elle a trois étages qui reposent sur un niveau différent : on arrive à la porte par des marches encadrées de colonnes; le péristyle, sorte de cloître, est soutenu par des colonnes en stuc peint; les bains, les salles et une grande chambre à alcôve demi-circulaire donnant sur le jardin, étaient revêtus des plus belles fresques dont les bordures décoratives subsistent encore; les fresques à personnages ont été enlevées ainsi que les statues. Sous les portiques sont les celliers où nous retrouvons alignées les amphores qui contenaient l'huile et le vin : on découvrit dans ces caves un grand nombre de squelettes, dont un de femme a empreint le moule de son sein superbe sur la lave; on conserve cette empreinte au *Museo Borbonico*. Au milieu du jardin entouré de portiques est une piscine et un jet d'eau; une treille, rejeton d'une vigne antique, enlace aux fûts des colonnes ses pampres verts; les volubilis, les roses, les dahlias et les fleurs du cotonnier s'enchevêtrent sur les plates-bandes; le custode m'en compose un bouquet charmant; j'en aspire les parfums, assise sur la margelle de la piscine et rêvant aux belles mortes qui ont aspiré les mêmes fleurs; la mer se déroule lumineuse et calme; le soleil, qui décline en perçant les nuages, darde sur nous ses rayons réchauffants; ils empourprent les portiques et les chambres vides de la villa; on dirait qu'elle s'illumine pour une fête; les mêmes lueurs rouges se projettent sur la *voie des Tombeaux* comme un sang ambiant qui court ranimer les squelettes. Le sang de l'homme se tarit à jamais; le fluide de la nature éternelle a des sources toujours vives; n'en serions-nous pas une émanation fugitive? Pompeï semble renaître à cette lumière qui la transfigure un moment.

Nous sortons de la *voie des Tombeaux* par l'issue nommée *Augustus Felix*, emportant la mélancolique empreinte de la ville morte dont on a profané la sépulture; on pouvait la ressusciter, on l'a fouillée brutalement et comme éventrée à coups de sape. Quand le hasard la fit apparaître intacte et si belle dans sa tombe oubliée, au lieu d'y toucher avec ce respect qu'on doit à l'art divin, on la mutila, on lui ravit la grâce de ses ornements, la splendeur de ses tableaux et de ses statues; on recoucha dans une sépulture nouvelle le spectre qui pouvait revivre. Oh! si la France et l'Angleterre avaient eu cette bonne et grande fortune de découvrir aux portes de leurs capitales une ville antique si miraculeusement conservée et offrant, pour ainsi dire, la résurrection d'un fragment intact du monde païen; avec quel souci religieux elles auraient veillé sur cette merveille inespérée, garantissant de l'intempérie des saisons l'ensemble des constructions, respectant leurs détails comme des reliques de l'art, laissant en place les statues, les bustes, les bas-reliefs, les peintures, les mosaïques, les vases, les candélabres, tous les meubles et tous les ustensiles; conservant les bijoux aux vertèbres et aux crânes des squelettes, et les squelettes eux-mêmes, hôtes silencieux et éternels, dans les chambres et dans les souterrains où ils furent découverts; remplaçant les toitures consumées par un dôme colossal de verre, semblable à celui du palais de Sydenham, entourant la cité unique d'un mur d'enceinte défendu par des soldats et des canons; rendant ainsi impossibles le vol et la dévastation; dépensant glorieusement des millions pour cette œuvre libérale et pacifique qui eût été l'admiration du monde entier. Mais l'ancien gouvernement de Naples ne songeait qu'à thésauriser les revenus de l'État; il bornait les dépenses publiques à l'entretien d'une police vexatoire et d'une armée mi-partie étrangère. Espérons qu'un système nouveau sera appliqué aux fouilles qui se continuent, et que la partie de Pompéï qui reste à découvrir sera préservée de cette profanation barbare.

Tandis que je rêvais ainsi avec tristesse aux dévastations de la ville antique, nous nous en retournions à Naples par une de ces soirées tièdes et douces où la nature semble se pacifier et communiquer aux êtres une sorte de mollesse tranquille; le ciel était d'un blanc nacré sur toute sa surface; le soleil avait cessé de l'éclairer et les étoiles ne perçaient point cette brume légère qui est aux brouillards de Londres et de Paris ce qu'est une mousseline vaporeuse à un drap noir opaque. C'est à ce jour crépusculaire que nous apparut la longue file d'un enterrement, comme nous traversions Torre del Greco : les cierges brûlaient vacillants aux mains des pénitents qui portaient des bannières et des croix; le *Miserere* retentissait dans l'air, les habitants s'agenouillaient sur le seuil des portes. Notre voiture avait dû s'arrêter pour laisser défiler le convoi. La bière nous toucha en passant; elle était drapée de velours rouge à crépines d'or et montrait le corps du mort étendu et roidi; la face était à découvert, pâle et superbe, une couronne de roses ceignait les cheveux bruns; c'était un jeune homme de vingt ans, on eût dit qu'il dormait : quel profil pur! quelle sérénité dans la mort! Les belles lignes de cette tête immobile faisaient penser aux marbres grecs de Pompéï.

M. Tedaldi regarda longtemps le jeune trépassé, puis me dit en souriant :

« Dans huit jours, peut-être serai-je ainsi; mais on me jettera sans pompe à la terre avec mes amis, tués dans la bataille. »

Je lui reprochai ce triste présage.

« Il ne m'effraye point, répliqua-t-il gaiement, j'ai vu Pompéï; demain j'irai à *San Carlo* entendre un peu de musique; si je meurs, ces souvenirs seront mon cortége. »

Esprit énergique et charmant! jeune héroïsme empreint de poésie! J'ai dit dans mes pages sur Caserte que j'ignorai toujours si la mort l'avait atteint.

XVI

L'aspect de la table d'hôte avait changé depuis le jour de mon installation à l'hôtel de Rome, les garibaldiens y étaient moins nombreux, presque tous partaient pour le camp, quelques-uns seulement faisaient à Naples de courtes apparitions dans les intervalles d'un combat à l'autre; les places qu'ils laissaient vides étaient occupées par les voyageurs que les affaires ou l'attrait des événements attiraient à Naples. Un jour j'eus le plaisir de trouver à dîner M. Mauro, avec qui j'avais fait connaissance à Milan; ancien patriote de la Calabre, ami de Poërio, de Leopardi et des frères Romano, exilé depuis bien des années par les Bourbons, M. Mauro revenait à Naples avec la liberté; il y amenait sa fille unique. Intelligente et sympathique nature, esprit ferme et éclairé, mademoiselle Mauro avait reçu de sa mère, Génevoise et protestante, une éducation parfaite, exempte de préjugés et basée sur la morale pure. Cette jeune personne accomplie, dont le souvenir m'attendrit encore, se nommait Henriette comme ma fille, ce qui contribua à me la rendre plus chère; dès le premier jour, nous nous liâmes, et elle devint bientôt ma compagne habituelle. On a vu que ce fut avec elle, son père et leurs amis, M. et madame Romano, que je fis l'excursion de Capoue. M. Joseph Romano, durant cette promenade, me parla beaucoup de son frère, le trop célèbre Liborio, à qui les journaux de Naples, et particulièrement *l'Independente*, d'Alexandre Dumas, reprochaient depuis quelque temps l'ambiguïté de sa conduite politique; ministre de François II au moment de sa chute, il était devenu quelques jours après le ministre du Dictateur, avec qui, disait-on, il était en relation avant la fuite du roi; rédacteur emphatique du manifeste attendri que le jeune souverain avait laissé aux Napolitains en quittant sa capitale, il avait le surlendemain adressé à Garibaldi un discours empreint de la même faconde et de la même émotion apparente. Aujourd'hui, visant à devenir de nouveau ministre de Victor-Emmanuel, il ne quittait pas les antichambres de M. Farini, gouverneur de Naples; il s'occupait, me dit son frère, à écrire un mémoire qui serait la justification de ces actes publics et prouverait que toutes ces variations politiques étaient basées sur un patriotisme stable; il avait fallu et il fallait encore affranchir et reconstituer son pays à tout prix, même au péril de sa réputation et de sa vie; Liborio Romano se proposait de montrer jusqu'à l'évidence comment il exposa l'une et l'autre pour un but si pur, et qu'il y avait ingratitude à lui reprocher des subterfuges auxquels sa conscience et son orgueil n'avaient souscrit qu'avec répugnance. Sans cet holocauste dont il s'était fait la victime, Naples aurait été mise à feu et à sang; il s'était décidé à contre cœur, mais fatalement, à conjurer tous les dangers par les seuls moyens qui pouvaient en triompher. Il y avait, comme on le verra, quelque chose de vrai dans cette explication que me donna M. Joseph Romano de la conduite de son frère.

« Il désire, ajouta-t-il, vous lire ce mémoire et vous consulter sur l'effet qu'il produira en France, où vos journaux répètent les attaques des journaux italiens; vous aurez un de ces jours sa visite. »

Parmi les personnes que je connus à la même époque à table d'hôte, étaient M. George Lévy, banquier à Alexandrie, et MM. Estève et Bendix, fabricants de produits chimiques ; ils m'accompagnèrent, ainsi que je l'ai dit, à Caserte et à Sant'Angelo, et nous projetâmes ensemble d'autres excursions dont je parlerai. Deux grandes tables parallèles se déroulaient dans toute la longueur de la salle à manger de l'hôtel de Rome; celle où j'avais ma place depuis mon arrivée était remplie par les voyageurs, les officiers de l'armée régulière, les commissaires de guerre et les employés piémontais qui précédèrent à Naples Victor-Emmanuel. L'autre table était réservée aux garibaldiens, peu d'Italiens (j'ai dit que presque tous restaient au camp sous les murs de Capoue), beaucoup de Hongrois et d'Anglais débandés, impatients des plaisirs de Naples et y accourant après chaque combat; ils étaient présidés par une sorte d'amazone de théâtre, qui revêtait tour à tour leur uniforme selon que sa fantaisie du moment était un lord ou un maggiar; elle portait un justaucorps orné de passementeries; à sa ceinture de cuir pendait un long sabre; ses cheveux coupés courts se coiffaient d'un tricorne à plume; sa taille svelte s'enveloppait avec grâce d'un manteau pourpre ou d'un burnous blanc. Son visage aux traits réguliers était expressif, mais d'une expression méchante et dure qui épouvantait; les contours en étaient prématurément flétris; les plis de la bouche accusaient les passions hâtives et les appétits ardents; elle agitait sans cesse et fiévreusement ses petites mains osseuses; à chacun de ses doigts, excepté au pouce, scintillait une bague à pierre armoriée; elle renouvelait cette exhibition chaque semaine, ce qui faisait dire à un plaisant : « Voilà les alliances des derniers huit jours! » Elle parlait avec facilité toutes les langues, mais sans esprit, sans verve, sans aucun de ces traits vifs que la liberté absolue de sa vie faisait espérer à ses intimes; elle était froide et morne dans sa perversité, et plus ennuyeuse dans sa licence qu'une bourgeoise dans sa vertu; elle ne savait pour distraire ses compagnons de table et de logement que les griser de vins de Champagne et de Marsala ou leur dire des paroles cyniques à faire reculer un soudard; elle remplissait l'hôtel du bruit de sa voix et du cliquetis de son sabre battant à toute heure les marches de marbre de l'escalier. Un jour, s'étant imaginée que mademoiselle Mauro et moi l'avions narguée en dînant, elle ne songea plus qu'à nous jouer quelque tour insolent qui déverserait sur nous un peu de l'éclat de ses aventures; elle envoyait frapper à nos portes des officiers ivres, se faisant l'enjeu du défi et se promettant pour récompense à leur grossièreté; bientôt elle tomba malade; tous ses chevaliers éphémères laissèrent le vide autour d'elle. Sa misère devint telle, qu'on la relégua dans un cabinet de bains voisin des caves de l'hôtel. Mademoiselle Mauro, dans sa candeur angélique, me disait : « On ne peut pourtant pas la laisser mourir ainsi, si nous allions la voir, la secourir et lui porter de bonnes paroles, elle s'attendrirait et reviendrait au bien.

— Gardez-vous-en, lui répondit un de ceux qui avaient aimé l'amazone, elle vous recevrait avec des injures. » Le ministre Farini apprit son extrême détresse et lui envoya un secours. Cette déplorable créature était née d'une des plus nobles familles piémontaises; lien paternel, lien conjugal, elle avait tout brisé avec un scandale inouï; honte et ruine des siens et d'elle-même, elle avait dans le mal une sérénité terrifiante, une insouciance qui tenait de la démence; ses actes les plus effrénés étaient d'un illogisme qui la faisait railler par les courtisanes de profession : « Elle nous déshonore par sa bêtise, » disaient ces dames. Elle avait rejoint en Sicile les bataillons des volontaires et suivait le camp de ville en ville; trois fois Garibaldi l'en fit chasser comme une pestiférée; la pureté du héros avait horreur de l'aventurière. A Naples il la poursuivit du même ostracisme; mais elle enfreignait la consigne du Dictateur par la multiplicité de ses liaisons avec ses soldats. Ce fut ainsi que cette femme, désignée par tous les journaux italiens sous le nom de *la Comtesse*, passa pour avoir été attachée à l'armée de l'indépendance, tandis qu'elle en fut proscrite.

Madame Crispi et Miss White représentèrent dans cette armée l'honneur, l'héroïsme et la charité de la femme; elles couvrirent de leur vertu la souillure qu'y répandit un moment cette saltimbanque impudique.

Une autre femme, qui contrastait par ses dehors décents avec celle dont je viens d'esquisser la figure, produisit un jour en s'asseyant à notre table un scandale d'un autre genre : elle était jolie et mignonne; elle avait à peine vingt ans, sa physionomie timide, vulgaire et douce intéressait presque par l'embarras qui s'y révélait; elle était mise avec l'exquise recherche d'une Parisienne et semblait comme étonnée du luxe ruineux de sa toilette; on sentait en elle la grisette récemment parvenue que le velours et les bijoux effarouchaient; c'était un composé de gaucherie et d'élégance qui avait son charme. A peine se fut-elle placée en face de moi, qu'elle me rappela une jeune femme entrevue au bal du Casino de Florence, où elle avait dansé devant le cercle du roi dans un costume provoquant à la Pompadour, cheveux poudrés, roses rouges piquées vers l'oreille, mouches au menton et aux coins des lèvres. Le souverain l'avait remarquée comme tout le monde, et ce n'était pas sans intention, prétendit-on, qu'elle avait choisi cette toilette d'une maîtresse de roi. Pauvre fleuriste génoise, un aventurier l'avait épousée pour spéculer sur sa beauté; depuis cette apparition au bal du Casino, il pourchassait les étapes royales en traînant sa femme après lui; il était assis à table à côté d'elle, superbe d'infamie et d'aplomb verbeux. C'était un homme de quarante ans à figure bouffie, le nez large en l'air, narines ouvertes, le front bas, les yeux gris, le crâne dénudé. Il portait une cravate en soie violette fixée par une grosse épingle à boule de malachite; sur son gilet à fleurs pendaient une chaîne et des breloques; il avait aux doigts trois bagues de brillants; il critiquait les mets et les vins qu'il dégustait de ses lèvres épaisses; il donnait d'un ton haut des nouvelles politiques et se disait l'ami de M. de Cavour. Les jours suivants, il conduisit sa femme au camp royal, mais il en fut, dit-on, renvoyé aussitôt. Victor-Emmanuel, en ceci comme en tout, évite le bruit et la mise en scène; les cléricaux ont calomnié les mœurs du roi; j'en citerai un trait qui fit du bruit à Naples; il imposa silence à bien des calomnies et mit un frein aux spéculations basses. Il est des pères, comme des maris infâmes, surtout dans un pays tel que ce bon royaume de Naples, si longtemps régi par la tyrannie; le roi traversait un jour un village voisin de sa nouvelle capitale où demeurait un père possesseur d'une fille fort belle, qui ne trouva rien de plus simple que d'aller la proposer au souverain élu; l'enfant pleura en se trouvant en présence du roi et elle lui avoua qu'elle aimait un de ses cousins, qu'elle voulait l'épouser et rester pure. Le roi lui accorda aussitôt une petite dot et lui dit avec bonté : « Va te marier et sois heureuse : *Sei una brava ragazza.* »

Pour en finir ici avec l'homme à breloques que nous retrouverons à Palerme et à Rome, un soir, comme j'arrivais pour dîner, il faisait circuler autour de la table un écrin renfermant une merveilleuse parure de corail rose que sa femme venait de recevoir en cadeau : « *Vedete com è bella,* » disait-il à chacun sans se soucier des commentaires et des railleries; il faisait parade de sa honte comme d'un succès. Quelques officiers piémontais étaient tentés de le chasser de la table d'hôte, et les jours suivants un ordre ministériel lui interdit d'y paraître.

XVII

Ma première visite à Pompeï m'avait laissé le désir d'y retourner. Les lieux, ainsi que les cœurs qui m'attirent, m'attachent bientôt d'un lien très-fort. Nous partîmes avec MM. Lévy, Estève et Bendix, par une belle matinée d'octobre; on se fût cru en été; comme la première fois, nous allâmes en calèche découverte et nous fîmes une courte halte à Herculanum. Nous entrâmes à Pompeï par la *voie des Tombeaux*; un soleil éclatant fouillait les sculptures, se jouait à travers les colonnades et projetait des rayons d'or sous les grandes arches de l'hôtellerie; je reconnaissais chaque maison et chaque monument; je mettais une sorte de vanité d'enfant à les nommer à ces messieurs. Par cette belle journée, Pompeï s'était comme repeuplée par la foule des visiteurs; dans le Forum et la basilique, nous rencontrâmes des groupes de garibaldiens, dont les uniformes pourpres éclataient entre la blancheur des marbres et l'azur du ciel. Au fond de l'atrium d'une grande maison, nous trouvâmes un amas de poteries, amphores, jarres, petits vases, la plupart brisés. La matière était vulgaire, mais la forme exquise : je soulevai un petit pot intact, renflé en sphère, avec un goulot élégant à bec, et une anse svelte. Il me faisait tellement envie que ces messieurs n'hésitèrent pas à tenter de séduire le gardien; l'offre d'un *scudo* fut irrésistible pour cet homme accoutumé sans doute à de pareils méfaits. Ces poteries étaient si nombreuses et si abandonnées, qu'en dérober une nous parut, quant à nous, fort innocent. Cependant je fis plus tard l'aveu du larcin à l'incorruptible M. Fiorelli, directeur des fouilles nouvelles (dont je parlerai), et il me dit très-sérieusement, que s'il savait le nom du gardien que j'avais eu pour complice, il le ferait destituer. Sous le portique de la même maison où fut commis le délit, sont rangés des fragments de statues et de bas-reliefs fort beaux.

A l'un des angles du *Forum triangulaire*, nous trouvâmes la *maison d'Adonis* ou *de la reine Caroline*, découverte sous Murat.

Madame Récamier assistait à cette fouille; j'ai déjà parlé de l'adorable fresque d'*Adonis blessé*, que cette maison renferme; tandis que ces messieurs se font ouvrir les volets de bois qui recouvrent quelques petites fresques licencieuses, dans les pièces voisines, je reste à contempler cette ineffable composition de l'*Adonis blessé*. On n'a pu la transporter au musée à cause de la fente qui la sillonne. C'est une des fresques les plus grandes et les plus parfaites de Pompeï : Adonis vient d'être blessé par le sanglier; Vénus est accourue pour le secourir, suivie de son fils et de quatre petits Amours qui lui font cortége; elle n'est pas nue, elle s'est vêtue comme pour jeter une ombre de tristesse sur sa beauté; à travers la blancheur des plis de sa robe diaphane éclatent toutes les perfections de son corps olympien; ses pieds divins reposent sur un coussin de pourpre devant lequel est couché le chien d'Adonis. Autour des flancs de la déesse flotte une chlamyde verte; son bras gauche relevé avec grâce s'appuie sur un sceptre; son bras droit entoure et soutient le berger qu'elle aime, et dont la tête idéale, encore embellie par la douleur, s'incline un peu sur l'épaule droite de la déesse. Le jeune Éros, inquiet de l'inquiétude de sa mère, montre au-dessus de son épaule gauche, sa blonde tête étonnée et vive. Ses yeux perçants regardent sa mère qui l'oublie. En ce moment Vénus n'est plus qu'une amante; que lui importe son fils immortel! elle a l'éternité pour l'aimer; mais ce bel amant terrestre, fleur qu'elle a cueillie radieuse dans l'ombre des bois, cet adolescent superbe préféré par elle à tous les dieux de l'Olympe, la faux du Temps va le lui ravir; les Parques implacables sont prêtes à couper le fil de sa destinée éphémère. La bouche d'Aphrodite est sérieuse, presque amère. Ses yeux sombres rayonnent d'un ardent éclat; ses cheveux ondés jusqu'aux tempes dérobent sous un voile leur splendeur. Ses narines se dilatent et semblent aspirer le souffle affaibli du jeune blessé. Qu'il est beau dans sa nudité pudique que la souffrance alanguit! aucune figure antique, ni l'Apollon, ni l'Antinoüs, ne peut rivaliser avec cet être incomparable. Quelle élégance dans ces contours, quelle harmonie dans toutes ces parties, qu'un coloris sobre modèle et dore! Le torse est d'une perfection à désespérer la statuaire; le bras gauche, mi-ployé sur Vénus, laisse retomber une main adorable; le bras droit tendu, que la déesse émue soutient vers le haut et qu'un petit Amour, perché sur un support invisible (chef-d'œuvre de grâce et de morbidesse), étaye dans ses doigts frémissants, décrit des lignes d'une perfection typique. Adonis a été atteint à la cuisse gauche; un autre Amour mignon, délicieux, cambré, a posé sur la blessure une écharpe de lin qu'il serre et noue d'un air grave; il est tout petit, mais ses pieds flottants ne touchent pas terre; ses ailes le portent jusqu'à la hauteur de la jambe blessée; cette jambe est d'un modelé inimitable. Le pied droit sort blanc et tendu d'une draperie de pourpre où se cache la jambe droite: tout le corps divin se meut et frissonne; la tête qui le couronne est d'une telle splendeur, qu'il faut renoncer à la décrire; la bouche frémit, les yeux éperdus regrettent l'amour; la chevelure se gonfle et ondule autour du cou flexible. Oh! qu'elle a bien raison de l'aimer, murmurent le poëte et l'artiste éblouis par cette chair transfigurée où tant d'âme palpite! A ce degré de beauté la matière usurpe tous les attributs de l'esprit; elle est d'essence immortelle; elle s'impose aux cœurs et les rive à l'idolâtrie. Un quatrième Amour, encadrant sa tête dans ses deux ailes blondes, est placé à la droite d'Adonis; il essuie une larme du revers de sa main. Un cinquième, tenant la houlette du berger, se penche au-dessus d'un roc qui forme le fond du tableau, où sont des fruits et des fleurs Après la figure d'Adonis, la figure la plus parfaite et la plus rare de cette admirable fresque est celle d'une suivante de Vénus, debout sur le second plan (à droite d'Adonis). Elle est moins radieuse que la déesse, mais plus jeune et plus attrayante. On sent dans cette femme un mystère brûlant; sa tête, ceinte d'une couronne de feuillage, s'appuie sur sa main dans une attitude identique à celle de la Madeleine écoutant la lyre vibrer dans la *Sainte Cécile*, de Raphaël; ici, c'est son cœur qu'écoute la vierge rêveuse; ses yeux n'osent regarder Adonis; elle refoule pour ainsi dire leur flamme en elle-même; elle en est comme illuminée; pudique et frémissante sous la draperie qui la cache, elle envie Vénus, on le sent bien! Phèdre sous les traits de mademoiselle Rachel avait de ces retenues ardentes lorsque Hippolyte paraissait. Une autre suivante insoucieuse joue du théorbe dans un angle du tableau; elle berce et endort la souffrance du blessé. Les accessoires de cette grande fresque sont sobres et dignes de la beauté des figures. D'un côté, sur un socle, repose un bassin d'or qui a servi à laver la plaie d'Adonis; au-dessus du bassin se voient encore deux petites mains qui pressent une éponge; elles appartenaient à un amour dont la figure est effacée. De l'autre côté, une statue de marbre se dresse sur un piédestal; le temps et l'air en ont estompé les contours qui sont comme voilés d'une brume; le temps et l'air menacent aussi les autres figures de ce chef-d'œuvre grec; hâtons-nous d'en réclamer des calques fidèles[1], que chaque fiancée reçoive en don une reproduction de ce symbole du beau et de l'amour; qu'elle en décore l'alcôve nuptiale; les regards attirent des fluides mystérieux et les beautés de l'art concourent à la formation de la beauté humaine. Il est temps d'y songer; notre race s'enlaidit, elle devient grotesque et repoussante.

Dans un cabinet à côté je remarque une petite fresque représentant un enfant qui mène un âne; le *bambino* est charmant, le baudet vit; tout cela est fait en quelques traits et en se jouant. Nous traversons le quartier des soldats, les théâtres, le temple d'Isis, et, marchant sur la partie de la ville encore ensevelie, nous allons à travers ronces et vignes jusqu'à l'*amphithéâtre*. Ce cirque, d'une conservation parfaite, pouvait contenir vingt mille spectateurs; sa construction diffère de celle de toutes les arènes connues, ses trente-cinq rangs de gradins s'appuient sur la colline où il fut construit; au-dessus de la corniche du dernier rang de gradins, des arbres se détachent sur le bleu du ciel; l'arène a été creusée dans le tuf de la colline. L'amphithéâtre de Pompeï n'a pas comme le Colysée et les cirques de Vérone, d'Arles et de Nîmes, des portiques superposés communiquant avec ses trois étages; on y parvenait par deux couloirs; quarante vomitoires donnaient accès à la foule; l'étage inférieur était réservé aux magistrats et aux personnages de distinction; le second rang aux soldats et aux citadins; le troisième à la plèbe. De cette partie supérieure les spectateurs voyaient se dresser, à distance dans l'éther, comme des bastions gigantesques, le Vésuve fumant, les cimes des montagnes de Maddaloni, de Salerne, de Castellamare, du cap Campanella et de l'île de Caprée. Au milieu de ce troisième rang de gradins étaient des loges séparées destinées aux femmes; les spectacles du cirque leur avaient d'abord été interdits, Auguste leur permit d'y assister et leur assigna ces places élevées. Cet amphithéâtre est célèbre par la lutte sanglante que se livrèrent un jour les habitants

---

[1] J'ai dit, page 320 du tome II, que M. Ferdinand Gaillard avait fait une admirable copie de cette fresque.

de Pompeï et ceux de Nocera : « Vers ce temps (peu de jours après la mort d'Agrippine), dit Tacite, une dispute sans importance amena un combat sanglant entre les colons de Nocera et ceux de Pompeï, Livineius Regulus, celui-là même qui avait été chassé du sénat ainsi que je l'ai dit, donnait un spectacle de gladiateurs, la querelle commença par des plaisanteries irritantes comme on en fait dans les petites villes ; on en vint bientôt aux injures, puis aux coups de pierres et enfin aux armes. Les habitants de Pompeï, chez qui se donnait la fête, eurent l'avantage. On emporta plusieurs Nocériens mutilés, et la plupart des habitants de cette colonie pleurèrent la mort d'un père ou d'un fils. Cette affaire, renvoyée par Néron au sénat et par le sénat aux consuls, étant revenue de nouveau au sénat, on interdit pour dix ans aux Pompeïens les fêtes de ce genre, et les associations qu'ils avaient formées au mépris des lois furent dissoutes. On punit par l'exil Livineius et les autres auteurs de la sédition. » Cette page des *Annales* ranima un moment pour nous la ville morte. Les jeux habituels de l'amphithéâtre étaient à Pompeï, comme dans tout l'empire, les combats de bêtes féroces et de gladiateurs. Le jour où la ville fut ensevelie par l'éruption, le cirque était plein et dans l'attente du plaisir meurtrier. Certes, le spectacle dut être sublime et vertigineux pour cette assistance antique souriant à la destruction humaine ; les vingt mille spectateurs s'enfuirent à travers la campagne et échappèrent pour la plupart à la mort, tandis que les citadins de Pompeï qui étaient restés chez eux, furent bloqués par la cendre embrasée dans leurs maisons, qui devinrent leurs tombes ; on a trouvé en fouillant l'amphithéâtre huit carcasses de lions : quels rugissements formidables ils durent pousser contre le volcan, ce gladiateur invincible !

En sortant de l'amphithéâtre, nous suivons au nord-est le mur d'enceinte et arrivons à la *porte de Nola*, en marchant toujours sur la partie de Pompeï encore ensevelie ; je songe aux chefs-d'œuvre qui s'y recèlent et j'éprouve le désir très-vif d'assister à quelque fouille nouvelle. Pour le moment, les fouilles étaient suspendues. Nous arrivons à la *porte de Nola* par un sentier bordé de végétation, quelques ruines sont en avant de la porte ; c'est, à droite, une fontaine où s'enchevêtrent des broussailles fleuries ; puis de grands pans de murs de maisons dominés par des arbres ; nous entrons dans des chambres détruites, où nous trouvons deux jolies fresques ; un faune donnant à boire à un chien et des Amours s'ébattant entre eux. A gauche, est un fût de colonne énorme, puis d'autres fragments de maisons. Au-dessus de l'arc de la *porte de Nola* est sculptée une tête d'Isis avec une inscription osque ou samnite, écrite de droite à gauche ; de chaque côté de la porte se déroulent les remparts presque intacts.

Nous nous en retournons à Naples charmés de cette promenade et décidons avec ces messieurs une prochaine excursion au Vésuve. M. George Lévy s'enflamme pour ce projet avec sa vive imagination vénitienne qu'un long séjour au Caire et à Alexandrie a rendue plus vive encore. Mais au jour dit la peur de la fatigue l'arrête, et il nous fausse compagnie ; je le plaisante sur son sybaritisme : « Dussé-je en mourir, lui dis-je, je ne renoncerai pas à ce spectacle sublime. »

XVIII

Le mercredi 24 octobre, nous partîmes vers trois heures de l'après-midi avec MM. Estève et Bendix ; mes deux excellents compagnons de route avaient tout prévu pour me faciliter l'ascension du volcan ; ils oublièrent seulement de me railler sur les minces bottines et sur la cage stupide à cercle de fer que je gardais pour gravir la montagne, comme si j'étais allée faire une course à travers la *strada di Toledo*; je ne prévis pas moi-même le double supplice que ma chaussure et ma jupe me réservaient. Un caleçon, une robe collante et des souliers à clous sont indispensables pour une femme qui se décide à cette terrible ascension. A distance elle me paraissait un jeu. De ma terrasse le versant du Vésuve se montrait à moi en pente douce coupée çà et là, à gauche, par les arbres qui s'échelonnaient du côté de la petite auberge de l'ermitage de *San Salvatore* et de l'observatoire météorologique. Arrivés à Resina nous prîmes des chevaux et des guides ; à peine assise sur ma selle à l'anglaise, je commençai à sentir la torture de ma cage de fer ; je la rejetai en arrière sur la croupe du cheval. Nos montures gravissaient sans broncher la route abrupte tracée dans la lave durcie : Elles ne s'abattent jamais, nous disaient les guides qui nous suivaient par bandes en nous sollicitant de faire un choix parmi eux ; à chaque étape nous devions en trouver une troupe nouvelle. Tant que nous fûmes dans le sentier tracé, je me tins assez ferme, cramponnée de la main gauche à la selle et serrant à outrance de la main droite le mors du pauvre animal qui me portait; mais bientôt le sentier se perdit dans un océan montant de vagues durcies. Mon cheval, habitué à passer entre ces flots étranges, avançait toujours sans faire un faux pas, moi je vacillais en tous sens; mes mains crispées ne m'étaient plus un appui suffisant. Je me mis à califourchon malgré la souffrance que je prévoyais. Je ne me sentis guère plus assurée; à chaque vague nouvelle, la marche oscillante du cheval me faisait chanceler, malgré mes efforts pour suivre ses mouvements, j'étais désarçonnée; je me voyais tombant inerte sur ces pointes de lave devenues roc; la tête fendue, le corps brisé; je poussais des cris d'effroi qui forçaient ces messieurs à s'arrêter; le souvenir d'une chute horrible que j'avais faite aux Pyrénées redoublait ma terreur; elle éclipsait pour moi la beauté et la grandeur du double spectacle qui commençait à s'offrir à nous quand nous levions la tête ou quand nous la retournions du côté du golfe; accomplir ce dernier mouvement me semblait d'une audace héroïque qui aurait à coup sûr pour résultat une dégringolade dans un des abîmes environnants. Mes compagnons décidèrent qu'il fallait prendre un guide pour me soutenir; ils choisirent un jeune gars de vingt ans, svelte et agile comme un lutteur antique; d'une main il fixait en selle ma taille courbée, de l'autre il tenait le cheval par les crins; souple à l'égal d'une panthère, modelant ses mouvements sur tous les mouvements du cheval, tantôt il traînait les pieds dans les creux de la lave, tantôt il les roidissait sur les pointes aiguës; il s'identifiait si bien avec l'animal, qu'à eux deux ils ne formaient plus qu'un; on eût dit la fable du centaure réalisée. Son visage était celui d'un Indou mélancolique et taciturne; il se nommait Gennaro et avait dans son patron une confiance absolue; *il gran santo più grande di Dio*, disait-il, l'avait préservé de tout danger; sa foi aveugle en saint Janvier fut tout ce que je voulus connaître de son histoire; je me gardai bien de le questionner et de le laisser parler, de peur de détourner son attention de ma monture, dont il prévenait tous les écarts. Rassurée par son appui, je commençai à regarder devant moi, c'était partout comme une mer en furie de laves éteintes s'échelonnant jusqu'au ciel : en face les crevasses bordées de quelques arbustes, qui le soir à Naples nous apparaissaient comme deux bouches de feu, jetaient une vapeur blanche sur la transparence du jour mourant. Plus haut, le cratère du Vésuve lançait dans l'éther sa colonne de fumée ; à gauche, sur un plateau à moitié brûlé et dénudé était l'auberge, l'ermitage, et plus loin, toujours du même côté, l'observatoire météorologique. Autour de la chapelle de San Salvator se groupaient quelques beaux arbres au feuillage d'automne, jaune et rouge ; nous marchions depuis deux heures et nous étions encore fort éloignés de la halte de l'Ermitage ; ces messieurs, plus fermes que moi sur leurs étriers, formaient l'avant-garde ; M. Estève, né dans le midi de la France, chantait une chanson languedocienne ; M. Bendix, d'origine danoise, rêvait aux paysages du Nord et en comparait la poésie avec celle de la terre de flamme que nous traversions ; il avait voyagé dans sa jeunesse en Norvége et en Islande et fait l'ascension du mont Hécla.

« Hâtez-vous! me cria M. Estève impatient d'arriver.

— Arrêtez-vous, faites volte-face, et regardez, me dit M. Bendix, qui du haut d'un tertre de lave considérait le golfe embrasé par le soleil couchant, voyez! voyez que c'est beau! »

Quoique tremblante encore, je n'hésitai pas. Depuis le départ, la curiosité de l'aspect du golfe vu de ces hauteurs me sollicitait, mais la crainte d'une chute l'avait emporté sur le désir de ce spectacle ; le moment était venu d'en jouir dans toute sa beauté ; je dis à Gennaro de faire tourner ma monture, et, les deux bras tendus sur le pommeau de la selle, je ne sentis plus, je ne vis plus que le tableau flottant devant moi : la mer se déroulait en zones dorées et bleues ; Castellamare, Sorrente et Caprée se groupaient à gauche sous un ciel blanc où s'éclairaient déjà quelques étoiles ; tandis que le soleil, en déclinant derrière le cap Misène, laissait sur toute la rive, à droite du golfe, des traînées de pourpre. Naples et les hauteurs de Pausilippe se détachaient sur un fond rose où les lumières des maisons formaient des points lumineux comme des astres. Au delà du golfe la mer incommensurable se déployait sous le jour pâli du crépuscule. Je fus arrachée à mon extase par quelque chose qui courait sur mon bras nu ; je fis un soubresaut et poussai un cri comme si une sauterelle ou un flot de lave était tombé du ciel. C'était Gennaro qui venait de me baiser le bras. « *Arrogante !* » (insolent) m'écriai-je en le frappant du pied ; il prit une attitude craintive et servile et me dit sans me regarder : « *Signora, sono Inglesi e Americane che mi hanno dato la buona mano per far l'amore.* » Cette tentative de galanterie en prévision d'un pourboire me fit partir d'un éclat de rire si retentissant qu'il monta jusqu'au cratère.

« Bravo! vous n'avez plus peur, me cria M. Estève, toujours en avant.

— Arrêtez, dis-je à mes deux compagnons en riant toujours plus fort, attendez-moi, et, les ayant rejoints, je leur contai l'aventure : Convenez qu'il faut venir à Naples pour entendre de ces mots-là.

— La demande du *pourboire* est un trait de mœurs très-curieux à noter, répliqua M. Bendix.

— Je ne vois que le premier élan de Gennaro, riposta M. Estève, élan de flamme bien naturel à un gardien du Vésuve.

— Voilà un madrigal qui, tourné en quatrain eût ravi le dix-huitième siècle, » repartis-je.

Gennaro, devinant sans doute nos moqueries en nous voyant rire à l'unisson, baissa les yeux et ne prononça plus une parole, il se colla au flanc et au cou de mon cheval, et s'y confondit si bien que j'oubliai sa présence.

Raffermie par la bouffonnerie de cet épisode, ayant M. Estève en avant et M. Bendix qui formait l'arrière-garde, je continuai à monter sans accident à travers les monticules formés par les détritus des éruptions. Des teintes grises, noires, jaunes et rougeâtres coloraient le tuf où nous marchions; c'étaient tantôt des amas de pierres ponces friables et légères; tantôt des rocs durs et brisés dont les éclats tombés à nos pieds avaient la lourdeur et la nuance du minerai; çà et là les pierres fendues étaient zébrées de lapis-lazuli; dans d'autres scintillait le grenat; plusieurs recélaient des coquillages fossiles, ce qui a fait penser qu'autrefois le volcan du Vésuve était sous-marin; tous les métaux de la terre, vomis de ses entrailles, se sont confondus là durant les éruptions successives; la plus anciennement constatée (celle de 472) fut si violente, qu'elle transporta des cendres jusqu'à Constantinople.

Jusqu'en l'an 1000, la montagne que nous gravissions avait été couverte de broussailles et de bois peuplés de sangliers; les éruptions, de plus en plus rapprochées, n'ont laissé que quelques vestiges de végétation. Ces messieurs me donnent des détails minéralogiques très-savants et fort curieux; j'en suis un peu distraite, je l'avoue, par l'ensemble de l'aspect du volcan et du ciel; la lune s'est levée et balance son disque d'or sur le firmament d'un bleu sombre tout diamanté d'étoiles; les crevasses où suinte la lave s'embrasent et décrivent à droite des zig-zags lumineux et des sillons de charbons ardents : elles nous réservent à notre descente du volcan un spectacle sublime. Enfin, après trois heures de marche, nous arrivons à l'ermitage; le vieil ermite a pris la fuite terrifié par la révolution qui l'eût laissé en paix. Un guide facétieux nous assure que c'est pour aller vivre plus à l'aise dans un couvent de Naples. Chaque garibaldien qui fait l'ascension du Vésuve réclame l'ermite absent, comme un acteur attendu qui leur fait défaut dans ce grandiose spectacle; il m'y eût semblé, quant à moi, parfaitement superflu; nous nous arrêtons quelques minutes en face de sa demeure abandonnée; nous décidons de souper au retour dans la petite auberge qui l'avoisine; nous gravissons à pied jusqu'au plateau de l'observatoire météorologique, et nous le descendons de même.

Nous avons perdu de vue les crevasses enflammées; nous trouvons bientôt de nouveaux guides qui nous mènent encore pendant trois quarts d'heure à travers un défilé praticable entre la chaîne de la *Somma*, s'étendant à gauche, et le cône du Vésuve, se dressant à droite; là il faut abandonner nos montures; nous sommes à l'entrée de la sombre vallée de l'*Atrio del cavallo*, bordée par la *Somma* et par le volcan; cinquante guides portant des torches, des pieux et des chaises à bras, nous entourent gesticulant, criant, se concertant entre eux dans leur patois inintelligible et nous haranguant en mauvais italien, pour nous convaincre que tous nous sont indispensables; ils veulent asseoir de force mes deux compagnons dans leurs chaises; ces messieurs, déterminés à monter à pied jusqu'au cratère, les repoussent en vain; ils répètent en chœur : « *Eccellenze, è per suo bene, per sal varle la vita.* » (Excellences, c'est pour votre bien, pour vous sauver la vie.) « *No, ma per aver danari,* » réplique M. Estève, qui, pour en finir, leur montre qu'il est armé de deux revolvers; il fait choix de dix hommes sans compter le guide qui nous suit depuis l'ermitage, portant sur son épaule au bout d'un bâton un panier renfermant du pain, des œufs et du vin de *lacryma-christi*, je m'assieds sur un fauteuil en bois, juché sur un brancard porté par quatre hommes; deux autres les poussent à l'arrière, deux les tirent en avant avec des courroies liés à leurs ceintures et deux autres encore sondent le sol avec leur pieux; quelques-uns des guides refusés par M. Estève, nous suivent en amateurs; de mon siége élevé, je plane au-dessus de toutes ces têtes expressives et sinistres; ces êtres avides à la voix glapissante sont en harmonie avec le bouleversement de la solitude, pleine d'horreur, qui nous environne. Nous faisons l'ascension du cône par la région des scories, celle des cendres est presque impraticable à la montée. Désormais exempte d'effroi, assise à l'aise, malgré les oscillations que me communiquent mes porteurs, j'oublie leur cortége étrange et tourne la tête pour considérer la vallée funèbre *dell' Atrio del cavallo*; elle s'étend derrière nous (sur une largeur de cinq cents mètres) jusqu'aux rocs caverneux de la *Somma*. La *Somma* et le *Vésuve* formaient primitivement une seule montagne volcanique dont le cône unique fut divisé dans la mémorable irruption de 79, où périt Pline le naturaliste[1], et qui ensevelit

---

[1] Pline était alors à Misène, où il commandait la flotte romaine. Sa sœur, mère de Pline le Jeune, lui montra un nuage étrange qui flottait au-dessus du Vésuve. Pline partit sur un navire pour aller voir de plus près le phénomène, et prévenir ses amis qui habitaient au pied de la montagne, malgré une pluie de cendres et de pierres qui tomba sur son vaisseau jusqu'à Stabia[*]; là il se mit au bain et soupa gaiement.

« Après, dit Pline le Jeune, il se coucha et dormit profondément, car on entendit de la porte le bruit de sa respiration... Cependant la cour par laquelle on arrivait à son appartement commençait à se remplir de cendres et de pierres, et pour peu qu'il y fût resté plus longtemps, il ne lui eût plus été possible de sortir. On l'éveille, il sort et va rejoindre Pomponianus et les autres qui avaient veillé. Ils délibèrent s'ils se renfermeront dans la maison ou s'ils iront dans la campagne, car les maisons étaient ébranlées par de violents et fréquents tremblements de terre... Ils attachent des oreillers sur leurs têtes, comme un rempart contre les pierres qui tombent. Le jour se levait ailleurs, mais autour d'eux régnait la plus sombre et la plus épaisse des nuits, interrompue par différentes clartés. On s'approche du rivage, la mer était toujours orageuse et contraire. Là, mon oncle se coucha sur un drap étendu, demanda de l'eau froide et en but deux fois. Bientôt des flammes et une odeur de soufre qui en annonçait l'approche, mettent tout le monde en fuite et forcent mon oncle à se lever. Il se lève, appuyé sur deux jeunes esclaves, et au même instant il tombe mort, suffoqué, comme je l'imagine, par cette épaisse fumée. Il avait naturellement la poitrine faible, étroite et haletante. Lorsque la lumière reparut (trois jours après le dernier qui avait lui pour mon oncle), on retrouva son corps entier sans blessure... Son attitude était celle du sommeil plutôt que de la mort. »

Pline le Jeune, alors âgé de dix-huit ans, retenu par ses études, avait refusé d'accompagner son oncle. Sa mère, éveillée pendant la nuit par la violence des secousses, se précipita dans sa chambre. « Ils s'assirent dans la cour et se mirent à lire Tite Live et à en faire des extraits. Mais craignant d'être écrasés

[*] Aujourd'hui Castellamare.

Stabia, Herculanum et Pompeï; les débris de ce cataclysme se dressent épars et semblent osciller encore; les noires anfractuosités de la *Somma* ont des postures fantastiques que la lueur de la nuit revêt d'un suaire; on dirait des fantômes debout, assis et couchés, contemplant les milliers de tertres funéraires que décrivent les monticules gris de la vallée. Dévastation aride, muette, absolue; pas un arbre, pas une plante, pas un vol d'oiseau, pas un murmure d'insecte; c'est sublime de terreur et écrasant de fatalité; je pense à la destruction du globe, j'ai comme la vision des épouvantements de son dernier jour. Je songe aussi à la formation lente et progressive de la terre; l'ombre de Cuvier marche à mes côtés.

Ces lieux infernaux sont bien la scène naturelle des guet-apens et des massacres; en tout temps ils ont servi d'asile aux voleurs et aux assassins. Quelques mois après notre excursion, le brigandage, soudoyé de Rome par François II, y trouva un refuge. Les hommes qui nous accompagnent forment comme une bande avant-courrière de ces défenseurs du droit divin; ils hurlent et gesticulent et complotent entre eux de nous rançonner. M. Estève, toujours en avant du cortège, leur tient tête avec un sang-froid et une verve qui me fait penser à l'ardeur et à la gaieté des soldats français sur le champ de bataille. Deux des guides qui le suivent s'obstinent, sous prétexte de le soulager, à le prendre par les reins en psalmodiant sur tous les tons, depuis la câlinerie jusqu'à la menace : « *Per due piastre, Sua Excellenza sara portata.* » Le fougueux Méridional se retourne les poings serrés, renverse les guides et franchit d'un bond la dernière partie des scories.

par la chute des murs, ils s'enfuirent dans la campagne. Le rivage s'était étendu ; beaucoup de poissons demeuraient à sec sur le sable : une nuée noire et horrible s'ouvrait, déchirée par des sillons de flammes, semblables à des éclairs... Elle s'abaisse sur la terre, couvre la mer, dérobe à nos yeux l'île de Caprée, et nous cache la vue du promontoire de Misène... J'étais soutenu par cette pensée triste, et *consolante* à la fois, que tout l'univers périssait avec moi.

« A peine eûmes nous quitté le grand chemin, que les ténèbres devinrent impénétrables. Ce ne furent plus alors que lamentations de femmes, cris d'enfants, gémissements d'hommes. On distinguait, à travers les sanglots, ces mots déchirants : « Ô mon père! ô mon fils! ô mon épouse! » On ne se connaissait plus qu'à la voix. Celui-ci déplorait son propre malheur, celui-là le sort de ses proches; les uns invoquaient les dieux, les autres blasphémaient contre eux, plusieurs imploraient la mort contre la mort même; on croyait être enseveli dans la nuit éternelle. Et, au milieu de tout cela, que de nouvelles effrayantes! la peur exagérait tout et faisait tout croire. »

« *Birbante !* leur crie-t-il, je vous défie à la course ! me prenez-vous pour un de vos moines énervés ? apprenez que j'ai du sang de quatre-vingt-treize dans les veines ! »

Cette vigueur française, cette bravade révolutionnaire me charme et me fait rire.

« Je suis moins héroïque que lui, me dit M. Bendix ; je perds haleine, j'étouffe ; » et en disant ces mots il tombe épuisé sur un monceau de lave ; quelques gorgées de sang s'échappent de ses lèvres ; la lune éclaire son visage dont la pâleur m'épouvante ; je fais arrêter mes porteurs et appelle M. Estève déjà parvenu au sommet. Il redescend toujours agile et joyeux en fredonnant un air ; son ami ne voulant pas l'inquiéter se roidit, saisit son bras et, traîné par lui, recommence à monter ; mes porteurs font mine de ne pas suivre. « *Siamo troppo stanchi*, s'écrient-ils, *bisogna una buona mancia per andar avanti* » (Nous sommes trop las, il nous faut un bon pourboire pour aller de l'avant) ; et, essoufflés et geignants, ils s'asseyent à terre en y déposant mon brancard. Le froid m'engourdit dans ces régions hautes, mes dents claquent, mes pieds sont glacés, ma tête est prise de vertige. M. Estève étonné de cette halte, revient encore une fois sur ses pas ; pour dernier argument il brandit son revolver ; aussitôt mes huit porteurs se redressent transformés en chamois véloces ; ils escaladent d'un trait la dernière pente et me déposent enfin sur le plateau du grand cratère. Je marche avec volupté sur le sol brûlant, je reviens à la vie par la chaleur, je défie maintenant M. Estève ; j'arrive avant lui au bord du gouffre d'où monte une fumée éternelle ; cramponnée à une saillie j'y suspends ma tête ; des flammes intérieures estompées de vapeurs incandescentes éclairent çà et là le vaste entonnoir ; des détonations formidables retentissent au fond, une forte odeur de soufre s'en exhale ; mes lèvres sont brûlées, mes yeux en feu, je me détourne de l'abîme vertigineux ; s'y précipiter et entrevoir son mystère a dû tenter plus d'une âme ici-bas. Je vais m'asseoir adossée contre un bloc de lave, regardant tour à tour l'horizon et les cieux ; le firmament est poudroyant d'astres, la lune court au travers comme un char lumineux ; la nuit sereine répand sur le golfe des clartés vagues et voluptueuses. Toutes les rives enchantées, Naples, les îles, dessinent vaguement leurs contours. A gauche, ces masses voilées sont les montagnes de Salerne, plus loin on devine l'Œstum avec ses trois temples debout ; plus loin encore le groupe énorme de l'Apennin aux sommets neigeux; toute la contrée que j'entrevois, palpite et vit depuis des siècles de la vie même du volcan sur lequel je suis assise; il est à la fois son fécondateur et son meurtrier, double symbole de l'amour qui crée et des passions qui tuent; je ne sais quels atomes de feu, poussière invisible du cratère, pénètrent ici l'homme par tous les pores; l'ardeur et l'élan d'expansion de ce foyer inextinguible gagnent l'être, l'agitent, et le font participer de l'élément où gronde l'orage et la flamme; l'air, la lave, le feu, la lumière composent un fluide formidable qui court de veine en veine. Dans les Césars, dans ceux qui peuvent tout et bornent leurs désirs à la terre, cette énergie étrange produit les débauches de Caprée; dans les poëtes elle éclate en cris d'amour, en aspirations vers l'infini, en étreintes délirantes de la création enchantée: on voudrait qu'elle se fît chair et nous fécondât; on comprend les dieux de la mythologie, emblèmes de nos forces et de nos passions; on se reconnaît de la même essence : le polythéisme ne pouvait naître et régner qu'à la chaleur et à la lumière de la Grèce et de l'Italie.

Je suis arrachée à ma rêverie par la voix de M. Estève:

« Mais venez donc, me crie-t-il, il nous reste à voir le petit cratère. »

Je rejoins ces messieurs au bord d'un cône éteint; le petit cratère n'est qu'un trou silencieux et noir.

« Maintenant la cheminée du diable et sa cuisine nous attendent, reprend gaiement M. Estève en courant comme un chevreuil sur la croûte inégale et brûlante qui couvre le volcan.

— Vous êtes anéantie, me dit M. Bendix, qui me voit chanceler sur le sol incandescent.

— J'ai les pieds en feu et la tête glacée, comme si la mort m'envahissait déjà; mais parlons de vous, ajoutai-je, tantôt vous m'avez navrée.

— J'ai cru mourir, répondit-il simplement, et ne pas revoir mes enfants m'était en ce moment une grande angoisse. La nature m'a été bienfaisante; le flot de sang qui vous a fait peur m'a sauvé en sortant de ma poitrine; je me sens maintenant ferme et dispos comme Estève; prenez mon bras, poursuivit-il après avoir détaché son manteau dont il enveloppa ma tête; allons, courage, c'est une promenade un peu rude pour une femme. » En parlant ainsi, il me traîna jusqu'à la cheminée du diable, où notre compagnon infatigable aidait le guide à préparer notre souper. M. Bendix me fit asseoir sur le bord d'une couverture dont il me composa une sorte de niche; une plaque de lave qui était devant moi nous servit de table. M. Estève disposa les bouteilles de vin, les tranches de mortadelle, les fruits, le pain et les couteaux apportés par le guide.

« Maintenant, servons chaud! s'écria-t-il, attention, voyez! » Il posa dans un creux de cendre des œufs qui furent cuits à la coque en deux secondes; d'autres œufs, cassés dans un petit plat où l'huile bouillonnait, devinrent instantanément une omelette.

« Commençons par un coup de *lacryma-christi*, dit M. Estève, et, remplissant nos verres; il reprit : A vous madame! à toi mon ami! à mon fils [1] et à ma jeune femme absente! Que ne donnerais-je pas pour l'avoir ici! l'amour sur le Vésuve, quel rêve! je me sens fort comme le volcan, je n'ai plus que vingt ans! je défie la mort ainsi que la nature la défie? »

Je me mis à rire en voyant traduire de la sorte la sensation qui m'avait tout à l'heure assaillie.

« Tu ne penses jamais aux choses éternelles, » dit M. Bendix à son ami.

Le son de sa voix me frappa quand il dit ces mots: je le regardai, une tristesse indéfinissable était sur son visage; j'y lus comme un pressentiment de mort prochaine.

Lorsque je revins à Paris, je ne retrouvai plus cet excellent homme, le mal qui l'avait menacé devant moi l'avait un jour foudroyé.

« Ne vas-tu pas faire un sermon et madame un dithyrambe? reprit M. Estève presque en colère de nous voir si mornes ; vous ne comprenez rien à la vie ; il faut combattre et défier corps à corps tous les mystères menaçants qui nous environnent. Que diable, l'homme est une force!

— Qui devient cendre, reprit M. Bendix en prenant dans ses doigts une pincée de lave friable.

— Tu n'es qu'un *frate*, repartit M. Estève, avec ton *memento mori* de vendredi-saint! voyons, bois! et chassons ces visions qui m'irritent. » Il remplit de nouveau nos verres ; les œufs brûlants et la mortadelle furent bientôt engloutis ; l'ascension nous avait

---

[1] Lieutenant de marine qui était en ce moment de service sur la flotte française protégeant Gaëte.

donné une faim féroce. L'énergie et la gaieté nous revinrent après cette satisfaction animale.

« Je vous l'avais bien dit, exclamait M. Estève, la tristesse n'est qu'un fantôme. Allons, en marche ; il faut maintenant dégringoler à travers les cendres. »

Nous trouvâmes au bord du plateau, en avant de la région des scories, la phalange de nos guides qui nous attendait : « Prenez deux bras, me dit M. Estève, je vous soutiendrai par les reins ; abandonnez-vous comme si vous étiez emportée par le char d'une montagne russe. » C'était facile à dire, mais le char, c'était mes bottines, et les roues, c'étaient les cerceaux de ma jupe importune qui me battait les jambes. Je me cramponnai à la veste des guides ; ils me lancèrent avec eux dans le précipice de cendre. Les cercles d'acier de ma cage font rebondir sur mes jambes les grosses pierres qui s'éboulent derrière moi ; les semelles de mes chaussures, déjà brulées par la croûte de lave où je viens de marcher, se détachent ; mes pieds sont en sang, mes chevilles meurtries ; la respiration me manque, je n'entrevois au-dessous de moi qu'un gouffre noir et béant semblable à une grande fosse ; j'ai comme un râle qui étouffe les cris qui me montent à la gorge. La terreur de la course à cheval n'est rien auprès de l'épouvante que cause cette avalanche de cendre où le corps s'engouffre. Aussi, lorsque après un quart d'heure de cette torture on me hisse meurtrie et pantelante sur un des chevaux pacifiques qui nous attendent, raffermie par l'effroi même que je viens de sentir, je me tiens en selle sans broncher jusqu'à la sortie du val *dell' Atrio del Cavallo*. Arrivés à la hauteur de l'*observatoire météorologique*, un spectacle inouï me fait oublier ma souffrance ; les crevasses et les puits de lave fluide, qui ne jetaient que des lueurs indécises quand nous sommes montés, se sont enflammés dans la nuit ; ils rayonnent comme l'embrasement d'une vaste cité dont ils décrivent les rues et les monuments ; incendie étrange, immobile, muet et sans fumée qui monte dans le ciel d'un bleu sombre tout parsemé d'étoiles ; nous mettons pied à terre, nous franchissons un escarpement et approchons des coulées de lave ; la curiosité me porte, l'esprit qui veut voir fait taire les plaintes du corps brisé qui proteste ; la volonté d'essence idéale dompte l'animal importun. L'onde de feu coule avec une lenteur de reptile ; les deux grandes ouvertures, lèvres rouges du volcan dont le front fume, ont près de trois mètres de long ; à l'entour, par des fissures innombrables, la lave qui jaillit scintille dans l'air. On n'entend d'autre bruit que le petillement de quelques arbustes étreints par ces flots redoutables, silencieux et rampants. Les tiges s'enflamment et se tordent; les feuilles deviennent lumineuses comme un bouquet de feu d'artifice qui s'évanouit aussitôt. Tandis que je regarde immobile ce panorama fantastique, ces messieurs plongent le bout de leurs cannes ferrées dans la lave; plusieurs de nos guides la remuent avec leurs longs bâtons, transformés instantanément en torches qu'ils balancent en riant sur nos têtes; d'autres pétrissent la lave à demi-figée et nous la présentent pour y faire des empreintes avec des pièces de monnaies françaises ou napolitaines. Je regrette de ne pas avoir sur moi quelque belle médaille antique : une tête de Vénus moulée dans la lave m'aurait ravie. Le feu est tellement mon élément, que j'éprouve un grand bien-être de cette promenade de salamandre. Ce qui me reste de chaussures, mes bas et le bord de ma robe sentent le roussi, qu'importe, je me ranime, et cette chaleur ambiante soulage les contusions que le froid de la nuit irritait. Nous remontons à cheval, et à distance la scène phosphorescente que je viens de décrire prend les proportions sublimes dont j'ai parlé précédemment[1].

Il est plus de deux heures du matin quand nous arrivons à l'auberge de l'Ermitage, le souper qui nous y attend, ou plutôt le déjeuner, est la répétition de celui que nous avons fait dans la *cuisine du diable*, le vin blanc de *lacryma-christi* sorti du même tonneau y est tout aussi trouble; il murmure en jaillissant dans nos verres une épigramme à sa réputation. Je conseille aux gourmets de se munir à Naples de provisions s'ils veulent faire un festin à l'antique sur les flancs du Vésuve : une table dressée entre les coulées de lave et chargée de mets cuits sur les lieux-mêmes ne me déplairait point; quelques cuisiniers napolitains ont hérité de la science des cuisiniers antiques; je voudrais les voir à l'œuvre devant ces fourneaux toujours flambants; les fritures et les entremets sucrés, dans lesquels ils excellent, seraient prêts en un tour de poêle ou de casserole; les broches en un clin d'œil verraient se dorer perdrix, faisans et cailles; les bassins de cuivre feraient bondir instantanément dans un bain aromatisé les dorades, les thons, les homards et les crevettes,

[1] Page 52.

déposés aussitôt dans des plats antiques; les oranges et les ananas de Sicile, les fraises et les grenades de Sorrente alterneraient avec les mets fumants; les coupes d'Herculanum et de Pompeï se rempliraient des vins de la Gascogne chauffés par la lave; la glace des cavernes voisines frapperait le champagne et congélerait les sorbets; le Sauterne et le Marsala riraient en perles d'or sur les lèvres des convives couronnés des roses et des tubéreuses d'Ischia. Des torches de sandal allumées dans les flots du volcan décriraient au-dessus des têtes joyeuses des auréoles de flamme. Des chœurs de chants indigènes retentiraient par groupes sur les escarpements d'alentour; la poésie, l'art, l'amour et la gloire seraient le thème de la causerie inspirée; le golfe immense suivi de la mer incommensurable formerait la perspective; au-dessus le firmament submergé d'astres ferait flotter les âmes dans l'infini et si le vertige de la vie, l'oubli du néant, les effluves du volcan, les philtres de la nuit enivraient ces êtres éphémères, sitôt que l'étoile de Vénus pâlirait, l'aube immatérielle et pure crierait à chaque convive: Pauvre insensé, va dormir en attendant que tu meures!

Nous quittâmes la détestable auberge de l'Ermitage à trois heures du matin; la nuit, d'une sérénité radieuse, éclairait toutes les anfractuosités de la montagne de lave qu'il nous restait à descendre. Cette dernière halte avait redoublé ma fatigue ou plutôt m'avait rendu la force de la sentir. Quand je me retrouvai à cheval, mes terreurs recommencèrent; je les oubliai un moment pour regarder fuir à gauche, puis derrière nous, la grande cité incendiée que décrivaient les fissures du volcan. Je ne me lassais pas de cette vision; elle éblouit encore mon souvenir; la récente éruption du Vésuve a, dit-on, décomposé ce tableau sublime; la bouche embrasée s'est fermée; ses lèvres d'un rouge ardent ne jettent plus à la nuit leur salive de flamme. Ce spectacle qui tenait du prodige s'évanouit pour moi; la réalité désolée, et le danger du désert escarpé qu'il fallait redescendre, me ressaisirent tout entière; la difficulté était plus grande encore qu'à la montée; malgré les efforts de mon guide, le cheval se cabrait à chaque instant; pour ne pas choir, je devais me cramponner à ses crins et m'affaisser sur son cou; c'était une gymnastique désespérée. Dans une sorte de défilé sombre, nous rencontrâmes quelques hommes qui conduisaient des chevaux à l'Ermitage; ils nous rasèrent en passant et accrochèrent dans un de leurs étriers mon pied qui pendait de la selle; je poussai un cri aigu, car soit par mégarde, soit par brutalité, celui qui menait le cheval auquel j'étais entravée continuait à marcher. M. Estève, pistolet au poing, menaça l'homme et arrêta la bête. Ma jambe retomba inerte; durant quelques minutes je la crus cassée; j'en fus quitte pour une foulure. Je me roidis de nouveau sur ma monture et nous poursuivîmes notre route. Comme nous étions à mi-côte, nous vîmes venir une troupe de garibaldiens portant des torches; ils chantaient leur hymne de guerre et escaladaient souriants les fondrières de lave durcie. Leurs habits rouges, au-dessus desquels se détachaient quelques têtes superbes, formaient un tableau dans la nuit. Ils étaient douze et n'avaient que trois chevaux qu'ils montaient alternativement. Ils se hâtaient pour arriver au soleil levant sur les hauteurs du grand cratère. En ce moment la lune irradiait le golfe de ses molles clartés; les rocs gigantesques de Caprée dressaient leur blancheur jusqu'aux étoiles; on eût dit qu'une main invisible étendait un voile sur les crimes de Tibère; les rives circonvoisines dormaient en paix sous la garde de la liberté, puissance nouvelle qui détrônera tous les Césars!

Nous cheminâmes encore près de deux heures et arrivâmes enfin sur la route frayée qui descend à *Resina*. L'aube commençait à paraître; la mer tranquille s'étendait devant nous; comme le jour de mon arrivée à Naples, elle m'apparaissait colorée de ces lueurs roses qui sont à la nature ce qu'est à la femme l'incarnat virginal de l'adolescence; fraîcheur, jeunesse, saveur première de la beauté du jour et de la beauté du corps! On eût dit que des rubis infusés dans la mer la teignaient de leur éclat; puis, par une transformation soudaine, que des courants de flamme venus des entrailles du volcan projetaient sur les vagues des myriades d'étincelles. Le soleil perça les nues lumineuses qui bordaient le ciel à l'Orient. Nous retrouvâmes notre voiture à Resina; je m'y assis anéantie, ne pouvant que balbutier quelques paroles d'excuse et d'actions de grâces à mes compagnons. Je sentais bien que j'avais été pour eux une anxiété et une gêne pendant cette terrible excursion; ils avaient été pour moi la protection, la sollicitude qui rassure, la gaieté qui distrait, le courage qui fortifie. Nos chevaux reposés et fringants nous conduisirent à Naples en une heure; je me mis au lit en arrivant; j'y restai plusieurs jours les jambes et les bras meurtris, la gorge en feu, les lèvres brûlées.

M. Georges Lévy, qui vint s'informer de mes nouvelles avec ses amis, me railla de l'avoir raillé.

« Le sybarite avait raison, me dit-il, vous payez l'orgueil de votre spectacle !

— Est-ce que tout plaisir et toute ivresse n'impliquent pas un salaire de souffrance et de douleur? repartis-je; parmi les plus chères sensations de ma vie, vertigineuses pendant leur durée, poignantes après, celle-ci survivra dans mon souvenir, superbe, ineffaçable; dussé-je être mourante un mois, ce ne serait pas la payer trop cher ! »

XIX

La ville de Naples avait voté une somme énorme pour les réjouissances publiques qui devaient célébrer l'arrivée du roi : arcs de triomphe, illuminations, transparents, feux d'artifice, orchestres en plein air jouant des symphonies, tout fut disposé sur une échelle colossale. Les ordonnateurs de la fête s'inspirèrent de l'antiquité, mais s'en inspirèrent mal. Les préparatifs avaient été si lents et si considérables, que la décoration pompeuse de la cité ne fut terminée qu'un mois après l'entrée solennelle du souverain élu. N'importe, le peuple charmé de cette mise en scène en eut pour quinze jours de joie et de flânerie. Naples reprit l'animation qu'elle avait perdue depuis le départ de Garibaldi; elle acclamait le héros en effigie, ne pouvant plus le saluer en réalité. Son image vénérée resplendissait à côté de celle du roi : au théâtre San Carlo, en face le palais royal, *al largo del Castello, al largo dello Spirito Santo*, en regard de l'établissement des jésuites, que le Dictateur avait supprimé, et du petit palais d'Angri qu'il avait habité, partout dans une profusion de tableaux enluminés, éclairés *a giorno*, le Libérateur était représenté avec son uniforme rouge, adoré de la foule, l'épée à la main, et s'élançant à la rencontre des Royaux, à Marsala, à Palerme, à Milazzo, à Reggio et dans la plaine du Volturne. Victor-Emmanuel figurait dans les victoires récentes qu'il avait remportées. Le général Cialdini et l'amiral Persano n'avaient pas été oubliés dans ces transparents gigantesques. Heureux temps où toutes les gloires de l'Italie concouraient au bien commun, où les rivalités et l'antagonisme faisaient silence, où trop d'ardeur d'un côté, et trop de prudence de l'autre, n'avaient pas encore divisé en deux camps les forces vives de la nation!

Le soir les lazzaroni, les pêcheurs, et ce qu'il restait de garibaldiens à Naples, chantaient en chœur l'hymne du grand absent. Je ne sais quel sculpteur napolitain avait imaginé la décoration de la rue de Tolède; elle était atroce comme art, et offrait pourtant le soir un coup d'œil assez grandiose. De chaque côté deux ou trois cents Renommées, toutes égales, se dressaient de distance en distance sur des piédestaux le long des maisons; des bannières aux couleurs italiennes ombrageaient leurs têtes; l'un de leurs bras tendus tenait une torche, l'autre une couronne de lauriers : torches et couronnes semblaient menacer les passants et finirent par tomber sur eux. A mi-hauteur de la rue, à gauche, au centre d'une petite place, s'élevait, surmonté d'un faisceau de drapeaux français, le buste colossal de Napoléon III, moustache hérissée, œil hagard, bouche ouverte et semblant murmurer ces mots : « *Des Alpes à l'Adriatique.* » gravés sur le piédestal; des flots de curieux s'arrêtaient devant l'étrange figure du vainqueur de Magenta et de Solferino; on se demandait si l'artiste avait exprimé un hommage ou une épigramme; le doute était permis.

Naples ne possède aucune église vraiment belle et qui ait un caractère; celle de *Santa Chiara* mérite pourtant qu'on la visite, à cause des vieux tombeaux qu'elle renferme; le plus curieux est celui du roi Robert, sculpté par Masuccio; il est situé derrière le maître-autel : le souverain est représenté couvert d'une robe de moine. Au moyen âge, le froc envahissait jusqu'à la royauté. A gauche de l'église est le tombeau de la fameuse Jeanne Ire, dont j'ai parlé; son épitaphe rappelle ses crimes et ses malheurs; de l'autre côté de l'église est ensevelie sa sœur Marie; ces deux tombes, ainsi que trois autres de princes de la maison d'Anjou, sont couvertes de bas-reliefs naïfs. Un des plus beaux mausolées est celui du duc Charles de Calabre, œuvre de Masuccio. Un duc de Rhodes est inhumé à Santa Chiara, dans un superbe sarcophage antique où les dieux de la Fable sourient à une *Madonna delle grazie* (seul reste des admirables fresques de Giotto qui décoraient autrefois *Santa Chiara*). La chaire du treizième siècle est fort belle, et le campanile inachevé, du quatorzième siècle, est d'une grande élégance. Les tombeaux modernes des rois de Naples n'offrent aucun intérêt. De Santa Chiara je vais à la cathédrale (San Gennaro) que j'ai déjà visitée le jour du miracle de saint Janvier; cette église s'élève sur l'emplacement des deux temples antiques de Neptune et d'Apollon, dont les superbes colonnes, stupidement recouvertes de stuc par un archevêque, soutiennent la nef chrétienne. Je remarque quelques fières figures d'apôtres peintes par Luca Giordano; puis, au-dessus de la grande porte, les trois tombeaux de Charles Ier d'Anjou, de Charles Martel, roi de Hongrie, et de Clémence sa femme. Un vase grec, en basalte, reposant sur un socle antique, où court une bacchanale, forme les fonts baptismaux; près de la porte de la sacristie est le tombeau très-simple du jeune roi André qui, à dix-neuf ans, fut étouffé par ordre de sa femme la reine Jeanne; l'inscription, d'une vérité brutale, atteste le forfait et la main qui le commit :

JOANNÆ UXORIS DOLO ET LAQUEO NECATO.

(Tué par le crime et le lacet de Jeanne sa femme.) La châsse renfermant le corps de saint Janvier est placée sous le maître-autel.

L'église *del Gesù Nuovo à Trinità Maggiore*, est toute éclatante de dorures et de fresques; sa coupole était autrefois revêtue d'une Gloire du paradis, peinte par Lanfranc. Cette œuvre magistrale fut détruite par un incendie; il n'en reste que quatre évangélistes d'une grande allure. Dans la chapelle *della Trinità*, je trouve une belle peinture de Guerchin et une fresque remarquable de Corenzio. En sortant de l'église, je jette un regard ironique à l'obélisque enjolivé appelé *Guglià della Conceptione*, qui fut élevé au dix-huitième siècle par le père jésuite Pépé. « Il vendait au peuple et aux paysans, dit Duclos dans son *Voyage d'Italie*, de petits papiers bénis de sa main, dont la vertu était de faire pondre les poules, qui auraient très-bien pondu sans cela, et auxquelles on les faisait avaler; mais, par là, chaque œuf devenait un miracle, sans ceux qu'il faisait d'ailleurs; si cela ne prouvait pas un fripon fort ingénieux, cela marquait un peuple bien imbécile. Cependant, il en tirait tant d'argent, qu'il en avait fait élever une pyramide du plus beau marbre et du plus mauvais goût. Ce révérend père avait sur le peuple un pouvoir des plus absolus. » Son autorité l'emportait sur celle du roi.

En face de cet obélisque est le beau palais Pandola, où logeait, depuis son arrivée à Naples, l'illustre Poërio. Il était revenu dans sa ville natale pour y fêter la liberté; mais affaibli par sa longue prison, son corps avait défailli sous l'élan de son âme. Depuis un mois une toux obstinée le retenait alité, à peine avait-il pu sortir le jour de l'entrée triomphale de Victor-Emmanuel. Du haut de ce même balcon, où le roi Bomba et la famille royale le regardèrent passer, les fers aux pieds, traîné vers son bagne glorieux, il avait eu la joie vengeresse d'entendre le peuple acclamer la liberté! Je faisais de fréquentes visites au noble martyr; j'eus le plaisir de retrouver chez lui Pierre Léopardi, qui, lui aussi, avait vu finir un long exil; d'autres de mes connaissances et de mes amis étaient arrivés successivement à Naples pour y saluer le roi. Je revis M. Mancini et sa femme, la belle muse inspirée, avec qui je me liai plus intimement; puis, sa poétique sœur, Gianina Milla; puis les députés Cornero, Menotti et Crema.

Le général della Rocca avait quitté son quartier général de Sainte-Marie; il commandait la place de Naples et résidait au palais royal, où il occupait l'appartement de Ferdinand II, que j'ai décrit; je le voyais souvent; un matin il vint m'engager à dîner. « Nous mangerons, me dit-il, des faisans et des bécasses de la chasse du roi. »

Victor-Emmanuel se reposait de la guerre en chassant presque chaque jour dans les parcs de Capodimonte, de Caserte ou d'Astroni. Je dînai chez le général, en compagnie de ses trois aides de camp, MM. Gianone, Sigal et Ruiz, et du marquis Fornari, chef d'état-major, autant de braves qui avaient fait toutes les dernières campagnes d'Italie. Le marquis Fornari me fut particulièrement sympathique; c'est une des âmes les plus droites et les meilleures que j'aie connues; sa bonté, jointe à une grande bravoure, le faisait adorer. Je lui recommandai plusieurs garibaldiens qui désiraient entrer dans l'armée régulière, et il devint aussitôt le protecteur actif de ces hardis volontaires. J'avais exprimé au général della Rocca le désir de visiter le fort Saint-Elme. Écrasé d'occupations, il ne put m'accompagner lui-même, et mit à ma disposition ses aides de camp; M. Armand Ruiz, d'origine française, vint me chercher par une matinée brumeuse d'automne, avant-courrière des violentes tempêtes des jours suivants. Il est rare que le soleil se voile à Naples; lorsque cela advient, la cité, la campagne et le golfe se revêtent d'une mélancolie qui ajoute à leur grandeur; toute cette population en haillons, insoucieuse de sa misère à l'éclat de la lumière, s'assombrit et se lamente au premier froid, le soleil lui était un vêtement, la chaleur une nourriture. À travers l'azur, le peuple voit luire le paradis des saints et l'espérance; si l'atmosphère se voile, il est pris de toutes les terreurs de l'enfer catholique : « *Tempo d'inferno, tempo di diavolo!* » s'écrie-t-il sitôt que l'hiver s'aventure à montrer le bout de son nez. La foule qui remplissait la rue de Tolède était morne ce jour-là; deux allégresses lui manquaient : le soleil, joie de ses yeux, Garibaldi, joie de son cœur. Nous pénétrâmes dans les rues infectes et tortueuses qui montent au *Castel Sant'Elmo*, et arrivâmes bientôt à la route abrupte, pratiquée dans la campagne, aboutissant au plateau sur lequel la citadelle est assise. Nous apercevions au-dessus des murs de clôture des bouquets d'arbres, des fragments de champs et de jardins. Arrivés devant un portail cintré, gardé par des soldats piémontais, nous mîmes pied à terre et entrâmes dans l'enceinte du fort. Nous marchions sur un pavé défoncé, jonché de fange et d'immondices. L'incurie séculaire napolitaine défiait ici, comme dans la cité entière, la discipline militaire. La construction imposante, massive et carrée du château Saint-Elme trône devant nous, évoquant les visions des bombardements, des prisonniers d'État, des exécutions secrètes et des meurtres ignorés; toutes les épouvantes évanouies de la tyrannie vaincue. Nous laissâmes à gauche la chapelle qui renferme quelques vieilles fresques, et continuâmes à gravir le chemin dallé qui mène à l'intérieur du fort. Dans des salles ouvertes sont épars les lits des soldats. Dans les cachots, gît encore une paille devenue fumier, qui fut la couche des prisonniers ; aucune curiosité d'architecture, rien de saillant et d'inconnu ne nous arrête jusqu'à la dernière plate-forme. Là, un immense panorama se déploie sous nos yeux : Capodimonte, Naples, le golfe, les îles et les rivages déjà décrits; de plus, la campagne couverte de villas et de bois jaunissants de l'automne, bornée au nord par des coteaux et des montagnes, et à l'ouest se déroulant jusqu'à la plage des Bagnoli et jusqu'au rivage de Pouzzoles. Chaque accident de terrain saillit en relief sous les nues qui s'abaissent. La mer est d'un gris de plomb comme le ciel ; elle mugit tempétueuse; ses vagues énormes battent ses bords et fouettent furieuses les rocs déchirés du château de l'Œuf : un moment Naples s'est transformée en ville du Nord; la tempête est dans l'air et sur les flots ; une bise glacée soulève mes vêtements et emporte le chapeau de M. Ruiz; nous défions l'orage et restons longtemps à contempler la mélancolique beauté de l'étendue. En descendant, nous nous arrêtons dans une petite cour aux murs effondrés et, perpendiculairement au-dessous des assises du fort Saint-Elme, nous embrassons du regard les constructions de la *Certosa San Martino*, dont l'entrée est interdite aux femmes; des peupliers au feuillage rouge et jaune, bruissent le long du cloître; le belvédère et le vaisseau de l'église dessinent leurs arêtes dans la brume. Cette église de la *Certosa* renferme de superbes fresques de Lanfranc, de Ribera et de Guido Reni; dans la salle du Trésor se trouvent des peintures énergiques de Giordano, puis une Descente de croix qui passe pour le chef-d'œuvre de Ribera. Les moines vivent là dans un *farniente* éternel, sales et oisifs au milieu des chefs-d'œuvre et de tous les enchantements de la campagne de Naples; je leur envie une cellule. Le peuple napolitain a surnommé la *Certosa: Il Paradiso terrestre*; rien n'en trouble la quiétude. Quand les vengeances royales faisaient tonner sur la cité les canons du fort Saint-Elme, tandis que les bombes sifflaient meurtrières, les moines se réfugiaient sous leurs voûtes tranquilles, récitaient leurs oraisons et laissaient passer la mort.

Le lendemain, accompagnée de mademoiselle Mauro, je visite les catacombes creusées au nord-ouest de Naples, dans les flancs de la colline de *Capodimonte*; elles ont un développement de plusieurs milles; plus belles et plus spacieuses que celles de Rome, on y pénétrait par quatre entrées; une seule est restée ouverte à côté de l'église *San Gennaro de' poveri*. Ce quartier est bien celui des pauvres; des immondices obstruent les rues que nous traversons et des loques puantes pendent à toutes les fenêtres, où des femmes aux cheveux épars, tenant des enfants nus dans leurs bras, se suspendent pour nous voir passer; elles nous crient à distance : « *Signora, per carità la buona mano!* » éternel refrain triste et monotone qui assourdit à Naples les oreilles des étrangers. Nous passons à travers une cour jonchée de plâtras et entrons dans les souterrains par une large ouverture pratiquée à droite de l'église; des tombeaux des premiers siècles du christianisme sont rangés dans les galeries; quelques-uns gardent des traces d'inscriptions et de fresques grossières. Au milieu d'une sorte de rotonde est une colonne tronquée, maculée çà et là de taches de peinture rouge, devant laquelle le custode se découvre et s'incline en nous disant : « *Ecco il patibulo dove fu ammazzato il gran S. Gennaro, ecco il sangue del santo.* » (Voilà le gibet où fut martyrisé le grand saint Janvier, voilà le sang du saint.) Je lui réponds en riant : « *Credete questo? questo sangue non è altro che pittura!* » (Vous croyez cela? ce sang n'est que de la peinture.) Sa figure devient féroce, son geste menaçant, et pour convaincre mon incrédulité il me raconte avec volubilité et d'une voix indignée la légende *del gran santo*.

Ce pauvre saint Janvier, dis-je à mademoiselle Mauro, était d'un tempérament par trop sanguin. Voilà des siècles que le sang coule et jaillit de ses veines célestes sans se tarir jamais. Le bon peuple de Naples prête à un simple saint les attributs de la passion du Christ, dont le sang rachète éternellement le monde ; je crois même que si l'on faisait opter la plèbe napolitaine entre le Dieu et son obscur disciple, elle se prononcerait pour le culte de ce dernier. »

Nous étions à la fin de novembre, le ciel était orageux et sombre et un froid inusité à Naples commençait à se faire sentir; il y avait sur mer de telles tempêtes que le bateau à vapeur français (Messageries impériales), qui arrivait deux fois par semaine, était toujours en retard de quelques heures. Il est vrai qu'il s'arrêtait fort souvent à Gaëte pour y déposer toutes sortes d'objets d'alimentation et de vêtements adressés de France à François II et à sa femme. L'Impératrice elle-même, envoyait, assurait-on, à la jeune reine, tout ce qui pouvait adoucir la vie des camps qu'elle s'imposait en restant dans une place forte bloquée du côté de terre. Ces attentions protectrices plaisaient, on le conçoit, à la souveraine française; mais comment n'humiliaient-elles pas la reine déchue qui les recevait et peut-être les sollicitait? Entre Bourbon et Bonaparte, tout bienfait imploré ou seulement accepté, constate une déchéance; cette sollicitude des Tuileries pour les souverains de Gaëte défrayait les conversations du monde; on s'en étonnait, on plaisantait sur l'amiral français qui commandait la flotte stationnée devant Gaëte; il avait, disait-on, pour la jeune reine, la même passion romanesque que Barnave avait ressentie pour Marie-Antoinette durant le voyage de Varennes; il jurait à la jolie souveraine détrônée que la France la défendrait et revendiquerait pour elle la couronne qui allait si bien à son front charmant. Un peu de chevalerie ne messied pas à un amiral, mais ici la courtoisie avait son contre-coup sinistre. La permanence de nos vaisseaux devant Gaëte empêchait l'armée piémontaise d'en finir avec cette forteresse, dernier refuge d'un roi répudié par son peuple, et dont le vote d'annexion avait brisé le droit divin. L'Empereur des Français ne pouvait d'ailleurs admettre ce droit suranné, annulé dans ses États. A quoi bon prolonger la lutte entre Italiens et Italiens? Ces combats fratricides sous les murs de Gaëte indignaient tous les cœurs; un jour Poërio s'écria, en apprenant la mort de plusieurs jeunes officiers de l'armée de l'indépendance : « Sans doute le gouvernement français a beaucoup fait pour nous à Solferino et à Magenta, mais à l'heure qu'il est il verse à plaisir notre sang. » En dehors de ces colères patriotiques que tous les vrais Italiens ressentaient contre François II, résistant aujourd'hui, après s'être enfui si vite et si timidement de Naples, il n'y avait dans les esprits contre lui et contre sa femme, aucune de ces rigueurs dont les révolutions ont trop souvent abusé. L'ex-roi étant souffrant, demanda un médecin de Naples, qui reçut l'autorisation de se rendre à Gaëte; l'ancien dentiste de la cour, nouvellement breveté par Victor-Emmanuel, allait aussi chaque mois dans la forteresse assiégée, donner ses soins à la jeune souveraine qui est fort jolie mais dont les dents déparent le sourire. Les souffrances physiques infligées à chaque être périssable rappellent les rois à l'égalité humaine.

J'ai écrit ces lignes pour réfuter toutes les fables des légitimistes qui ont essayé de transformer en martyre et en héroïsme l'entêtement puéril d'une souveraineté aux abois; François II et sa compagne restèrent à Gaëte tant qu'un danger réel ne les menaça point; mais nous verrons qu'aussitôt que la flotte française se fut éloignée et qu'un bombardement sérieux commença, ils capitulèrent et s'enfuirent à Rome pour y continuer, en armant le brigandage, une guerre indigne contre le pays qui les repoussait! En regard de l'obstination sanguinaire des Bourbons de Naples, la calme attitude du comte de Chambord est une vertu.

J'avais négligé de faire l'excursion des îles d'Ischia, de Procida et de Caprée, durant les deux premiers mois de mon séjour à Naples, alors que la mer était calme et que l'azur merveilleux du ciel semblait présager un été éternel. Les scènes publiques, mes promenades à Caserte et à Pompéi, mon ascension du Vésuve, mes visites au musée, remplissaient mes journées ; je me promettais de voir plus tard ces trois sœurs adorables aux noms euphoniques qui, ainsi que des Néréides, flottent à l'entrée du golfe de Naples ; et maintenant que j'avais plus de loisir, les vagues furieuses y mettaient obstacle; les bateaux à vapeur qui conduisaient à tous ces rivages enchantés ne s'y rendaient qu'irrégulièrement et parfois étaient contraints de rentrer dans le port; j'implorais chaque jour l'apaisement de Neptune; hélas! on verra que je l'implorai en vain; les trois îles attractives restèrent pour moi à l'état de mirage.

Je continuai, malgré la rafale et un froid assez vif, à parcourir les environs de Naples; un matin, comme je me disposais à partir pour Pouzzoles, j'eus la visite de Liborio Romano. Je vis entrer un grand et beau vieillard, à la taille élégante, au front intelligent, aux yeux noirs très-vifs, à la bouche prudente, au nez napolitain un peu fort; ses cheveux grisonnaient à peine; il paraissait avoir au plus cinquante ans, quoiqu'il en eût soixante-cinq. Il se présenta au nom de son frère qui lui avait inspiré, me dit-il, un très-vif désir de me connaître; il m'appela tout d'abord *mia cara* et me parla avec cette vivacité caressante particulière aux Italiens du Midi; il s'exprimait très-facilement dans ce français pur, correct et bref des dix-septième et dix-huitième siècles, qui est parlé par tous les Italiens instruits et lettrés, excepté par les Piémontais qui parlent et écrivent le français comme les Belges et les Génevois. De notre littérature il ne connaissait guère que les auteurs des deux derniers siècles; parmi nos poëtes contemporains, à peine savait-il les noms de Lamartine et d'Hugo dont il avait lu les discours. Alfred de Vigny ayant un jour été nommé devant lui, il demanda si c'était un Anglais. Il se piquait d'être un classique exclusif sachant à fond tous les auteurs grecs et latins; il citait à tout propos Horace et Cicéron, dieux de l'esprit et de l'élégance, disait-il; il trouvait les Français des barbares dans leur manière de prononcer le latin et même de le traduire. Quelques Italiens, et il se mettait du nombre, avaient seuls possédé la transmission de la science de cette langue mère et de la façon de la parler.

« Il n'y a que moi, me dit-il dès cette première visite, qui puisse vous faire connaître et comprendre Pompéi et vous en traduire les inscriptions. »

Sa prétention à ce sujet était justifiée par les excellentes études classiques qu'il avait faites dans sa jeunesse et qui avaient commencé sa célébrité avant qu'il ne devînt le premier avocat de Naples. Il était surtout avocat bien plus qu'orateur politique; c'était un mélange de l'éloquence un peu emphatique de Berryer, de Chaix-d'Est-Ange et d'Odilon Barrot; il me rappelait ce dernier par la solennité du geste et l'attitude ; rien du naturel, de l'élégance, des traits vifs et mordants de Jules Favre, ce vrai modèle de l'orateur contemporain; si ce n'est toutefois sa correction de langage; car de même que Jules Favre parle et écrit le français le plus pur, Liborio Romano parle et écrit toujours le meilleur italien. Durant un séjour à Paris, il avait connu les doctrinaires et plus particulièrement M. Guizot; son libéralisme et ses principes politiques étaient de la même trempe que ceux de ce célèbre ministre ; il pensait comme lui qu'avoir été à Gand ne pouvait empêcher de devenir ministre de Louis-Philippe. Seulement, pour être juste, il faut convenir que se montrer libéral à Naples sous les Bourbons, impliquait une fermeté d'esprit peu commune. En 1821, Liborio Romano fut incarcéré comme révolutionnaire; il subit aussi une assez longue prison en 1848, lorsque son illustre ami Poërio fut condamné au bagne. Ces persécutions et les succès réitérés qu'il obtint au barreau, en firent l'homme le plus populaire de Naples ; familier avec ses clients, depuis ceux de l'aristocratie jusqu'à ceux du peuple, bon enfant, aimable, beau diseur, rusé, un peu hâbleur, il plaisait aux Napolitains par ses défauts mêmes qui étaient comme la personnification glorieuse de leur propres défauts. Quand François II, menacé et traqué par l'Italie émancipée, dut se résoudre à prendre un ministère libéral, le choix de Liborio Romano lui fut naturellement indiqué.

« J'acceptai, me dit-il, parce qu'il fallait sauver le pays; je n'espérais rien du roi; j'avais trop bien étudié le père pour ne pas me méfier du fils, élevé dans les mêmes errements ; plus faible, moins intelligent que Ferdinand II, son successeur nous aurait tous sacrifiés s'il avait pu revenir au despotisme; notre perte était décidée par sa camarilla; il fallut bien jouer au plus fin ; je vous dirai, *mia cara*, tous les détails de cette intrigue, en venant un de ces soirs vous lire mon *mémoire justificatif* et vous consulter sur l'effet que vous pensez qu'il produira en France. Vous serez mon Égérie, quoique je ne sois pas un Numa, ajouta-t-il d'une façon classique toute galante. Oh! que vous avez bien fait de venir parmi nous; j'avais toujours rêvé d'avoir pour amie une Française, et il s'écria en italien : *Mi sento tutto ricaldato di vederla.* »

Je ris beaucoup de cette flamme subite qu'il exprima en forme de péroraison de plaidoyer. C'était le résultat d'une habitude invétérée ; il se croyait obligé d'être toujours aimable, et pour ainsi dire un peu *transporté* auprès des femmes; cela le tenait en haleine et le rajeunissait : « *Bisogna sempre aver amor nel cor*, me disait-il un jour, *per svegliare l'intelletto.* » Tous les Italiens du Midi, vieux et jeunes, ont le même ton ; ils ne peuvent se trouver une heure avec une femme sans en venir à quelques démonstrations passionnées de geste et de langage ; l'émotion n'est qu'à l'épiderme, mais paraître ému leur semble indispensable; ils prennent volontiers la familiarité pour la sympathie, le sans-gêne pour le sentiment, la sensualité pour la tendresse, les soubresauts charnels pour les élans de l'âme ! Le Français est toujours prêt à l'indifférence et à l'impertinence ; l'Italien à l'amour et à l'infidélité.

Tandis que Liborio Romano, en me débitant ses galanteries stéréotypées, me remettait en mémoire ces axiomes que j'avais formulés durant mon séjour en Italie et qui me servaient à lui donner la réplique, mademoiselle Mauro entra comme il me baisait la main en s'écriant : « *Mia cara, bisogna stare in Napoli*; *sarete la mia musa.*» La jeune et charmante fille éclata de rire; Liborio, ami intime de son père, l'avait vue toute petite; pour elle c'était un vieillard comique s'évertuant à paraître jeune.

« Je vous y prends, vieux galantin, vieux Zéphire, » lui dit-elle en le lutinant.

Depuis ce jour le ministre fatidique de François II garda pour nous ce surnom bouffon de *vieux Zéphire.*

Sa première visite fut interrompue par un domestique qui vint m'avertir qu'on m'attendait pour aller à Pouzzoles.

« A demain soir, me dit Liborio Romano, je viendrai vous lire mon *mémoire justificatif.*

— Il est temps que vous le publiiez, lui répliqua en riant mademoiselle Mauro, tous les journaux vous font la guerre, *l'Independente* et *l'Arlechino* vous criblent de leurs traits malins.

— *Burla, burla,* répondit l'avocat, je gagnerai ma cause.

— Plaidez donc vite, père lambin, sans perdre le temps à arrondir vos périodes, » riposta la jeune railleuse.

XX

J'allai à Pouzzoles en compagnie de M. Paternoster, député sicilien que j'avais connu à Turin; nous traversâmes la grotte de Pausilippe et la vallée des Bagnoli, déjà décrites à mes lecteurs; nous longeâmes à droite la partie du golfe de Baïa et de Pouzzoles qui s'arrondit en demi-cercle dans les terres et qui est dominée par des rochers volcaniques dont un renferme la *Solfatara*. Nous avions à gauche, au bord du rivage, Nisida, attristée par ce jour d'automne; sur ses flancs se groupaient des arbres au feuillage jaune et rouge. Devant nous la pointe du cap Misène était tendue sur la mer grise comme une flèche de plomb. Dans le ciel bas et terne se précipitaient des nuages menaçants. C'était un de ces jours où la nature semble couverte d'un voile mortuaire; bientôt la route monta jusqu'au tertre où se masse l'antique Pouzzoles; nous mimes pied à terre et entrâmes dans la cathédrale pour voir le tombeau de Pergolèse. Les colonnes corinthiennes qui soutiennent la nef sont antiques. Sur la grande place nous trouvâmes une statue consulaire également antique. Nous arrivâmes sur le port défoncé et puant de Pouzzoles où quelques petits navires marchands et quelques grandes barques avariées gisaient tristement. Je songeais aux carènes somptueuses qui amenèrent dans cette anse, peuplée de villas et de temples, Sylla, qui vint y mourir de l'excès des voluptés antiques. Cicéron avait une villa à Pouzzoles; j'ai dit qu'il en avait une à Nisida et une autre à Pompéi; nous trouverons à Baïa les vestiges d'une quatrième villa de cet orateur fastueux adoré de Liborio Romano. Nous montons à droite du port quelques rues étroites encombrées d'ordures, qui mènent à la route de Baïa, et nous trouvons à mi-côte de la montagne, couverte de vignes et de figuiers, la ruine imposante du temple de Sérapis; elle est entourée d'un mur qui la protège. Un custode nous introduit dans l'atrium où sont encore les chambres de repos et les bains qu'alimentaient des sources minérales (chaudes et froides). Ces constructions formaient une enceinte au temple. L'exploitation de ces bains et les oracles rendus par les prêtres leur composaient un double revenu. De tout temps les prêtres ont vécu grassement de l'autel. La colonnade du portique carré qui entourait l'atrium subsiste encore; elle est dominée par les trois colonnes gigantesques restées debout, des six qui se dressaient à l'entrée du portique. Le pavé de ce temple admirable est dans l'eau, l'édifice entier avait été envahi par des courants sous-marins; une croûte recouverte de broussailles s'était formée au-dessus et enveloppait le monument dans une sorte de sépulcre; déblayé aujourd'hui il se dresse sur les flots planes qui reflètent les lignes de colonnes et en doublent la hauteur; ce miroir magique et l'azur du ciel composent un cadre inouï au temple de *Sérapis*. Nous traversons l'étroit parapet construit au-dessus de la mare qui baigne les fondations; au milieu de l'atrium carré était un temple rond soutenu par seize colonnes d'ordre corinthien en marbre africain, qui furent enlevées pour décorer le théâtre de Caserte. La statue de Sérapis, les vases et les nombreuses figures qui ornaient le portique sont au *Museo Borbonico*. Telle qu'elle est, cette ruine antique est une des plus saisissantes que j'aie vues; elle emprunte à ce jour pâle d'automne une mélancolie nouvelle. Au nord-ouest de la colline où est situé le temple de Sérapis, se trouvait le temple de Neptune, dont le haut des colonnes atteint le niveau des eaux; à côté s'élevait le temple des nymphes, également submergé; puis les restes d'un temple érigé à Antinoüs; enfin quelques débris d'un théâtre, couverts d'arbres et de vigne. Nous continuons à gravir la montagne de la Solfatare jusqu'à l'amphithéâtre dont le portique extérieur est détruit; l'arène est intacte; les gradins s'appuient à trois rangs d'arcades; moins vaste que celui de Capoue, cet amphithéâtre, qui pouvait contenir trente mille spectateurs, est une fois plus grand que celui de Pompéï. Néron y donna des spectacles, qui durèrent plusieurs jours, en l'honneur de Tiridate, prince d'Arménie; celui-ci lança son javelot sur deux taureaux furieux et les tua d'un seul coup.

La fameuse *Solfatare* (forum Vulcani) est au-dessus de l'amphithéâtre; c'est le cratère d'un volcan à demi-éteint recouvert d'un sol creux qui tremble et résonne quand on y jette une grosse pierre; çà et là des fumeroles s'en exhalent, et durant la nuit on y distingue des lueurs de flammes; la Solfatare communique, dit-on, avec le Vésuve au-dessous de Naples, ce qui présage, avec l'action des siècles, une catastrophe inévitable à la ville insoucieuse.

Les anciens plaçaient à la Solfatare une des entrées de leur enfer; jusqu'à nos jours ce lieu a été le théâtre d'une foule de légendes diaboliques que les frères capucins de Pouzzoles ont recueillies et rédigées comme d'incontestables articles de foi; eux-mêmes, assurent-ils, furent assaillis par les démons qui s'échappaient de cette cave sulfureuse. L'industrie moderne exorcisa ces apparitions; des fabriques d'alun et de soufre ont été construites au bord de l'antre de Lucifer, et depuis que la liberté règne à Naples, pas la queue d'un diablotin ne s'est aventurée à poindre au-dessus du cratère.

Malgré la mer en furie et le froid de l'atmosphère, nous dînons ce jour-là sur la plage des Bagnoli dans une des *bettolle* dont j'ai parlé; les vagues d'un vert sombre mugissent devant nous; on dirait l'océan du nord. La Russie et la Norwége ont des jours d'été radieux qui leur font entrevoir le ciel de Naples; la nature se plaît parfois à cette mutation des latitudes pour offrir aux habitants opposés du globe l'aspect des zones glacées ou brûlantes qui leur sont inconnues.

Nous retournons à Naples en passant devant Nisida et la grotte de *Sejano*, puis à travers les hauteurs de Pausilippe où la *tramontana* beugle et tourbillonne; on dirait qu'un monstre mythologique, vomi par le golfe, se rue contre les rocs sur lesquels notre voiture vacille; les chevaux, stimulés par ce formidable fracas, se précipitent vers la ville que la tempête ahurit.

XXI

Toutes les fois que mes excursions au nord de la mer m'ont ramenée en face de Nisida, le nom de Poërio est sorti de mes lèvres, et l'image héroïque du grand martyr de la liberté m'est apparue plus fière et plus touchante. En revoyant la veille la petite île calme au-dessus de la mer orageuse, j'avais dit à mon compagnon de promenade :

« Nisida tranquille et souriante dans la tempête est l'emblème de l'illustre patriote qui garda sa sérénité au milieu des tortures.

— Je l'ai beaucoup connu à Florence, me répondit M. Paternoster, et il est resté une des admirations les plus émues de ma vie; voulez-vous que nous allions demain lui faire visite?

— De grand cœur, lui dis-je, je le vois souvent et toujours avec une sensation nouvelle de respect et d'attendrissement; lui, Manzoni et Gino Capponi m'ont offert en Italie comme une trilogie radieuse de la vertu antique; on se sent devenir meilleur en les écoutant; leurs doctrines suggèrent aux cœurs abattus l'émulation du bien. »

Poërio avait eu son heure de joie immense, son heure de représailles divines, le jour de l'entrée de Victor-Emmanuel à Naples;

depuis lors il était retenu chez lui par une toux endémique que l'automne redoublait; nous le trouvâmes au lit, entouré d'un cercle d'amis dont la causerie le ranimait; lui-même, oubliant sa souffrance, parlait avec enthousiasme des faits miraculeux récemment accomplis et de son espérance inébranlable que l'unité de l'Italie était à jamais fondée.

« Vous allez fêter le roi à Palerme, dit-il à M. Paternoster, il n'attend pour aller visiter cette capitale d'un de ses nouveaux royaumes qu'une mer plus tranquille.

— Je pars moi-même demain pour Palerme, répliqua le député de la Sicile.

— J'espère bien aussi y aller, ajoutai-je; le général della Rocca m'a fait espérer mon passage sur un des navires qui escorteront le roi.

— Connaissez-vous quelqu'un à Palerme? me demanda Poërio.

— Personne, repartis-je.

— Eh bien, Ranieri, reprit Poërio en se tournant vers l'historien Antonio Ranieri qui était au nombre des visiteurs, il faut recommander madame à vos amis de là-bas.

— Dès demain, répliqua M. Ranieri, je porterai à madame une lettre pour mon cher Francesco di Paola Scoppa, une des gloires libérales du barreau de Palerme. »

Je remerciai l'ami de Poërio. Récemment élu député, M. Antonio Ranieri unit à une éloquence chaleureuse une érudition sans limites. Quelques mois après cette rencontre, il prononça à l'acclamation de toute la population napolitaine un éloge de Vico, le jour de l'érection de la statue de ce grand homme sculptée par le prince de Syracuse, prince intelligent et libre penseur qui, le seul des Bourbons de Naples, ait compris les destinées nouvelles de l'Italie et s'y soit associé. La statue expressive de Vico est placée sous les beaux ombrages de la *promenade de la ville* sur le quai de Chiaja. Pauvre et grand génie! nous verrons bientôt, dans un document authentique, que Vico subit de son vivant toutes les angoisses de la pauvreté et de la faim.

A côté de cette figure qui médite il faudrait placer celle de Cimarosa inspiré par la liberté dont il fût un des glorieux martyrs.

Je parlai ce jour-là à Poërio de la visite que m'avait faite Liborio Romano.

« Il est mon ami depuis bien des années, me répondit-il, et je n'ai pas cessé de le voir et de l'aimer malgré les attaques auxquelles il est en butte; il a fait pour la cause de l'indépendance ce qu'aucun de nous n'aurait eu le courage de faire; il lui a sacrifié sa réputation; au risque d'être accusé de déloyauté, il n'a pas hésité pour sauver Naples des horreurs de la guerre civile...

— Et pour se sauver aussi, objecta un contradicteur.

— Tout naturellement il s'est sauvé en sauvant la liberté, reprit le doux Poërio; je le répète, il s'est servi de moyens que je n'aurais pas consenti à employer; mais s'il y a été réduit, s'il lui a fallu forcément *jouer* la royauté, sous peine de nous voir encore une fois *joués*, trahis, incarcérés ou massacrés par elle; comment oserions-nous le condamner, nous qui profitons des bienfaits d'une action qui nous aurait répugné? »

L'arrivée de nouveaux visiteurs interrompit Poërio; mais ce que venait de dire cet homme intègre, ce juste qui n'avait jamais failli au bien et à l'honneur, suffisait pour m'intéresser à Liborio Romano et m'inspira le désir de mieux connaître sa destinée troublée. Il vint me voir dans la soirée; il était en cravate blanche, il avait l'air conquérant et joyeux; il me baisa la main en me disant :

« *Mia cara, sono felice oggi, e verderla raddoppia la mia felicità.*

— Ah! je comprends, répliquai-je, vous avez enfin terminé votre mémoire justificatif qui forcera vos ennemis au silence.

— *Piano, piano*, répondit-il, il faut être prudent et ne rien risquer.

— Mais voilà bientôt trois mois, repartis-je, que le roi Francesco est parti; dès le jour de votre entrée au pouvoir sous Garibaldi, vous deviez dire nettement au public par quels motifs patriotiques vous étiez devenu, à huit jours de distance, de ministre d'un Bourbon ministre du Dictateur.

— *State quieta, lo faro!*

— Vous n'avez rien de plus urgent, de plus impérieux pour défendre votre renommée.

— Vous oubliez, continua-t-il, que je plaide tous les jours; j'ai eu aujourd'hui un beau succès, tout le barreau m'a applaudi, puis on parle de moi pour composer un nouveau ministère à Naples. »

Il dit cela avec le sourire satisfait d'un rhéteur et d'un ambitieux à politique bornée.

« Vous êtes assez riche, lui répondis-je, pour vous passer de plaider, et que vous importe d'être ministre une troisième fois si vous restez sous le coup d'accusations qui vous diminuent? tandis que vous vous taisez, les journaux parlent; les calomnies des feuilles légitimistes s'amoncellent contre vous en Italie et à l'étranger; elles vous représentent comme un parjure qui trahira la cause de l'indépendance après avoir trahi la cause du droit divin; vos amis et les esprits impartiaux ne croient pas à ces suppositions ; mais il s'en dégage toutefois contre vous je ne sais quoi de malsain qui doit vous étouffer et d'outrageant fait pour vous irriter; parlez donc, parlez haut et bref; rien de plus pressant qu'une explication publique; elle relèvera votre réputation et vous assurera pour l'avenir une carrière politique que votre silence amoindrit; tout défenseur de la liberté doit agir en pleine lumière ; le temps des ambiguïtés est passé; le ministre d'un roi populaire ne peut se permettre les actes occultes du ministre d'un roi despote. »

Je parlai avec la chaleur que donne la conviction.

« *Siete molto gentile, mia cara*, répliqua-t-il en prenant ma main qu'il posa sur son cœur; mais, je vous en prie, oublions un peu la politique, je suis *tutto stanco* d'avoir plaidé trois heures dans la journée, laissez là votre main, elle me repose.

— Et de quoi voulez-vous donc que je vous parle? lui dis-je en éclatant de rire. Si vous ne me divulguez pas tout le mystère de votre conduite dans la crise qui renversa le dernier roi et fit entrer à Naples Garibaldi, nous ne serons jamais amis. »

Il essaya encore d'être badin.

« Vous n'avez aucun souci, repris-je, de ce qui rend l'homme public inexpugnable; ne reculez plus devant la vérité; hâtez-vous de publier une profession de foi franche et détaillée, et si, comme le croient vos amis, vous n'eûtes pour mobile que le patriotisme, tous les honnêtes gens vous défendront.

— Je méprise les calomnies, reprit-il ; l'heure viendra de les réfuter; mais je ne me consolerais pas, *mia cara*, d'être mal jugé par vous, car je vous aime déjà *molto, troppo forse!*

— Laissons ce langage factice, lui dis-je ; vous me prouveriez bien mieux votre sympathie en me lisant votre fameux mémoire.

— Il est entre les mains de Farini, répliqua-t-il ; il me dira le moment opportun de le publier.

— Eh! qu'avez-vous besoin de l'opinion d'autrui, si haute qu'elle soit, pour comprendre que vous devez vous disculper au plus vite de ce dont on vous accuse?

— *Non sono un birbante, non sono un traditore,* s'écria-t-il en reprenant ma main, *vedrete, mia cara.*

— Il s'agit bien de galanterie, repartis-je d'un ton sérieux, parlons de François II; vous ne me soupçonnez pas d'en être idolâtre? Sa couardise à Naples et ses fanfaronnades à Gaëte où il poursuit dans le sang une lutte inutile, sans s'exposer à aucun danger personnel, me le rendent odieux; mais enfin vous lui aviez juré fidélité; vous êtes resté volontairement son ministre jusqu'à la dernière heure; vous avez même rédigé, sans y être forcé, sa proclamation d'adieu pleine de phrases émues et éloquentes.

— *Si, un bel proclamo, sicuro!* interrompit-il de l'air satisfait d'un orateur, je l'ai écrit d'inspiration en quelques minutes, dans la chambre voisine du cabinet du roi; je venais de voir la jeune reine pleurer, la reine mère en colère, François II incertain; les paroles me sont venues comme si je plaidais.

— Toujours avocat! murmurai-je impatientée; mais prenez garde de donner raison à vos ennemis quand ils parlent de trahison; car vous étiez libre de donner votre démission, vous le deviez plutôt que de feindre le dévouement au roi, tandis que vous correspondiez avec Garibaldi.

— Ah! vous aussi, vous croyez que je suis un traître, dit-il enfin avec un peu d'animation, eh bien, non, je n'étais pas libre; aucun des ministres ne l'était; abandonner le pouvoir, c'était mettre Naples à feu et à sang; c'était nous livrer aux conjurations de la camarilla de Francesco; lui-même n'était pas sincère, il nous aurait abandonné volontiers aux assassins ou envoyé aux bagnes, comme fit son grand-père du général Pépé et son père de Poërio et de tant d'autres; nous devions le jouer, pour qu'il ne nous jouât pas, ce qui importait avant tout pour sauver le pays. Francesco avait juré la constitution et nous assurait chaque jour qu'il y resterait fidèle, mais en même temps il laissait conspirer sa belle-mère et ses oncles. Syracuse seul était franchement libéral. D'Aquila feignit de l'être pour nous attirer chez lui et nous faire assassiner; il nous offrit sa villa comme un asile en cas d'une levée de boucliers de la réaction; il voulut nous y attirer un jour; les *camorristes* étaient choisis; les couteaux étaient prêts. Francesco n'ignorait pas ce guet-apens; je fus prévenu à temps, par quelques chefs de la *Camorra* qui m'étaient dévoués, j'avertis les autres ministres et nous forçâmes le roi, en lui faisant peur du peuple, à signer sur l'heure l'exil de son oncle. D'Aquila fut transporté en France; mais vous ne pouvez avoir oublié que vos journaux publièrent une lettre d'excuse, de tendresse et de repentir du neveu à l'oncle; il devint évident pour nous que François II ne valait pas mieux que sa famille; qu'il ne serait jamais sincèrement un roi constitutionnel et saisirait la première occasion de reprendre par la force les libertés qu'il avait été contraint d'accorder à Naples. Dès lors notre parti fut pris. — L'armée était nombreuse et paraissait dévouée aux Bourbons; les éloigner au plus tôt de Naples fut un coup de maître; y serions-nous parvenus si nous ne leur avions donné l'espérance du retour? Le roi, en partant, laissait les forts armés et une flotte nombreuse; il pensa fatalement, *bêtement* devrais-je dire, que ces forces lui resteraient fidèles et le rappelleraient; un général qui abandonne ses troupes est perdu. Nous séparâmes la tête du tronc, qui ne devint plus qu'une chose inerte, et nous sauvâmes ainsi le pays. Le peuple était déjà détaché du roi; les régiments et la marine firent quelques jours après, sans coup férir, leur soumission à Garibaldi.

— Avec qui vous aviez correspondu à l'avance, interrompis-je.

— Eh bien, après? s'écria-t-il en bondissant, était-ce un crime? N'était-il pas le libérateur de l'Italie méridionale? ne l'admirez-vous pas comme tel?

— Oh! certainement, repartis-je; en principe vous étiez dans le vrai et je reconnais que vous avez rendu à la patrie un service immense; mais laissez-moi vous dire, ajoutai-je en lui prenant la main, émue de l'émotion de ce vieillard qui se confessait devant moi, que je déplore pour vous l'excès même de votre sacrifice; ne pouvait-il s'accomplir sans cette proclamation fatale où l'attendrissement du langage donne un corps à ce que vos ennemis appellent votre déloyauté?

— Non, non, dit-il, ce manifeste d'adieu était nécessaire; il faisait espérer au roi un retour possible. Est-ce ma faute à moi si j'y ai mis mon style et l'attendrissement qui me gagna en voyant toute cette famille royale en larmes? Je vous l'ai déjà dit, je me sentais en ce moment remué comme si j'avais plaidé pour la veuve et pour l'orphelin; ne vous est-il jamais arrivé, *mia cara*, à vous, qui êtes poète, de faire des vers sur des circonstances fortuites en dehors de vos doctrines?

— Jamais, répliquai-je, l'inspiration ne serait pas venue. Mais vous autres, avocats, vous avez des arguments toujours prêts sur le pour et le contre; c'est admis au barreau, en politique c'est autrement grave. N'importe, il y a dans votre action un grand dévouement patriotique et une abnégation absolue de ce qui vous touche; publiez hardiment votre défense, rappelez les persécutions que vous avez autrefois subies pour la liberté, les longues tromperies des Bourbons, les constitutions octroyées par eux et toujours violées, leur appel à l'étranger, leur divorce avec la patrie, dites à tous : Avant d'être le ministre de François II, j'étais celui de mon pays!

— C'est cela, c'est cela, interrompit-il, je retiens cette dernière phrase et je la mettrai dans mon mémoire; il répéta en Italien les derniers mots que j'avais prononcés : *Primá d'esser ministro del Re ero ministro della patria;* cela fera très-bien, continua-t-il, comme dernier trait de mon mémoire, » et il écrivit cette phrase sur son carnet.

Je ne pouvais me défendre d'un peu d'ironie secrète sur sa préoccupation constante du beau langage, ou de ce qu'il jugeait tel; préoccupation tellement secondaire dans sa situation qu'elle en était enfantine.

« N'importe la forme de votre écrit, repris-je, n'en retardez pas d'un jour la publication ; il ne s'agit pas ici d'un morceau d'éloquence, d'une escrime de rhétorique, mais de l'exposé simple et vrai de la nécessité de votre conduite; n'hésitez plus, votre long silence a déjà diminué votre influence et finira par vous être imputé à crime.

— *È vero, cara mia,* répliqua-t-il, je vous crois, vous seule m'avez fait sentir la vérité; dès ce soir j'envoie mon mémoire à l'imprimerie et après-demain je vous en lirai les épreuves. — Voulez-vous que nous les lisions à Pompeï, dans les ruines de la villa du divin Cicéron? ce sera poétique.

— Fort bien, je ne demande pas mieux; je ne résiste jamais à la tentation de revoir cette ville antique.

— Donc, à une heure après-demain, je viendrai vous chercher dans ma voiture. »

Le surlendemain, à l'heure indiquée, j'attendis en vain don Liborio Romano, il ne parut qu'à trois heures. Il était trop tard pour aller à Pompeï, il me proposa une courte promenade à *Chiaja;* il avait plaidé et bien plaidé, me dit-il, il avait vu Farini, qui se montrait enchanté de son mémoire.

« Quand le lirons-nous? répliquai-je.

— *Sicuro domani,* » et il prit de nouveau rendez-vous pour notre excursion à Pompeï; le lendemain il me fit encore une fois faux bond, il ne vint que le soir et sans les épreuves de ses pages justificatives; un troisième rendez-vous fut pris, auquel il manqua comme aux deux premiers; il me faisait presque chaque jour une visite remplie par de tendres protestations; rien de sérieux, rien de suivi, pas plus dans ses sentiments que dans ses idées politiques; c'était une sorte d'instrumentiste ravi de produire des sons; prononcer des phrases cadencées en bel italien, semblait son unique souci; quand je lui parlais du fameux mémoire, il me répondait : « C'est Farini qui l'a et il me conseille d'attendre ma rentrée au pouvoir pour le publier. »

Cependant, les journaux profitèrent de la longue indécision de ses atermoiements pour le persifler à outrance; Alexandre Dumas le criblait chaque jour d'épigrammes dans *l'Independente;* c'était d'autant plus de bonne guerre que notre illustre romancier convenait que don Liborio Romano avait sauvé Naples des massacres de la réaction; il le raillait seulement de ses dénégations timides et vaniteuses. Liborio avait eu l'imprudence de nier qu'Alexandre Dumas eût servi d'intermédiaire entre lui et Garibaldi, dans les derniers jours du règne de François II; aussitôt notre célèbre dramaturge composa des scènes fort divertissantes qui ranimaient les faits et gestes de Liborio Romano durant cette période mystérieuse de sa vie. Deux dames, dont une Anglaise, avaient servi de messagères au galant ministre et porté ses lettres pour Garibaldi à Alexandre Dumas, retenu sur sa goëlette, qui stationnait dans les eaux de Naples. L'auteur de *Monte-Christo*, chargé par le dictateur de conférer avec Liborio Romano, insista pour que celui-ci vînt le trouver à bord. Liborio finit par s'y décider; un soir, après avoir pris le thé chez lui en compagnie des belles négociatrices, il revêtit un déguisement, monta avec les deux femmes dans un fiacre et se fit conduire au rivage, où il trouva une barque qui le mena jusqu'à la goëlette d'Alexandre Dumas. A l'appui de ce récit, furent produites les déclarations signées du cocher de fiacre, du batelier, du pilote de la goëlette et de toutes les personnes témoins de l'entrevue. Le romancier avait la vérité pour lui et il eut aussi les rieurs, car il tourna l'anecdote en comédie étincelante de verve et d'esprit.

Liborio Romano continua à me voir, mais je me lassai bientôt de sa compagnie; les gens indécis et flottants n'attirent ni n'attachent; on sent, près d'eux, qu'on marche sur un terrain creux qui cache le vide et qui peut s'ébouler à chaque pas; je finis par le railler, comme faisait la charmante mademoiselle Mauro, et j'en arrivai à l'appeler en face *vieux Zéphire*.

Le départ du roi Victor-Emmanuel pour Palerme, décidé depuis huit jours, était retardé par les tempêtes qui continuaient, formidables et rugissantes. L'amiral Persano, que je rencontrai dans le voisinage de l'hôtel de Rome, me dit un matin : « Le roi est dans la situation d'Agamemnon en Aulide, il attend la volonté des flots pour partir; tenez-vous prête, car si vous voyez les vagues se calmer nous lèverons l'ancre aussitôt. »

Avant de faire cette excursion à Palerme, le souverain populaire passa la revue de l'armée et de la garde nationale; avertie par un billet du général della Rocca, je me rendis au champ de Mars, qui se déroule sur de vastes pelouses au-delà des hauteurs de Capodimonte; cette revue fut superbe; la tenue des nombreux bataillons était irréprochable; mais il se produisit après le défilé un scandale qui gâta l'impression patriotique et guerrière de cette fête; plus de vingt mille suppliques renfermant des demandes de places et de faveurs furent remises au roi et à ses généraux par la foule et par les gardes nationaux; les visiteurs qui ne pouvaient baiser les mains du souverain tentaient de baiser ses pieds. L'état-major piémontais était révolté de ce qu'il appelait la bassesse des Napolitains; il oubliait que ce peuple avait été courbé à la servitude par plusieurs siècles de despotisme, et qu'il fallait reprocher aux gouvernants plus qu'aux gouvernés ces allures humbles et suppliantes. Cette scène de mendicité, sur une grande échelle, donna de l'humeur à l'entourage du roi; mal conseillé ou mal renseigné, Victor-Emmanuel trompa l'espérance de la population qui l'attendait à Naples. Toute la rue de Tolède avait été pavoisée pour le voir passer à la tête de ses troupes, les balcons étaient tendus de courtines de soie, les femmes s'y tenaient accoudées, agitant des bouquets destinés au souverain; la multitude encombrait le pavé et les toitures. Mais le roi rentra à son palais de Capodimonte, sans traverser la ville désappointée. Ce fut un mécontentement général ! priver le peuple de Naples d'un spectacle, c'est le rendre hostile. Ce peuple enfant tient plus encore aux divertissements qu'au bien-être.

Enfin, le jeudi 29 novembre, la mer s'apaisa, le ciel et les vagues redevinrent bleues, le vent cessa d'assourdir le golfe. J'allai faire visite aux dames de Villamarina, qui me ramenèrent à Naples dans leur voiture; à chaque instant, en descendant la *Strada di Toledo*, nous rencontrions des sénateurs et des députés que j'avais connus à Turin, à Milan et à Florence, et qui étaient venus à Naples pour féliciter le roi; beaucoup devaient l'accompagner à Palerme. Nous nous promenâmes sur le quai de Chiaja jusqu'aux hauteurs de Pausilippe; notre voiture croisa les équipages du roi qui revenait de chasser dans le parc d'*Astroni;* il fut chaleureusement acclamé; la rancune des jours précédents était oubliée. Nous parcourûmes ce jour-là les rues et les places percées en arrière du quai de Chiaja; c'est le plus beau et le moins sale des quartiers de la ville : il y a là des demeures romantiques, de vieux palais à allures de villas adossés aux rocs auxquels ils s'échelonnent, entourés de cours, de terrasses et de jardins suspendus où les orangers ruissellent de fruits d'or. Le soleil en déclinant empourprait toutes ces habitations riantes.

XXII

Le lendemain matin (vendredi 30 novembre 1860), je fus prévenue par le général della Rocca que le roi partirait pour Palerme à une heure; les navires à vapeur *l'Électrique* et *le Garibaldi* devaient escorter le vaisseau royal le *Marie-Adélaïde*. J'avais mon passage sur *l'Électrique;* je pris une barque à *Santa-Lucia* pour me rendre à bord. Le jour était splendide, le ciel d'un bleu uniforme; mais la mer encore émue de sa furie des jours précédents, soulevait de grandes vagues écumeuses que pailletaient les rayons du soleil; elles montaient jusqu'à moi mouillant le banc où j'étais assise et me secouant en tout sens. Le batelier perdit près d'une heure à la recherche de *l'Électrique;* il me fit errer à travers le dédale des vaisseaux à l'ancre dans les deux ports; si je l'avais laissé aller, il m'aurait menée jusqu'à la *Marinella;* je lui ordonnai impérieusement de faire volte-face et de me conduire vers trois bateaux à vapeur dont les cheminées fumaient et qui stationnaient en face du palais, près de la jetée du port militaire. J'avais déjà le mal de mer lorsque je montai l'échelle de *l'Électrique;*

les tambours battaient aux champs; la musique des régiments jouait des fanfares; le roi, accompagné de son état-major, de l'amiral Persano, du général Fanti, ministre de la guerre, et du ministre Cassinis, montait en ce moment sur le *Marie-Adélaïde*, dont les mâts et les vergues étaient pavoisés de mille drapeaux aux couleurs italiennes. Je vis arriver sur le pont de l'*Électrique*, où j'étais assise, le général Brignone, qui allait commander la place de Palerme; le général garibaldien Carini et plusieurs officiers supérieurs; ils étaient venus par la jetée; d'une enjambée ils montèrent à bord, comme j'aurais pu le faire moi-même si j'avais été mieux renseignée.

J'avais connu et reçu chez moi à Paris le général Carini, directeur d'un journal franco-italien; je l'avais rencontré les jours précédents rue de Tolède, portant encore en écharpe son bras grièvement blessé au siège de Palerme. Nous échangeâmes une poignée de main sur le pont de l'*Électrique* et nous nous mîmes à parler du monde parisien, puis de Garibaldi: le dernier thème de notre conversation m'intéressait plus que le premier; tandis que le brave volontaire de la guerre de l'indépendance se plaisait surtout à ranimer l'image de nos salons, de nos théâtres et de nos boulevards. L'homme du monde dominait le soldat.

Une salve d'artillerie donna le signal du départ; le vaisseau royal marcha en tête, l'*Électrique* et le *Garibaldi* le suivirent. Nous traversâmes le golfe à toute vapeur. Nous rasions le rivage de Sorrente dont les grottes marines, les ravins ombreux, les bois d'orangers, les massifs de camellias et les villas, étagées de la mer aux montagnes, composaient une décoration féerique aussitôt évanouie. Bientôt nous parvînmes à la pointe du cap Campanella, couronné par un château fort et qui reçut son nom d'une cloche que le gardien de la grosse tour sonnait à l'approche des Sarrasins. Cette pointe de terre encadrée par la mer et l'azur est couverte de myrtes et d'oliviers qui formaient dans l'antiquité le bois sacré du temple érigé par Ulysse à Minerve. Mes yeux se détournent du cap pour regarder à droite les magnifiques postures des rocs titaniques de Caprée; l'île de Tibère est là tout près de nous riante et sinistre à la fois, emblème de l'amalgame impie de la volupté et du meurtre; de l'amour transformé en crime; du plaisir métamorphosé en torture; dans les anfractuosités des rocs s'abritent des oasis charmantes : les vignes, les oliviers et les palmiers, les fleurs et les pelouses y entourent des villas; la petite cité de Capri se groupe riante au pied d'une montagne, tandis que les ruines du palais du monstrueux César couronnent encore une cime aride. A côté est le pic *del Salto*, de la hauteur duquel, dit Suétone, les victimes de Tibère étaient précipitées après avoir subi de longs et atroces supplices. Toute l'île est dominée par le mont *Solaro* comme un géant qui lève sa tête dans l'éther. C'est la partie orientale de l'île que nous cotoyons; à la *punta Tragara* se dressent tout à coup trois rochers en forme de pyramides : leurs bases reposent sur les flots clairs; la pyramide du milieu est percée d'une porte cintrée naturelle; des barques traversent cette arcade qui se découpe sur le fond du ciel; la mer de Sicile s'ouvre devant nous. Je reste tournée du côté de Caprée dont la configuration se dessine longtemps nette et sculpturale. De ce côté sud du rivage sont les débris d'un amphithéâtre placé au-dessus d'une montagne qui domine la mer. C'est à l'ouest de Caprée, dans la paroi abrupte en regard de Naples, que se cache la grotte d'azur.

« Un Anglais nommé le chevalier Torol, très-asthmatique, dit Duclos dans son *Voyage en Italie,* avait essayé de tous les cantons de la Péninsule dont l'air conviendrait le mieux à son état; ne se trouvant soulagé nulle part, il passa dans l'île de Caprée. A peine eut-il demeuré quelques jours à *Anacapri* [1], que sa respiration devint plus libre. Résolu de s'y fixer, il fit bâtir sur la hauteur une maison agréable où il a vécu trente ans occupé de l'agriculture et délassé par l'étude. Le premier meuble dont il se fournit pour adoucir sa solitude fut une jeune et belle fille dont il eut trois garçons qu'il envoya à Londres dès qu'ils furent en âge de s'instruire dans le commerce, chacun avec mille guinées. Il est mort en 1766, laissant à sa compagne sa maison avec deux mille livres de rente, et le reste de son bien à ses enfants. Son habitation était une espèce de petit fort où l'on arrivait par un escalier taillé dans le roc, défendu par deux pièces de canon, et pour garnison des domestiques dont le bien-être dépendait du sien et de la durée de sa vie, sans aucun espoir de legs particulier; il leur a cependant laissé des récompenses sur lesquelles ils ne comptaient pas; il était d'ailleurs aimé et estimé dans l'île. Si ce n'est pas là un sage, qu'on le cherche ailleurs. »

[1] Petite ville à l'ouest de Caprée.

Cette idylle anglaise, un peu bourgeoise, répand comme un parfum d'honnêteté sur les souillures de Caprée.

Tant qu'a duré l'apparition de l'île tragique, j'ai oublié le vertige humiliant des vagues qui atteint déjà les braves qui m'entourent ; le général Brignone chancelle et pâlit ; le général Carini s'est retiré dans une cabine au-dessus du pont ; je m'imagine que lui aussi cède au malaise invincible qui nous gagne tous ; mais il revient aussitôt vêtu d'une splendide robe de chambre en damas bleu nouée à la ceinture avec une cordelière d'or ; sa tête est couverte d'un bonnet grec fort coquet et il tient à la main un porte-cigare, chef-d'œuvre de petits points en relief ; il n'est pas jusqu'à l'écharpe, où le bras blessé est suspendu, qui ne soit ornée de broderie. Je plaisante le général sur son costume de pacha révélant, lui dis-je, autant de dons féminins.

« *Forse è vero,* » réplique-t-il en riant.

Caprée a fui derrière nous ; nous ne voyons plus que l'étendue illimitée des vagues qui se gonflent et s'élèvent comme des monticules énormes. Les secousses du navire me font défaillir ; je vais m'étendre sur un tas de cordes qui forment à la proue un divan un peu dur. Je me raffermis dans cette position horizontale et me flatte de braver la bourrasque ; je trouve là, pâle et défait, un jeune officier de l'armée piémontaise que j'ai vu les jours précédents chez la marquise de Villamarina, c'est le capitaine Perrone de San-Martino, frère du baron Perrone dont j'ai parlé. Nous causons de Milan et de Florence en demeurant scrupuleusement immobiles sur notre couche de cordages. Tout mouvement durant la tempête est une imprudence qui soulève aussitôt le cœur. Vers cinq heures une cloche avertit les voyageurs que le dîner est servi. Un officier de marine vient m'offrir son bras ; j'hésite à le suivre quoique l'air froid du soir me donne grand' faim. L'officier insiste : « Vous verrez, madame, me dit-il, que la chère que l'on fait sur *l'Électrique* n'est pas à dédaigner. » Je me laisse tenter. Le capitaine Perrone refuse prudemment. J'arrive chancelante dans un salon blanc décoré de fresques imitées de Pompéi et splendidement éclairé par des girandoles à bougies roses ; sur la table dressée au milieu s'alignent dans des plats d'argent des turbots, des pyramides de crevettes, des perdrix, des lièvres alternés avec les hors-d'œuvre les plus exquis, les corbeilles de fruits et de sucreries et les vases remplis de fleurs naturelles. Je m'assieds dans un fauteuil disposé pour moi. La tête me tourne; mets, figures des parois, convives, flamme des lustres se mêlent et tourbillonnent devant mes yeux. Je sens comme un tremblement de terre sous mes pieds; je me cramponne au bras de l'officier qui vient de m'amener, je me laisse hisser sur le pont et vais retomber inerte sur l'amas de cordages abandonné. J'ai peur de regarder la mer; la tête renversée, je fixe mes regards au firmament; le soleil se couche dans des lueurs violacées et pourpres; quelques étoiles s'éclairent à l'orient, bientôt elles jaillissent par milliers dans l'éther sombre. Je reconnais une à une toutes les constellations dont je sais les noms; il me semble que je flotte parmi elles; le calme du ciel contraste avec la turbulence des flots qui nous portent. Je prolonge jusqu'à dix heures cette contemplation qui finit par m'engourdir. L'air glacé de la nuit me contraint à descendre. J'ai pour moi seule la vaste cabine des femmes, une chambre élégante lambrissée de glaces qui renferme douze lits; sur le lit qui m'est destiné s'entassent les matelas et les coussins inoccupés. Me voilà chez moi, ma porte est close; je me couche sur le dos et me roidis comme dans une bière, les pieds tendus et les bras allongés de chaque côté du corps; attitude mortuaire qui me permet de braver la tempête. Je l'entends mugir et battre la carène, je la nargue et lui murmure : « Mon cercueil te défie! » Insensiblement je m'endors, comme sans doute on expire, et, à la grande satisfaction de la brute qui souffre, je ne me réveille que le lendemain à sept heures, en vue du golfe de Palerme. Le temps est radieux et la mer repose comme un grand lac bleu.

Palerme s'étend sur le rivage; on n'en découvre les monuments et les coupoles qu'en approchant du port; derrière la ville se déroule la plaine de la *Conca d'Oro* couverte d'orangers, de citronniers et de caroubiers ombrageant des villas; au delà se dressent de hautes montagnes échelonnées sur six rangs distincts : au nord le mont *Pellegrino* porte sur sa croupe formidable le couvent de Sainte-Rosalie patronne de la cité; une route en zig zag se dessine jusqu'au sommet du mont. A l'est s'avance la pointe du cap *Zaffarano*; ainsi abritée, Palerme semble dormir dans une grotte ouverte, comme une Néréide couchée au bord des flots. A qui n'aurait pas vu Naples, le golfe qui s'arrondit devant nous paraîtrait admirable; nous avons à droite, au pied du *Pellegrino*, le vieux port appelé *Cala*, le Môle et les forts dont les canons grondent pour saluer la venue du roi. Les navires nationaux et les navires anglais jettent aussi dans l'air des salves d'artillerie; la rade est toute sillonnée de petites embarcations pavoisées de drapeaux aux couleurs italiennes. La croix de Savoie s'y détache en blanc sur la bande rouge. Un bateau à vapeur anglais décrit des évolutions autour du *Marie-Adélaïde* et salue par trois fois le souverain élu en déchargeant toutes ses pièces. Le peuple massé sur le rivage fait écho aux vivats enthousiastes qui montent des barques et des vaisseaux. Un grand canot couvert d'un dais en soie pourpre vient chercher le roi; d'autres chaloupes portent les députations civiles et la députation du clergé avec trois archevêques en tête. Le roi aborde à *Porta Felice* où une sorte de portique soutenu par des colonnes a été construit. Sur la frise on lit ces mots : *Au roi d'Italie!* Des tapis recouvrent les marches qui mènent de la mer au portique. Le maire et ses six adjoints, composant ce qu'on appelle à Palerme le sénat, tous les hauts fonctionnaires publics, les deux états-majors de la garde nationale et de la garde dictatoriale et les dames de la noblesse sicilienne reçoivent le souverain sous cette colonnade à jour qui se détache entre le ciel et le golfe. A l'entour, des milliers de têtes s'agitent expressives; des milliers de voix font retentir le cri prolongé de : *Viva il Re*. Le silence se fait tout à coup, le maire s'incline devant l'Élu du peuple et lui adresse ces paroles :

« Sire,

« Sur cette terre où le sénat de Palerme accueillit autrefois Victor-Amédée, duc de Savoie et roi de Sicile, votre illustre ancêtre, ce même sénat vous salue aujourd'hui, Sire, premier roi d'Italie. Vous arrivez au milieu d'un peuple dont l'histoire atteste par de nombreux témoignages l'amour et le dévouement à ses anciens rois. Ce peuple qui désormais forme une partie de la grande famille italienne, se rallie à votre trône et vous reconnaît comme son libérateur et son chef suprême.

« En entrant dans cette généreuse cité de Palerme, vous y trouverez, sire, les traces récentes des luttes glorieuses et des sacrifices magnanimes par lesquels la Sicile a concouru à fonder, elle aussi, la patrie italienne et à se dévouer à vous et à votre dynastie.

« Sire, vingt-six millions d'Italiens renaissent ou s'apprêtent à renaître par vous à une existence éclatante dans le monde. Entre tous, dans les conseils de la couronne, sur le champ de bataille, partout enfin où vous ferez appel à l'affection et au courage de vos peuples, les Siciliens seront toujours prêts à vous seconder et à vous obéir. »

Le roi répond qu'il est heureux de se trouver enfin parmi ce peuple si enthousiaste, si bon, si courageux. Il monte en calèche découverte; à côté de lui est le ministre Cassinis, en face est le général Fanti et le prodictateur Mordini. Le cortége franchit la *Porta Felice*, pavoisée de drapeaux, et dont l'architrave est couronnée par les deux statues de santa Christina et de santa Ninfa, vierges martyres, nées à Palerme; de chaque côté de la porte jaillit une fontaine; la *Porta Felice* sert d'entrée à la *via di Toledo* (Cassaro ou Alcazar), qui traverse la ville entière et monte de la mer à la *Piazza Reale*, où se dresse le vieux palais des rois de Sicile. Vers le milieu de la rue, l'affluence est telle que le cortége ne peut plus avancer; le peuple dételle les chevaux de la voiture royale, il la transforme en char de triomphe et la traîne jusqu'à la *Piazza del Duomo*. Un enthousiasme frénétique éclate : une pluie de bouquets, des vers de circonstance imprimés sur papier vert et rose tombent des balcons qui sont revêtus de tentures de soie, de rideaux et de courtines, comme pour les cérémonies religieuses du moyen âge; les femmes se suspendent à mi-corps au-dessus des balustrades, en criant *Viva il Re!* A travers les fenêtres grillées des couvents des têtes de nonnes apparaissent; que de mystères romanesques pourraient raconter ces treillis, où de tout temps les religieuses de Palerme ont eu l'œil ouvert sur les passants! Cœur ému, lèvres frémissantes, que de jeunes recluses ont dû tressaillir en voyant défiler au temps des mascarades les couples chantants des beaux amoureux! Que ces grilles soient toujours restées closes, c'est un doute pour bien des chroniqueurs. Le roi, en levant la tête vers toutes ces maisons qui le saluent joyeusement, y remarque, ému, les trouées faites par les obus du dernier bombardement. Quel contraste, entre cette mitraille du despotisme et les fleurs qui tombent sur la tête du souverain adoré! Le cortége traverse la place des *Quattro Cantoni* et s'arrête devant la cathédrale qui découpe dans l'azur les dentelures d'or de son architecture sarrasine. L'archevêque de Palerme, entouré de son clergé, s'avance à la rencontre du roi, et le conduit dans l'église où la bénédiction est chantée. En entendant venir ce successeur inattendu, si grand et si pur, le roi Roger tressaille dans la tombe. Le temps est passé de régner sur les peuples par la conquête et la violence; le temps est venu de les dominer par l'amour et la justice.

En sortant du Dôme, Victor-Emmanuel exige que les chevaux

soient attelés de nouveau à sa voiture; il dit à la foule : « Traitez-moi en père, et non en autocrate orgueilleux. » Le peuple lui obéit, et l'escorte jusqu'au palais des anciens rois de Sicile. Ce curieux palais s'élève au fond d'une place à pente abrupte où aboutit la rue de Tolède. Au milieu de la place a été construit un monument provisoire en l'honneur des grands hommes de l'Italie contemporaine; sur le fût des colonnes massives sont gravés les noms des batailles gagnées par l'armée de Garibaldi et par l'armée royale; les chapiteaux de ces colonnes forment les piédestaux des figures en pied des généraux italiens; placée au centre, la statue colossale de Garibaldi les domine toutes; même en présence du roi, Palerme a gardé le culte de son libérateur. Cavour, Ricasoli, Farini, Maxime d'Azeglio, sont assis aux quatre angles de l'édifice; sur une dernière plate-forme servant de couronnement, trône dans l'air Victor-Emmanuel. Le soir, quand les illuminations projetèrent leurs vives lueurs sur ce groupe grandiose, l'effet de cette décoration éphémère fut inouï.

Le souverain franchit la cour à colonnade du palais, monte le vaste escalier de marbre rouge, et reçoit dans la salle du roi Roger, toute lambrissée de mosaïques sur fond d'or, les autorités de Palerme et les députations des villes principales de la Sicile. Victor-Emmanuel dit avec émotion à l'avocat di Paola Scoppa, qui lui présente les envoyés de Messine : « Je suis comblé de trop d'amour et de trop d'honneur; serai-je digne de la destinée qui m'est faite? Saurai-je accomplir tout ce qu'on attend de moi? Je deviens craintif devant une si haute fortune. » Paroles mémorables, qui doivent à jamais tenir en éveil la loyauté et la bravoure de ce prince, et le garer des conseillers qui tenteraient de l'arrêter avant la renaissance entière de l'Italie. Le jour où Victor-Emmanuel hésiterait à accomplir l'unité de la patrie, l'âme de son peuple se détournerait de lui.

Les peuples, depuis la Révolution française (qui a substitué le droit de tous au droit antique des conquérants et des rois), apparaissent déjà comme des astres nouveaux montant à l'horizon; le front est rayonnant de lumière, mais une partie de l'orbe flotte encore dans les ténèbres; il faut compter désormais avec cette clarté et cette force évidentes qui surgissent; les masses pensantes ne sont plus taillables et corvéables; elles n'acceptent plus aveuglément leurs chefs, elles les choisissent; elles se sentent assez d'autorité pour leur imposer la justice, l'honneur, la fierté, qui rendent les nations glorieuses. Elles se contentent d'une part idéale dans la grandeur de la patrie, mais elles exigent cette grandeur. Le peuple fertilise le sol de ses sueurs, prodigue son sang à la guerre, son intelligence dans l'industrie, son génie dans la littérature et dans l'art; toujours désintéressé et lésé dans le résultat matériel de ses efforts, il ne consent plus à l'être dans la portion de lustre et de renommée que fait rejaillir sur lui la splendeur de la terre où il est né; il laisse à ses chefs la richesse, les palais qu'il bâtit et embellit pour eux, le repos après la fatigue, les voluptés après les douleurs, toutes les satisfactions de la chair et de l'orgueil humain; il consent à cette inégalité flagrante et transitoire, sentant par anticipation que les générations futures auront acquis assez de clairvoyance de leurs aspirations, assez de certitude de leur valeur pour se régir elles-mêmes; le peuple attend patient que la diffusion de la lumière se soit faite en lui universelle; mais ce que dans cette attente il exige impérieusement de ceux qui le gouvernent, c'est de sauvegarder ses instincts généreux, et de donner satisfaction à son respect et à son amour pour la mère commune. Le temps n'est plus où Pascal avait raison de dire sur les puissants cette magnifique parole : « Les hommes ne pouvant fortifier la justice ont justifié la force. » L'heure est venue où la force doute et se justifie devant la justice qui se fortifie et s'affirme.

XXIII

Harassée de fatigue, après avoir vu le défilé royal, je me mis en quête d'un logement. La circulation des voitures était impossible au milieu de cette population compacte. Je dus me résigner à suivre, à pied, deux *facchini* chargés de mes malles, qu'un canot de l'*Électrique* venait de déposer sur la plage; je dis à ces hommes de me conduire à l'hôtel de la *Trinacria*, le plus grand de Palerme, où j'espérais trouver vacante une toute petite chambre. L'auberge qui porte un des noms antiques de la Sicile[1], est située à l'est du

---

[1] *Trinacria* est le nom latin de la Sicile.

rivage. Je passai pour y arriver sous le portique élevé en l'honneur du roi. J'étais si lasse que je m'assis un moment sur les marches recouvertes de tapis, tandis que les *facchini* reprenaient haleine; le soleil dardait d'aplomb sur ma tête; les insectes bourdonnaient autour de moi; l'air qui soufflait de la mer était brûlant par cette journée de décembre. J'avais soif, j'avais faim, et je n'avais plus de jambes pour aller à la recherche d'un gîte et d'un déjeuner.

« *Corraggio, l'albergo è vicino,* » me dirent mes deux Siciliens, bruns comme des Arabes dont ils descendaient à coup sûr. Je me relevai et me traînai derrière eux, m'appuyant par intervalles à leur bras pour ne pas tomber. Nous suivions des rues dont le pavé était effondré et couvert de tas de plâtras; je demandai aux *facchini* si c'étaient-là des vestiges du dernier bombardement.

« *No, signora,* répliquèrent-ils, *è sempre cosi.* » Les obus n'avaient pas atteint la cité de ce côté. Comme l'édilité de Naples, celle de Palerme était un mythe sous les Bourbons; seulement les Palermitains sont moins sales que les Napolitains, et leur ville est moins infecte. Enfin j'arrivai devant l'auberge, d'assez bonne apparence, de la *Trinacria*. L'hôtelier se tenait debout, les mains dans les poches de sa redingote, la tête coiffée d'un fez, dont le gland énorme battait sur son oreille; immobile et absorbé dans son importance, il ne parut pas plus s'apercevoir de ma présence que de mon bagage gisant devant lui. — Quand je lui demandai s'il avait une chambre, devinant que j'étais Française, il me toisa de la tête aux pieds :

« Non, madame, me dit-il, *je regorge de voyageurs.*

— Une toute petite chambre, un cabinet, n'importe, répliquai-je.

— Madame croit peut-être, reprit-il avec un sourire narquois, qu'il n'y a que les hôtels de Paris qui sont pleins?

— Je n'ai pas cette prétention, lui dis-je, mais je vous demande un gîte, quel qu'il soit.

— J'ai bien, reprit-il, un appartement retenu par *il signor Lafarina*; mais que dirait *Sua Eccellenza illustrissima*, si je laissais pénétrer chez lui une étrangère.

— Je suis certaine que M. Lafarina, dont je connais les amis, répliquai-je, ne s'indignerait pas que vous eussiez laissé une femme épuisée de fatigue changer de toilette et déjeuner dans un de ses salons.

— Impossible, » repartit notre homme en faisant sonner ses breloques et en se promenant de long en large devant sa porte qu'il semblait vouloir m'interdire.

Renonçant à parlementer, je tournai le dos au cerbère coiffé d'un bonnet turc, et j'allai m'asseoir sur ma grande caisse que les deux *facchini* avaient déposée dans la rue. Je me sentais défaillir. Depuis vingt-quatre heures je n'avais bu qu'un verre de limonade. Je regardais machinalement devant moi, lorsque j'aperçus, sur une porte parallèle à celle de l'auberge de la *Trinacria*, un écusson où se détachait un aigle; au-dessus était écrit : *Consulat de France*; je me crus sauvée. Le baron Aimé d'Aquin m'avait donné une lettre de recommandation pour M. Fleury, notre consul à Palerme. Je m'élançai d'un bond vers cette maison ouverte qui me semblait un asile offert par la patrie; je franchis un corridor voûté, à l'aspect claustral; je n'y trouvai aucun portier, et montai à tout hasard un escalier sombre; je sonnai à une porte à barreaux de fer, surmontée des armes de France; elle resta close; je carillonnai plus fort, mais sans succès, la maison était vide : tout le personnel du consulat assistait à l'entrée du roi.

J'appelai mes deux porteurs sous la voûte; j'ordonnai à l'un d'aller me chercher une voiture, et à l'autre de courir s'informer, dans toutes les auberges de Palerme, s'il n'y avait pas une chambre disponible. Je les attendis trois quarts d'heure adossée au mur glacé.

Tout à coup je me souvins que j'avais sur moi la lettre du député Antonio Ranieri, pour son ami l'avocat di Paola Scoppa ; je me rappelai aussi que la marquise de Villamarina m'avait dit l'avant-veille de me recommander d'elle au prince et à la princesse Torremuzza, que j'avais rencontrés un soir dans son salon; c'étaient deux lueurs d'espérance, deux perspectives d'hospitalité. Les *facchini* revinrent ; l'un m'amenait une voiture, l'autre me dit:
« *Niente, niente, signora, in nessun alberego.* »

Toute la Sicile était à Palerme; les habitants de Messine, de Catane et même de Syracuse étaient accourus pour voir le roi. Je me renseignai auprès du cocher de la *casa del signor Scoppa* et du *palazzo Torremuzza;* le palais était à deux minutes de distance; il fallait trois quarts d'heure pour se rendre à la maison de l'avocat. Anéantie par la fatigue et par l'incertitude de ce que je deviendrais, je me fis conduire au palais Torremuzza. Comme j'arrivais devant la demeure patricienne, une calèche découverte s'y arrêtait; j'en vis descendre une femme d'une suprême élégance, en compagnie d'un *cavaliere* au visage noble et bienveillant; c'étaient la princesse et le prince de Torremuzza qui arrivaient de la réception du roi. Je me nommai et leur racontai ma détresse. Aussitôt l'aimable femme, une Française, une la Trémouille, me dit avec une grâce exquise :

« Vous logerez chez moi; je vous ai vue chez les Villamarina et ne vous ai point oubliée; ma maison est en reconstruction, n'importe, vous y serez mieux qu'à l'auberge. »

Le prince m'offrit son bras; je ne me soutenais plus; j'avais passé par les émotions qu'on éprouve dans un naufrage ou dans une ville prise d'assaut. Je sentis un soulagement immense de cette hospitalité si bonne; en quelques minutes je fus installée dans un joli salon qu'on transforma en chambre confortable; les galeries et les salles peintes à fresque du palais historique des Torremuzza, étaient en ce moment en réparation. Ma gratitude s'accrut de la gêne que je causais à mes hôtes, qui m'entouraient à l'envi de soins empressés. Un excellent déjeuner répara mes forces; au bout d'une heure j'avais oublié ma fatigue. La princesse Niscemi, parente du prince, survint; nous parlâmes de son fils, un héroïque volontaire de Garibaldi, que j'avais connu à Naples.

J'envoyai mes lettres à l'avocat Scoppa et au consul de France; ils me firent visite dans la journée et m'offrirent leurs bons offices : l'avocat me donna écrites les paroles, citées plus haut, que lui avait adressées le roi. « Il y a bal après-demain à la cour, ajouta-t-il, je vais vous faire envoyer une invitation.

— Et ce soir je vous emmène au théâtre, » ajouta la princesse Torremuzza.

Une fois de plus, je constatai la cordiale hospitalité italienne.

Palerme s'illumina le soir comme l'avaient fait Milan, Florence, Bologne, Modène, Parme et Naples, pour fêter l'élu du peuple. Il n'y a pas d'exemple dans l'histoire d'une pareille fortune royale; cette souveraineté, dont la base est un principe, prenait des proportions surhumaines; ce n'était pas la déification d'un homme, mais celle d'une idée. Nous parcourûmes, en nous rendant au théâtre, les principaux quartiers de Palerme pour voir les illuminations. Sur la place *Marine*, voisine du palais Torremuzza, se dressait une haute colonne en carton-pierre, imitation de la colonne Trajane; sur le fût se déroulaient les victoires du Libérateur; au-dessus, souriait, martiale, la figure en pied de Garibaldi. Les globes de lumière enroulés en guirlandes de la base au sommet de la colonne, projetaient des lueurs variées sur les scènes de guerre, et s'irradiaient à l'entour du héros, dont les pieds semblaient sortir d'un astre. Ce monument devait être exécuté en marbre. Palerme est fière de la gloire de Garibaldi. Il restera à travers les siècles son Dieu populaire. De la *Porta Felice* à la *Piazza Reale*, la rue de Tolède déroule un double cordon de lumière; à chaque palais, à chaque couvent, à chaque église éclatent des transparents où sont les portraits du roi et de Garibaldi. La petite place des *Quattro cantoni* (ou *piazza Vigliena*) qui forme le centre de la croix dessinée par la rue de Tolède et la rue *Macqueda*, est d'un effet saisissant. On dirait une grotte de lumière; au-dessus des quatre fontaines ornées de statues se groupent des drapeaux et des faisceaux d'armes. Les gerbes de rayons qui montent dans l'air croisent les flots phosphorescents qui jaillissent dans les vasques. Nous parcourons ensuite la *place du Prétoire*, dont la belle fontaine florentine sourit comme une apothéose. Chaque figure de marbre blanc est éclairée d'une couleur différente. Les feux de Bengale prêtent le mouvement et la vie à ces corps et à ces têtes immobiles.

Nous arrivons au théâtre au moment où le roi y fait son entrée. Les vivats accoutumés retentissent; concentrés dans une étroite enceinte, ils éclatent comme un tonnerre joyeux. La petite salle éclairée *à giorno*, est embellie par une décoration de fleurs naturelles formant des guirlandes suspendues de loge en loge. Les parures des femmes et l'or des uniformes scintillent dans ces cadres parfumés. Je suis assise dans une loge d'avant-scène, entre la princesse Torremuzza et la princesse Niscemi, dont les diamants héréditaires projettent sur moi leur éclat. Le roi et son état-major occupent trois loges en face de la scène. Mordini, le prodictateur de la Sicile, l'ami et le compagnon d'armes de Garibaldi, est à la droite du souverain. On chante un hymne de circonstance accompagné, suivant l'usage italien, d'une avalanche de sonnets imprimés sur papiers de couleur.

Le lendemain (dimanche 2 décembre), le roi passa, dans la matinée, la revue des troupes et de la garde nationale; dans l'après-midi, il y eut au palais, réception des dames de Palerme; elles offrirent au souverain un beau vase de porphyre, sculpté par des artistes siciliens. Le soir, furent conviés à la table royale, les principaux dignitaires de la ville. Aux côtés de Victor-Emmanuel étaient assis Mgr Naselli, archevêque de Palerme et Mgr d'Agucsto, archevêque de Monreale; en face Mgr Renaldi, évêque de la *Monarchie*. Ce dernier prélat est le représentant des grandes prérogatives de l'Église, accordées aux rois de Sicile par le pape Urbain II; chaque nouveau roi concède à volonté ces droits reçus d'un pape, et qu'un concile seul peut abolir. Cet évêque et tout le bas clergé sont fort indépendants en Sicile et semblent peu se préoccuper de la censure de Rome.

Le prince de Torremuzza assistait à ce dîner, et la princesse faisait partie de la présentation des dames. Je profitai de leur absence pour parcourir Palerme. Tous ces vieux palais à balcons espagnols me parurent tristes et délabrés à l'éclat du jour; quelques façades dont les murs avaient été lézardés par les boulets, semblaient prêtes à crouler. Comme ma voiture arrivait sur la place du Dôme, elle se croisa avec une calèche découverte conduite par un cocher à livrée; derrière se tenait debout un laquais poudré. Je reconnus dans cette voiture, le mari à breloques, qui avait fait un moment scandale à la table d'hôte de l'hôtel de Rome; à côté de lui était assise sa jeune femme, élégante et triste; fidèle à ses habitudes et aux ignobles fonctions qu'il faisait parade de remplir, cet homme sans vergogne avait précédé à Palerme l'arrivée du roi; il s'en était dit le familier et s'était présenté hardiment chez quelques nobles Siciliens. A Naples, il se vantait, on s'en souvient, d'être l'ami de M. de Cavour; à Palerme, il alla plus loin, il osa se faire passer pour son parent. Une ressemblance de nom servit son audace. Quelques anciens partisans des Bourbons qui désiraient se rallier, crurent à sa faveur, et deux princesses de l'ancien régime, en quête des grâces du nouveau règne, accueillirent la femme dont cet étrange mari faisait l'exhibition par toutes les capitales de l'Italie. Les plus fiers et les plus indépendants fermèrent leur porte au problématique ménage. Serait-il invité au bal de la cour et à la fête que Palerme allait offrir au roi? Cette question devint l'objet de plusieurs paris et préoccupa, durant tout un jour, les plus grandes dames de Palerme. Pour moi, j'avais souri en passant de l'impudente figure du mari à breloques, puis détournant mes regards de cette basse physionomie, je les avais portés avec ravissement sur la vieille cathédrale de Palerme, dédiée à sainte Rosalie; la sérénité des œuvres d'art et des aspects de la nature est une diversion bienfaisante à la lassitude que causent les scènes du monde et au dégoût qu'inspirent quelques-uns de ses acteurs.

Sainte-Rosalie fut bâtie au douzième siècle, sur les ruines d'une ancienne église, dont les Sarrasins avaient fait une mosquée; des vestiges du temple mahométan subsistent encore, une inscription tirée du Coran est restée gravée sur une des colonnes de la porte du sud, et le style arabe domine dans cette construction normande du douzième siècle; le couronnement extérieur du vaisseau est formé, comme au palais ducal de Venise, par un long feston aux dentelures crénelées qui se découpent dans l'azur; au-dessous de la frise s'alignent des fenêtres ogivales; puis en saillie, les demi-coupoles des quatorze chapelles des nefs latérales. En avant (du côté sud), se dresse la principale entrée de l'église, composée de trois arceaux aériens que couronne un fronton et qu'encadrent de beaux piliers fourmillant de sculpture et surmontés de statues d'évêques. Cette porte monumentale de l'église donne sur une place ceinte de balustres, divisés par des piliers qui servent de piédestaux à des figures de saints et d'évêques. Deux vastes arceaux reliant l'église au grand campanile s'élancent de l'ogive de la porte qui fait face au chœur et au-dessus de laquelle jaillissent deux petits campaniles aux colonnettes à jour et aux aiguilles pointant dans le ciel. La cathédrale de Palerme est à l'extérieur d'un ton roux et chaud qui ravit les yeux; on dirait du marbre veiné d'or; à l'intérieur, les trois nefs imposantes ont été gâtées par le badigeon et les reconstructions modernes. La surcharge et la richesse des ornements ont remplacé l'élégance et l'harmonie; les belles colonnes corinthiennes qui soutiennent la grande nef et qui, pour la plupart, proviennent des temples antiques, dérobent leur marbre rare sous une couche de chaux; de lourdes statues modernes ont été substituées aux légères et naïves figures du moyen âge. Un élève de Canova a sculpté la chapelle de Sainte-Rosalie; sur une table de marbre blanc est peinte une belle tête de la vierge Marie au-dessous de laquelle se lit gravé le texte latin d'une lettre que la mère du Sauveur écrivit aux habitants de Messine. Un jésuite sicilien a composé un énorme volume pour prouver l'authenticité de cette missive. Saint Ignace de Loyola se pavane dans un tableau voisin. Dans les deux dernières chapelles se trouvent six tombeaux des anciens souverains de la Sicile; les sculptures et les figurines de celui de Roger II (quatorzième siècle), se détachent sur des mosaïques sur fond d'or; la tombe de Constance de Normandie, femme de Roger, formée par un seul morceau de porphyre, est abritée sous un baldaquin que supportent des colonnes de marbre blanc. Le mausolée de l'empereur Frédéric II est le plus somptueux : sur le couvercle du sarcophage se jouent des figurines exquises; au chevet est sculptée une tête de lion portant un anneau suspendu à sa gueule, au pied repose une couronne impériale; cette magnifique sépulture s'élève sur six colonnes de porphyre reliées par une architrave. Constance d'Aragon, femme de Frédéric II, repose dans une tombe antique, dont les bas-reliefs représentent la chasse d'Énée et de Didon. Dans une bière de marbre blanc incrustée au mur, fut inhumé Guillaume, duc d'Athènes, fils de Frédéric II; la statue du mort revêtue de l'habit des dominicains, en marbre blanc et noir, est couchée au-dessus. Ces tombes furent successivement ouvertes; elles avaient gardé intacts plusieurs cadavres royaux; la tête de Frédéric II, avec ses longs cheveux roux, apparut menaçante et sinistre; celle de sa femme, Constance (momifiée), était encadrée d'une splendide chevelure blonde; des vêtements de pourpre et d'or, des joyaux, des couronnes ornées de pierreries, des armes superbes, tous les insignes de la puissance revêtaient encore dans leurs tombes ces morts somptueux. Une balustrade de marbre sépare la nef du chœur dont le pavé est en mosaïque de porphyre et de vert antique. C'est le pavé primitif de la mosquée et peut-être même d'une vieille église antérieure au temple moresque. Le maître-autel renfermant la châsse de sainte Rosalie, est en bois dur incrusté de jaspe, d'agate et de lapis-lazuli. De chaque côté du chœur, dominant les stalles en bois sculpté, se dressent le siège royal et le siège archiépiscopal surmontés de baldaquins, les dossiers sont en mosaïques précieuses. Je passe une porte qui s'ouvre à gauche du chœur; je descends quelques marches et me trouve dans la crypte immense et sombre, appelée *Tutti i santi*; cette église souterraine, servit, dit-on, d'asile aux premiers chrétiens; elle fut reconstruite ainsi que la cathédrale au douzième siècle; vingt et une arcades sépulcrales adossées aux murs sont restées des constructions primitives; cette crypte imposante est divisée en deux nefs, soutenues par des colonnes; les autels des chapelles sont surmontés de figures de marbre et renferment, ainsi que le chœur, les tombeaux des archevêques de Palerme, où les sculptures du moyen âge se mêlent aux fragments de sarcophages antiques. Rien de saisissant comme cette nécropole; je la parcours seule, escortée d'un guide qui porte une torche dont il fait ondoyer la flamme sur les sépultures muettes; un moment, les figures couchées ou debout, semblent se ranimer et se mouvoir; on dirait qu'elles vont me faire cortége à travers l'enceinte funèbre; au fond du chœur brûle une lampe suspendue, qui à distance paraît une étoile. Elle veille les morts et fait tomber un rayon dans la nuit qui les enveloppe. Je me serais oubliée volontiers parmi ces trépassés de tant de siècles; fortifiante compagnie qui nous trempe au dédain des choses terrestres; mais le froid de la voûte flottait sur moi comme un drap mortuaire; hélas! le corps infirme et périssable ne seconde pas l'énergie de l'âme; il en trouble et en entrave sans cesse les aspirations par ses souffrances et ses plaintes; un frisson me précipita vers le soleil qui dardait sur Palerme ses chauds rayons. Une fois de plus je pensais: les Grecs et les Romains sont restés nos maîtres dans l'entendement de la vie comme de la mort; ils n'enfouissaient point leur poussière héroïque dans les entrailles du globe; leurs tombes en plein air bordaient les voies triomphales d'Athènes et de Rome; les vivants y trouvaient un enseignement et peut-être les ombres y dormaient-elles consolées à l'éclat du jour, à la lueur des étoiles, au bruit des voix humaines, aux murmures de l'amour et de la gloire, reflets et échos de la vie qui palpitait encore sous l'immobilité de la mort.

En traversant de nouveau la grande nef du Dôme, elle me parut éblouissante; elle avait gardé les tentures et les drapeaux dont on l'avait décorée la veille pour la bénédiction royale; ses marbres et ses tableaux modernes fort médiocres, ses ornements d'un faux goût, contrastaient avec l'aspect sévère et désolant de la crypte, c'était comme une diffusion de lumière aux tons crus, se heurtant brusquement. N'importe, je me sentais ranimée; la couleur, le soleil, le mouvement me ressaisissaient. Je franchis la porte qui s'ouvre sous la double arcade d'où s'élance le campanile, et marchant devant moi je me trouvai bientôt dans un quartier bouleversé de Palerme. Plusieurs maisons éventrées par les bombes du siége récent, dressaient çà et là des pans de murs revêtus de fragments de fresques; les plafonds manquaient aux chambres qui décrivaient comme des puits énormes; les échancrures des parois se dessinaient dans l'air ainsi que des créneaux; les toitures éboulées sur les places et les rues, encombraient le pavé de tas de plâtras. Je m'assis sur un de ces monticules, et j'évoquai les scènes d'effroi de la ville assiégée; ces maisons en ruines se repeuplaient d'habitants épouvantés, les obus sifflaient dans l'air, la mitraille atteignait les fuyards, l'assaut, en se rapprochant, étreignait la cité dans ses bras meurtriers, semblable à ces Titans de la Fable, dont la Sicile fut le berceau; bientôt la lutte corps à corps succédait au jeu lointain du canon; Garibaldi, vainqueur, se précipitait par la brèche, apportant à Palerme, la liberté; je le voyais debout sur ces ruines fumantes, entouré de ses jeunes vaillants en chemises pourpres. Quels tableaux ! quels groupes à peindre pour un Salvator Rosa ! A l'entrée du libérateur, la joie, la confiance et la sérénité, repeuplèrent la ville déserte; toutes les mères qui avaient fui emportant leurs enfants dans leurs bras, cherchant un asile dans les barques et pleurant en voyant de la mer Palerme chanceler, comme si elle avait été frappée d'une commotion de l'Etna, revinrent joyeuses dans la cité. La jeune princesse de Torremuzza m'avait raconté le matin, qu'elle était restée près d'un mois, avec sa fille au berceau, sur un bateau à vapeur stationnant en vue de la rade; le bruit du bombardement, l'horreur des combats entre Italiens et Italiens, l'incertitude du triomphe de Garibaldi composaient un drame, aux péripéties chaque jour nouvelles et de plus en plus anxieuses; enfin, un matin l'angoisse cessa, toutes les mères rentrèrent en criant *Vivat !* dans la ville affranchie; les morts et les décombres étaient oubliés. A l'heure où assise sur ces débris déserts je songeai à la terreur de la lutte que ces débris attestaient encore, qui donc s'en souvenait ? La foule en fête saluait le roi sur les places voisines, mêlant à son nom le nom du précurseur qui lui avait ouvert sa nouvelle capitale. De gaies rumeurs montaient derrière moi; à l'entour, la solitude était absolue, une échancrure de la campagne embaumée et une partie des montagnes qui abritent Palerme, m'apparaissaient au delà des maisons détruites. En tournant la tête du côté du campanile, j'aperçus un joli *palazzino* qui s'élevait en retour de la double arcade sous laquelle j'avais passé; la porte couronnée d'une madone et d'une inscription, annonçait une *casa canonicale;* les quatre fenêtres du rez-de-chaussée étaient ouvertes; par celles de gauche, s'échappaient les lueurs d'un feu flambant; une accorte servante aux cheveux noirs nattés se détachait sur ce fond rouge, elle allait et venait des fourneaux à la cheminée, faisant sauter les casseroles et tournant une broche à cylindre; la jeune *cuocà*[1] remplissait ses fonctions avec une gravité monacale; je la vis retrousser les manches de sa robe et pétrir de

[1] Cuisinière.

ses mains brunes la pâte des fritures. Elle quitta un moment la cuisine, entra dans une salle, où j'apercevais une table dressée par les fenêtres ouvertes à droite, posa des bouteilles de vin aux angles du couvert, nicha des petits pains croquants sous les serviettes, puis revint en hâte à ses fourneaux. Comme je regardais ce tableau de Téniers, un gros chanoine déboucha sous l'arceau et entra dans la maison; il alla donner un coup d'œil aux casseroles, souleva même le couvercle de l'une d'elles, où filait un copieux macaroni que la servante remuait avec une cuillère. « *Vedete come è bello!* » semblait-elle dire au prêtre obèse qui souriait d'un air béat. C'était évidemment le *padrone* du joli *palazzino*; je ne sais quel ordre il donna à sa gouvernante, mais je la vis *subito* poser sa poêle sur un trépied au-dessous duquel montait un feu clair; puis plonger dans l'huile bouillante des losanges dentelées; bientôt cinq chanoines montèrent les marches du perron de la maison tranquille, et introduits par leur confrère, ils s'attablèrent dans la salle à manger; ils savourèrent d'abord toute une collection de hors d'œuvre placés devant eux, puis la *minestra* fumante que la *serva* venait d'apporter. Je n'attendis pas la fin du repas; je prévoyais qu'il durerait longtemps. Je pensais en m'éloignant : voilà de pacifiques dignitaires de l'Église qui fêtent à leur manière le souverain populaire.

Je remonte en voiture sur la place du Dôme, où s'élève la statue de sainte Rosalie, et je me fais conduire à l'église et au monastère *dell'Ammiraglio* (ou de *la Martorana*). L'église fut fondée, en 1113, par George d'Antioche, amiral du roi Roger, et consacrée au rite grec que suivait l'amiral. Trois quarts de siècle plus tard, *Luisa Martorana*, et son mari Goffredo, ajoutèrent un couvent de femmes à l'église. Ces deux constructions ont conservé, bien mieux que la cathédrale, leur caractère et leurs ornements primitifs. La porte principale de l'église gréco-normande, s'ouvre dans une cour au-dessous d'un svelte portique, d'où s'élance un campanile orné de sculptures et de colonnettes. La tradition veut que le signal des Vêpres siciliennes ait été donné par ce clocher. Les colonnes de la nef sont presque toutes antiques; l'une d'elles porte une inscription arabe en l'honneur de Mahomet. Ces belles colonnes ont été malheureusement recouvertes de chaux coloriée; deux superbes mosaïques byzantines sont restées intactes. L'une représente l'amiral George d'Antioche prosterné aux pieds de la Vierge, l'amiral est couvert de riches habits ; sa barbe et ses cheveux sont blancs; il tend une couronne à Marie qui laisse échapper de ses mains des prières écrites en langue grecque. Au-dessus de sa mère le Christ apparaît dans un nuage. Dans l'autre mosaïque, on voit le roi Roger agenouillé ; son visage, dont la barbe est blonde, se tend vers le Christ, qui pose sur son front une couronne. Ce portrait de Roger fut fait d'après nature; il y en avait un autrefois tout semblable dans une salle du palais royal. Les nonnes du couvent de la *Martorana* ont joui longtemps de grands priviléges ; elles ont défrayé plus d'une chronique romanesque et galante ; elles possèdent encore un belvédère qui donne sur la rue de Tolède, et auquel conduit un passage souterrain ; là, à travers les treillis des balcons dont j'ai parlé, elles voient défiler les cortéges et les mascarades ; elles ont aussi le droit de sortir et d'aller se promener à travers la ville et les champs dans certains jours de l'année.

Je rentrai au palais Torremuzza, charmée de mes courses à travers Palerme ; le prince dînait chez le roi, je me trouvai seule quelques heures avec la jeune princesse, dont la grâce toute parisienne me ravissait en pays étranger. « Cette charmante héritière du beau nom des La Trémouille, est un modèle d'élégance et de tenue pour nos dames de Palerme, m'avait dit le matin, en me parlant d'elle, l'avocat Scoppa, elle leur enseigne comment s'exercent à la fois la séduction et le respect.

— J'ai d'abord regretté Paris, m'avoua l'aimable femme; mais bientôt j'ai pris goût à Palerme, à son beau ciel, à ses souvenirs historiques, à ses habitants si vifs et si bons; la vie de château, sous cet heureux climat, m'a paru attrayante; j'ai fait restaurer un vieux manoir seigneurial des Torremuzza; si vous restiez plus longtemps à Palerme, je vous y conduirais, vous verriez quel paysage enchanteur ! J'ai là un bois d'orangers qui produit ces belles oranges au parfum de vanille que vous avez mangées au déjeuner. Je désire aussi, ajouta-t-elle, que ce palais recouvre sa magnificence d'autrefois ; voulez-vous, en attendant le dîner, que nous parcourions les salons et les galeries que je fais réparer ? »

Je suivis la jeune princesse dans une série de pièces magnifiques, dont les murs et les plafonds sont revêtus de fresques magistrales, encadrées dans des nervures d'or, et qui représentent les faits et gestes des anciens princes Castelli de Torremuzza, illustres dans la paix et dans la guerre : le pape Célestin II fut un Torremuzza. Au dix-huitième siècle, Gabriel Lancilotto fut cité parmi les numismates et les archéologues célèbres. Son fils, Vincent, père du prince actuel, est renommé en Sicile par ses travaux historiques.

Le soir, il y eut encore au théâtre de Palerme grand spectacle en l'honneur du roi; la princesse voulait m'y conduire; je préférai rester au logis pour me reposer et noter mes impressions de la journée. J'écrivais devant une fenêtre ouverte, par une nuit étoilée de décembre, ressemblant à une nuit d'été. J'avais sur ma table un beau bouquet de tubéreuses, de roses et de fleurs d'oranger que m'avait apporté le matin une des brunes *cameriere* de la princesse.

Le lendemain, pendant que nous déjeunions, survint l'abbé Louis Castelli, frère du prince de Torremuzza, prieur d'un vieux couvent de bénédictins. C'était un homme d'une grande érudition.

« Je regrette, me dit-il, que le temps vous manque pour visiter notre monastère; nous possédons une bibliothèque très-riche en anciens manuscrits et une chapelle ornée d'excellents tableaux. »

L'avocat Scoppa arriva, il venait m'offrir de m'accompagner le soir au bal de la cour.

« Voilà une idée de protection pour nos robes, dont je vous sais gré, lui dit en riant la princesse, il est impossible que la *cage* de madame et la mienne s'emprisonnent ensemble; ma voiture vous conduira d'abord, puis reviendra me chercher; nous nous retrouverons au bal. »

Le prince et l'avocat sortirent pour aller chez le roi; nous avions projeté une promenade avec la princesse, mais sa fille, son unique et frêle enfant, tendresse et souci de sa vie, était souffrante. J'insistai pour qu'elle ne la quittât pas.

La tempête grondait sur le golfe depuis quelques heures, et un vent importun soufflait sur la plage de Palerme; je n'en trouvai pas moins une foule d'équipages à la *Marina*, vaste cours qui part de la *Porta Felice* et se déroule le long de la baie jusqu'au jardin public de la *Flora*, où fleurissent toutes les plantes et tous les arbustes des tropiques. La vue de la mer et des hautes montagnes qui encadrent Palerme fait de cette promenade une des plus belles du monde. Je parcourus ensuite une promenade nouvelle, située à l'extrémité de la rue *Maqueda*; les allées sont bordées de citronniers; la vue domine le golfe; par les beaux soirs, la fashion palermitaine préfère cette esplanade embaumée à la *Marina*. Dans le voisinage est le jardin botanique, précédé de majestueux portiques et renfermant une vaste salle octogone. On dirait un temple à la déesse Flore, divinité riante, répandant sur Palerme sa corne d'abondance, d'où jaillissent corolles et parfums.

Le soir, le bal de la cour eut lieu dans le romanesque palais royal de Palerme, où tant de souvenirs historiques se heurtent et se confondent : chroniques sanglantes, guerrières et barbares, légendes d'amour, de chevalerie, de science; Koran, Évangile se sont agités tour à tour derrière ces vieilles murailles. Ce palais fut primitivement une forteresse romaine; il devint ensuite la résidence des émirs sarrasins, qui durant deux siècles et demi gouvernèrent la Sicile; le roi Roger fit reconstruire presque entièrement l'édifice arabe, disparaître le harem des sultanes et l'appartement des eunuques; aux galeries légères, aux cours intérieures et aux fontaines imitées de l'Alhambra, succédèrent des constructions plus massives; quatre tours énormes transformèrent le château en une sorte de donjon couronné de créneaux; de ces quatre tours une seule subsiste, c'est celle de sainte *Ninfa*, où se trouve aujourd'hui l'observatoire astronomique. Le roi Roger fit venir de Grèce des artistes mosaïstes qui décorèrent les salles et les galeries, et élevèrent sur l'emplacement d'une mosquée (à droite de la cour intérieure du palais), l'admirable *chapelle Palatine* dédiée à saint Pierre. Des additions et des changements successifs furent faits à ce vieux palais par les rois allemands et les vice-rois espagnols; les premiers le dotèrent d'une prison souterraine, où furent enfermées et condamnées à mourir de faim plusieurs nobles Siciliennes, dont les maris avaient abandonné la cause de l'empereur Frédéric II; trois siècles plus tard, on découvrit dans la geôle royale leurs cadavres parfaitement conservés et revêtus de vêtements de soie. Un vice-roi construisit la cour intérieure et une curieuse horloge qui sonne les heures à l'espagnole; un roi Bourbon, le grand escalier d'honneur à marches de marbre rouge. Les décorations et l'ameublement des appartements royaux furent renouvelés pour la reine Caroline (fille de Marie-Thérèse et sœur de Marie-Antoinette), lorsque cette reine galante et cruelle, fuyant la haine des Napolitains, vint régner en Sicile, sous la protection, ou plutôt sous la tutelle de l'Angleterre. On restaura pour elle la galerie des fêtes et plusieurs salons qui ce soir-là se rouvrirent et s'illuminèrent. Dans ces appartements, ressemblant à tous les appartements royaux modernes, se trouve enclavé l'admirable salon du roi Roger, qui fut primitivement la *chapelle de Jérusalem*, construite en 1071. Je reparlerai de ce joyau d'architecture byzantine que je regrettai de ne pas voir éclairé *a giorno* et offert à l'admiration du public.

L'avocat Scoppa ranimait pour moi, dans cette fête, les annales confuses de la Sicile ; nous franchîmes la cour à portiques, dont l'éclairage parcimonieux contrastait avec les illuminations éblouissantes de la place ; en passant sous une voûte aboutissant à l'escalier, où fumaient de tristes lampions, les vives Palermitaines se récriaient sur l'aspect sépulcral qu'avaient les abords du palais ; elles accusaient le chevalier d'Ondès d'avoir manqué à tous ses devoirs d'ordonnateur de la fête, en exposant leurs petits pieds à broncher dans les ténèbres et leurs jolies têtes nues aux vapeurs des luminaires à l'huile. Les lustres et les massifs de fleurs qui inondaient les salles de lumières et de parfums, faisaient oublier aussitôt ce léger grief ; mais une nouvelle accusation ne tarda pas à éclater contre ce pauvre chevalier d'Ondès, qui m'était absolument inconnu en arrivant au bal, et dont j'entendis bientôt le nom sortir de toutes les bouches ; les femmes se le montraient entre elles d'un air indigné, tandis qu'il traversait la galerie de la reine Caroline ; je regardais en ce moment sur une console de marbre un des deux béliers en bronze, débris superbe des décorations antiques d'une porte de Syracuse ; le murmure des assistants me fit tourner la tête, et j'aperçus *le mari à breloques*, la mine arrogante, flairant et défiant la rumeur improbative ; il se dandinait sur la pointe de ses escarpins vernis, comme un héron sur ses pattes ; il donnait le bras à sa petite femme, fort jolie, ma foi, dans sa toilette virginale ; sa robe bouffante, en taffetas blanc, était fixée aux épaules et au corsage par des agrafes de perles et de diamants assorties à la parure qui scintillait sur sa tête.

On se souvient que depuis vingt-quatre heures la société palermitaine se préoccupait de l'exclusion probable et de l'admission possible de l'étrange couple.

« La faute en est au chevalier d'Ondès, s'écriait-on dans un groupe de femmes, c'est lui qui a signé les invitations, c'est lui qui nous impose pareille compagnie. » L'indignation de ces dames alla *crescendo*, lorsqu'elles virent tout à coup ce malencontreux chevalier, accosté par le mari à breloques, sourire à sa compagne, pâle, chancelante et comme épouvantée des paroles qu'elle entendait autour d'elle. Une vieille dame, au nez énorme, au teint couperosé, rendu plus éclatant par l'irradiation d'un diadème de brillants posé sur ses cheveux teints, restait silencieuse au milieu du groupe hostile; près d'elle une femme plus jeune, très-blanche et très-grasse, montrait de son corps tout ce que les plus hardies se permettent d'en montrer dans une fête publique.

« Croyez-moi, ma chère, lui dit la vieille dame, ils sont en faveur, c'est le plus court chemin, ne le dédaignons pas.

— Vous parlez d'or, princesse, répliqua l'autre, on n'arriverait jamais à rien si on se laissait intimider. »

Après avoir échangé ces paroles, elles s'approchèrent ensemble du couple qu'on montrait au doigt, et auquel parlait en ce moment le chevalier d'Ondès; elles saluèrent la jeune femme, et l'engagèrent à s'asseoir auprès d'elles sur une banquette vide; le mari à breloques se confondit en salutations, s'écriant d'une voix ravie :

« *Troppo onore, Excellenza, principessa.*

— Cette princesse M***, dit quelqu'un dans la foule, en désignant la dame au gros nez, a été la complaisante de trois générations de Bourbons, la voilà en quête des faveurs du nouveau règne qu'elle traitait d'usurpation, il n'y a pas huit jours.

— On n'arrive pas au roi par ces couloirs détournés, repartit un officier piémontais; le roi vit en pleine lumière, sans pruderie mais sans scandale, et il n'y a pas place à la cour pour une favorite. »

En cet instant, toutes les personnes qui se trouvaient dans la galerie se précipitèrent vers le grand salon où Victor-Emmanuel venait de faire son entrée; je suivis le flot, protégée par l'avocat Scoppa. Les généraux, les ministres, l'amiral Persano et les notabilités de Palerme faisaient cercle autour du souverain. Le mari à breloques, soutenant la vieille princesse M***, tenta d'approcher; sa femme le suivait appuyée au bras de la blanche et grasse Palermitaine; les regards méprisants de tous ces braves qui entouraient le roi arrêtèrent l'effronté comme si autant de flèches l'avaient atteint. Rien n'est terrible dans une foule pour un filou ou un intrigant comme la fixité des yeux qui semblent le désigner : « On lit en moi, » pense le quidam assailli par ces feux croisés qui se correspondent. — Notre homme un moment désarçonné fit volte-face entraînant la vieille princesse et les deux autres femmes vers une fenêtre.

« *Fa tropo caldo*, dit-il en s'éventant avec son mouchoir, *mi sento poco bene, sara per domani.* »

Il avait promis à la princesse et à son amie de les présenter le soir même. — On verra qu'il ne se tint pas pour battu.

Je fus distraite de cet épisode par le spectacle de la foule élégante qui se pressait pour voir le roi. La princesse Torremuzza venait d'arriver au bal ; sa jeunesse, sa grâce décente et son exquise toilette parisienne attiraient et charmaient les regards.

L'amiral Persano m'ayant aperçue pendant que je causais avec elle, s'approcha de moi :

« Tenez-vous prête, me dit-il, nous retournons à Naples après-demain.

— C'est trop tôt, répliquai-je ; et *Monreale* et la *Zisa* et la *Cuba*[1], et le *couvent des Capucins*[2], vous voulez donc qu'en partant je n'en emporte que le mirage? Vous allez me faire désirer quelque tempête qui enchaîne au port les vaisseaux du roi.

— Il se pourrait bien, reprit l'amiral, que vous fussiez exaucée. »

Deux dames, la mère et la fille, venaient de s'arrêter près de moi : la fille, svelte, élancée, me rappela une des filles de Niobé de la fresque d'Herculanum ; son délicieux visage avait le velouté d'un camellia rose ; ses yeux de gazelle aux cils recourbés pétillaient d'esprit et de plaisir ; le sourire de ses lèvres purpurines était caressant et doux. Une légère couronne en rameaux de corail retenait les ondulations rebelles de ses splendides cheveux noirs. Je la regardai, ravie de sa beauté parfaite où s'harmoniait tant de grâce.

« Bonsoir, cher oncle, » dit-elle à l'avocat Scoppa qui me présenta cette nièce adorable et sa mère.

Ces dames m'engagèrent à aller m'asseoir dans un salon voisin où la foule était moins compacte.

---

[1] Deux palais arabes aux environs de Palerme, du même style que l'Alhambra.

[2] Le couvent des capucins situé à peu de distance de la *Cuba*, est célèbre par son vaste cimetière creusé au-dessous de l'église. Il est divisé en plusieurs rues et éclairé par des soupiraux. Les morts, les hommes aussi bien que les femmes, y sont inhumés habillés. On les voit couchés dans leurs bières à couvercles de verre, quelques-uns sont vêtus d'habits somptueux qui font encore plus ressortir la hideur des cadavres.

« J'y pourrai danser à l'aise tandis que vous causerez avec ma mère, » me dit la belle jeune fille.

Nous entrâmes dans un magnifique salon bleu, suivies d'un groupe d'officiers dont un, portant l'uniforme de la garde nationale, était le fiancé de l'éblouissante enfant. Il avait vingt et un ans, elle en avait dix-sept à peine; ils dansèrent ensemble presque tout le temps du bal, avec un bonheur et un oubli absolu de tout ce qui n'était pas eux. Je les contemplais, en rêvant d'une idylle de Théocrite.

Je rencontrai dans le salon bleu le député Paternoster, mon compagnon d'excursion de Pouzzoles, puis le général Carini et quelques jeunes garibaldiens que j'avais connus à Naples. Ils me parurent enlaidis par l'habit noir et la cravate blanche; leurs têtes brunes se détachaient bien autrement expressives au-dessus de la chemise pourpre. Je constatai une fois de plus ce qu'a de disgracieux le costume moderne, et combien était poétique et seyant l'uniforme choisi par le Libérateur. On me présenta le lieutenant de cavalerie Alexandre Barbesi, l'un des aides de camp du général Carini. Enfant de Venise, il était parti de Gênes avec Garibaldi; il fut au nombre des quatre cents décorés de la glorieuse médaille de Marsala. M'entendant exprimer un très-vif désir d'aller à Monreale, le lieutenant Barbesi m'offrit avec empressement de m'y conduire; j'acceptai cette offre aimable. Le piquant des voyages est dans ces politesses de l'imprévu.

Le lieutenant Barbesi connaissait le prince Torremuzza; il vint me chercher le lendemain chez mes nobles hôtes, à l'issue du déjeuner. Nous partîmes vers une heure par un temps merveilleux; l'air était tiède comme au printemps; nous nous arrêtâmes, en passant au palais royal, pour visiter la *chapelle Palatine*, une des splendeurs de la Sicile et de l'Italie. Les chroniqueurs grecs, contemporains du roi Roger, affirment que l'apôtre Pierre visita Palerme, et prêcha l'Évangile dans l'église souterraine sur laquelle s'élève la chapelle Palatine. Cette crypte mémorable se conserva intacte durant la domination sarrasine, et, en souvenir de la prédication du disciple du Christ, le roi Roger éleva le sanctuaire éblouissant dédié à saint Pierre apôtre; il fut solennellement consacré le 28 avril 1140. Sous la galerie nord de la grande cour du palais, on découvre à droite en entrant le superbe portique de la chapelle Palatine, soutenu par des colonnes de granit d'Égypte.

Une seule de ces colonnes est en marbre blanc. On dirait une vierge dont la robe de lin se détache parmi les vêtements noirs des prêtres. La partie inférieure des murs du portique est recouverte de bas-reliefs en marbre blanc; la partie supérieure, de mosaïques sur fond d'or; une mosaïque, placée au-dessus de la grande porte de bronze, est moderne; elle représente la reine Caroline et son mari Ferdinand I", qui régna en Sicile sous le nom de Ferdinand III.

On est émerveillé en pénétrant dans l'intérieur du vaisseau : il se divise en trois nefs séparées par deux rangs de magnifiques colonnes qui soutiennent dix grands arceaux (cinq de chaque côté); les colonnes du chœur et de la tribune royale sont d'ordre corinthien; toute l'église est revêtue de mosaïques sur fond d'or où resplendissent des scènes de l'Ancien et du Nouveau Testament, et des figures de saints et d'apôtres. Tous les personnages ont des costumes grecs; les inscriptions où se trouvent leurs noms sont grecques et latines; la partie inférieure des parois est recouverte de plaques de marbre et de porphyre. Le grand autel est en mosaïque et pierres précieuses. Deux chapelles, l'une à gauche, l'autre à droite du chœur, sont dédiées à la sainte Eucharistie et à saint Pierre, premier des apôtres. Dans cette dernière chapelle, on voit la statue du saint assise dans sa chaise épiscopale; en face du grand autel est le trône royal où se plaçaient, aux fêtes solennelles, les souverains de la Sicile. Au-dessus du chœur est une petite tribune communiquant avec le palais, et dans laquelle la famille royale assistait aux offices. Un long candélabre en marbre blanc, merveilleusement travaillé, se dresse dans la tribune des musiciens où sont les orgues.

L'épée de l'empereur Constantin a été longtemps conservée dans la chapelle Palatine. Dans une salle qui précède la sacristie, sont les fonts baptismaux ainsi que plusieurs inscriptions et bas-reliefs commémoratifs sur les naissances et les mariages des divers personnages de la famille royale. L'un de ces marbres, portant la date de 1809, rappelle l'union, célébrée dans la chapelle Palatine, de la princesse Marie-Amélie avec Louis-Philippe de Bourbon, duc d'Orléans. Quel contraste entre l'altière Caroline sa mère, et cette princesse qui, devenue reine des Français, donna sur le trône l'exemple de la plus pure vertu!

Dans la sacristie, on voit les portraits de tous les *ciantri*, ou chapelains, de la chapelle Palatine; le premier est Simon, élu par le roi Roger (1140). Avant de descendre dans la crypte, je jette du haut du chœur un dernier regard ébloui sur ce temple splendide, exécuté voilà sept cents ans accomplis. On le dirait construit d'hier; pas une écaille des mosaïques, pas une parcelle d'or, ne manquent aux parois et aux voûtes; pas un carreau aux vitraux merveilleux qui projettent un jour varié. La crypte est fort curieuse; elle renferme un grand nombre de sépultures royales et épiscopales, et une série d'autels surmontés de vieilles peintures byzantines. Sur le principal autel, dédié au Crucifix, est le Christ en croix qui se trouvait autrefois dans le tribunal de l'Inquisition à Palerme. Nous sortons de la crypte par une porte à barreaux de fer aboutissant à la première cour du palais. Dans une pièce du rez-de-chaussée, faisant partie de l'appartement privé des souverains, se trouve la cuirasse d'acier du roi Roger. Nous traversons la seconde cour à portique, et montons le large escalier de marbre rouge. Après la chapelle Palatine, je voudrais visiter la petite chapelle de Jérusalem, construite aussi sous le roi Roger; elle a été transformée en salon, et se trouve dans l'*Appartement des marbres* qu'habite en ce moment Victor-Emmanuel; deux sentinelles en gardent l'entrée et m'arrêtent au passage; je cherche en vain un officier supérieur qui puisse m'introduire dans la chambre byzantine; je vais d'étage en étage, parcourant d'immenses corridors où s'ouvrent les appartements occupés par la suite du roi; partout des marbres, des fresques, des mosaïques, des séries de vieux portraits entrevus à la hâte comme les visages d'une foule qu'on traverse; la masse et l'ensemble me frappent, les détails m'échappent. En descendant l'escalier, un peu dépitée de ma vaine tentative, je rencontre deux officiers de marine de *l'Électrique*, qui me disent que notre départ de Palerme est fixé au lendemain midi; je perds toute espérance de voir la salle du roi Roger, et je tempête contre la consigne.

« Monreale va vous dédommager, » me dit, en riant de ma colère d'artiste, le lieutenant Barbesi.

Nous montons en voiture, nous passons sous la *Porta Nuova* ou *Porta dell' Aquila*, sorte d'arc de triomphe jadis couronné d'un aigle, et par laquelle Charles V fit son entrée à Palerme, après avoir conquis Tunis. La route que nous suivons est admirable; elle traverse des vergers de citronniers, d'orangers, d'oliviers et de figuiers d'Inde, et cotoie à droite une haute montagne toute couverte de végétation. De distance en distance, on voit à la base de la montagne d'élégantes fontaines (du dix-septième siècle) décorées de nymphes et de tritons; l'eau qui jaillit du roc revêtu de bois d'aloès, descend en cascade sur des marches de marbre blanc. Ces divinités de la Fable dans cette campagne, parfois sauvage, lui prêtent çà et là des aspects de décors d'Opéra. Nous découvrons pendant quelque temps la mer, puis la route s'encaisse dans une étroite vallée qui serpente entre deux chaînes de montagnes; bientôt nous voyons se grouper sur un versant, à droite, la petite ville de Monreale, le couvent, l'archevêché et l'église. De l'autre côté de la vallée, à gauche, au pied des roches ombreuses, s'étale le village de *Parco* où Garibaldi et ses hardis volontaires furent arrêtés deux jours avant de pouvoir marcher sur Palerme. Des hauteurs de Monreale les Royaux tiraient sur les soldats de l'indépendance et leur barraient le chemin.

« J'étais là, me disait le lieutenant Barbesi, en me montrant du geste le village qui en ce moment souriait au soleil; les habitants nous reçurent en frères; mais jusqu'aux avant-postes de Palerme nous eûmes à livrer de rudes combats aux soldats bourbonniens. Garibaldi était toujours aux premiers rangs, nous animant de sa parole et de son épée. »

Tandis qu'un des témoins de la marche héroïque du Libérateur à travers la Sicile me racontait cet épisode dans le lieu même qui en avait été le théâtre, nous vîmes tout à coup descendre du tertre où Monreale se dressait devant nous, une nuée de gardes nationaux qui s'alignèrent de chaque côté de la route.

« Voilà les Royaux qui surgissent de terre, dis-je gaiement au lieutenant Barbesi.

— C'est, en tout cas, répartit-il sur le même ton, pour saluer et pour défendre au besoin un autre roi que le roi Bourbon; il paraît, ajouta-t-il, qu'on attend Victor-Emmanuel à Monreale. »

Comme nous échangions ces paroles, un groupe de gardes nationaux entoura notre voiture, en criant : *Viva il Re*. Mon compagnon d'excursion était en uniforme, ce qui fit qu'on le prit pour un officier de l'escorte royale; on s'imagina que le roi arrivait derrière nous. Je m'amusai de ce quiproquo qui nous attira les acclamations de la foule jusque sur la place où s'élève la magnifique église de Monreale. Nous mîmes pied à terre, et nous désabusâmes les curieux qui nous pressaient de toutes parts.

Je fus très-frappée de l'expression vive, ardente, énergique de toutes ces têtes brunes un peu farouches, s'agitant aux fenêtres, sur les toitures et sur la place. Le feu sombre des yeux illumine le visage, les dents éblouissantes de blancheur ajoutent une séduction au sourire très-doux de ces lèvres purpurines où court un sang arabe; toutes les chevelures noires sont crépues ou ondées. La population de Monreale descend, assure-t-on, des Sarrasins, et s'est conservée à part. Son type est fort beau; quelque chose de terrible et de caressant est dans chaque œil qui brille comme un diamant noir; l'éclair qui en jaillit pénètre et brûle; on n'oublie jamais de pareils yeux quand ils vous ont regardé; ce qui n'implique pas que la flamme intérieure de l'imagination et de l'amour s'y recèle. Les pierreries restent glacées tout en répandant leurs rayons.

Je cesse d'examiner les groupes de femmes, d'hommes et d'enfants qui crient et se démènent devant moi, et, tournant le dos à la foule, je marche à gauche vers l'angle de la place où se trouve le portail de la magnifique cathédrale dédiée à la Vierge. Elle fut construite au douzième siècle par Guillaume II, dit *le Bon*. Il y employa des artistes grecs, italiens et sarrasins, qui amalgamèrent dans cet édifice les styles si différents de l'architecture de leurs trois nations. Il en résulta un ensemble merveilleux de grandeur, de richesse et de fantaisie. L'extérieur de l'église n'a rien qui prépare à l'éblouissement qu'on éprouve en pénétrant sous la voûte; des arabesques et quelques mosaïques sur fond d'or décorent la façade; les trois portes en bronze, ouvrage de *Bonano* de Pise, sont en ce moment grandes ouvertes. Les prêtres et les desservants en surplis, rangés sur le seuil, tiennent à la main des cierges allumés qui éclairent et animent de leurs lueurs les figurines des bas-reliefs. Tout le clergé de Monreale est là à attendre le roi; les enfants de chœur agitent les encensoirs; les chefs des confréries balancent leurs bannières; l'archevêque, dont le palais est tout proche, revêtu d'une chasuble en tissu d'argent, la tête couverte de sa mitre à pierreries, s'appuyant sur sa crosse byzantine, va venir se mettre à la tête de ses chanoines et de ses curés, sitôt que sera donné le signal de l'arrivée du cortége royal. L'église est aussi dans l'attente; toutes les chapelles sont éclairées;

toutes les lampes de vermeil, suspendues à la voûte, oscillent comme autant d'étoiles; le soleil, perçant les vitraux, mêle ses rayons aux lueurs intérieures. Les parois, entièrement revêtues d'or, sont comme incendiées; on croirait que les figures des mosaïques se soulèvent au milieu des flammes; les orgues préludent et semblent régler à leur harmonie les mouvements des groupes de saints et de patriarches. Je bénis le hasard qui me fait voir ainsi transfigurée la vieille basilique. Les trois nefs se déroulent devant moi; chacune est soutenue par seize colonnes de granit oriental dont les fûts s'élancent d'une base en marbre blanc qui repose sur un socle carré en basalte noir. Les chapiteaux (la plupart antiques) sont en marbre blanc; tous les personnages qui couvrent les deux côtés de l'église portent des costumes grecs. Les visages et les attitudes ont cette pureté de lignes presque antique dont j'ai parlé à propos des mosaïques de *Saint-Apollinaire in Città*, à Ravennes. Le maître-autel, en argent doré, forme en ce moment un foyer de lumière dont les vives clartés montent jusqu'au fronton de l'arc, séparant la nef du chœur; la sagesse de Dieu (*la Sapienza*), est représentée sur ce fronton. L'Éternel, redoutable et soucieux, adoré par les archanges Michel et Gabriel, semble sortir des cieux intérieurs, porté sur une nuée d'or. Une inscription grecque se lit au-dessous de cette mosaïque foudroyante d'effet, et pourtant elle est surpassée en puissance par la figure du Christ qui se dresse au fond de la demi-coupole du chœur; ici c'est la mansuétude dans la force. La belle tête du Nazaréen est d'une perfection antique; elle resplendit, comme modelée par Phidias, sur le fond d'or qui l'éclaire. Les trônes du roi et de l'évêque sont placés au-dessous des regards du Christ; souverain et pontife auraient dû, de siècle en siècle, s'inspirer un peu mieux de la doctrine du Dieu. Le plafond primitif des trois nefs était en bois sculpté, d'un travail merveilleux; ce plafond fut détruit par un incendie au commencement de ce siècle, et remplacé par l'injurieux badigeon. Je considère quelques tombeaux de rois couverts de bas-reliefs; celui de Guillaume le Bon, fondateur de l'église, avoisine dans le transsept le mausolée de Guillaume le Mauvais; à un souverain qui comprend la justice, succède presque toujours un souverain pervers, ce qui fait de la royauté une loterie fatale pour les peuples. Une autre sépulture, portant le nom de saint Louis, roi de France, attire mon regard; je pense aux jours de l'enfance où je priais avec ferveur ce patron céleste. Une partie des restes de saint Louis fut, dit-on, ensevelie dans l'église de Monreale : l'authenticité de ces ossements royaux devint autrefois l'objet d'une longue controverse entre les savants Français et les savants Siciliens.

Tandis que je m'incline sur la pierre tumulaire, la détonation des fusils des gardes nationaux se fait entendre; toutes les cloches carillonnent, et ce long cri : *Evviva nostro Re!* traverse la place et remplit l'église sonore. Victor-Emmanuel, précédé de l'archevêque et de son clergé, traverse la nef au moment où nous sortons.

Nous faisons le tour de l'église pour voir les arêtes sculptées de l'abside, et nous nous trouvons sur une petite plate-forme qui domine la vallée enchantée ceinte de grands rocs. Nous profitons de l'absence de l'archevêque, qui appelle en ce moment la bénédiction de Dieu sur l'élu du peuple, pour visiter quelques salles et une galerie de son palais ; la galerie se déroule sur une terrasse à balustres, au pied de laquelle sont les jardins. Le magnifique couvent des bénédictins est à côté, nous tentons en vain d'en entrevoir les parterres, où croissent les fleurs les plus rares et où jaillissent des jets d'eau ornés de statues. Je regrette surtout qu'on nous empêche de pénétrer dans un cloître merveilleux, en marbre blanc, ceint de deux cent seize colonnes sveltes, déliées, et dont les chapiteaux fleuris, fourmillants de figurines, diffèrent tous entre eux. L'entrée du couvent est interdite aux femmes. Le lieutenant Barbesi essaye de séduire le portier; c'est un laïque à mine joviale dont il espère avoir raison :

« Eh! quoi, lui dit-il, aucune femme n'entre jamais ici?

— *Soltanto, la notte;* » répond notre homme en clignant les yeux.

Cette réponse naïve est bien italienne.

Nous remontons en voiture; je suis toute contristée que le bal du soir m'oblige à rentrer si vite à Palerme: j'aurais voulu poursuivre l'exploration de cette chaîne de montagnes où des villas et des couvents magnifiques, vraies résidences royales, trônent au milieu de la végétation des tropiques; puis, faire l'ascension du *Monte-Caputo*, qui recèle de précieuses carrières de marbre, et dont le sommet se couronne de la ruine formidable d'une forteresse sarrasine (*il Castellaccio di Morreale*), qui dresse jusqu'aux nues sept tours énormes,

Comme nous arrivons à Palerme, la pourpre du soleil couchant inonde de lueurs d'incendie la cité couchée sur la plage; la mer tranquille reflète l'embrasement. Nous passons devant le grand palais des jésuites, qui fut transformé en prison royale; il est d'un aspect très-imposant. Nous traversons quelques quartiers populeux, où je retrouve les immondices napolitaines; les rues y sont aussi peu lavées et aussi peu balayées, mais les habitants sont moins sales et moins déguenillés; les mendiants n'assaillent pas les passants; un mélange de bonté et de gravité frappe dans tous ces visages; le type des femmes est attrayant; elles ont les dents blanches, les yeux veloutés et des chevelures splendides; quelques-unes sont complétement belles. Laïs, cette superbe courtisane adorée par la Grèce, était née en Sicile.

Le soir, Palerme offrit un bal au roi, dans le vieux *Palazzo senatorio*, où siégeait autrefois le sénat. Cet édifice du treizième et du quatorzième siècle, s'élève sur une place entourée de palais, et au centre de laquelle jaillit la merveilleuse *fontaine florentine*, une des plus riantes de l'Italie. On voudrait la voir dans un jardin, ceinte de gazon, de fleurs et d'arbustes; cadre harmonieux des nymphes, des tritons, des animaux et des chimères, se jouant gracieux et malins dans l'eau qui jaillit en gerbes des urnes et des conques, retombe en cascades sur des gradins de marbre blanc et se répand en écume dans une grande vasque ovale. L'illumination de la fête projette sur ce groupe inouï de flots et de figures des lueurs combinées avec art; des feux de bengale roses prêtent la vie aux corps nus des dieux et des déesses, tandis que des flammes vertes enveloppent et animent les monstres marins. La belle façade du *Palazzo senatorio*, en regard de la *fontaine florentine*, resplendit de transparents aux couleurs italiennes; deux grands médaillons de marbre, réunis entre eux, rayonnent, à droite, parmi les sculptures des architraves; ce sont les portraits de Victor-Amédée, roi de Sicile, et de sa femme; leurs visages semblent se mouvoir et souhaiter la bienvenue à leur descendant glorieux, qui recouvre, par le vœu unanime du peuple, la possession d'un des royaumes de ses ancêtres. Je suis frappée du singulier à-propos que cette décoration d'architecture reçoit de la présence de Victor-Emmanuel. Le vieux palais s'est rajeuni, statues et fresques, inscriptions, niches et figures de saints se voilent et disparaissent sous les faisceaux de drapeaux et les massifs de fleurs qui ornent le vestibule et l'escalier. La grande salle de bal est décorée d'une façon galante, comme on eût dit au dix-huitième siècle; le plafond bleu est tendu de guipures encadrées de torsades d'or; toutes les glaces qui couvrent les parois ont pour bordures de triples guirlandes de camellias roses. Le bal se reflète dans ces miroirs fleuris. Comme toujours, la foule entoure le cercle du roi. Je m'en approche en compagnie du prince et de la princesse Torremuzza, et me trouve à côté de la princesse M***, la femme au teint couperosé du bal de la cour; le *mari à breloques* se dandine auprès d'elle, la taille serrée dans un habit neuf et le cou roidi dans une cravate blanche où brille une croix de Savoie en étincelles; il s'évente avec un mouchoir brodé, prend un flacon que tient la vieille princesse et le respire de ses narines provocantes; chacun le regarde ébahi; on s'éloigne de son contact; il renverse la tête avec bravade, et promène ses yeux ronds sur ceux qui le défient; il gourmande sa femme interdite, qui cherche à dissimuler l'éclat de ses rubis derrière le diadème énorme reluisant au chef de la vieille princesse: « *Bisogna ballare,* » dit-il d'un air d'autorité à la victime humiliée. Mais aucun danseur ne se présente, pas le moindre sous-lieutenant n'ose se dévouer; l'éblouissement de la toilette, la grâce de la personne n'y peuvent rien; le mari projette sur sa femme l'indignation et le mépris.

« En vérité, ces Palermitains n'ont plus ni goût ni âme, s'écrie la vieille princesse qui se tourne vers moi, devinant sans doute que je suis étrangère; ils devraient se disputer le plaisir de danser avec cette candide et adorable beauté; ne trouvez-vous pas, madame? ajouta-elle en m'interpellant plus directement.

— Le temps est passé où l'on protégeait les Dubarry, répliquai-je, et un héros n'est pas de l'étoffe dont on fait les Louis XV. »

Soit qu'un lambeau de ma réponse eût été saisi par *l'homme à breloques*, soit qu'il voulut défier toute l'assistance, il mordit ses lèvres blêmes, traversa le cercle de la cour, s'approcha du roi et lui parla; la martiale figure le regarda distraite, quelques monosyllabes tombèrent de la bouche royale, elle semblait dire: « Quel est donc cet intrus ignorant du respect et de l'étiquette? »

N'importe, il avait suffi de cette effrontée tentative pour convaincre la vieille princesse de la haute faveur du quidam; elle pressa tendrement, sous son bras osseux, le bras potelé de la jeune femme confuse, en lui disant:

« Mon ange, vous danserez! »

Elle venait d'aviser, dans la foule, le fils de son régisseur, un petit gnome crépu et noir.

« Ici, fit-elle, Stéfano, » du ton où l'on appelle un chien familier. Stéfano bondit près de la princesse.

« Priez madame, lui dit-elle, de vous accorder une valse! » Stéfano s'inclina, ébloui devant la victime parée de *l'homme à breloques*; l'orchestre donnait le signal d'une mazurka; l'adolescent grotesque cramponna ses deux bras dégingandés autour de la taille lascive, comme un hanneton qui saisit une rose. Aussitôt le vide se fit autour d'eux, ainsi qu'il s'était fait à Milan, au bal du Casino, autour de la danseuse peu vêtue.

L'avocat Scoppa venait de me proposer de parcourir la galerie *del Banco*[1] et les salons ouverts pour la fête; j'acceptai son bras, et, à ma grande surprise, au moment où je m'éloignai, la vieille princesse me fit une profonde révérence.

Nous étions arrivés au milieu de la galerie, ornée de fresques et de tableaux qui m'intéressaient, lorsque l'avocat Scoppa salua, en passant, une femme en robe bleue, à la physionomie distinguée et fière; elle fit à l'avocat un signe amical :

« C'est, me dit-il, la sœur du grand citoyen Massimo Ruggieri; approchons-nous, elle sera charmée de vous connaître. »

L'avocat me présenta à la noble Sicilienne; je m'assis auprès d'elle, et nous parlâmes de son frère, exilé à Malte depuis plusieurs années. Le roi venait de le nommer sénateur; mais, infirme et languissant, il n'avait pu se rendre à Palerme pour fêter l'élu du peuple.

« Il m'écrit, me dit sa sœur, qu'il mourra désormais sans regrets, consolé par la grandeur et l'unité de l'Italie. »

Encore un illustre patriote, pensais-je, qui acclame la renaissance de son pays, après y avoir concouru par tous les sacrifices. Depuis que je voyageais en Italie, je n'avais trouvé que deux dissidents : Montanelli, qui rêvait à Florence une gloire de clocher; et le général Ulloa, autrefois ami de Manin, et qui, aujourd'hui jaloux de Garibaldi, désertait la cause pour laquelle le fils de Manin combattait.

Tandis que je me reposais en cette pure et intelligente compagnie, *l'homme à breloques* passa devant nous, tenant à son bras la

---

[1] Banque publique.

grasse et blanche marquise du bal de la cour ; il était suivi de sa jeune femme, maintenant affermie et souriante, s'appuyant à la vieille princesse.

« On croirait, dis-je gaiement, voir les marquises du dix-huitième siècle protégeant à Versailles une favorite en herbe. »

Le lendemain matin, l'amiral Persano me fit avertir que l'escadre royale quitterait Palerme à quatre heures. Pendant que nous déjeunions et que j'exprimais à mes hôtes toute ma gratitude, un domestique à livrée entra, tenant sur un plat d'argent une large carte de visite surmontée d'un blason. « *Per la Signora Francese,* » dit-il en se plaçant devant moi. Je pris la carte, et j'y lus le nom de la princesse M***, que je m'étais permise de railler un peu la veille.

« Cette carte ne saurait être pour moi, dis-je au prince.

— Elle est bien pour vous, répliqua-t-il ; la princesse espère vous désarmer, elle redoute le récit de la protection équivoque que vous lui avez vu exercer.

— Je ne retrancherai rien de mes impressions, répartis-je ; je dirai le bien et le mal, le beau et le laid, qui m'ont frappée dans votre pays, avec ce libre esprit qui atteste la véracité d'un narrateur. Je suis l'admiratrice de l'Italie et non son adulatrice aveugle ; j'oserai censurer quelques débris des corruptions d'autrefois et des tyrannies évanouies. Ces fantômes répugnants font ombre aux nobles Italiens qui, de toutes parts, relèvent et agrandissent leur patrie. »

Il fallut songer aux préparatifs de départ ; vers trois heures je quittai le palais Torremuzza, émue de la cordiale hospitalité que j'y avais reçue ; je souhaitai au prince une grande carrière politique, et j'appelai sur la tête charmante de la jeune princesse toutes les joies maternelles et toutes les prospérités de la fortune.

Depuis le matin le ciel était nébuleux ; la pluie commençait à tomber quand j'arrivai sur la plage en regard de la *Porta Felice*; il n'y avait pas dans toute la rade de Palerme une seule barque couverte. *L'Électrique* stationnait au loin, près du Môle, dans le vieux port. Je pris pour me rendre à bord la première barque venue et, relevant ma robe sur ma tête, je bravai l'ondée. *Le Marie-Adélaïde* et *le Garibaldi* jetaient dans l'air opaque leurs colonnes de fumée à côté de *l'Électrique*; on n'attendait plus que le roi pour partir. Mais, tandis que je m'installais dans ma bonne chambre, l'orage éclatait, l'eau du ciel inondait le pont et tombait en cascade dans l'eau de la mer. Le commandant vint m'avertir que le départ était remis au lendemain; la pluie redoublait de furie, s'interposant en nappes formidables entre le port et la cité; je regardai tristement ce déluge à travers une écoutille; il était impossible de retourner à Palerme. Le commandant me conseilla de coucher à bord.

« Cette chambre, me dit-il, est à vous seule jusqu'à Naples; vous pouvez en disposer et vous y faire servir. »

J'avais grand faim; tout l'équipage avait dîné. Il n'y avait plus à bord que du biscuit et du vin de Marsala; je m'en composai, avec une délicieuse tranche de *cucuzzata* [1], un souper pythagorien. La pluie tombait toujours. Aucune lueur du rivage n'arrivait jusqu'au navire. Je m'étais enfermée dans ma chambre bien close, éclairée par des bougies roses. J'écrivis mes notes sur les excursions des jours précédents, puis j'essayai de dormir. Je n'y parvins que fort avant dans la nuit; j'étais poursuivie par la vision de cette île superbe qui fut, dans l'antiquité, à l'égal de l'Asie Mineure et de la Grèce, le théâtre des dieux et des héros. J'avais à peine aperçu un de ses rivages. En ce moment j'enviais les riches qui peuvent planter leur tente sous le ciel qui leur convient. Quelle volupté poétique d'explorer cette belle Sicile, et de découvrir à travers vallées et montagnes les temples grecs et les donjons des Sarrasins. Hésiode, Homère, Pindare, Eschyle, Thucydide, Théocrite, Virgile, Cicéron et quelques autres anciens, seraient les compagnons du voyage; leurs chants et leurs récits réédifieraient pour moi les monuments détruits; lues à la veillée, durant les haltes, leurs descriptions fidèles et magistrales me feraient deviner les emplacements des cités, les paysages, les golfes, les monts, les îlots, les volcans dont les noms seuls sont changés; de Monreale j'irais à Ségeste voir le temple intact de Cérès, trônant sur le sommet d'un grand roc aride; je le contemplerais la nuit sous sa robe d'azur étoilée, alors que les Anglais (cette plaie moderne des ruines) s'en vont dormir dans les auberges, de peur de la fièvre.

Je traverserais Trapani, où Énée perdit son père; je gravirais le mont Éryx, où Vénus eut un temple digne d'elle; mille prêtresses, couronnées de roses, en tuniques courtes et volantes, y servaient

---

[1] Courge confite.

jour et nuit la déesse. Un couvent a remplacé le temple, et des nonnes en robe de bure ont succédé aux prêtresses homériques; des nuées de colombes éperdues volent autour de la montagne sacrée et y cherchent encore Aphrodite; elle revit dans les femmes de *San Giuliano*, belles entre les plus belles de cette terre des dieux. Je saluerais Marsala en souvenir du Libérateur; Marsala *Port de Dieu*², devenu, par Garibaldi, le port de la liberté. Je rêverais du héros sous l'ombre des palmiers sonores. Je franchirais la plaine de *Sélinonte* où la *mal'aria* trône sur les grands débris épars de trois temples antiques; puis, faisant l'école buissonnière à travers les fleuves et les ruisseaux, qui courent en méandres sous les amandiers, les oliviers, les chênes-lièges, les pistachiers, les aloès et les caroubiers, j'arriverais à la *Sciacca*, et m'y baignerais dans les sources chaudes, regrettant les thermes antiques, rêvant d'Agathocle et des vases de terre que modelèrent ses mains avant de s'ensanglanter dans la tyrannie. Je poursuivrais ma route jusqu'au môle de *Girgenti*, rasant le littoral ombreux couvert de palmiers. Entre toutes les ruines éparses sur la rive où fut Agrigente, m'apparaîtrait debout *le temple de la Concorde*, frère du Parthénon d'Athènes, qui découpe, dans la sérénité des nuits, son olympienne harmonie; je tournerais le cap *Passaro*, en relisant Thucydide; je traverserais les vestiges croulants des magnificences de Syracuse; j'évoquerais Archimède sur une tombe incertaine; je descendrais dans les nécropoles, accablée de tous les efforts humains qui sombrent dans l'éternité. Au pied des murailles et des bastions modernes de Syracuse déchue³, j'humecterais mes lèvres à la fontaine de la nymphe Aréthuse; et, en approchant de Catane, je murmurerais ces vers de Virgile que mon ignorance a retenus :

> Tum procul e fluctu Trinacria cernitur Ætna :
> Et gemitum ingentem pelagi, pulsataque saxa
> Audimus longe, fractasque ad littora voces;
> Exsultantque vada, atque æstu miscentur arenæ.
> . . . .
> . . . .
> ….. Horrificis juxta tonat Ætna ruinis,
> Interdumque atram prorumpit ad æthera nubem
> Turbine fumantem piceo, et candente favilla;

¹ Petite ville bâtie sur l'emplacement de l'antique cité d'Éryx.
² Marsala signifie en langue arabe *port-de-Dieu*.
³ La ville antique avait sept lieues de tour.

> Attollitque globos flammarum et sidera lambit :
> Interdum scopulos avulsaque viscera montis
> Erigit eructans, liquefactaque saxa sub auras
> Cum gemitu glomerat, fundo que exæstuat imo [1].

Hélas! je ne verrai que le Titan endormi; je n'aurai pas la bonne fortune d'une de ses colères de Typhon [2] qui font trébucher l'île : « Au sommet de la montagne, dit le Prométhée enchaîné d'Eschyle, Vulcain forge son fer brûlant; de là, un jour, rouleront avec fracas des torrents de feu, et la flamme, de sa dent sauvage, dévorera les fécondes plaines de la Sicile. »

« L'Etna, chante Pindare, cette colonne blanchie par les frimas, et qui monte jusqu'au ciel, pèse sur Typhon. Elle nourrit pendant toute l'année une neige au froid perçant. De ses profondeurs s'élancent des sources de flammes éclatantes. Dans le jour, ce sont des fleuves d'une fumée noire; tandis que, sortant de ses cavernes ténébreuses une lave rouge qui roule sur elle-même, lance des rochers qui retombent avec un fracas effrayant jusque sur le rivage de la mer. Ce courant embrasé, qui s'allonge comme un reptile, est le jaillissement formidable des sources de feu de Vulcain [3]. »

L'antique Catane fut ensevelie sous ce jaillissement formidable; un cirque, plus vaste que le Colysée de Rome, sombra dans l'éruption. Le théâtre où vibraient les vers de Sophocle sert aujourd'hui de caves aux couvents où les moines psalmodient; je voudrais trouver ces couvents vides de leurs crasseux habitants, et m'asseoir dans les cloîtres et les jardins merveilleux suspendus en terrasses sur la lave étagée; l'ombre des orangers parfumant les nuits, les sérénités de la mer bleue et du ciel étoilé parleraient au cœur du poëte bien autrement qu'à la sensualité des moines.

---

[1] « Alors nous apparaît l'Etna de la Sicile et nous entendons de loin les mugissements formidables de la mer qui se brise sur les écueils, et dont la voix retentit contre le rivage. Les flots se soulèvent en tumulte et le sable du fond se mêle aux ondes agitées.

« ..... Près de là retentit le tonnerre de l'Etna, tantôt il pousse vers le ciel un nuage noir dont la fumée tourbillonne, mêlée d'étincelles ardentes, suivies de globes de flammes qui vont toucher le ciel; tantôt il arrache des entrailles de la montagne des roches énormes, des masses liquides qu'il vomit en mugissant, et il bouillonne du fond de son cratère. »

[2] Le Titan, enchaîné sous l'Etna par Jupiter, est nommé Encelade par Virgile, et Typhon par Pindare et Eschyle.

[3] Pindare, *Pythiques*, ode première.

Quelle joie hardie de déesse je sentirais à escalader le corps cyclopéen du farouche ennemi de Jupiter! il est vaincu, mais il proteste encore; il y a des orgueils qu'on ne soumet pas; sa colère gronde, éternelle, et crache le feu vers l'éther, vide de l'Olympe. « Où donc es-tu avec ta foudre? semble dire le Titan au fantôme évanoui de Jupiter; l'esclave a dompté le triomphateur; je suis debout et je tonne encore; je reste le dominateur de cette île, son tyran éternel; je vois mourir les dieux et les rois; je suis la terreur et l'admiration des êtres successifs; la nature me revêt d'un manteau splendide d'où s'échappent mon torse sinistre et mon front menaçant; j'ai les astres pour diadème; je suis le vainqueur des théogonies mortes! » Tu subis pourtant l'audace de l'homme, ô matière inouïe qu'anime le mystère! l'homme te mesure, il t'étreint par sa pensée; plus fort que ta force fatale, il prévoit tes fureurs et sait s'y dérober; les pieds d'une femme empruntent des ailes à la volonté qui lui crie : Planons! — Rieuse, elle franchit les flots du *Simeto*[1], qui baignent tes pieds lourds et refroidis; sans crainte elle s'abrite dans les villas, les hameaux et les cités qui brodent le bord de ta robe; alerte, elle s'avance dans les forêts de chênes et de marronniers qui couvrent tes flancs; courageuse, elle monte sur tes épaules nues qui fument comme celles d'un athlète en sueur; tranquille, elle voit par centaines fourmiller dans tes bras redoutables les cônes et les cratères, rejetons monstrueux sortis de tes entrailles; ravie, elle te défie de l'observatoire antique[2], où Empédocle et Adrien se sont assis; triomphante, elle arrive sur ta tête caduque glacée par les frimas; elle fait bondir sous ses pas agiles ta chevelure de neige; elle se penche railleuse sur ta bouche mugissante d'où la flamme sort comme une imprécation; superbe, elle te répond : « J'ai voulu et j'ai pu! je te domine et tu me sers de piédestal! » son âme plane et embrasse l'espace; le ciel touche son front, le soleil qui se lève y met une auréole : la Sicile entière, comme un radeau qui flotte sur la mer azurée, s'étale à ses pieds, reflétant dans toute son étendue l'ombre noire de ton corps gigantesque[3].

Où d'autres sont allées pourquoi n'irais-je pas? pensais-je en pour-

---

[1] Fleuve torrentiel qui contourne les bases de l'Etna.
[2] Les ruines du belvédère bâti par Adrien, subsistent encore sur l'Etna, dans la région des laves et des scories.
[3] On a ce spectacle sur le sommet de l'Etna au lever du jour.

suivant mon rêve. De Catane au détroit, avant de traverser Messine, je gravis la roche où se groupe *Taormine*; son théâtre antique trône sur un sommet qui domine les mers, il voit les flancs de l'Etna et les côtes de la Calabre. Vingt-cinq mille spectateurs, en écoutant les vers grecs et latins, avaient autour d'eux ces sublimes perspectives. Sommes-nous assez petits près de ces Romains, dont la grandeur fabuleuse jette une épigramme éternelle à nos éphémères monuments! Une voix me crie : « Cent mille esclaves, bêtes de somme, composaient le sourire de cette splendeur! » c'est la voix de l'antique *Enna*[1], assise sur un plateau, point central de la Sicile, d'où les sources jaillissent sous les bois sacrés, où les fleurs et les pelouses entourent la caverne sombre, bouche de l'enfer, qui vit sortir Pluton venant enlever Proserpine. Un temple, élevé à Cérès sur le lieu même, ne la consola pas de sa douleur. Enna a vu deux révoltes formidables d'esclaves, préludes de la révolte de Spartacus; la cité antique a disparu; la ville moderne est d'un aspect sauvage; la plupart des habitants habitent dans des grottes au bord des précipices où l'eau bondit. Ce n'est plus l'esclavage, c'est encore la misère, sa sœur sinistre, qu'il faut anéantir.

J'ai quitté le littoral et j'y reviens; les ailes des songes se jouent des distances; j'effleure, en passant, les croupes des *Neptuniennes*, grands monts détachés des Apennins, qui longent le nord de la Sicile; me voilà à Messine, sous les arceaux du port encadrant la mer bleue, la mer Ionienne qui mène à Athènes; j'erre sous les ombrages du mont Pélore[2]; à travers ces citronniers et ces aloès séculaires qui touchent le ciel et dominent la mer; je pourrais m'en retourner à Palerme; en passant, je saluerais *Milazzo*, où les Romains vainquirent les Carthaginois, et où Garibaldi a vaincu le despotisme; mais d'autres contrées m'attirent, je passe le détroit sur le char de la fée Morgane[3], char ailé qui nargue Scylla. Je cherche dans les Calabres et dans la grande Grèce la trace des esprits qui nous composent une famille idéale et éternelle; je réveille les souvenirs qui nous font vivre dans le passé, et agrandissent nos jours bornés de toute l'étendue de l'histoire. A *Reggio*, rien ne m'arrête que le récent souvenir du débarquement triom-

---

[1] Aujourd'hui Castrogiovanni.
[2] Monts de la chaîne Neptunienne à l'est de Messine.
[3] On donne le nom de *Fata Morgana* à un mirage que produit la mer près de Messine.

phal du Libérateur. Je passe le *Monte Alto*, j'arrive à *Catanzaro*, je suis la pittoresque vallée du *Stillaro*, où l'ombre de Campanella m'accompagne [1]. Je m'arrête à Crotone, où naquit l'athlète *Milon*; à *Héraclée*, patrie de Zeuxis; à Sybaris, dont Pythagore réforma la voluptueuse mollesse.

Est-ce l'image de Sybaris qui m'endort ou le balancement du navire sur les vagues? Je ne sais, mais mon rêve s'achève dans le sommeil.

Le lendemain, en rouvrant les yeux, je me retrouvai dans le golfe de Palerme, calme, azuré, et gardant à peine un frissonnement de la tourmente de la veille. Le soleil brillait dans un ciel limpide; le rivage chantait et me conviait. Il était onze heures quand je montai sur le pont; le commandant ignorait encore l'heure fixée pour le départ; je résolus d'aller m'en enquérir à terre. Je passai d'abord au palais Torremuzza, où le prince et la princesse me retinrent à déjeûner; puis je me rendis au palais royal; j'y appris par plusieurs officiers que nous partirions à trois heures; j'avais le temps d'errer à travers Palerme. Mais avant tout je désirais voir *la salle du roi Roger*; j'allai de porte en porte demander un aide de camp du roi, pour qu'il prononçât en ma faveur le *Sésame, ouvre-toi!* du conteur arabe; j'eus la chance heureuse de rencontrer le frère du général della Rocca; il me conduisit aussitôt dans cette chambre merveilleuse qui fut primitivement *la chapelle de Jérusalem*. Nous franchîmes une superbe salle des gardes, close par des portières en tapisserie, et nous nous trouvâmes dans une pièce ronde, où des colonnettes de marbre blanc incrusté d'or s'épanouissent en ogives jusqu'à la rosace de la voûte; le jour pénètre à travers des vitraux; les frises et les parois sont revêtues de mosaïques sur fond d'or; l'ensemble est éblouissant comme un joyau rare. Dépouillée aujourd'hui de son autel, cette belle chapelle byzantine, qui précède l'appartement du roi, composerait un cabinet d'étude recueilli, attrayant, inspirateur. Oh! comme je l'envie! je ne puis lui donner qu'un regard rapide, le temps me manque pour noter les détails des mosaïques. Victor-Emmanuel, prêt à sortir, va traverser la chapelle. C'est son aïeul Victor-Amédée qui en fit reconstruire le dôme, et qui éleva un petit pavillon attenant du même style.

[1] Campanella naquit à Stegnano, village de la vallée du Stillaro.

En quittant le palais, je parcours le *Cassaro* (rue de Tolède) dans toute son étendue. Au delà de la place du Dôme, je rencontre le député Paternoster qui m'engage à voir, avant de quitter Palerme, l'église de Saint-François d'Assise (du treizième siècle); elle fut autrefois une mosquée; sur les colonnes du porche se lisent encore des inscriptions arabes; dans l'intérieur de la nef, les vestiges du temple mahométan ont disparu sous les superfétations successives de l'église chrétienne. Il me reste trois quarts d'heure avant de me rendre à bord; je me fais conduire au palais qu'habite l'avocat Scoppa; je veux le remercier une dernière fois de sa cordialité et de sa courtoisie; je parcours quelques rues de Palerme, étroites et sombres, dont l'une est entièrement habitée par des chaudronniers; ils font un tintamarre effroyable en frappant sur leurs cuves sonores. Je trouve l'avocat Scoppa dans une riche bibliothèque précédée d'une galerie de tableaux; il me présente sa femme et ses enfants; je devine là une vie de vertu, de recueillement, d'étude et de bonheur. Le savant avocat m'offre un *Guide*, rare et complet, de Palerme.

« Il vous aidera à vous ressouvenir, me dit-il, et à mieux connaître notre ville que vous quittez trop tôt. »

Avant trois heures j'arrive à bord de *l'Électrique*; debout sur le pont, je vois bientôt la population entière de Palerme accourir sur le rivage; elle acclame Victor-Emmanuel qui vient de monter dans le canot royal; toutes les barques du port lui font cortége; les salves d'artillerie partent des forts et des vaisseaux pavoisés, et se mêlent dans l'air aux fanfares qui sonnent la marche de guerre de la maison de Savoie. Au moment où nos trois navires se mirent en marche le ciel s'était obscurci; Palerme dessina ses campaniles et ses dômes sur un fond sombre, percé çà et là par les rayons perpendiculaires du soleil se projetant du haut des montagnes qui enserrent la cité; on eût dit les flèches d'or des vieux Titans, antiques possesseurs de cette île mythologique. La traversée fut douce, et le lendemain, à dix heures du matin (7 décembre 1860), nous arrivâmes à Naples.

XXIV

Je ne retrouvai pas ma bonne chambre à terrasse, d'où j'embrassais toute l'étendue du golfe; il n'y avait plus de disponible à l'*hôtel de Rome*, qu'une grande pièce haute et froide, dont la fenêtre s'ouvrait sur *Santa Lucia*. Le mouvement et le bruit assourdissant de ce quai central, que toutes les voitures de Naples traversent au moins une fois par jour, me fatiguaient plus qu'ils ne me distrayaient; je comptais partir pour Rome dans deux semaines, après avoir visité les golfes de Baïa et de Salerne, Castellamare, Sorrente et les îles. Je n'étais plus retenue à Naples que par ces projets d'excursions et aussi par l'espérance de voir tomber Gaëte. La reddition de cette place importait tellement à l'unité italienne, que je m'en préoccupais comme du dénoûment du grand drame politique dont j'avais vu se dérouler tant de scènes émouvantes; il me semblait que la prise de Gaëte ouvrirait Rome au roi et à Garibaldi. Assister dans la ville éternelle à leur entrée triomphale, était une dernière fête que je me promettais. Je fus déçue dans mon espérance, et à l'heure où j'écris ces lignes, cette fête des âmes libres ne s'est pas encore accomplie; mais elle est imminente et décrétée d'avance par la logique de la justice et de la vérité. La douleur de l'attente est consolée par la certitude mathématique du triomphe.

Naples ne m'intéressait plus qu'incidentellement; il ne faut pas demeurer trop longtemps dans une ville que l'on veut décrire; elle se dépouille peu à peu du charme de la surprise; l'œil s'accoutume aux tableaux qui l'ont d'abord enchanté; l'esprit se blase sur les scènes qui l'ont ému; l'habitude produit des impressions banales et dicte à l'écrivain des pages sans couleur; il n'est bon d'entrer en familiarité, ni avec les êtres ni avec les choses.

Les tempêtes et les pluies torrentielles qui bouleversèrent le golfe dès le lendemain de mon retour de Palerme, augmentaient la tristesse de mon nouveau logement; je n'avais plus le sourire de la bouche en feu du Vésuve pour égayer ma prison. Des visites imprévues, suppléèrent à la sérénité d'âme et à l'*allegria* du corps (comme disent excellemment les Italiens), que je ne ressens guère qu'en pleine lumière et en pleine chaleur.

Pendant ma courte absence, l'aimable mademoiselle Mauro et son père, étaient allés s'établir à la villa qu'habitaient, sur la côte de Pausilippe, M. et madame Joseph Romano. A mon arrivée, je trouvai un gracieux billet de madame Romano, qui m'engageait à dîner pour le surlendemain. C'était un dimanche, la pluie tombait par torrents, la tempête grondait sur mer; Naples était triste comme un bel oiseau mouillé qui ne s'ébat qu'au soleil. M. Mauro vint me chercher à trois heures en voiture; nous prîmes en passant Pierre Leopardi; la causerie de ces messieurs égaya pour moi la mélancolie de l'ouragan. Nous trouvâmes le quai de Chiaja désert; à la montée de Pausilippe, toute l'étendue du golfe nous apparut, soulevant avec fracas d'énormes vagues sombres qui battaient de leur écume la ruine appelée par le peuple : *Palais de la reine Jeanne*[1]. La mer furieuse bondissait jusqu'aux fenêtres béantes du premier étage, s'y engouffrait et prenait possession de la demeure abandonnée. On eût dit la foule en colère, faisant l'assaut d'un palais d'où le souverain s'est enfui. Cette rage de la tempête avait sa beauté! elle nous escorta jusqu'au petit promontoire que dominait la villa où nous allions dîner. Nous y trouvâmes bon feu et riante compagnie. Les charmants enfants de madame Romano lutinaient leur oncle Liborio; je lui gardais rancune de notre excursion manquée à Pompeï; il me désarma à force de câlineries galantes et se déclara à jamais mon chevalier.

« Auriez-vous renoncé au ministère? lui demandai-je gaiement.

— Non pas, non pas, répliqua son frère, il est plus que jamais question d'en faire un ministre.

— En ce cas, repartis-je, je vous renie et vous abandonne; un homme d'État, français ou italien, est le pire des adorateurs; parvenir ou se maintenir, voilà son idée fixe, c'est la seule absorption de son cœur, si cœur il y a dans vos prétendues régions sublunaires. »

Mademoiselle Mauro fit écho à mes plaisanteries; le dîner fut très-gai, la causerie se prolongea jusque vers minuit au bruit de la rafale qui ébranlait la maison. Liborio Romano et son ami Leopardi me ramenèrent à Naples. Le premier me dit à la porte de l'hôtel :
« *A domani, cara musa!* »

Il vint chez moi le jour suivant, et ayant avisé pendant sa visite

[1] C'est une erreur; ce palais, qui n'a jamais été achevé, avait été construit pour la femme du duc de Medina, vice-roi de Philippe II.

mon petit pot pris à Pompeï, il le retourna en tout sens en dissertant sur les potiers antiques étrusques et grecs. Quelque chose de métallique sonnait dans le vase tandis qu'il le retournait.

« C'est certainement, me dit-il, une médaille. »

L'objet arrondi et plat, venait jusqu'au bas du col de l'orifice; nous l'apercevions et le palpions à moitié du doigt; mais nous ne pouvions le retirer de sa prison séculaire. Liborio me laissa occupée à ce mystère; si c'est une médaille, pensais-je, elle sortira puisqu'elle est entrée; sans doute un peu de lave du volcan a épaissi les bords; il s'agit de la détacher par une secousse incessante. Je perdis une heure à cette expérience; je m'y obstinai en voyant tomber du vase une poussière noire qui avivait mon espoir. J'apercevais, jaillissant de son suaire, une médaille d'or à l'effigie de quelque belle déesse; je m'en faisais une broche ou un fermoir de bracelet; le pot de Pompeï devenait pour moi le pot au lait de Perrette. Le sommeil me gagna; je rêvai de mon trésor, et à mon réveil, je recommençai ma tentative en changeant de procédé; j'introduisis un ruban double jusqu'au renflement du vase, essayant de saisir la médaille et de l'attirer à l'ouverture, comme on fait d'un bouchon dans une bouteille; bientôt je sentis l'objet engagé dans le goulot; j'eus le saisissement du triomphe; la médaille montait sans écailler l'argile; je la vis apparaître terreuse et noire; elle était, comme circonférence, d'une netteté irréprochable, mais, en même temps, d'une légèreté étrangère à tout métal. Je la frottai d'un linge pour en faire ressortir l'effigie; oh! stupeur! la médaille se brisa en trois morceaux; elle avait, à l'intérieur, la blancheur du marbre; ce n'était qu'un petit amas de graisse durcie et arrondie au fond du pot depuis dix-huit cents ans! Une odeur de saindoux rance s'en exhalait; j'enfermai ce résidu éternel dans une enveloppe sur laquelle j'écrivis : *Mystification d'un mystère de Pompeï*, puis je replongeai, dépitée, la graisse et l'inscription dans le petit vase dont la bouche ouverte semblait me railler. Je le tenais encore à la main lorsqu'on frappa à ma porte; c'était M. Pascal Duprat qui, arrivé depuis quelques jours à Naples, venait me faire visite. Charmée de retrouver en pays étranger ce noble esprit, défenseur et martyr des généreuses doctrines de la révolution de Février, j'oubliai aussitôt la vague humiliation que nous cause toujours un désappointement si petit qu'il soit. Le fier publiciste me rappela nos enthousiasmes républicains de 1848; espérances hâtives si vite évanouies; nous causâmes des proscrits, de ceux qui avaient gardé leur foi entière et qui préféraient un exil, désormais volontaire, au retour dans la France monarchique.

« La France, lui dis-je, est parfois une mère coupable, dont ses enfants, pourtant, ne cessent jamais d'être fiers; car, durant ses éclipses de liberté, elle rayonne par la gloire. »

M. Pascal Duprat me quitta, en me promettant de me voir souvent; il tint parole, et devint, pendant le temps que je passai encore à Naples, une de mes plus sympathiques relations.

Liborio Romano m'envoya ce jour-là sa voiture; ces velléités de galanterie le tenaient en haleine dans l'attente d'un ministère. Je me fis conduire à *Capodimonte*; je passai par *il largo del Castello* et par es *Strade San Giuseppe Maggiore* et *del Monte Oliveto*, où les fripiers de Naples suspendent en plein vent, aux portes et aux fenêtres, la défroque de la ville entière, depuis les habits galonnés des courtisans de l'ancienne cour jusqu'aux guenilles des lazzaroni. Oripeaux des riches et haillons des pauvres sont également souillés de taches et criblés de trous; les manches des fracs et des vestes sont passées dans des bâtons; les pantalons flottent au-dessous; on dirait une pendaison immense de vieux drôles et de mendiants; c'est d'un effet sinistre et repoussant; si ces dépouilles pouvaient parler, que de bassesses et de misères elles raconteraient aux passants! Le triste *hôtel de Genève* et le beau *palais Gravina*, où est la poste, ont pour perspective cette exhibition de vêtements immondes; on pense en les regardant aux corps flétris ou dissous qui les ont portés. Les vieilles nippes sentent les cadavres, et devraient être ensevelies avec eux.

En traversant la place *Santa Trinità*, je fais visite à Poërio; l'air natal et la joie des événements récents ont fini par raffermir sa santé, je le trouve debout et rajeuni.

« Je pourrai désormais, me dit-il, vous rendre vos bonnes visites, je ne suis plus une ombre sortant de la nuit des cachots. »

Il me donne son portrait où il revit dans son attrayante sérénité.

Capodimonte m'apparaît sous un aspect nouveau par cette journée d'hiver; les maisons jaunes et blanches se groupent à travers les arbres dépouillés: les pins d'Italie, éternellement verts, et les orangers, gardant leurs feuilles et leurs fruits d'or, forment des massifs plus riants; la villa de l'ambassade sarde en est entourée; c'est une visite d'adieu que je fais à cette maison qui m'a été si hospitalière. Le marquis de Villamarina vient de recevoir du roi l'Ordre de l'Annunziata, en récompense des services qu'il a rendus à la cause de l'indépendance; il s'en retourne à Turin avec sa famille. Nous nous disons au revoir à Paris, où j'espère retrouver le marquis, ambassadeur d'Italie.

Je présente les jours suivants Pascal Duprat à Poërio, à M. et madame Mancini et à Liborio Romano ; ils font fête au fier publiciste dont les fermes doctrines inspirent le respect.

La comtesse della Rocca était venue rejoindre son mari; je fus charmée de la retrouver toujours aimable, amicale et éprise de littérature. On l'admira beaucoup; peu de Napolitaines pouvaient lutter avec elle d'esprit et de grâce.

Lady Strachan, marquise de Salza, fixée à Naples depuis sa jeunesse, rouvrit les salons de son splendide palais du quai de Chiaja. C'était une femme intelligente et lettrée, dont la beauté fut célèbre; on en revoyait pour ainsi dire l'empreinte sur le fond des années: le soir, quand elle était vêtue d'une robe de velours noir à corsage montant, qu'un double rang de diamants ceignait autour du cou, sa tête superbe se dessinait encore comme un camée antique. Je fus engagée à la première réception de la marquise de Salza, où se trouvait l'état-major du roi, des députés, des sénateurs et toute la noblesse napolitaine qui n'avait pas émigré. La galerie des fêtes du palais Salza, décorée de marbres de Canova, de tableaux de maîtres et d'admirables vases étrusques, ravissait tous les regards. Mon fidèle chevalier, Liborio Romano, habitait depuis des années le palais de la marquise; ce soir-là l'espérance d'un ministère le rendait plus sémillant que jamais.

« *Mia cara*, me dit-il, il faut absolument que nous allions à Pompeï, fixez vous-même le jour.

— La pluie tombe, et vous pressentez sa durée, répliquai-je en riant; n'importe, je vous prends au mot: après-demain je vous attendrai.

— Je vous jure que nous partirons à une heure, dût l'orage nous surprendre dans la *villa de Cicéron*.

— Voilà encore un faux serment dont vous aurez à rendre compte; car je pressens que si vous êtes mandé par Farini, vous manquerez sans scrupule à votre parole. J'ai connu en France des ministres de votre trempe, tout feu et tout flamme, bons, familiers, presque tendres, quand ils étaient en disponibilité;

mais sitôt que les vapeurs du pouvoir leur montaient à la tête ils disparaissaient superbes dans le nuage des dieux.

— Vous raillez toujours, reprit-il, et pourtant je vous jure sérieusement que nous irons à Pompeï.

— Et moi, je vous jure à mon tour, répondis-je en prenant la main qu'il me tendait, que je ne toucherai plus jamais *questa destra* si vous manquez à ce frivole serment. »

Le lendemain de cette soirée, j'eus la douce surprise de voir arriver chez moi la princesse de Morra que j'avais rencontrée chez la marquise Villamarina.

« Je vous aime, me dit-elle, d'aimer Garibaldi et notre chère Italie, et aussi parce que je suis Française de cœur et d'esprit. »

Elle disait vrai ; elle avait le charme et la vivacité d'une Parisienne, joints à la cordialité italienne ; fille du général français Manhès, aide de camp de Murat, et de la princesse Pignatelli, elle gardait à la mémoire de son père un culte ardent.

« Si les bourbonniens agitaient encore les Calabres, me disait-elle, il faudrait à Victor-Emmanuel quelques généraux comme mon père ; on l'a accusé de barbarie, mais c'était le meilleur des hommes ; dans une guerre civile une prompte répression est encore de l'humanité. »

Je dînais ce jour-là chez la comtesse della Rocca ; la princesse de Morra me conduisit jusqu'au palais ; à l'angle de la place, le Vésuve nous apparut couvert de neige ; ses deux ouvertures embrasées rayonnaient fantastiques sur ce fond blanc.

« Je veux que vous dîniez aussi chez moi, me dit la princesse en me quittant, je vous réunirai au brave colonel Fabrizi qui vous a connue à Turin. »

Parmi les convives de la comtesse della Rocca, je fus charmée de retrouver le comte major de Robilant et le député Cornero ; ce dernier nous dit qu'il avait rencontré dans la journée, au château de Portici, Liborio Romano faisant sa cour à Farini.

« Il est presque certain qu'il va devenir ministre, ajouta Cornero.

— En ce cas, repartis-je, je ne le verrai pas demain. »

Le lendemain, à l'heure fixée pour cette fantasmagorique excursion de Pompeï, on frappa à ma porte, et je criai en riant :

« Entrez ! vous n'êtes donc pas ministre ? »

Mais, en tournant la tête, je vis un plus cher et plus noble visage que celui de Liborio Romano; Poërio, accompagné de l'avocat Mancini, venait me faire visite. Pascal Duprat survint. Nous causâmes du siége de Gaëte, toujours entravé par la protection française.

Pascal Duprat questionna Poërio sur ses longues prisons; il répondit avec sa simplicité héroïque :

« C'était nécessaire; sous un régime despotique il faut des exemples; sans ces souffrances de quelques-uns, la liberté ne serait jamais arrivée pour tous. »

Je pressai, attendrie, ses mains qu'avaient meurtries douze ans de fers.

« En France, lui dis-je, un pareil supplice n'aurait pu être infligé à un homme comme vous; tous les cœurs se seraient indignés, toutes les voix auraient protesté, et le pouvoir eût fait grâce. »

Il me répliqua par des paroles d'un sentiment sublime, cri de justice qui semblait sortir de la voix de Dieu même. Après sa visite, j'écrivis cette noble réponse, la voici textuellement :

« Il s'est produit en France des actes encore plus atroces; vous avez eu, sous plusieurs régimes, des transportations en masse sans jugements; des hommes obscurs, martyrs populaires de la liberté, ont été tués ou emprisonnés dans l'ombre; suppliciés inconnus, ils n'avaient pas même pour consolation l'éclat du supplice; leur sort et leur nom sont restés ensevelis; ils furent frappés sans lutte possible. C'était l'homicide certain, silencieux, impuni, comme quand l'assassin frappe un muet ou un enfant au berceau. Voilà les vraies et grandes victimes, celles qui dans la tombe crient vengeance à Dieu, car elles n'ont pas sur la terre les représailles de l'histoire.

— Il faudrait graver ces paroles dans le palais de tous les rois, dit Pascal Duprat.

— Vous ne trouveriez pas un *incisore*[1] qui voulût s'en charger, répliqua en riant l'avocat Mancini.

— Heureusement, repris-je, qu'elles sont inutiles à rappeler à votre roi populaire; il n'y aura jamais en lui l'étoffe d'un despote.

— N'importe, repartit Pascal Duprat en se tournant vers moi, écrivez-les toujours; peut-être feront-elles réfléchir d'autres rois.

— C'est demain jour de Noël, me dit à la fin de sa visite l'avocat Mancini, je suis venu vous engager à dîner; nous serons en famille au grand complet : enfants, aïeule, oncles et cousins. »

---

[1] Un graveur.

J'acceptai sa cordiale invitation. — Il était quatre heures quand ces messieurs me quittèrent ; mon fallacieux chevalier n'avait pas paru. J'envoyai en pensée son Excellence à tous les diables; c'était l'envoyer au ministère, dont il fit partie quelques jours plus tard et où sombra sans retour sa réputation d'habileté et même d'éloquence. — J'étais montée en voiture pour profiter d'une éclaircie que le soleil jetait sur le golfe tempêtueux; je m'arrêtai près du Château de l'Œuf, dont l'aspect était sinistre par cette journée d'hiver. Les vagues furieuses et mugissantes se dressaient contre la roche noire où sont creusés les cachots; on eût dit les voix désespérées de tous les malheureux que cet antre vit mourir. Comme je considérais ce tableau sombre, je m'entendis appeler; c'était le lieutenant garibaldien Marinoni, qui, on s'en souvient, m'avait donné l'hospitalité au château de Caserte; il était maintenant en garnison à Averte, à quelques lieues de Naples.

« J'allais chez vous, me dit-il, et, craignant de ne pas vous rencontrer, je vous portais mon portrait ; il me tendit une enveloppe à mon adresse où était sa photographie.

— Voulez-vous, lui dis-je, me faire votre visite en voiture? Je vais jusqu'à la hauteur de Pausilippe respirer l'air et voir la rafale; la mer est belle ainsi battue et tourmentée.

— Dites lugubre, répliqua-t-il en s'asseyant près de moi; c'est une triste veille de Noël pour ceux qui sont loin de leur famille; il y a un an à pareil jour j'étais à Venise auprès de ma mère et de mon fils.

— Quoi ! vous avez un fils? lui dis-je en regardant son jeune visage, mais alors c'est un *bambino* ?

— Il a quinze ans, reprit-il; sa mère est morte, et c'est la mienne qui l'élève. Dans un an ou deux, il viendra me rejoindre pour servir l'Italie; sans les larmes de ma mère, je l'aurais emmené avec moi quand je me suis fait garibaldien.

— Comment, lui demandai-je, avez-vous pu vous échapper de Venise ?

— J'habitais Trieste, où je tenais les livres dans une maison de commerce, j'allais de temps en temps à Venise pour voir ma mère et mon fils. Quand j'appris l'expédition de Garibaldi, demeurer plus longtemps dans une ville autrichienne me devint impossible. Après avoir affranchi Palerme et Naples, me dis-je, certainement le Libérateur affranchira Venise, il faut que je sois parmi ses soldats. Je prétextai une courte absence; j'arrivai le soir au bord des lagunes; j'entrai, sans être attendu, dans notre petite maison silencieuse. Ma mère, en me voyant paraître, eut d'abord un rayonnement de joie, mais tout à coup, avec cette seconde vue que donne l'amour, devinant ma résolution, elle éclata en sanglots: « Tu veux aller te battre! tu veux aller mourir! s'écriat-elle, et moi, que deviendrai-je? » En parlant ainsi elle s'était agenouillée devant une image de la Madone, au pied de laquelle elle allumait chaque soir une lampe. « *Santa Maria*, murmuraitelle, *pietà per mio figlio!* » Mon fils pleurait en la voyant pleurer; il se mit en prière auprès d'elle. Je les regardais dans un grand trouble et prêt à faire comme eux. Ma mère levait ses yeux éperdus vers la mère du Christ: « *Madre del dolore*, » répétait-elle en lui demandant protection et courage; je ne savais que lui dire; ses larmes tombaient goutte à goutte sur ses lèvres qui remuaient convulsives; je n'osais interrompre son oraison de peur d'augmenter son angoisse; mais quand je la vis s'affaisser au pied de l'image sainte et y rester immobile, je la relevai et la pressai dans mes bras. « Mère, lui dis-je en l'embrassant, souviens-toi que tu es Vénitienne et que tu ne voudrais pas avoir pour fils un lâche. Venise ne sera délivrée que lorsque l'Italie sera libre; donc, tous les Vénitiens doivent se faire soldats; songe aux *Tedeschi* détestés qui sont nos maîtres; tiens, regarde par la fenêtre, en voilà qui passent dans cette gondole. Souviens-toi de notre Manin[1], mort en exil; son fils

[1] Le nom de Manin est resté cher et sacré à la France aussi bien qu'à l'Italie. Je ne résiste pas au plaisir de citer ici les belles strophes que m'adresse M. Hippolyte Lucas, sur un émouvant souvenir de la vie d'exil du grand Italien.

UNE VISITE DE MANIN.

A MADAME LOUISE COLET, APRÈS AVOIR LU LES DEUX PREMIERS VOLUMES DE L'ITALIE DES ITALIENS.

Un jour de brume, un jour de givre,
Accablé d'esprit et de corps,
Au coin du feu j'ouvrais un livre
Sans sentir le froid du dehors.

C'était vers la fin de décembre;
On sonne, on m'annonce quelqu'un;
La bise pénètre en ma chambre
Avec l'étranger importun.

Comme une feuille sur sa tige,
Comme un homme au brusque réveil,
Je tressaille et dis: — Quel vertige
De sortir par un temps pareil!

nous attend près de Garibaldi. » Elle ne pleurait plus, elle se roidissait dans mes bras et redressait vers moi sa tête pâle et fière ; ses lèvres fermées étaient si livides que je crus qu'elle allait mourir. « Parle-moi, parle-moi ! m'écriai-je ; mère, décide toi-même, je t'obéirai ! » — Je n'oublierai jamais l'éclair qui passa sur son visage quand elle me dit : « C'est vrai ! c'est ton devoir, il faut partir. » Elle avait la mort dans l'âme, tandis que ses yeux brillaient du feu de

> Je désigne un siège et je reste,
> Nonchalant, assis dans le mien.
> « Monsieur, dit l'étranger modeste,
> « Je suis maître d'italien.
>
> « J'enseigne nuit et jour, sans trêves,
> « La langue où résonne le sí ;
> « Vous m'avez cherché des élèves,
> « J'ai voulu vous dire merci.
>
> « Je monte l'escalier des autres
> « Comme Dante en son dur chemin ;
> « Rudes jours, monsieur, que les nôtres..
> « — Quoi vous seriez ?... — Je suis Manin »
>
> Martyr du vrai martyrologe,
> Manin, Manin était chez moi !
> Le dictateur, plus grand qu'un doge,
> Le citoyen, plus pur qu'un roi !
>
> Je vois le lion de Venise
> Ouvrir son aile en frémissant,
> Je vois une cité qui brise
> Ses fers, tout rougis de son sang.
>
> Au lieu de ces doux chants du Tasse,
> Dont la lagune était l'écho,
> J'entends toute vague qui passe
> Crier : Vengeance au *Tedesco !*
>
> Devant la grandeur de mon hôte,
> Ému, je découvre mon front ;
> Dans une détresse si haute,
> Liberté ! je sens ton affront.
>
> Manin prend mes mains dans les siennes
> Ma voix se meurt dans un sanglot ;
> Ses larmes, en voyant les miennes,
> S'épanchent comme un même flot...
>
> ENVOI.
>
> Ô vous qui m'envoyez, madame,
> Ce livre au style ferme et sûr,
> Où le volcan a mis sa flamme,
> Où le ciel a mis son azur,
>
> Vous pensez si mon cœur palpite
> Pour l'Italie et pour ses droits,
> Depuis cette noble visite,
> Que Manin me fit autrefois!

HIPPOLYTE LUCAS.

l'exaltation. Mon fils, en l'entendant, ne comprit pas le désespoir de son courage; il n'avait qu'une idée, me suivre, voir l'Italie et les batailles; la guerre lui paraissait un jeu d'enfant.

« Mère, fit-il presque gaiement, je pars aussi, je me fais soldat. »

« Elle poussa un cri de détresse si déchirant que j'aurais battu mon enfant pour le mal qu'il venait de lui faire; je me précipitai vers lui, je mis ma main sur sa bouche et, me penchant à son oreille, je lui dis bien bas : « Tu veux donc tuer notre mère! tais-toi, malheureux, ou je ne t'aimerai plus! » Je le poussai sur le sein de la pauvre femme : « Tu vois bien que l'enfant riait, ma bonne mère; si je voulais l'emmener il dirait non; il t'aime mieux que moi, tu le sais; sans tes soins et tes caresses il ne pourrait vivre. » En parlant ainsi je serrai si fort le poignet de mon fils qu'il me comprit. « Je t'obéis, murmura-t-il, mais dans un an j'irai où tu seras. »

« Je forçai ma mère à se mettre à table : « J'ai grand faim, lui dis-je, soupons ensemble, cela me portera bonheur. » Elle ne put manger malgré ses efforts. Je lui fis boire un peu de vin à la santé de Garibaldi; je lui montrai Venise libre; une flotte italienne sur l'Adriatique, et moi, son fils, parmi les vainqueurs! Elle eut un sourire d'espoir. Nous prolongeâmes la veillée jusqu'à ce que la fatigue assoupit ma mère. Quand elle se fut retirée dans sa chambre, je l'entendis prier et pleurer encore. Vers le milieu de la nuit, je me levai pour la revoir endormie; mon fils dormait aussi dans un petit lit à côté du sien. Je les regardai par la porte entr'ouverte de ma chambre; la lampe de la Madone veillait toujours et les éclairait un peu; je leur fis des adieux muets, je les embrassai du cœur, et, au point du jour, je quittai la maison sans être entendu. J'avais un passe-port de commis voyageur, je parlais allemand; j'arrivai à Milan sans être inquiété; huit jours après j'étais sous les drapeaux. »

Tandis que j'écoutais le capitaine Marinoni, mes souvenirs de Venise se réveillaient et doublaient pour moi l'émotion de ce récit; je sentais la vérité de chaque détail; je connaissais les femmes vénitiennes et leur haine des Autrichiens, qui va jusqu'au sacrifice de leurs enfants; je revoyais la Madone du logis éclairée comme celle des ruelles, symbole attendrissant : la mère d'un Dieu consolait les mères affligées.

Nous étions arrivés à l'extrémité du quai; le vent qui soulevait le golfe s'engouffrait sur le rivage et faisait obstacle à la vitesse des chevaux.

« Si la soirée était plus belle, me dit M. Marinoni, je vous proposerais d'aller dîner aux Bagnoli ; à l'heure qu'il est, ma mère et mon fils font *il pusigno* [1] ; ils regardent ma place vide et parlent de moi ; vous-même, madame, vous êtes sans famille à Naples, loin de votre fille....

— Allons, lui dis-je, malgré l'ouragan, ce souper au bord de la mer est préférable au dîner banal de la table d'hôte. »

Nous franchîmes la grotte de Pausilippe et trouvâmes un air plus doux dans la vallée. Le meilleur des restaurants de la plage était au dépourvu par cette soirée de tempête et de veillée de Noël ; pas un seul convive n'y était attendu. Quand nous traversâmes la cuisine, le *cuoco*, qui préparait le souper de sa famille, nous dit [2] : « *Povero me, non c'è niente, cari signori. — Non avete polastri ?* demanda le lieutenant. — *C'è dei polastri nel cortile,* » répliqua l'hôtelier.

« *Avete del pesce, avete delle ova ? — Si signore. — basta !* » répondit M. Marinoni.

Nous nous assîmes dans une petite salle enfumée en face de la mer. Comme toujours, on tenta de mettre sur la table une nappe tachée de vin qui servait depuis une semaine. M. Marinoni la souleva de la pointe de son épée et la jeta sur la tête de l'enfant qui nous servait :

« *Siete troppo sporchi*, lui dit-il, *Napoli libera dev' esser pulita.* » L'enfant riait sous son voile, ne comprenant pas notre dégoût pour ce linge souillé : il portait lui-même des habits si sales que la nappe lui paraissait blanche comme neige. « *Subito un pannolino bianco!* » lui cria le lieutenant. Le père entendit et comprit ; il appela *il figlio*, qui, au bout de quelques secondes, reparut tenant d'une main un plat où s'agitaient deux petits homards vivants et de l'autre *della biancheria pulita* [3].

« *Sono vivi, vedete signore!* » nous dit-il en prenant les homards par les pattes. Un peintre hollandais aurait fait poser ainsi cet enfant de dix ans, d'une beauté admirable sous ses haillons ; ses grands yeux noirs étaient ombragés de longs cils ; ses dents d'émail riaient entre ses lèvres roses ; son nez grec défiait celui de l'Antinoüs, et

---

[1] Réveillon.
[2] « Pauvre de moi, il n'y a rien, mes chers seigneurs. — N'avez-vous pas de poulet ? — Il y en a dans la cour. — Avez-vous du poisson et des œufs ? — Oui, monsieur. — Bien, cela suffit. »
[3] Linge blanc.

ses abondants cheveux battaient comme des ailes de corbeau sur ses joues mattes.

« Quel joli groom il ferait, dis-je à M. Marinoni, avec une blouse de velours noir!

— Madame veut t'emmener à Paris, dit le lieutenant à l'enfant tandis qu'il mettait le couvert, mais en attendant va faire cuire les bêtes. »

Quand il revint avec la *minestra*, le petit garçon avait un air grave; il se plaça en face de moi en me regardant fixement de ses deux grands yeux interrogatifs.

« Il me rappelle le regard de mon fils, » reprit M. Marinoni, dont tout le cœur était à Venise; puis s'adressant à l'enfant :

« *Che vuoi da questa signora*[1]?

— *Vorrei sapere se la Sua Eccellenza è buona o cattiva?*

— *Che ti fa?*

— *Signore, mio padre mi ha detto : « Ti darò volontieri alla signora per due mila scudi. »*

— *Tu! non vali due mila carlini!*

— *Eccellenza*, répondit l'enfant offensé, *sono signori inglesi che voglion pagarmi molti danari, mio padre ha detto di no; ma alla signora mi darà per due mila scudi.*

— Il ne démord pas du chiffre, me dit en français M. Marinoni, le père lui a dicté le marché, et je suis certain que si vous y souscriviez il vendrait son enfant comme on fait d'un négrillon dans l'Amérique du Sud. »

Le petit garçon s'imagina que le lieutenant me conseillait un rabais sur la somme demandée.

« *Eccellenza*, s'écria-t-il, *questo è l'ultimo prezzo : due mila scudi, lo vuole o non lo vuole!* »

Cette scène, bouffonne pour nous, était prise au sérieux par le père.

Lorsque nous traversâmes en sortant la cuisine, il vint à moi, m'offrit un bouquet, et me dit très-gravement : « *Se mio figlio piace a Vostra Eccellenza è cosa fatta, due mila scudi.* »

[1] « Que veux-tu de madame? — Je voudrais savoir si elle est bonne ou méchante. — Qu'est-ce que cela te fait? — Mon père m'a dit : « Je veux bien te donner à cette dame pour deux mille écus. » — Toi! tu ne vaux pas deux mille carlins. — Il y a des messieurs anglais qui ont voulu me payer beaucoup d'argent; mon père a dit non; mais à madame il me donnera pour deux mille écus. »

Je lui ris au nez en répondant : « *Non sono ricca abbastanza.— Oh! popolo di mendicanti*, s'écria l'officier, *finirete per vendere Dio stesso per avere danari!* »

Nous étions remontés en voiture, et mon compagnon répétait encore : « *Oh! popolo vile, popolo sporco, popolo senza vergogna! che far di te?*

— Prenez-vous-en à ceux qui l'ont gouverné ou plutôt cruellement exploité, lui dis-je. Dans l'antiquité, ce peuple vit à l'œuvre Tibère, Caligula, Néron et d'autres immondes Césars ; dans les temps modernes, les rois et les prêtres, pour mieux l'asservir, ont fait perdre à ce peuple si naturellement bon et intelligent toute notion de dignité ; au travail ils ont substitué la mendicité ; à l'activité réfléchie des grands États civilisés, la pétulance et l'astuce des hordes de sauvages ; à l'ambition, la cupidité ; la crasse et les vices de quelques milliers de moines célibataires, seuls éducateurs des familles, se sont étendus comme une lèpre corrosive sur la nation entière ; chaque turpitude, chaque trahison, chaque meurtre s'enveloppent de superstition et prospèrent, pour ainsi dire, à l'ombre du sacerdoce. Sur le trône, le peuple n'a vu depuis des siècles que le parjure, la débauche et la cruauté ! J'en excepterais le règne de Murat, si tout pouvoir imposé par l'étranger n'était pas un stigmate nouveau d'avilissement. Quelle conscience du bien et du mal, quel instinct de justice et de fierté peut-il rester à un peuple régi de la sorte ? Ce qui m'étonne, c'est que ce peuple s'émeuve encore pour la patrie et l'indépendance, c'est qu'il ait accueilli Garibaldi comme un libérateur. Ah! c'est qu'au fond les masses valent toujours mieux qu'à la surface. Il se dégage des grandes agglomérations d'êtres qui composent l'humanité un courant vivifiant des traditions éternelles. Le peuple napolitain n'a plus assez d'énergie morale pour prendre l'initiative de la vertu et de l'honneur ; mais, qu'il y soit rappelé par des hommes qui en donnent l'exemple, par des Poërio, par des Bandiera, par des Garibaldi, aussitôt ce peuple recevra le choc électrique, il relèvera sa tête courbée, son âme sortira des ténèbres et acclamera la lumière. De tout temps la déchéance des gouvernés doit retomber sur les gouvernants ; si l'on cherchait la source des vices les plus lâches, qui parfois caractérisent fatalement un peuple, on la trouverait à coup sûr dans ce qu'on appelle les régions hautes : d'où devrait découler la vie découle la mort.

— *È vero*, répliqua le lieutenant Marinoni, nous devons toujours piaindre le pauvre peuple; c'est ce que Garibaldi n'a cessé de répéter à ses soldats, en Sicile, dans les Calabres et dans le royaume de Naples. Le peuple est une bonne pâte, il n'y a qu'à le bien modeler. »

Tout en parlant de la sorte, nous oubliions la pluie, qui des sommets de Pausilippe tombait en cascade dans le golfe; le déluge avait vaincu l'ouragan et nous permettait de revenir à Naples par les hauteurs.

« Voilà une rude promenade pour une Parisienne, me dit M. Marinoni, je crains bien que vous n'en gardiez un déplaisant souvenir.

— J'en garderai, repartis-je, deux tableaux ineffaçables; l'un qui m'a émue, l'autre qui m'a fait rire; à travers cette soirée tempétueuse je reverrai toujours votre mère en larmes et votre fils voulant vous suivre à la guerre, puis comme contraste, cet hôtelier grotesque et avide me proposant de me vendre son enfant. »

Rentrée chez moi, en résumant mes impressions de la journée, ainsi que je le faisais chaque soir, je me dis que la visite de Poërio et ce dîner à l'air salubre de la mer m'avaient donné de plus nobles et de plus vivifiantes sensations que n'aurait pu le faire une promenade à Pompeï avec le doctrinaire italien don Liborio Romano, involontairement pédant et majestueux d'allure, à l'exemple des doctrinaires français.

XXV

A Naples, comme à Venise, les fêtes de Noël sont, pour le peuple, des jours de réjouissances et de *ripaille*. Pas un pauvre lazzarone qui ne mange, ce jour-là, son dernier *carlino* en l'honneur de la nativité du Sauveur. Dès l'aube toutes les cloches des églises carillonnent et la foule court adorer dans la crèche *il divin bambino;* les haillons et les vieilles défroques revêtent, comme de coutume, tous ces corps prosternés. Avant l'emplette d'une chemise ou d'une blouse, on songe à se procurer un plat de charcuterie, de poissons et de navets, et, pour dessert, des *confetti*. « Jésus sourit à ces agapes et s'inquiète peu de nos guenilles, » pensent ces bonnes gens. Le soleil se mit de la fête et la compléta; il brillait par un froid vif sur le golfe déridé et dans le bleu profond du ciel. J'allai faire une promenade à Chiaja avec la princesse di Morra, puis je me rendis dans un magnifique palais de marbre blanc voisin du quai, dont la famille Mancini occupait un vaste appartement; le dîner fut bruyant et gai, animé par la joie des gracieux enfants de madame Béatrix Mancini, une autre Béatrix belle et inspirée que Dante eût chantée. La table était couverte de toutes les sucreries indigènes, parmi lesquelles les pâtes de chocolat, de pistaches et d'ananas moulées en forme de poissons, de fleurs et de carquois, me parurent délicieuses; il y avait aussi des mandarines confites de Sorrente, de la fameuse *cucuzzata* de Palerme et des marrons énormes provenant des châtaigniers de l'Etna que les confiseurs napolitains glacent et parfument à désespérer Boissier. Ma passion pour ces gourmandises le disputa en ardeur à celle des plus enfantins convives. M. Mancini remplit un grand sac de ces *dolci* exquis pour ma fille absente, à qui l'amitié de mes hôtes porta un toast. Il vint le soir beaucoup de monde dans le salon des Mancini, des députés, des sénateurs, un évêque du royaume de Naples rallié à la liberté, des prêtres, des fonctionnaires publics. Vers dix heures je vis entrer Liborio Romano, ganté et cravaté de blanc; il venait de dîner au palais. Le siège de Gaëte avait empêché les bals et les grandes réceptions de la cour, mais, deux fois par semaine, le roi réunissait à sa table les principaux personnages de Naples. L'ex-ministre de François II fut seulement engagé au dernier dîner, et cette invitation tardive rendait ce soir-là don Liborio radieux; il vint à moi en me tendant la main : je laissai retomber, sans la toucher, cette main si bien gantée.

« *Mai più è giurato* (jamais plus, c'est juré), lui dis-je, *polvere d'uomo* (poussière d'homme)! » J'avais prononcé ces paroles en riant, mais comme le *polvere d' uomo* fut entendu de quelques personnes qui en plaisantèrent, le futur ministre fronça le sourcil et alla causer à l'angle opposé du salon. Depuis ce soir-là je ne revis plus chez moi Liborio Romano. Il fut nommé ministre quelques jours après; il y avait déjà plusieurs mois qu'il était en correspondance avec M. de Cavour; on prétend même qu'il lui écrivait pendant que François II régnait encore. Il avait fini par persuader au grand homme d'État que lui seul, connaissant le peuple de Naples et en étant aimé, pouvait l'attacher à l'unité. L'avocat Mancini devint à la même époque ministre des cultes et de la justice; il fut, au pouvoir, l'homme actif, aimable et bon dont j'ai parlé; il supprima plusieurs couvents et rendit contre les autres de sages décrets généralement approuvés; déjà les cloîtres commençaient à servir d'asile aux conjurations bourboniennes.

Le lendemain (26 décembre 1860), l'état-major de la garde nationale offrit un bal au roi dans le vaste palais de l'Intendance, qui tient tout un côté *del largo del Palazzo;* en face est le palais *della Foresteria.* La façade du palais royal s'étend sur un des grands côtés de la place et vis-à-vis se déroule la colonnade de l'église Saint-François de Paule. Le roi, malgré sa répugnance pour les réjouissances publiques pendant que le sang italien coulait encore à Gaëte, dut assister quelques heures à cette fête d'adieu dont le marquis et la marquise Tupputi faisaient les honneurs. La place était brillamment illuminée; le peuple y dansait en chantant autour des feux de joie; il avait couvert d'un voile les deux statues équestres de Charles III et de Ferdinand Ier [1], et saluait de vivats enthousiastes le souverain élu qui, la nuit même, allait quitter Naples. Le peuple aurait voulu le retenir et le garder en attendant que Rome fût capitale; pour qu'elle le devînt plus vite, la présence de la royauté semblait nécessaire aux Napolitains. M. de Cavour, mal renseigné, rappela le roi à Turin, ce qui ne tarda pas à faire éclater les menées de la réaction. L'harmonie et la sécurité régnaient encore à Naples en ce moment et furent symbolisées par cette fête où les officiers garibaldiens, ceux de la garde nationale et ceux de l'armée régulière fraternisèrent. Les divers uniformes, rehaussés par l'éclat des décorations, resplendissaient dans les salons et les galeries; il est vrai qu'ils étaient portés par des hommes superbes. Je n'ai jamais vu un assemblage de plus belles têtes: Titien et Pâris Bordone auraient été heureux de les reproduire; au poëte comme à l'artiste la beauté humaine est une joie pour le regard. Pascal Duprat, qui m'accompagnait à ce bal, fut ravi de la grâce exquise de quelques Napolitaines et remarqua entre toutes madame Mancini, rayonnante de jeunesse dans sa toilette bleu pâle. Des perles, moins blanches que son front, s'enroulaient à ses cheveux blonds ondés; toute sa personne avait la *morbidezza* de la femme, mais le ferme regard des yeux noirs révélait la muse.

Le roi quitta la fête à deux heures du matin, et une heure après il était parti de sa nouvelle capitale.

---

[1] La première est de Canova.

Je rencontrai à ce bal Poërio; il me dit, avec son gracieux et bon sourire : « J'ai été privé pendant tant d'années de voir danser les jeunes filles, que j'y trouve un grand plaisir, c'est comme une saveur printanière qui me revient. »

J'éprouvais à le regarder et à l'entendre un plaisir toujours nouveau. Pascal Duprat ressentait le même attrait pour la compagnie du fier patriote. Lorsque, un peu las, il voulut s'asseoir, nous choisîmes un petit salon entièrement revêtu de camellias rouges. C'étaient des arbres entiers dont on avait dépouillé un jardin de Sorrente. Une branche couverte de ces belles fleurs charnues effleurait mon épaule comme une tentation :

« Elle me fait envie, dis-je à ces messieurs. » Un commissaire de la fête m'avait entendue ; il coupa la branche et me l'offrit.

L'aube blanchissait le golfe lorsque nous quittâmes la fête. Un jeune officier enveloppa Poërio d'une pelisse de fourrures. C'était un soin presque inutile, tant la température s'était tout à coup radoucie. Je proposai à Pascal Duprat de faire un tour à *Chiaja* avant de rentrer. Arrivés au pied de la côte de Pausilippe, nous vîmes la double ellipse du rivage s'arrondir devant nous; à l'Orient, quelques lignes d'or zébraient le ciel, la crête des montagnes se découpait nettement sur le fond clair de la nuit qui finissait, montrant encore çà et là quelques étoiles. Toutes les habitations semblaient des palais de marbre. En face de nous, le Vésuve projetait des flocons de fumée blanche; on eût dit une volée de cygnes battant des ailes dans l'éther.

« Si je n'étais en toilette de bal, dis-je à Pascal Duprat, nous monterions dans une barque et nous ferions le tour du golfe.

— Et demain, répliqua-t-il, nous aurions des douleurs rhumatismales. »

Une pareille perspective me donna le frisson. J'allai dormir et me réchauffer dans un songe qui me fit voir une éruption du Vésuve : elle était immense et enveloppait lentement le globe entier qui se dissolvait et tombait en poussière; c'était le cataclysme de feu après le déluge de la Genèse. Tous les vestiges de l'humanité sombraient avec les cendres de la planète disparue; les vertus et les crimes, la gloire et l'infamie, avaient la même tombe et le même néant; les œuvres des artistes flottaient dans le chaos; les chants des poètes périssaient à jamais sans écho; les sentiments des êtres, l'amour, l'enthousiasme, n'avaient plus les générations successives pour se perpétuer; l e genre humain n'avait été qu'une création éphémère, un jeu fini de l'inconnu. Qui donc se souvenait de son passage à travers l'espace?

Cette vision sombre m'a frappée souvent tout éveillée; ceux qui l'ont subie savent les effets qu'elle produit; elle tarit en nous toute émotion; elle est comme une mort avant-courrière; le corps s'y pétrifie; on en périrait foudroyé si le mouvement banal des insoucieux ne venait nous heurter et nous entraîner à leur suite.

XXVI.

Les derniers jours de l'année qui finissait et les premiers d'une année nouvelle furent envahis par les distractions du monde. La mer était redevenue tranquille et le ciel radieux; je me promettais chaque matin de faire mes dernières excursions autour de Naples et avant tout celle des îles; mais une visite survenait, une causerie amicale avec la princesse de Morra, ou avec l'aimable mademoiselle Mauro (revenue à l'hôtel de Rome) me faisait oublier les heures; le soleil décroissait et me laissait à peine avant la nuit le temps suffisant pour une course dans la *strada di Toledo*, et à *la ville*, où ces dames m'accompagnaient; le soir nous allions ensemble au palais royal chez la comtesse della Rocca, à qui j'avais présenté mes deux amies.

Le 1ᵉʳ janvier est fêté en Italie par des cadeaux de bonbons et de fleurs. Toutes les provinces de Naples et de la Sicile envoyèrent au roi des caisses énormes de leurs sucreries locales; le roi étant parti, ce déluge de *dolci* retomba en ondées sur ses généraux. La comtesse della Rocca eut la gracieuse attention de m'en offrir une grande boîte accompagnée de charmants bijoux en écaille. Le matin de ce jour commémoratif, un peu triste en voyage, je fus saluée à mon réveil par un incommensurable *mazzo di fiori*[1] que me présentait *la padrona di casa*; c'étaient des violettes doubles, des roses mousseuses, des jasmins, des fleurs d'oranger et d'héliotrope, dont le souvenir me parfume encore. Une heure après je reçus un bouquet jumeau que m'envoyait Pascal Duprat. Quelques officiers garibal-

[1] Bouquet.

diens m'apportèrent des cornets et des coffrets; la princesse Morra me donna pour ma fille des pendants d'oreilles en camée de corail.

Le soir du deux janvier, pendant que j'étais au palais royal, le marquis Imperiali [1], ami du général della Rocca, vint proposer à la comtesse une promenade à Castellamare et à Sorrente.

« J'ai des permissions, lui dit-il, pour visiter le chalet du prince de Lieven et la villa du prince Fondi; ces permissions portent : *Camellias* et *Mandarines*; ce qui veut dire que vous pourrez cueillir sur place des bouquets superbes et des fruits d'or. »

Il fut décidé que nous partirions le lendemain matin à huit heures.

« Je gage qu'il sera midi, nous dit en riant le général; si les dépêches télégraphiques que je reçois à chaque instant de Cialdini [2] ne m'empêchaient d'être des vôtres, je vous forcerais bien à l'exactitude militaire. »

Le général avait prédit juste, il était midi quand nous montâmes en wagon. Nous accusâmes le marquis Imperiali de s'être fait attendre; je lui décochai en route des épigrammes rimées sur son embonpoint; il me riposta par des vers italiens qui valaient mieux que les miens; il en avait fait de forts beaux dans sa jeunesse, entre autres un sonnet sur le mont Blanc, où, embrassant du cœur l'Italie entière, il présageait son unité. Arrivés à Castellamare, nous montâmes une belle route ombragée de chênes et de châtaigniers, qui serpente sur le versant de la montagne *Quisisana*, s'élevant au nord-est au-dessus de la ville. Nous fîmes une halte au poétique chalet du prince de Lieven; le jardinier dépouilla ses plates-bandes de leurs fleurs les plus rares et nous en composa les bouquets promis. C'est bien un chalet suisse, au dehors, que cette délicieuse habitation; mais à l'intérieur c'est un palais somptueux dont les salons, ornés de statues, de marbres et de toiles de maîtres s'ouvrent sur un balcon rustique circulaire où les volubilis et les chèvrefeuilles s'enlacent aux balustres.

Dans une grande pièce tendue de damas rouge toute la paroi du fond, parallèle au balcon, est recouverte d'une immense glace qui forme un tableau magique : le Vésuve, le paysage et la partie du golfe au-dessous de Pompeï s'y reflètent et s'y groupent. Au pied

---

[1] Sénateur.
[2] Qui faisait le siége de Gaëte.

d'un large divan où l'on voudrait s'étendre est une statue du Silence ; elle semble dire à l'âme : Recueille-toi ! goûte l'ivresse des tièdes nuits étoilées !

Nous continuons notre excursion de la montagne toute revêtue de villas, de bois, de jardins en fleurs ; le ciel est nébuleux, la mer orageuse, les arbres bruissent sur nos têtes et secouent sur le chemin les feuilles d'automne ; nous arrivons au *Casino royal de Quisisana*, dont le nom et la fondation remontent à Charles d'Anjou. Rien ne reste des constructions primitives ; ces trembles séculaires ont seuls vu passer le frère de saint Louis. Nous parcourons de vastes salles modernes décorées de portraits de rois et de reines ; puis les terrasses d'où l'œil embrasse le merveilleux horizon déjà décrit. Nous redescendons la montagne et traversons quelques rues fort sales de Castellamare ; des matrones font des fritures sur le seuil des portes ; des charrons et des serruriers se démènent comme des diables au fond des forges en feu. Les chantiers du port sont en pleine activité, on y construit quelques grands navires. Nous arrivons sur une place où est l'établissement thermal. Castellamare, l'antique *Stabia*, possède douze sources sulfureuses, salines et ferrugineuses ; douze nymphes auxquelles les Romains avaient bâti pour temples des thermes magnifiques ; les bains modernes sont vastes, mais sans intérêt. A droite de la place est un bâtiment d'aspect sinistre percé d'une large et haute fenêtre cintrée comme le portail d'une église et close d'une forte grille de fer ; à travers les barreaux, des têtes à l'expression féroce se penchent pour nous regarder ; il y a là un vieillard qui secoue sa crinière blanche ; il fume une pipe ébréchée dont il nous envoie la fumée ; sa chemise entr'ouverte laisse apercevoir sa poitrine osseuse et bistrée ; un autre, moins décharné, passe son bras dans le treillis et nous tend son bonnet phrygien ; il nous demande l'aumône du ton dont l'on demande la bourse ou la vie ; un troisième, grand drôle de cinquante ans, aux yeux hardis, aux lèvres épaisses, chante à tue-tête une *cantilena*. Ils portent tous un étrange costume : une veste et un pantalon jaune serin [1] ; un seul fort beau, ayant à peine vingt ans, est vêtu de l'uniforme garibaldien ; il rit en inclinant vers nous sa tête cynique.

« Celui-là, nous dit le custode des thermes, est un des forçats

---

[1] Habit des forçats dans le royaume de Naples.

lâchés sur Naples par Francesco, quand il est parti; lui et beaucoup d'autres prirent pour déguisement la chemise rouge des braves volontaires. »

Cette fenêtre grillée qui encadre en ce moment un tableau à la Salvator Rosa, est celle du bagne de Castellamare. Les nuées livides et noires s'amoncellent dans le ciel. La nuit vient; il faut repartir pour Naples et remettre à un autre jour notre promenade à Sorrente. A peine sommes-nous en wagon que l'orage éclate, un vent glacé soulève le golfe et nous fait frissonner; le marquis Imperiali entonne un hymne à l'hiver qui, prétend-il, rend alerte, allége le cerveau, aiguise l'appétit; à nos plaintes sur le froid aigu, il répond par des plaintes d'une faim canine.

« Avec votre corpulence, marquis, lui répond la comtesse della Rocca, on peut jeûner huit jours sans faire pitié. »

Arrivés au débarcadère, nous trouvons une voiture du palais; toutes les voitures de l'ancienne cour de Naples, calèches et landaus, sont tellement étroites, qu'on y étouffe à quatre. L'ampleur du marquis nous fait pousser un cri quand il s'assied en face de nous. Je lui lance cette stupide improvisation :

> Cesse de crier pâture,
> Robuste Imperiali,
> Ton corps, pour notre torture,
> Remplit toute la voiture,
> Quoiqu'il ne soit pas rempli.

Le marquis riposte aussitôt :

> Dans ma solide stature
> Tu m'oses déprécier,
> Toi, trompeuse créature,
> Qui n'es qu'une boursouflure
> De crinoline et d'acier.

Je lui réponds de nouveau, il réplique et ces grosses bêtises nous donnent jusqu'au palais un de ces fous rires bienfaisants dont Michelet dit excellemment : « Le rire est une fonction essentielle de notre nature; comment porter la vie si nous ne pouvons rire tout au moins parmi nos douleurs? » Pascal, à bout d'arguments, conseille de *s'abêtir* pour croire. La recette est de temps en temps nécessaire pour vivre sans trop de désespoir.

La gaieté de la route continua pendant le dîner; en nous séparant nous prîmes jour pour aller à Sorrente.

XXVII

Comme contraste la journée du lendemain fut véritablement funèbre; dès le matin la pluie commença à tomber par cascades et dura jusqu'à minuit; le ciel gris et bas rappelait le ciel de Londres; le golfe ressemblait à un débordement de la Tamise; le quai désert était à moitié submergé. Pas une visite n'interrompit pour moi l'ennui des heures glaciales et lentes. Je me mis à lire, puis à écrire; l'engourdissement me gagna; je regardai à travers les vitres sans découvrir un passant : à peine quelques voitures s'aventuraient-elles par intervalles. Les Napolitains ont peur de la pluie. Une journée pareille dans les capitales du Nord, n'empêche ni le va-et-vient des affaires, ni celui des distractions; mais dans la ville de la gaieté, de l'azur éternel et du soleil permanent, c'était comme un désastre public; les riches se calfeutraient dans leurs palais; les pauvres dans leurs bouges. J'entendis tout à coup une psalmodie nazillarde accompagnée d'un tintement de clochettes; je me levai et vis défiler un étrange cortége à travers la nappe d'eau qui inondait *Santa Lucia :* un prêtre s'avançait couvert du surplis et de l'étole; il était abrité par un bedeau sous une sorte de parapluie chinois en damas rouge sur lequel des bandes de soie jaune décrivaient une roue; devant le prêtre marchait un desservant tenant le calice où était l'hostie consacrée. Un autre desservant revêtu d'un surtout rouge bordé de jaune, à travers lequel on apercevait ses habits crasseux, étendait ses bras en croix en agitant des sonnettes; un autre portait une boîte renfermant le coton et l'huile sainte; un troisième, des fioles contenant l'eau bénite. Tous ces hommes, plus burlesques que recueillis, passèrent à pas précipités; ils chantaient et se démenaient avec les gestes qu'on prêtait autrefois aux possédés du diable. Ils allaient porter l'extrême-onction à un mourant. Je m'imaginais que le parapluie chinois ne couvrait le prêtre que pour le préserver de l'orage, mais les jours suivants je rencontrai plusieurs de ces cortéges en plein soleil et le même parapluie y figurait. Je m'étais à peine éloignée de la fenêtre que j'y fus rappelée par un chant plus nourri et plus triste; cette fois, point de clochettes, seulement un chœur prolongé de voix qui chantaient le *Miserere*; c'étaient des intonations sépulcrales sortant sourdes et graves de dessous la cagoule des confréries. Le mort qu'on menait en terre devait être un riche; il était précédé d'un char vide à panneaux dorés et couvert de vives peintures. On eût dit une voiture de gala des anciennes cours; aux quatre coins de l'impériale se dressaient de grands panaches blancs et noirs que la pluie faisait pleurer. Les prêtres assis dans ce pompeux carrosse avaient des mines réjouies; venait ensuite la bière recouverte d'un drap en velours pourpre garni d'une crépine d'or; quatre hommes vêtus de rouge la portaient sur leurs épaules; en Italie le rouge remplace le noir dans les enterrements; c'est comme un dernier flot de sang qui survit et une dernière lueur de soleil qui réchauffe. Par un beau jour il n'y a rien de funèbre dans ces convois excepté les pénitents qui les accompagnent; il y en a de blancs, de bleus et de noirs; les blancs et les bleus portent des cierges allumés; les noirs de petits drapeaux qu'ils balancent comme des chasse-mouches. C'est, assure-t-on, pour éloigner Satan et préserver l'âme du défunt de ses griffes. Ces longues files d'hommes aux visages cachés, dont les yeux seuls flamboient, ont quelque chose d'effroyable et de solennel; on rêve des têtes de morts sous ces masques; au moyen âge on y rêvait des têtes de démons. Ce jour-là, la pluie nuisait à la fantasmagorie; en collant la toile sur les traits elle en faisait saillir la face humaine. Ce second cortége se hâtait en désarroi comme le premier. Dans l'un et dans l'autre tous ces hommes mouillés et grelottants semblaient dire : « L'agonisant a chaud dans son lit, le mort est à couvert dans sa bière, ils se moquent de nous. » Ma pensée leur répondait : « Ils sont les vains jouets de forces obscures, ils suivent fatalement l'impulsion de l'impénétrable Moteur; où il avait mis la vie, il la décompose; il absorbe en lui, monstrueux et terrible, tous les rayonnements passagers. Qui sait s'il n'est pas la terre elle-même, la nature féconde s'engraissant de la mort et en tirant la résurrection permanente des arbres, des moissons, des fruits, des fleurs, des sources, du feu, de la lumière, de l'azur, des astres, de l'air palpable? Quand vous portez les cadavres aux cimetières, la face découverte et rigide, ils n'entendent pas le bourdonnement des mouches qui rasent leur front; ils ne sentent pas leur piqûre, pas plus qu'ils ne respirent les parfums des fleurs dont vous les couronnez; mais quelque chose d'eux passe dans ces insectes qui les touchent et, de la guirlande brisée, qui les suit dans la fosse, un peu de poussière se forme qui se mêle à la leur; cendres des êtres et des plantes composent la couche éternelle où la végétation et la création survivent et s'agitent. Vie germant dans la décomposition! esprit flottant dans la matière! qui peut affirmer que vous ne récelez pas en vous le grand problème inexpliqué? »

Tandis que le front appuyé contre les vitres glacées, je me perdais dans ce tourbillon d'idées, la nuit tombait lugubre sur le golfe et sur la ville. Une *cameriera* entra dans ma chambre, portant deux bougies allumées; elle me rappela qu'il était temps de faire ma toilette. J'étais engagée à un grand dîner chez la marquise Salza; j'avoue que la perspective d'une soirée de causerie, de chaleur, de lumière et même de bonne chère ne me déplaisait pas après les heures sépulcrales que je venais de passer. La marquise m'avait réunie à madame Mancini, à Poërio, à Leopardi, aux deux frères Romano et à M. Mana qui avait été un des ambassadeurs envoyés par François II à Victor-Emmanuel; esprit libéral et droit, M. Mana sut obtenir l'estime des Piémontais et des Napolitains. Je connus aussi à ce dîner M. Nisson, qui avait épousé cette charmante princesse Vogoridès dont la haute société parisienne se souvient encore. Souffrante depuis plusieurs années madame Nisson était venue chercher à Naples sa guérison; elle y mourut tout à coup; ce deuil récent jetait sur la conversation naturellement vive et enjouée de M. Nisson une ombre mélancolique. Arrivé de Paris depuis quelques jours il nous raconta les derniers bruits politiques et les anecdotes de la cour. C'était pour moi un écho de ce monde si bien oublié. J'avais beaucoup vu à Londres madame Musurus[1], sœur de madame Nisson et je m'étais liée aux Pyrénées avec la princesse Vogoridès, sa belle-sœur; je fis prompte connaissance avec M. Nisson qui depuis son veuvage habitait le consulat de Russie en face de l'hôtel de Rome.

La marquise de Salza me croyant toujours *adorée* de Liborio Romano l'avait placé à table à ma droite. Il fut d'abord un peu embarrassé de mes plaisanteries; je finis par lui laisser sa liberté de pérorer en me tournant vers mon voisin de gauche. Je vis là pour la dernière fois le fallacieux ministre de François II.

M. Mancini manquait à ce dîner; il était depuis deux jours à *Mola di Gaeta* où il visitait les travaux de siége. Ce siége qui n'en finissait

---

[1] Femme de l'ambassadeur de Turquie.

pas, attristait Naples; on espérait chaque jour le départ de la flotte française; en attendant la réaction s'organisait dans la ville et dans les environs; on soupçonnait plusieurs généraux napolitains démissionnaires d'en faire partie. Les centres de réunion des conjurés étaient dès cette époque les couvents; les prêtres et les moines s'efforçaient d'agiter le peuple en lui faisant croire que Victor-Emmanuel n'avait quitté Naples la nuit que pour emporter plus facilement les trésors des églises, les reliquaires en pierreries, les châsses des saints et les vases des autels. L'imposture était flagrante; il eût été facile de la constater en exigeant l'exhibition de ces richesses sacrées; mais les prieurs des couvents et les curés des paroisses les tenaient sous clefs; ils eussent été capables de les dérober eux-mêmes pour prouver qu'elles n'existaient plus. Une petite partie du peuple grossière et superstitieuse acceptait toutes ces fables, la partie plus saine, plus éclairée et plus nombreuse regrettait Garibaldi; les gouverneurs piémontais qui se succédaient à Naples n'avaient pu le remplacer; ils n'avaient rien de son prestige. La foule le désirait et l'appelait comme un réparateur; à chaque démonstration patriotique qui se faisait sur les quais, le nom du grand absent retentissait. Par intervalle arrivait de Caprera une proclamation aux Napolitains, Garibaldi leur disait : « Mon âme est restée parmi vous, souvenez-vous de mes doctrines, soyez dévoués à la patrie commune et fidèles au roi que vous avez élu. » Cette voix était écoutée, mais on aurait voulu l'entendre de plus près, revoir le visage aimé, presser les mains martiales. Qui peut nier après les deux ans d'agitation stérile qui suivirent, et qui se continuent, que maintenir à Naples Garibaldi à la tête de son armée de volontaires n'eût été pour les provinces méridionales un élément de force et de paix ? Le héros eût trempé à la guerre et au patriotisme ces populations indisciplinées ; il eût fait des hommes et des citoyens de ces sujets flottants et énervés de tant de rois indignes. Il n'y avait pas à craindre que la tentation du pouvoir égarât Garibaldi, sa loyauté idéale et son désintéressement répondaient de sa fidélité ; faire d'un tel homme, devenu l'idole d'une plèbe aveugle, l'enseignement vivant du courage et de l'honneur eût été un coup de fortune pour la renaissance de l'Italie. Le roi et M. de Cavour ne durent pas renoncer volontairement à cet appui qui les étayait; ils y furent sans doute contraints par les exigences étrangères.

Tandis que des ferments de trouble se répandaient sourdement à

Naples, je continuais mes promenades dans les environs; la rencontre des bandes de brigands armés n'était pas encore à redouter; quelques groupes de révoltés, aussitôt dissipés, avaient seuls tenté d'agiter les Abruzzes, le reste du royaume était tranquille. La comtesse della Rocca vint me chercher un matin pour aller à Portici visiter les fabriques de soieries et de rubans. Cette industrie, comme toutes les autres, est restée à Naples en arrière de plusieurs siècles sur les produits français. Toutes ces étoffes de soie sont à bas prix, mais elles se coupent et se fanent à peine portées. Les damas et les taffetas brochés ont des dessins baroques; les fantaisies déliées, les ornementations grecques des fresques de Pompeï n'y sont jamais reproduites, et le goût moderne de nos fabriques de Lyon ne s'y trouve que gauchement imité; les rubans à couleurs voyantes de Portici ne plaisent qu'aux pauvres villageoises; Sorrente seule tisse des écharpes dignes de tenter les Parisiennes. C'est là la plus humble des tentations de cette ville embaumée. Depuis que j'étais à Naples chaque fois que je longeais *Santa Lucia, le quai de Chiaja* et la *promenade de la ville*, Sorrente, groupée sur ses rocs d'azur en face, de l'autre côté du golfe, m'attirait comme une contrée magique. Enfin une froide mais radieuse journée d'hiver nous permit de parcourir cette féerie et d'en toucher les enchantements; la comtesse della Rocca me convia à cette excursion en compagnie de sa fille aînée, du député Cornero, du fringant marquis Imperiali, du général della Rocca et de ses aides de camp. Le général se donnait ce jour de vacance; il était tout joyeux d'un grand coup de filet où avaient été pris la veille huit généraux bourbonniens qui conspiraient; plusieurs furent arrêtés dans un couvent voisin de Castellamare; des lettres de Gaëte, contenant des ordres et des listes de conjurés, se trouvèrent sous la robe d'un moine; la razzia des affiliés fut complète et produisit une sécurité passagère. Le général écrivit sur mon carnet les noms des huit généraux arrêtés; j'hésite à les publier, plusieurs de ces conjurés de la tyrannie peuvent s'être convertis au patriotisme et servir à l'heure qu'il est dans l'armée italienne. Après avoir entendu le récit du général, M. Cornero nous raconta qu'il s'était trouvé la veille en soirée avec plusieurs mécontents de la noblesse napolitaine, trompés dans leurs espérances de places et de faveurs. Quelques-uns s'étaient écriés :

« Si Turin ne nous satisfait point nous romprons l'unité!

— Vous l'avez votée librement, leur avait répliqué le député piémontais, vous nous avez appelés comme des libérateurs, nous avons versé notre sang et nous le versons encore pour vous affranchir, mais sachez que nous saurons vous contraindre à tenir le pacte souscrit; nous sommes des cerveaux mathématiques, des esprits réfléchis; ce que nous voulons, nous le voulons bien, et finissons toujours par l'accomplir.

— Et que vous ont-ils répliqué? demandai-je.

— La plupart n'ont soufflé mot; quelques-uns m'ont traité d'Anglais; je leur ai répondu qu'ils m'honoraient en croyant me faire injure. »

Les épisodes et les enchantements de la route mirent bientôt trêve à notre conversation politique; je me souviens qu'à la station de *Torre del Greco* nous vîmes une douzaine de petits mendiants qui barbotaient dans la grève mouillée, et dont le plus grand pouvait avoir cinq ans; des chemises en lambeaux les couvraient à peine; leurs bras, leur poitrine et leurs pieds, que venaient battre les vagues, étaient nus, une croûte de vase formait à leurs jambes des brodequins; ils se mirent à hurler vers nous : *la buona mano !* A chaque *carlino* que nous leur jetions du haut du parapet, et dont quelques-uns rebondissaient dans la mer, c'était une lutte acharnée; corps et têtes se mêlaient, ne formant plus qu'un tout bizarre; je vois encore un petit garçon chétif, à chevelure rousse hérissée, qui faisait la roue dans l'eau : sitôt qu'il avait saisi une pièce de monnaie, il se redressait sur ses jambes grêles, agitait en l'air ses pauvres bras amaigris et criait : *Viva Garibaldi!*

Au débarcadère de Castellamare nous trouvâmes la nuée des mendiants citadins; des femmes à qui le nez et un œil manquaient, des hommes ayant des chancres hideux au visage, des vieillards étalant des tumeurs au genou et marchant sur des béquilles, se pressaient là par centaines.

« Cette population infecte me gâte les enchantements du golfe et du paysage, me disait le général della Rocca; je préfère mon cher Turin avec ses rues propres et alignées, avec ses habitants soigneux d'eux-mêmes, à tout ce royaume de Naples dont le peuple me fait horreur.

— Il faudrait dire pitié, général; gardons notre répulsion pour les rois et les moines qui ont tout fait ou laissé faire pour avilir ces pauvres êtres. »

Nous montâmes dans deux calèches découvertes pour aller à

Sorrente, et bientôt la beauté saine des contadini nous fit oublier la population dégradée des villes. Les hommes que nous rencontrions portaient sur leur tête expressive le bonnet phrygien en laine rouge; une veste courte serrait leur taille élancée; le type des femmes était charmant; la douce placidité de la physionomie tempérait la flamme des yeux noirs : des jupes laissant voir les jambes jusqu'au dessus de la cheville, des corsets en drap rouge ou jaune, des fichus de couleur formant capulets, des pendants d'oreilles et un rang de perles en corail décrivant un cercle de sang autour de leur cou sculptural, composaient leur pittoresque costume.

La route que nous suivions était bornée à droite par le golfe, de l'autre côté duquel s'étageaient Naples, Pausilippe, le cap Misène, et au delà Procida et Ischia; à notre gauche c'étaient de hautes montagnes calcaires, la plupart nues, et quelques-unes abritant dans leurs anfractuosités, des couvents, des villas et des bouquets d'arbres. Le joli village de *Vico* nous apparut bientôt assis au bord de la mer, sur son rocher dans lequel les flots ont percé une grande grotte; ici les montagnes sont ouvertes par une étroite vallée, où s'enchevêtrent des ravins plantés d'oliviers, d'orangers et de peupliers qui bruissent; au-dessus de la chaîne que nous rasons s'élève le mont Saint-Angelo[1], dont les trois pics gigantesques dominent la contrée. Nous dépassons la *pointe de Scutolo*, contournons un tout petit promontoire, et nous embrassons du regard le joli golfe de Sorrente; à son entrée est le village de *Méta* avec ses deux petits ports. Les voitures roulent à travers le *piano di Sorrento*, terre élue de la nature, où les villages, les églises, les maisons de campagne se nichent dans des ravins verdoyants, dont la végétation, éternellement printanière, fermente et fleurit embaumée entre le double azur du ciel et du golfe. Les grands bois d'orangers, pliant en ce moment sous leurs fruits d'or, se massent dans l'étendue; sur les rochers perpendiculaires qui bordent la mer trônent de riantes villas; celle du prince Fondi est une des plus belles. Nous la visitons avant d'entrer dans Sorrente. L'habitation est somptueuse, un portique à colonnes l'entoure comme les maisons antiques; le vestibule et l'escalier sont en marbre blanc, les salons et les galeries avec leurs gais plafonds à fresque, regorgent de tableaux et de statues; mais ce qui

---

[1] Ne pas confondre avec le mont Sant' Angelo, couronnant le village de ce nom, voisin de Capoue, et dont j'ai parlé.

me ravit, ce sont les terrasses et les jardins, où de hauts camellias à fleurs roses, blanches et pourpres dessinent des allées, où les arbres à mandarines s'inclinent sur nos têtes, et nous convient à cueillir à même les fruits délicieux qui parfument l'air. Un jardinier en remplit pour nous deux jolis paniers en sparterie, tandis qu'un autre nous fait deux gros bouquets. Je côtoie un petit bois qui forme la limite des jardins, et je regarde émerveillée une gorge ombreuse, précipice attractif qui rit à cent pieds au-dessous de moi. Du côté où je suis tout est verdure, fruits et fleurs; de l'autre côté la roche est nue, une arche haute et creuse s'y dessine, c'est l'ouverture d'une grotte qu'on dirait pleine jusqu'aux bords de tas de blés murs; ce qui, à distance, paraît du grain amoncelé, est toute une récolte de mandarines; de petites barques contournent la base du roc, et viennent charger à l'entrée de la grotte la riante moisson.

Les rues de Sorrente sont propres et aérées; tout à coup, à l'angle d'une maison, on trouve une madone ou un saint, peint à fresque, qui vous salue. Nous achetons en passant quelques écharpes de soie tissées par des femmes, puis des coffrets, des corbeilles, des pupitres, des couteaux à papier en bois de citronnier et de rose, où des décorations en bois noir simulent des mosaïques représentant des pêcheurs et des *contadine*, qui dansent au milieu d'un cadre d'arabesques. Cette élégante industrie est encore une des grâces de Sorrente. Nous arrivons au bord de la mer, à l'*albergo del Tasso*. Le grand persécuté naquit dans une maison voisine; on en montre des vestiges incertains; on fait voir aussi la maison de la sœur du poëte où il vint frapper un soir déguisé en pâtre, sortant de sa longue prison courbé par une vieillesse anticipée, amaigri, chancelant, l'âme encore plus brisée que le corps. Oh! le regret de ces chers rivages, de ce firmament azuré, de cette mer caressante, de ces habitants joyeux et doux, qui participent de l'aménité de la nature, comme il dut mieux les sentir au retour! A quoi bon avoir quitté tout cela? nulle part il n'a retrouvé le sourire et le soleil de cette terre natale qu'il évoquait désespéré dans les cachots de la marécageuse Ferrare! Tandis que l'hôtelier de l'*albergo del Tasso* nous fait parcourir les chambres d'où l'on embrasse le golfe entier, que le Vésuve fume au fond à droite, que Caprée projette à gauche le sommet de ses pics dans l'éther et nous convie à sa grotte d'azur. Naples s'empourpre et s'illumine, en face, des lueurs du soleil couchant. Je m'enivre une fois encore, avec une sensation toujours plus vive, de la beauté de ce spectacle, dont la description réitérée pourrait fatiguer mes lecteurs. Qu'il serait délectable d'avoir un gîte dans cette attrayante auberge ou dans celle des Sirènes, assise un peu plus loin, sur le même rivage, sous les camellias et les orangers! elle emprunte son nom à l'antique Sorrente, appelée la ville des Sirènes. Au détour voisin du cap Campanella sont les îlots qu'habitèrent les nymphes fallacieuses redoutées du sage Ulysse; si nous pouvions gravir les *Conti delle Fontanelle* et *di Cermenna*, collines verdoyantes dont les sommets se découpent devant nous, nous découvririons l'étendue éblouissante des deux golfes de Salerne et de Naples; nous aurions à nos pieds les petites îles de ces magiciennes qu'Homère[1] a chantées; il faut remettre à un autre jour ce spectacle. La nuit vient, les télégrammes quotidiens du *mola di Gaëta* attendent le général. Nous dînons en arrivant au palais; ces réunions peu nombreuses sont charmantes; la comtesse de Castiglione, mère de madame della Rocca, les anime de sa verve mordante; sa tête brune, toujours séduisante, atteste sa beauté, dont Gênes et Turin parlent encore; sa taille est restée si svelte et si jeune qu'on la prendrait pour la mère de ses petits enfants; elle n'aime plus que leur compagnie; elle nous raille sur ce qu'elle appelle nos journées de *marche forcée*; rien ne la séduit; ni les rivages enchantés, ni les merveilles antiques de Pompéi, de Pouzzoles et de Pæstum; la comtesse de Castiglione m'a prouvé qu'on peut avoir l'esprit le plus étincelant du monde sans sentir la nature, la poésie et l'art. Son fils aîné, officier de mérite et chasseur intrépide, arrive chaque semaine au palais apportant les victimes poilues et emplumées qu'il a faites; chevreuils, lièvres, perdreaux, bécasses, défrayent la table hospitalière du général.

Le lendemain de cette promenade à Sorrente, je dîne chez la princesse de Morra, qui habite le beau palais *Stigliano*, rue de Tolède. Je fais la connaissance du prince de Morra, homme sérieux, aux manières courtoises : quatre enfants charmants, quatre fils, dont l'aîné a dix-sept ans, se groupent auprès de leur jeune mère; les portraits du comte général Manhès et de sa femme, la princesse Pignatelli sourient sur les tentures du salon qui nous réunit. Survient le brave colonel Fabrizzi (que j'ai connu à Turin chez les Mancini); il porte en écharpe son bras fracturé dans une des batailles

[1] Homère place les îles de Sirènes dans le voisinage de la Sicile et Virgile dans le golfe de Salerne.

de Garibaldi; je serre avec émotion sa main gauche, la seule qu'il puisse mouvoir.

« En attendant que le dîner soit servi, me dit la princesse, je veux vous montrer quelques belles armes de mon père et les bijoux de ma mère. »

Elle ouvrit une vitrine où étaient les sabres et les pistolets d'honneur donnés au général Manhès par le roi Murat; à côté brillaient les parures héréditaires de diamants, de saphirs et de corail rose. Je remarquai parmi ces joyaux une jolie montre à caisse d'émail bleu, avec des chiffres en perles fines et brillants surmontés d'une couronne royale.

« A cette montre, me dit la princesse, se rattache un de ces traits charmants qui faisaient adorer la reine Caroline; elle succédait sur le trône à l'autre Caroline, l'Autrichienne, exécrée, terreur et mépris du peuple, qui avait coutume de dire : *La prima Carolina era un diavolo d'inferno, l'altra è un angelo del paradiso.* Ma mère, poursuivit la princesse, était première dame d'honneur de la reine Murat; mariée à quinze ans, elle apparut à la cour avec la timidité de l'adolescence. Un jour elle se fit attendre pour un dîner d'apparat; le roi, la reine et tous les convives étaient à table quand ma mère entra; comme elle s'avançait tremblante auprès de la reine, celle-ci lui dit, en affectant un air grave :

« C'est mal, fort mal, ma chère; pour que cela ne vous arrive plus, voici ma montre; gardez-la, elle vous rappellera l'heure.»

— J'ai aussi mon bijou historique, ajouta la princesse en me désignant un bracelet qu'elle portait; ouvrez ce médaillon. »

Je fis jouer un petit ressort qui fermait un cœur en argent où se trouvait une mèche de cheveux et le portrait de Garibaldi.

«Ceci me vient du Libérateur, reprit la princesse; c'est ma relique à moi, je ne la quitte jamais. »

Après le dîner nous allâmes au théâtre français, où la princesse avait une loge; la même troupe que j'avais vue à Turin et à Florence donnait des représentations à Naples; acteurs et pièces étaient médiocres, pourtant quelques plaisanteries bien tournées nous divertirent.

« Il n'y a d'amusant que la verve française, me dit la princesse qui adore Paris.

— Celle de votre Polichinelle me tente beaucoup plus, repartis-je.

— Nous irons un jour à *San Carlino*, répliqua-t-elle, mais je vous avertis que vous serez déçue. »

Le jour suivant, par un beau soleil, la comtesse della Rocca, le général et notre fidèle Imperiali vinrent me chercher pour parcourir la *strada nuova Vittorio-Emmanuele*. Cette promenade nouvelle domine toutes les hauteurs de la *riviera di Chiaja*; parvenus au bout du quai de ce nom, on monte une pente abrupte, et l'on arrive à une belle route bordée à gauche par des villas, et à droite par le vaste quartier de Chiaja aux maisons étagées que coupent çà et là des jardins et des terrains incultes. De ce point culminant on embrasse toute l'étendue du golfe. Des bandes de paysannes d'Ischia travaillent aux terrassements de cette longue *strada reale*; quelques-unes sont fort belles; pieds nus, en jupon de toile écrue serré à la ceinture par leur corset rouge, les bras levés et arrondis elles soutiennent sur leur tête des corbeilles pleines de terre; on dirait des canéphores antiques. La *strada* nous conduit jusqu'aux fondements du château Saint-Elme, et nous redescendons à Naples par les rues populeuses.

Le soir je trouve chez la comtesse della Rocca M. Fiorelli, le jeune et savant directeur des fouilles de Pompéi (recommencées depuis quelques semaines); il nous engage à aller voir les maisons nouvellement découvertes et promet au général et à la comtesse une fouille en leur honneur. Nous prenons jour pour cette attrayante excursion.

Un matin, j'ai l'agréable surprise de voir entrer chez moi madame Lardner, femme du savant docteur Lardner[1]; durant plusieurs hivers le grand monde parisien était accouru dans les salons de M. et madame Lardner, où la danse et la musique s'alternaient avec les plus curieuses expériences de la physique et de l'optique. Madame Lardner vint chez moi accompagnée de ses deux filles, beautés blanches et roses, dont l'éclat ressortait mieux encore sous leurs vêtements de deuil. Le docteur Lardner était mort subitement à Naples, il y avait près d'un an; il fut regretté des savants de l'Angleterre et de France. Madame Lardner était très-répandue dans l'aristocratie napolitaine; elle parla de moi à la princesse Saint-

---

[1] Le docteur Lardner, un des savants les plus renommés de l'Angleterre, a écrit sur toutes les sciences d'observation des traités fort estimés et qui répandaient les découvertes les plus élevées. D'autres traités, plus populaires encore s'adressaient aux gens du monde, comme les traités d'Arago en France.

Elia qui, quelques jours après, m'adressa une aimable lettre d'invitation pour ses soirées de chaque vendredi. Ces réunions sans apprêt me charmèrent; la princesse Saint-Elia y présidait avec un esprit enjoué, mélange de grâce et de cordialité; sa plus jeune fille, blonde et charmante, organisait des quadrilles avec ses compagnes; on dansait au piano. Le fils de la princesse, le duc de Noja que j'avais rencontré à table d'hôte en habit de garibaldien, était devenu un intrépide valseur. Le premier soir la princesse me présenta le comte Ferrari, un jeune poëte libéral de vingt ans, neveu du général Ferrari, qui était à Gaëte auprès de François II; le neveu rimait en ce moment une tragédie patriotique.

« Mon oncle me maudit, me disait-il en riant, et cela m'inspire. »

M. Nisson me faisait de fréquentes visites, il venait dîner souvent à l'hôtel *de Rome*; il me proposa d'aller visiter quelques-unes des plus belles villas qui couvrent la côte de Pausilippe. Nous partîmes par une matinée voilée; on se fût cru en octobre; nous étions pourtant au 15 janvier, mais les hivers de Naples, à part les jours de bourrasque, n'ont pas même les rigueurs des automnes de Paris. A peine eûmes-nous dépassé le quai de Chiaja et gravi les premières hauteurs de Pausilippe que le temps s'éclaircit. Sur le versant qui borne la route à gauche et descend jusqu'à la mer, sur les rochers qui l'encaissent à droite et montent jusqu'au ciel, partout les habitations s'étalent gracieuses ou superbes; les unes entourées de bouquets d'arbres, les autres au milieu de terrasses, de jardins suspendus, de grottes naturelles et de sources jaillissantes. Vues du golfe, ces villas de Pausilippe ressemblent à de grands décors dont on craint de voir s'évanouir la féerie. Arrivés presque à l'extrémité de la côte, à l'endroit où la route fait un coude et descend en longeant la *grotte de Sejano* jusqu'à la vallée des *Bagnoli*, nous trouvâmes la belle villa *Santa Lucia* entourée d'une grille.

« Elle est encore à moi pour un an, me dit M. Nisson; ma femme l'habitait au moment de sa mort; elle en préférait la solitude tranquille au bruit des palais de Naples; je cultivais là des plantes rares qui poussent maintenant à l'abandon. »

En parlant ainsi, il sonna à la porte de la grille, un gardien vint ouvrir. Nous marchâmes dans des allées où les feuilles tombaient, les plates-bandes étaient négligées, les carrés de boutures, de camellias et d'orchidées, aimés du maître, dépérissaient aux mains du serviteur; les cloches de verre qui couvraient les plantes plus rares étaient çà et là renversées; même incurie dans la basse-cour. La grande villa, avec ses portes et ses fenêtres closes, ressemblait à un tombeau; les hautes branches de vieux chênes verts gémissaient au-dessus; la plainte immense de la mer leur répondait d'en bas.

« Ce lieu doit vous paraître bien triste, me dit M. Nisson; pour moi, ajouta-t-il, je préfère le retrouver ainsi, inculte et comme désolé; lorsque l'âme d'une maison en est partie, il est bien que les choses pleurent et se souviennent alentour. »

Je compris qu'en ce moment, tout entier à la chère image, ma compagnie pouvait lui être importune, et pendant qu'il donnait quelques ordres au jardinier, j'allai m'asseoir un peu à l'écart sur la lisière du petit bois de chênes. Je dominais à la fois les golfes de Naples et Baïa; j'étais enveloppée par la solitude et l'immensité; leur enchantement mélancolique me retenait immobile.

M. Nisson me rejoignit et m'engagea à faire quelques pas à travers des chemins défoncés :

« Nous arriverons, me dit-il, au point extrême et culminant du cap de Pausilippe d'où la vue est plus belle encore. »

Nous marchâmes à gauche au milieu des pierres et de la fange d'un terrain abandonné; puis nous trouvâmes un grand mur croulant percé d'une porte; elle conduisait à une pauvre ferme bâtie au-dessus d'une esplanade à pic sur la mer. Cette ferme aurait pu devenir la plus pittoresque des villas, et l'esplanade, où quelques poules picoraient à travers le fumier, la plus magnifique des terrasses de toute la montagne de Pausilippe.

« Nous sommes sur la voûte de la *grotte de Sejano*, » me dit M. Nisson.

En face de nous s'épanouissait Nisida; les deux golfes se gonflaient dans les embrassements des rivages adorables dont les courbes immenses se dessinaient dans l'air. Une belle paysanne était sortie de la ferme suivie de trois enfants demi-nus. Elle parla à M. Nisson *della cara signora*, qui souvent était venue à la ferme boire du lait; *tanto bellina, tanto giovine*, répétait-elle, *è sicuro in paradiso*.

Les enfants ouvraient de grands yeux ébahis, et serraient avides dans leurs mains les pièces d'argent que venait de leur donner M. Nisson. J'aurais voulu être la fermière de cette ferme qui trônait en reine sur cette splendide étendue.

En remontant en voiture, au lieu de suivre la route qui descend dans la vallée des Bagnoli, nous prîmes celle qui traverse la croupe de Pausilippe au milieu du dédale des villas. Nous tournions le dos au cap Misène; mais je me suspendais souvent à la portière pour voir les beaux nuages pourpres et violets qui flottaient au delà de Pouzzoles; bientôt le golfe de Baïa disparut derrière nous; nous n'apercevions de celui de Naples que quelques échappées entre les interstices des parcs et des jardins, dont nous suivions les clôtures. Nous mîmes pied à terre pour visiter quelques-unes de ces habitations inspirées des somptuosités antiques; leur description détaillée fatiguerait le lecteur : c'étaient des palais de marbre aux portiques gardés par des statues; des ponts jetés sur des ravins de verdure, où les fleurs s'enroulaient comme des flots; de petits temples grecs enlacés de plantes grimpantes; des grottes et des kiosques provoquant aux rendez-vous; des belvédères sur des tertres d'où l'œil du rêveur pouvait dire au golfe de Naples : Tu m'appartiens!

« Sans la brièveté du jour, me dit M. Nisson, nous irions ainsi par les hauteurs, de villa en villa, jusqu'au couvent des Camaldules; mais la nuit arrive, le ciel est gros d'orage et le prosaïque dîner de la table d'hôte nous attend. »

Nous descendîmes à Naples du côté du château Saint-Elme, en traversant les ruelles sombres, qui ce soir-là me parurent plus infectes encore après toutes les émanations des fleurs rares dont je m'étais imprégnée. Aux courants salubres succédait l'asphyxie d'un cloaque.

XXVIII

Le prince de Carignan arriva à Naples vers le milieu de janvier (1861). Le peuple s'attendait à une entrée d'apparat : cortége, déploiement de troupes et fanfares joyeuses. Ces bons Napolitains sont de grands enfants qui ne comprennent pas encore la simplicité et le sérieux dans ceux qui les gouvernent : *Jeter de la poudre aux yeux* est un proverbe inspiré assurément par ces adorateurs du faste et du clinquant. Le prince de Carignan fit mieux que de déployer une vaine mise en scène, il alla s'établir à *Mola di Gaeta* pour y surveiller les travaux de siége et animer les soldats par sa présence : Cialdini bloquait Gaëte du côté de terre; l'amiral Persano cernait sur mer la citadelle; la flotte française en s'éloignant allait enfin permettre une attaque énergique et décisive. Les nouvelles de la place assiégée étaient la grande préoccupation publique. Chaque jour on se les communiquait à la table d'hôte de l'hôtel *de Rome*, où elles étaient apportées du camp par quelques officiers du train d'artillerie qui venaient à Naples chercher des obus et des canons. Un soir, comme je m'asseyais à table, un homme d'une haute stature, pouvant avoir soixante ans, la taille serrée d'une redingote militaire, et portant en bandoulière un petit havre-sac en cuir, me demanda la permission d'occuper une place vide à ma gauche. Je lui répondis qu'il était parfaitement libre de se mettre où il lui plairait. Son accent allemand, sa tête grisonnante, au type germanique, m'avaient tout à coup donné l'idée que ce pouvait être un général bavarois ou autrichien déguisé. Ce personnage avait la physionomie bienveillante; il m'adressa la parole et m'offrit à boire avec courtoisie; ma suspicion me tint en réserve; je ne répondais à l'inconnu que par monosyllabes, et pour éviter de lui parler je me tournai vers l'aimable mademoiselle Mauro, assise à ma droite.

« Avez-vous des nouvelles de Gaëte? me demanda-t-elle.

— Non, lui répondis-je; mais si vous voulez nous irons ce soir en demander au général della Rocca.

— Je puis vous annoncer que l'attaque sera prochaine, » nous dit M. Muttoni, commissaire des guerres piémontais, placé en face de nous.

Mon inconnu de gauche intervint :

« J'arrive, dit-il, de Gaëte; c'est une citadelle formidable, et il est certain que le roi s'y défendra longtemps.

— Vous faites de vos vœux des espérances, répliquai-je un peu brusquement; la prétendue énergie de François II s'inspirait de la flotte française; abandonné à lui-même, il fera comme il a fait à Naples, il fuira.

— Je vous assure, reprit tranquillement l'inconnu, que le roi s'ensevelira sous les décombres de Gaëte; il l'a déclaré dans une récente proclamation.

— *Words, words*, repartis-je, convaincue qu'étant Allemand il entendrait l'anglais.

— Il a d'ailleurs du temps par-devant lui, ajouta mon voisin avec flegme ; Gaëte tiendra plus de six mois.

— Gaëte sera pris avant trois semaines, » m'écriai-je, animée par la contradiction, et de plus en plus prévenue contre cet étranger.

Il eut un sourire narquois, et risposta avec calme :

« Nous verrons bien.

— Oui, nous verrons ! répartis-je en le toisant ; avant trois semaines nous verrons le drapeau italien flotter sur les remparts de Gaëte : j'en fais la gageure avec qui voudra.

— *Brava !* » me dit mademoiselle Mauro.

Tous les assistants répétèrent : *Brava !* et les officiers assis à l'autre table se levèrent pour me saluer en criant plus fort : *Brava !* Je fus très-émue et un peu confuse de ce bruyant assentiment.

L'inconnu me salua, et, sans attendre le dessert, il sortit de la salle. Ce fut alors un hourra général :

« C'est quelque envoyé de Francesco, venu à Naples pour nous espionner ! » disaient toutes les voix.

Peu s'en fallut qu'on ne courût sus à l'étranger.

Un peu de réflexion eût suffi pour nous démontrer que nous étions injustes ; un espion se fût bien gardé d'avouer qu'il venait de Gaëte et qu'il y retournait ; mais les plus nobles passions ne raisonnent point : en patriotisme comme en amour tout soupçon exalte et donne le délire.

Pendant que cette petite scène se passait, une pluie effroyable tombait au dehors ; je dus renoncer à aller au palais royal et je montai dans ma chambre pour lire les journaux du soir. J'y étais à peine assise qu'un *cameriere* vint m'avertir qu'un jeune officier, ami des aides de camp du général della Rocca, demandait à me parler. Je crus que l'aimable comtesse m'envoyait proposer quelque promenade pour le lendemain, et je reçus le visiteur : c'était un lieutenant d'artillerie, grand, svelte et blond, ayant l'air anglais.

« Je vous ai entendu tantôt à table, madame, et je vous ai crié *brava !* avec mes camarades, me dit-il ; j'ai voulu vous serrer la main avant de repartir pour *Mola di Gaeta* ; je parlerai de vous à mes amis, demain, dans la tranchée. Pardonnez-moi si je suis importun et merci encore au nom de l'armée italienne. »

Je l'engageai à s'asseoir ; il m'apprit qu'il était fils d'un père anglais et d'une mère italienne (d'une Romaine) ; il se nommait

Cloak de Balfour. Mademoiselle Mauro survint comme nous causions, et, avec une grâce caressante, elle me dit en me baisant au front :

« *Siete nostra per il cuore.* »

De pareils épisodes rayonnaient sur les journées sombres où j'étais forcée de rester au logis.

XXIX

Nous avions décidé, avec M. Pascal Duprat et M. Arnold Reinach, un Allemand libéral de ses amis qui l'avait accompagné à Naples, que nous irions à Baïa au premier beau jour. Le 19 janvier, ces messieurs vinrent dîner avec moi ; le soir, d'une des terrasses de l'hôtel, nous regardâmes le ciel : il était inondé d'étoiles si serrées et si brillantes qu'on eût dit des flots d'or. La promenade fut arrêtée pour le lendemain. C'était un dimanche, nous partîmes à neuf heures du matin ; l'air était vif ; le soleil montait sans voile dans l'éther profond ; nous fîmes une première halte au tombeau de Virgile [1], situé au-dessus de l'entrée de la grotte de Pausilippe. Ce vestige incertain, consacré par la tradition, n'a d'autre intérêt que la vue du golfe et le souvenir des pèlerinages de tous les poëtes du monde qui sont venus là évoquer l'ombre de Virgile. Pétrarque, accompagné du roi Robert d'Anjou, planta un laurier sur la tombe illusoire ; le laurier mourut après plusieurs siècles ; chaque visiteur en emportait une feuille ou une branche, si bien que le tronc se desséchа. Casimir Delavigne eut la présomption de remplacer le laurier de Pétrarque ; mais la bouture du pâle rimeur manquait de séve et n'a pas vécu. Giacomo Leopardi, le grand poëte, « l'exilé au milieu de ses semblables, » comme l'a si bien dit Antonio Ranieri [2], aimait à s'asseoir sur cette ruine ; il fit mieux que de l'ombrager d'un laurier stérile ; il murmura au spectre de Virgile des vers aussi beaux que ceux de l'*Énéide*.

Nous franchissons la grotte de Pausilippe et la vallée des *Bagnoli* ;

---

[1] Virgile avait une villa sur le mont Pausilippe, près de l'endroit où l'on place sa tombe.
[2] *Notice sur Leopardi*, par Antonio Ranieri, le même dont j'ai parlé.

par une longue journée d'été, nous aurions pu monter à âne la chaîne des monts qui clôt la vallée au nord-ouest, arriver au couvent des Camaldules et de sa belle terrasse, couverte de lauriers, embrasser les deux golfes de Naples et de Baïa et les champs Phlégréens décrits par Virgile, puis visiter le lac *Agnano*, les *Stufe di San Germano*, où les goutteux vont chercher leur guérison, et la *grotte du Chien* (sur les bords du lac Agnano). « Il en sort, dit Duclos, une vapeur subtile qui suffoque en un instant. On fait l'épreuve d'y mettre un chien, qui, après quelques contorsions, perd l'usage de tous ses sens. On le jette dehors comme mort; ensuite on le plonge dans le lac, d'où, en un instant, il sort nageant et aboyant; on dit qu'on a fait l'expérience sur des hommes et divers animaux, ce qui a produit le même effet [1]. »

L'hiver nous mesure la lumière, et cette courte journée nous suffit à peine pour bien voir les entours de Baïa. Nous traversons Pouzzoles sans nous y arrêter ; la voiture roule dans une plaine basse appelée la *Starta*, formée récemment par des dépôts sous-marins; ce n'était autrefois qu'une falaise battue par la mer. Nous avons devant nous le *monte Barbaro* (mont Gaurus des Romains), et le *Monte Nuovo*, revêtu de vignes, qui jaillit de terre il y a trois cents ans; le sol s'ouvrit tout à coup près du lac *Lucrin* : un volcan caché vomit du feu, des pierres, de la lave; cette triple éruption inonda Pouzzoles, couvrit la vallée des *Bagnoli* et s'étendit jusqu'à Naples ; le *Monte Nuovo* en surgit, mais une partie du lac *Lucrin* fut comblée; les ruines de la *villa d'Agrippine*, que les eaux reflétaient, disparurent dans ce cataclysme. Nous apercevons à distance ce qui reste de ce petit lac dont Martial a célébré les huîtres exquises. La mer est tout proche, et le lac Averne est voisin. Oh! le joli lac aimable et tranquille! son bassin rond fut un cratère; des marronniers, des orangers et des vignes l'enserrent; on dirait un immense diamant serti d'émeraudes et d'émail. Quelle bouche souriante de l'enfer [2]! elle nous appelle, nous cédons à son aménité et cherchons sur ces bords les temples évanouis de Mercure et d'Apollon. Çà et là, de grands blocs de pierre, que les eaux caressent, sont enlacés par les pampres et les folles branches ; des sarcelles rasent la surface, plongent, battent des ailes et narguent Pluton; le pauvre dieu mort

---

[1] Duclos, *Voyage d'Italie*.
[2] C'est au lac Averne (qui fut d'abord le cratère d'un volcan éteint) que Virgile plaça la descente d'Énée aux Enfers.

a perdu son haleine de soufre, qui tuait au vol les oiseaux antiques. Nous laissons au sud la *grotte de la Sibylle*, devenue un souterrain fangeux. Il y avait là des thermes admirables aux salles peintes à fresque comme à Pompéi. Mes compagnons de route repeuplent les lieux que nous parcourons des figures de l'histoire et des êtres créés par la poésie. M. Pascal Duprat me cite Virgile et Cicéron; M. Arnold Reinach, les archéologues allemands dont les écrits ont éclairé l'antiquité. Un monde évanoui revit pour moi; les temples se relèvent, les villes s'animent.

En quittant le lac Averne, au lieu de suivre la route de Baïa, nous faisons un détour à droite pour aller au lac *Fusaro*. En franchissant un tertre appelé le *Scalandrone*, nous passons sous une grande arche romaine; c'est un débris de la villa où Cicéron reçut Auguste, quand il revint d'Athènes, après la mort de César. Un joli pavillon moderne s'élève au milieu du lac *Fusaro* à côté du dépôt d'huîtres; une barque nous y mène: je me tiens debout pendant la traversée, qui dure trois minutes. Les eaux tranquilles sont pailletées d'étincelles; le ciel, d'un azur uniforme, s'y reflète éclatant; à gauche, sur la rive ouest, ondule une colline revêtue d'un bois sombre, un château à tourelles se détache sur le fond des arbres; c'est une décoration qui ravit les yeux. Je demande au batelier le nom du château, il me répond: *parco reale*. Je m'imagine que c'est *Astroni*, rendez-vous de chasse royal; mais ces messieurs, *Guide* en main, m'affirment qu'*Astroni* est près du lac Agnano; je garde mon doute et le laisse au lecteur. Nous voilà dans le dépôt d'huîtres; nous en choisissons vingt douzaines pour les emporter à Baïa, où nous comptons déjeuner; sur le lieu même nous en humons quelques-unes, elles nous semblent délicieuses et d'une saveur plus fine que celles d'Ostende.

Nous remontons en voiture et longeons bientôt, à droite de la route, un petit lac qui fume; ce sont les bains de *Tritoli*, dont les eaux communiquent avec les *stufe di Nerone*. Ces thermes du voluptueux César creusés dans le roc sont alimentés par des puits profonds d'eaux sulfureuses; on y pénètre à travers un passage étroit et sombre que nous renonçons à franchir; tout est solitude à l'entour des *stufe*, terres incultes, marais aux flaques d'eaux chaudes. En sortant de Pouzzoles nous avons rencontré quelques *contadini* marchant au bord des chemins dans leurs habits du dimanche; mais du lac Averne au lac *Fusaro*, pas un être vivant ne s'est montré. Au détour des *stufe* nous trouvons un grand roc nu sur lequel un troupeau de chèvres blanches et noires est suspendu par grappes serrées comme le raisin à un cep desséché. Un petit berger en haillons est assis parmi ses bêtes; ses pieds poudreux se balancent au-dessus de la route. Il chante et agite en mesure un bâton qu'il tient à la main. Au delà de ce roc, l'anse arrondie du golfe de Baïa où sont les ruines des temples et des villas antiques nous apparaît tout à coup. Nous sommes un instant éblouis par l'intensité de la lumière qui se répercute dans les flots. Elle détache en nettes saillies les contours des rives, les débris des monuments, les plis de terrain, les arbres et jusqu'aux découpures des plantes; nous avons à gauche la voûte rompue du temple de Diane, d'où retombent les branches des figuiers, les folles vignes, les fleurs d'églantiers et les touffes de roquettes; on dirait un voile oublié de la déesse en fuite. Du même côté, plus près du rivage, sont quelques pans de murs de la villa de Jules César : à droite s'élèvent les constructions improprement nommées *le temple de Mercure*, ces grandes salles voûtées, à moitié écroulées, abritaient des thermes; les conduits des eaux subsistent encore; une pièce ronde est presque intacte; des groupes de pins d'Italie bruissent au-dessus. Une musique plus sonore retentit tout à coup; deux jeunes filles jouant des castagnettes sont accourues du pauvre village de Baïa en nous apercevant; un homme sonnant du tambour de basque les accompagne, une vingtaine de mendiants et de mendiantes de tout âge leur fait cortège; la troupe envahit l'enceinte boueuse des ruines. Les deux jeunes filles, vêtues du pittoresque costume des paysannes d'Ischia, commencent à danser la tarentelle; l'une est timide et gauche, l'autre, fougueuse, robuste, grande, hardie, aux lèvres pourpres, aux dents blanches, aux longs yeux noirs dont les cils frangés voilent par moment l'éclat. Elle jette à mes deux compagnons des regards provocants; de sa main nerveuse, où crient les castagnettes, elle agace en tournoyant le joueur de tambour de basque, pince ses doigts parcheminés et son menton sans barbe en répétant: « *Presto ! presto ! povero vecchio !* » Celui-ci, grêle et pâle, ressemble à une vieille naine ridée; son torse chétif flotte dans une veste bleue. « *È un castrato di Roma* » nous dit le guide. Ce pauvre être remplit à Baïa la double fonction de ménétrier et de maître d'école; ses petits yeux gris et sa bouche vide grimacent le rire, tandis que la danseuse le lutine: « *Pace, pace*, lui dit-il, *o non ti cerco più ricchi signori inglesi.* »

Ces derniers mots nous font comprendre qu'il exerce un troisième et peu honorable métier. L'ardente jeune fille s'appelle Adriana; ce nom antique sied à sa beauté. La tarentelle achevée, elle nous fait trois révérences en nous tendant son tablier; ces messieurs y jettent une poignée de carlins; aussitôt la nuée de mendiants s'abat sur nous, en exclamant à l'unisson : *E noi, e noi pure, la buona mano !* Ce chœur nous escorte jusqu'au petit hameau de Baïa, qui s'échelonne sur le versant d'un tertre à côté des ruines d'où nous sortons. Un peu plus loin, sur un étroit monticule, s'avançant en saillie dans le golfe, se dresse le temple octogone de Vénus. Le ciel, en passant par ses huit fenêtres, les tend de rideaux d'azur; la voûte et l'architrave écroulées sont remplacées par une verte couronne de ronces enchevêtrées. Avant de faire le tour du temple, dont le culte amollit l'antique Baïa, nous songeons à déjeuner. L'humble *osteria* du misérable hameau est suspendue en face du golfe, au-dessus d'une petite terrasse taillée dans le rocher même.

Ces messieurs font dresser la table sur la terrasse, et je furète un moment dans la cuisine et les deux chambres à plusieurs lits très-hauts, couverts de baldaquins, qui composent toute l'hôtellerie; une des chambres est pour la famille, l'autre pour les voyageurs. Des images enluminées de madones et de saints sont clouées aux murs blanchis à la chaux; des tas de blé prêts à moudre remplissent les angles du plancher; aux poutres du plafond se balancent jambons, boudins et saucisses. Cette maison me rappelle les fermes provençales. J'entre dans la cuisine, où une vieille fort sale nous fait une omelette; une de ses filles ouvre nos huîtres de *Fusaro;* une autre dispose sur un plat les inévitables tranches de mortadelle. La table est mise au soleil, en face du golfe; assis tous les trois du même côté, nous embrassons d'un regard la courbe immense du rivage qui se dessine autour de ce bassin merveilleux. Les flots de la mer sont calmes et transparents comme ceux d'un lac; la lumière se projette en écailles d'or sur ce grand fond d'azur; à gauche, les collines de Pouzzoles partent du mont *Barbaro* et se découpent jusqu'au port. Nous distinguons les restes du vieux môle sur lequel Caligula, couvert de la cuirasse d'Alexandre, lançait son char et se donnait pour passe-temps joyeux de faire jeter sa suite à la mer. Quelques barques à l'ancre et de grands vaisseaux alignés simulent de loin une flotte dont les voiles et les agrès se jouent et se balancent sur des nuages roses. Cette traînée, qu'on dirait une aurore, s'étend dans le ciel au-dessus de la plage des *Bagnoli* jusqu'à Nisida; l'îlot charmant, s'épanouit sur les vagues comme un gros bouquet que les rocs caverneux de la pointe de *Gajola* semblent aspirer ainsi que des narines ouvertes. Au-dessus de ce petit cap, la côte de Pausilippe nous dérobe Naples et Portici. Le Vésuve domine ces rivages invisibles; son front fume dans l'air comme un trépied dont l'encens monte aux dieux. A droite, Castellamare et Sorrente étagent leurs montagnes; tout près de nous, le temple de Vénus se dessine dans l'éther et se mire dans les eaux où la riante déesse se baignait autrefois.

> Ante bonam Venerem, gelidæ per littora Baiæ,
> Illa natare lacus cum lampade jussit Amorem.
> Dum natat, algentes cecidit scintilla per undas,
> Hinc vapor ussit aquas, quicumque natavit amavit[1].

Cet incendie d'Éros courut dans les veines des plus grands des Romains: Marius, Pompée, César, Caton, Cicéron subirent les langueurs de ces nuits attiédies où toutes les voluptés semblaient s'épurer par leur harmonie même; les thermes embaumés, les villas, les portiques, les temples ceignaient le golfe comme un amphithéâtre; les citronniers et les orangers secouaient leur neige odorante sur la blancheur des parvis; les courtisanes s'asseyaient aux festins nocturnes; les graves, les doctes, les invincibles s'y montraient en toge entr'ouverte et la coupe en main, buvant à Vénus qui leur souriait; les lyres et les flûtes accompagnaient les danses du rivage, tandis qu'une musique molle montait des barques où ramaient les esclaves taciturnes. La mer était couverte de grandes trirèmes; les heureux de Rome cinglaient vers Baïa; le ciel regardait par toutes ses étoiles, yeux ouverts des divinités propices enflammées de désirs; l'Olympe se réjouissait en haut de l'allégresse de la terre. Mais tout à coup quelque forfait inouï ou quelque cataclysme effroyable, se ruant comme une bête fauve, épouvantait ce cirque où trônait la volupté.

> Nullus in orbe sinus Baiis prælucet amœnis,

---

[1] La favorable Vénus, sur les rivages de la fraîche Baïa,
Ordonna à l'Amour de la guider avec son flambeau en nageant devant elle.
Tandis qu'il nageait une étincelle tomba dans les froides ondes,
Une vapeur en sortit, embrasa les eaux et quiconque s'y baigna aima.
(*Anthologie latine.*)

me dit Pascal Duprat en remplissant mon verre d'un petit vin clairet qui n'avait rien de l'enivrant falerne antique; Horace avait raison : « Aucun golfe ne l'emporte sur celui de Baïa! » Dépouillé de ses monuments et de ses magnificences, il reste élu par la nature. C'est un de ces lieux où l'on voudrait vivre, se recueillir au déclin et mourir en pleine lumière.

« Un peu de volonté suffirait à réaliser ce rêve, répliquai-je, la bourse même d'un poëte pourrait payer une de ces pauvres maisons et un morceau de ces terrains incultes; on en ferait bien vite une habitation élégante avec un jardin plein de fruits et de fleurs; l'horizon des montagnes du ciel et de la mer étendrait dans l'infini le domaine tranquille.

— Tranquille! s'écria en éclatant de rire M. Arnold Reinach, vous en parlez bien à votre aise, ô muse fallacieuse! tranquille! avec cette plaie de la mendicité qui crie béante vers nous et, tandis que nous déjeunons, nous assourdit de ses croassements de grenouilles! »

En effet, la troupe déguenillée qui nous avait suivie au *temple de Mercure* s'était grossie de tous les oisifs que cette journée du dimanche attirait à Baïa; du bas de la terrasse où nous étions assis, des voix d'enfants, de femmes et de vieillards psalmodiaient vers nous leur litanie : *Cari signori, nobile principe, la buona mano!* plus hardis que les autres, trois petits *bambini*, marchant à peine, se suspendaient au mur et nous tendaient la main en bégayant : *La buona mano!*

« Dans tous les pays du monde, reprit M. Reinach, les premiers mots que balbutient les enfants sont *papa* et *maman;* mais dans ce bienheureux royaume de mendiants, la parole innée qu'ils apprennent sans doute dans le ventre de leur mère, c'est *la buona mano!* Vous imaginez-vous deux amoureux voulant goûter à Baïa l'idylle de la jeunesse; ils arrivent un matin, ravis de la beauté du golfe, ils cherchent bien vite du regard la ruine la plus solitaire; familiers et tendres, ils croient n'avoir pour témoins et pour auditeurs que les sympathies du paysage; tout à coup un bras poudreux s'agite au-dessus des pierres antiques, et ce cri aigu : *La buona mano!* vient couper en deux leur doux : *Je t'aime.* Ils s'en vont à travers rocs, à travers marais; mais la meute acharnée surgit des grottes et des joncs; ils montent dans une barque sans batelier; ils espèrent la solitude de la mer; point :

leurs persécuteurs ont fait le plongeon, ils rebondissent sur une vague, se cramponnent au bateau et exclament encore : *La buona mano!* Le soir, dans leur chambre mal fermée, même impossibilité d'isolement. « C'est l'heure où les *signori* font leur prière, le bon « moment pour les attendrir, » disent les parents avisés à leur nichée. Aussitôt ils dépêchent les plus petits, qui marchent pieds nus, arrivent sans bruit, tirent les courtines de l'alcôve et murmurent : *La buona mano!* Ceci me rappelle, poursuivit M. Arnold Reinach, qu'un voyageur raconte qu'il y a en Afrique une contrée où les éléphants se reproduisent à peine à cause de la multitude de singes qui les entoure. »

Nous rîmes aux éclats de cette boutade allemande à laquelle servait d'accompagnement le chœur des mendiants qui nous traquaient. Lorsque nous descendîmes l'escalier de la terrasse, ils nous suivirent par files jusqu'au *temple de Vénus*. Ces messieurs dirent au guide que s'il ne nous débarrassait point de cette assourdissante escorte, il n'aurait pas un seul carlin. Aussitôt notre homme fit le moulinet avec son bâton en criant à tue-tête : *Andate via, canaglia!* les plus timides se tinrent à distance, mais quelques *ragazze*, fort jolies sous leurs haillons, se suspendirent du dehors aux fenêtres, et l'écho du temple en ruine répéta : *La buona mano!*

Aucun vestige de sculpture ne subsiste dans cette jolie rotonde où quelques belles fleurs sauvages jettent encore leurs parfums à Vénus. Du côté du temple opposé à la mer s'étend un terrain fangeux borné par une colline où sont creusés le *Stanze o bagni di Venere*. Sur les parois de ces petites chambres, qui ont dû renfermer des baignoires de porphyre, sont de jolis bas-reliefs en stuc du même style que ceux des thermes de Pompeï; l'humidité les émiette chaque jour; les pavés en mosaïque se sont effrondrés dans les flaques d'eau.

Nous laissons derrière nous les pauvres masures construites sur l'emplacement de la somptueuse Baïa, et, suivant le contour du golfe, nous montons jusqu'à la forteresse bâtie par don Pedro avec les pierres des monuments romains; elle domine un roc surplombant sur la mer. A cet endroit du rivage, on aperçoit dans l'eau quelques vestiges des villas patriciennes. Nous voici à *Bauli* (sur l'emplacement de la cité antique où Néron attira sa mère pour la faire assassiner), nous gravissons une rue qui serpente au

milieu du village moderne ; des débris de tombes romaines la bordent à gauche, et, à droite, un chemin de la croix, dont chaque station est formée par un bas-relief en faïence, rappelant les terres cuites naïves de *Luca della Robbia.* Le hameau de Bauli est plus considérable que celui de Baïa ; les habitants en sont moins pauvres ; quelques mendiants nous entourent encore, mais assez discrètement ; ils ne nous suivent plus qu'à distance. Nous sortons du village et trouvons à gauche la montagne qui renferme la *Piscina mirabile,* c'est le merveilleux réservoir où l'eau douce, pour l'usage des villas et de la flotte romaine, était amenée par des aqueducs ; à l'entrée moderne (l'entrée antique était du côté opposé) de la piscine pendent des branches de figuiers. Le guide allume des torches et nous précède dans le couloir sombre au dallage boueux qui conduit dans l'immense réservoir. Nous arrivons au milieu de quarante-huit arceaux qui s'alignent et s'élancent comme les nefs d'une cathédrale ; des mousses et des herbes fines tapissent les pierres et retombent des voûtes en stalactites de verdure ; c'est d'un effet inouï à la lueur des flammes bleuâtres que projettent les torches. Çà et là luisent de grands trous pleins d'eau, semblables à des yeux s'ouvrant sous terre ; on croirait les regards d'un dieu marin dont cette piscine serait le temple et dont ces graminées flottantes formeraient la chevelure. En sortant, nous trouvons debout sur un monticule trois petits mendiants qui crient : *Evviva Garibaldi!* Ce nom héroïque ne peut faire tressaillir les ombres des Romains amollis qui habitèrent Bauli et Baïa. C'est plus loin, au delà du lac de *Fusaro,* sur le roc, où fut Cumes, la plus antique des villes de l'Italie, c'est dans l'*antre de la Sibylle,* qui prophétisa les destins d'Énée, c'est dans la nécropole des vieux Romains de Tite Live, fiers et purs citoyens de la république, que ce nom réveillerait des mânes dignes de saluer le Libérateur. Au hameau de *Patria,* au bord du petit lac où Scipion l'Africain eut sa maison et sa tombe, ce nom ranimerait le spectre du juste exilé, qui dirait au solitaire de Caprera : « Viens, je serai ton hôte ; ma maison est petite comme la tienne, comme la tienne elle abrite l'honneur et la probité ! »
« J'ai vu la villa de Scipion, dit Sénèque, elle est bâtie en pierres avec des tours élevées pour sa défense ; elle a une vaste citerne, un bain étroit et obscur ; c'est là que le vainqueur d'Annibal baignait son corps fatigué par les travaux des champs. C'est là le misérable toit qui l'abritait... Oh ! le pauvre homme, dira-t-on, qu'il savait

peu vivre !... » Mais toi-même, Sénèque, tu n'étais qu'un Romain fastueux et abâtardi, écrivant noblement, mais assoupli à la déférence du crime et de la tyrannie; quand Néron te consulta sur le meurtre de sa mère, tu n'osas pas l'intimider par ton indignation, et quoique tu sois mort comme un stoïcien, quoique le calme de ton supplice contraste avec les défaillances inquiètes de ta vie, une ombre n'en reste pas moins sur ta mémoire. La vertu exige un culte courageux et pratique; se borner à l'admirer, c'est se ranger parmi les rhéteurs; ne la proclamer hautement qu'à l'heure où tout finit, c'est faire douter qu'on l'ait aimée.

Si nous avions pu prolonger les heures de cette trop courte journée, nous serions allés le matin à Cumes du lac *Fusaro*; nous aurions vu le *temple d'Apollon*, le *temple de Diane* et celui du *Géant*, où tonnait le Jupiter colossal du *Museo Borbonico*. Il fallut nous borner à l'exploration du golfe de Baïa et de ses alentours. En tournant le dos à l'entrée de la *Piscina mirabile*, nous vîmes devant nous *il mare Morto*, cratère d'un volcan éteint qui formait dans l'antiquité un des trois bassins du grand port de Misène. Ses rivages sont égayés par de nombreuses villas, dont les plus belles appartenaient aux jésuites. Procida et Ischia sourient devant nous, la mer les caresse de ses vagues molles; les deux îles nous tendent les bras comme des sirènes; nous faisons volte-face à regret du côté du golfe de Baïa. Nous marchons un moment sur la voûte de la *Piscina mirabile*, toute revêtue de lierre et de plantes qui enlacent çà et là quelques pierres antiques; sur un tertre voisin nous trouvons une pauvre ferme, nous montons sur son toit au moyen d'une échelle et dominons l'ensemble du golfe : à nos pieds est la pointe du petit cap *Penata*, jonché des ruines de la villa de Lucullus et de celle d'Hortensius. Un pauvre cimetière a envahi ces débris fastueux; il s'étend jusqu'à la base du roc, où sont les vestiges de la villa de César. Auguste hérita de cette villa. Octavie s'y retira après la mort d'Antoine. Néron l'agrandit et fit creuser à côté les *cento camerette* (les cent petites chambres) qui en étaient les celliers ou les prisons. C'est là que Néron fêta sa mère dont il caressait la mort. Devant nous, Pouzzoles, la chaîne de Pausilippe et une partie du golfe de Naples se déploient lumineux sous le reflet des rouges lueurs du soleil couchant; nous touchons à droite le cap Misène, qui, à travers le ciel incendié, détache ses cimes vertes où quelques habitations princières, ceintes de terrasses et de jardins saillent en relief. La plus somptueuse faisait partie du domaine des bons pères jésuites, ces heureux marquis de Carabas du royaume de Naples. Une étroite jetée relie le cap au tertre qui nous sert d'observatoire. Le calme du jour mourant descend sur l'étendue ; la mer, les îles, les rivages, le firmament, s'agrandissent par l'immobilité et le silence ; la solitude de l'espace incommensurable est absolue. C'est ainsi qu'il convient de voir ce théâtre vide d'une civilisation disparue ; désert, il se repeuple des ombres antiques ; muet, il tressaille des voix du passé. Les chanteurs et les danseuses, que Corinne a groupés sur le cap Misène, le transformaient en décor d'Opéra ; elle-même, la lyre en main, regardant son Oswald en bottes à l'écuyère et drapé dans un manteau anglais, n'était qu'une Muse de tréteaux ; toute mise en scène est mesquine sur cette scène mémorable qui eut pour acteurs les *douze Césars* de Suétone ; leurs crimes et leurs splendeurs remplissent le golfe entier. Que les âmes qui s'aiment viennent ici dans la nuit, simples, heureuses, sincères ; qu'elles y centuplent leur ivresse par la majesté des lieux immortels ; que cet horizon soit leur alcôve mystérieuse ; que leur souffle se mêle au souffle de la mer, mais qu'elles se gardent de roucouler leur amour devant des spectateurs conviés.

« Ces pauvres fosses de pêcheurs qui sont là à nos pieds, creusées dans la poussière du palais des Césars, en disent plus sur le néant de ces maîtres du monde que toutes les déclamations de Corinne.

— Tacite seul a ici droit de parole, répliqua Pascal Duprat, à qui je communiquais mes réflexions ; voulez-vous l'entendre : le décor est devant vous ; les acteurs vont paraître. »

Il tira un livre de sa poche.

« Lisez, repartis-je, hâtez-vous, la nuit va venir. »

Il lut d'une voix vibrante :

« Néron était à Baïa pendant les fêtes de Minerve. Il y attira sa mère, en répétant « qu'il faut souffrir les emportements de ses pro-« ches, et oublier les ressentiments, » afin de répandre le bruit d'une réconciliation, et de l'accréditer auprès d'Agrippine, crédule comme toutes les femmes pour ce qui les flatte. Néron se porte à sa rencontre sur le rivage, car elle venait d'Antium : il lui présente la main, l'embrasse et l'amène à Bauli, maison de campagne baignée par la mer qui se replie autour, entre le promontoire de Misène et le lac de Baïa. Là, un vaisseau plus orné que les autres stationnait au milieu de la flotte, comme si le prince eût voulu faire honneur à sa mère; car elle avait coutume d'aller à Baïa dans une galère montée par les rameurs des équipages, et il l'invita à souper pour cacher son crime dans la nuit. Le secret, dit-on, fut révélé. Agrippine, avertie de la trahison, et ne sachant si elle devait y croire, se fit porter en litière à Baïa. Là, les caresses de Néron dissipèrent ses craintes, car il la reçut avec affabilité, et la fit asseoir au-dessus de lui. Par des entretiens variés, tantôt avec l'abandon de la jeunesse, tantôt avec plus de retenue, comme pour mêler la gravité à l'enjouement, il prolonge le festin, la reconduit lorsqu'elle s'éloigne, et s'attache avec une étreinte plus affectueuse à ses yeux et à son sein, soit pour dissimuler plus profondément, soit que cette dernière entrevue avec une mère qui allait mourir eût attendri son âme toute barbare qu'elle fût.

« Les dieux donnèrent une nuit tranquille, étincelante d'étoiles, une mer calme, comme pour ôter toute excuse au crime. Le navire avait fait peu de chemin. Agrippine était accompagnée de deux personnes de sa cour, Crepereius Gallus, qui se tenait près du gouvernail, et Acerronia, qui, couchée aux pieds de la princesse, rappelait avec joie le repentir du fils et le crédit qu'elle avait recouvré. Tout à coup, le signal est donné : le plafond de la chambre, chargé de plomb, tombe et écrase Crepereius. Agrippine et Acerronia furent préservées par les côtés du lit qui s'élevaient au-dessus de leur tête, et qui se trouvèrent trop forts pour céder au poids. Le navire d'ailleurs ne s'entr'ouvrait pas, et dans le trouble général, ceux qui ne savaient rien du complot, embarrassaient les autres. On ordonna donc aux rameurs de peser d'un côté et de submerger ainsi le vaisseau; mais ils ne s'étaient point concertés pour cette manœuvre. Les autres firent effort en sens contraire, et le navire s'enfonça doucement. Acerronia, criant imprudemment qu'elle est Agrippine et qu'on sauve la mère de l'empereur, est assommée à coups de rames, de crocs et de tout ce qui s'offre aux assassins. Agrippine, qui gardait le silence, ne fut point remarquée, et reçut cependant une blessure à l'épaule. Enfin, ayant nagé vers des barques qui passaient, elle gagna le lac Lucrin et sa maison de campagne.

« Là, elle réfléchit que c'est dans ce dessein que des lettres perfides l'ont appelée, et qu'on l'a traitée avec tant d'honneurs ; que le navire, près du rivage, sans être battu des vents, sans toucher à des rochers, a manqué par en haut comme un édifice qui s'écroule.

Elle songe en même temps au meurtre d'Acerronia, à sa propre blessure. Le seul moyen d'échapper à la trahison, c'est de ne pas la soupçonner. Elle envoie donc Agerinus, un de ses affranchis, pour apprendre à Néron que, « par la bonté des dieux, et par l'heureux
« destin de son fils, elle venait de sortir d'un grand péril; qu'elle
« le priait, quelque effrayé qu'il pût être du danger d'une mère, de
« ne point venir sur-le-champ, car pour l'instant elle avait besoin
« de repos. » Tranquille en apparence, elle fait panser sa blessure et soigner son corps. Elle ordonne aussi de chercher le testament d'Acerronia, de mettre ses biens sous le scellé. En ce point seulement elle était sincère.

« Néron attendait la nouvelle du succès de son crime, lorsqu'on vint lui dire qu'Agrippine, échappée avec une légère blessure, ne s'était trouvée dans le péril que pour reconnaître la main qui l'y avait poussée. Alors, anéanti par l'effroi, il s'écrie que « sa mère
« va bientôt venir, qu'elle va se venger, armer ses esclaves, soulever
« peut-être les soldats, ou lui reprocher, devant le sénat et le peuple
« son naufrage, sa blessure et le meurtre de ses amis; qu'il est perdu
« si Burrhus et Sénèque n'avisent à le sauver. » Il les avait fait venir dès le premier moment, mais on ne sait s'ils étaient d'avance instruits du complot. Tous deux gardèrent longtemps le silence, craignant que leurs voix ne fussent point écoutées. Peut-être aussi pensaient-ils que Néron périrait, s'il ne prévenait sa mère. Enfin Sénèque s'enhardit jusqu'à regarder Burrhus, et à demander si l'on ordonnerait aux soldats le meurtre d'Agrippine. Burrhus répond que « les prétoriens sont trop attachés à la maison des Césars et à la
« mémoire de Germanicus pour rien oser contre sa fille; qu'Anicetus
« devait accomplir sa promesse. » Celui-ci, sans balancer, demande à consommer le crime. Néron s'écrie « qu'à dater de ce jour l'empire
« lui est donné; qu'il doit un si grand bien à un affranchi ; qu'Ani-
« cetus se hâte, et qu'il prenne avec lui les hommes les plus dévoués
« à ses ordres. » L'affranchi, apprenant qu'Agerinus venait de la part d'Agrippine, arrange une scène pour avoir un prétexte d'accusation. Tandis qu'Agerinus expose son message, il lui jette une épée entre les jambes; puis, comme si on l'eût surpris avec cette arme, il le fait arrêter, afin de dire ensuite qu'Agrippine avait projeté d'assassiner son fils, et que par honte de voir son crime découvert elle s'était donné la mort.

« Au premier bruit du danger d'Agrippine, qu'on attribuait au hasard, chacun s'empressa de courir au bord de la mer. Ceux-ci montent sur les jetées, ceux-là dans des barques, d'autres s'avancent dans l'eau aussi loin qu'ils peuvent; quelques-uns cherchent avec les mains : le rivage entier retentit de plaintes, de vœux, de clameurs confuses, les uns interrogeant de cent façons, les autres répondant au hasard. Un peuple immense accourt avec des flambeaux. On apprend enfin qu'Agrippine est vivante; et on se disposait à la féliciter, lorsque la foule fut dispersée par l'arrivée d'une troupe armée et menaçante. Anicetus investit la maison, enfonce la porte, se saisit des esclaves qu'il rencontre, et arrive près de l'appartement d'Agrippine. La plupart de ceux qui s'y trouvaient, effrayés par l'irruption des soldats, avaient pris la fuite. Dans la chambre, éclairée par une faible lumière, il ne restait qu'une suivante. Agrippine tremblait de plus en plus, car personne ne venait de la part de son fils, pas même Agerinus. Ce changement qui s'est fait autour d'elle, cet abandon, ce bruit soudain, tout lui annonce un malheur suprême. La suivante elle-même s'éloignait : « Et toi aussi tu m'abandonnes, » lui dit-elle; à l'instant elle aperçoit Anicetus, accompagnée d'Herculeius, commandant de galère, et d'Oloaritus, centurion de la flotte. Elle lui dit que « s'il venait la visiter, il pouvait annoncer « qu'elle allait bien; que s'il devait commettre un crime, elle en « croyait son fils innocent; qu'il n'avait point ordonné un parricide. » Les meurtriers entourent le lit. Herculeius le premier lui porte un coup de bâton sur la tête, et comme le centurion tirait son épée pour la tuer, elle tendit le flanc : « Frappe au ventre, » dit-elle, et elle expira percée de plusieurs coups.

« On s'accorde sur ces faits. Les uns disent que Néron voulut voir le cadavre de sa mère, et qu'il loua la beauté des formes; d'autres le nient. Elle fut brûlée la même nuit, sur un lit de table, et sans pompe. Tant que Néron fut maître de l'empire, on n'éleva sur ses cendres aucun tertre, aucune barrière; mais dans la suite ses domestiques lui érigèrent un petit mausolée, sur la route de Misène, auprès de la maison du dictateur César qui domine la mer. Le bûcher étant allumé, Mnester, un de ses affranchis, se perça de son épée, soit par amour pour sa maîtresse, soit par crainte du supplice. »

Pascal Duprat ferma le livre des *Annales*. « Les cendres de la mère de Néron, dit-il, sont là, dans ce petit cimetière, mêlées à la poussière des humbles pêcheurs. »

En ce moment les eaux du golfe de Baïa, rougies par le soleil, nous paraissaient teintes du sang d'Agrippine, tandis que les eaux du golfe de Naples semblaient au loin blanches et claires; je montrai du geste ce contraste à mes deux compagnons.

« Le despotisme, inépuisable pourvoyeur des turpitudes et des crimes de l'histoire, reprit Pascal Duprat, a ensanglanté le golfe de Naples de meurtres encore plus sinistres que le meurtre d'Agrippine. Lisez, ce soir, l'historien *Colletta*, et vous trouverez dans ces annales modernes un récit qui l'emporte en horreur sur le récit de Tacite; au lieu d'un fils tuant sa mère, vous y verrez une reine tuant ses sujets. Devant l'humanité, la fraternité des êtres impose le même amour et le même respect que la consanguinité. Comme des mâts joyeux pour un échafaudage de fête, des potences alignées furent dressées un jour sur la plage souriante de Chiaja; à chaque potence se balançait le corps d'un patriote. A l'une, une robe de femme s'agitait ainsi qu'une bannière: c'était l'héroïque Rosalba, peintre et poëte, qui, saignante encore de son enfant nouveau-né, mourait pour la liberté. Cependant sur deux navires pavoisés de fleurs, Nelson, au bras de sa concubine, et Caroline, souriant à son robuste favori, jugeaient, en connaisseurs, de l'effet du spectacle.

— Et les calmes étoiles regardaient du ciel avec la même sérénité qu'elles nous regardent, dit M. Arnold Reinach.

— Je crois, repris-je, que cette tranquillité de la nature, où se cache peut-être un redoutable mystère, ne se révèle qu'aux bons; pour les pervers, la plus belle nuit est pleine d'épouvante; je m'imagine que, depuis ce soir, Nelson et Caroline n'ont pu regarder le firmament sans sentir dans ces myriades d'étoiles autant d'yeux indignés qui avaient vu leurs crimes.

— *Le Vostre Eccellenze non hanno timore della mal'aria!* nous cria le guide qui fumait sa pipe dans la cour de la ferme.

— Il a raison, dit M. Pascal Duprat; quoique nous n'ayons pas sur la conscience le moindre forfait, les malicieuses étoiles pourraient bien nous verser la fièvre de leurs froids rayons. »

Nos vêtements étaient déjà imprégnés par l'humidité du crépuscule. Nous marchâmes rapidement jusqu'à Baïa pour nous réchauffer; notre voiture nous attendait devant la pauvre *osteria*, où nous avions déjeuné le matin. Quelques *contadini* attablés sur la terrasse criaient à tue-tête: *Evviva Garibaldi!* c'était l'antithèse de Néron et de tous les tyrans infâmes. La grande ombre du Libérateur planera seule dans l'avenir sur les trois golfes de Naples, de Baïa et de Salerne. Il me restait à visiter le dernier, où le désert pensif interroge les temples de Pæstum.

XXX

Les eaux d'un autre golfe plus lointain et moins riant étaient rougies en ce moment par le sang italien; la lutte se poursuivait entre frères, sous les murs de la forteresse de Gaëte, où s'enfermait le roi déchu; une petite partie des troupes vaincues de Lamoricière avait rejoint dans cette place les bourboniens. Quelques-uns de ces officiers et de ces soldats débandés étaient parvenus à débarquer à Messine; ils tentèrent d'y ourdir une conjuration aussitôt découverte. Parmi eux se trouvaient le comte de Noé et deux de ses amis bretons ou vendéens, qui furent arrêtés. Je ne pouvais me défendre d'une vive indignation en voyant des Français mettre leur épée et leur conscience au service du despotisme, en plein dix-neuvième siècle. La continuation de la guerre pesait sur Naples; les bals et les réunions, fort rares, du carnaval en étaient attristés; on se reprochait de s'amuser un peu : les mères, le cœur plein d'angoisse pour leurs fils qui assiégeaient Gaëte, laissaient à regret danser leurs filles.

Le *Cercle de l'Académie* de Naples, dont le magnifique local est au-dessus du théâtre San Carlo, donna une fête le 23 janvier. J'y assistai avec l'aimable princesse de Morra. Ces splendides salons étaient presque vides; à peine une contredanse put-elle se former dans la vaste galerie à colonnes décorées de stucs et de peintures légères à la façon des maisons de Pompeï. L'orchestre semblait assombri et les frais visages des danseuses n'osaient sourire. Tout à coup une nouvelle funèbre jeta comme un crêpe noir sur les lustres et les fleurs; les bombes de François II avaient tué, ce jour-là, quarante hommes à l'armée piémontaise; le marquis de Fornari, qui causait avec quelques officiers de cette catastrophe, s'approcha de moi et m'apprit qu'Émile Savio était au nombre des morts. Je tressaillis et je sentis au cœur comme le contre-coup de la douleur de sa mère. Hélas! mon pressentiment à Sant' Angelo en lui disant adieu venait de s'accomplir! il était mort comme son frère, jeune, charmant, l'âme pleine de rêves de gloire et d'autres rêves plus doux; il était mort pour une cause sainte, pour la patrie, qui met une auréole au front de ceux qui la défendent. Quelques jours après, Turin et Milan décrétèrent des services funèbres en l'honneur des deux frères Alfred et Émile Savio : un prêtre patriote fit leur éloge du haut de la chaire; tous les assistants pleuraient en pensant à leur mère, à cette mère de l'Écriture qui ne pouvait plus être consolée.

Nous sortîmes le cœur navré, de ce bal de l'Académie. Rentrée chez moi, j'écrivis quelques pages émues sur la mort héroïque des deux frères; je les adressai à Alexandre Dumas, qui les publia le surlendemain dans son journal l'*Indipendente*. Plusieurs officiers d'artillerie vinrent me faire visite pour me remercier; le plus intime des amis d'Émile Savio, le jeune comte Charles de Sambuy, me parla avec une émotion navrante de ce camarade adoré; les larmes siéent aux martiales figures. Madame Mancini, la belle muse napolitaine devenue la muse de l'Italie entière, chanta en strophes harmonieuses la mort des deux frères Savio. Elle aussi avait son fils aîné sous les murs de Gaëte; c'était un des plus braves de cet héroïque régiment de bersaglieri qui faisait des prodiges de valeur; le jeune Mancini avait à peine dix-huit ans, il s'élançait toujours le premier au feu en s'écriant : « La place m'est due par droit de jeunesse! »

Je rencontrai souvent, aux soirées de la marquise Salza, une autre jeune mère, madame Coscia, une élégante et gracieuse Napolitaine dont le fils de dix-sept ans était volontaire de marine sur *le Garibaldi*. ce même navire qui avait escorté le roi à Palerme faisait merveille devant Gaëte. Le lendemain du triste bal de l'Académie, madame Coscia me lut le soir chez la marquise une lettre de son fils; je fus si touchée de cette page naïve écrite sur un canon, que je voulus la copier : « Je suis heureux, ma chère mère, disait le brave enfant, des éloges qu'on donne à l'équipage du *Garibaldi* à propos du combat du 22; nous avons reçu des compliments de toute la flotte et de l'amiral [1] lui-même, avec lequel j'ai dîné. Pour ce qui est du combat, je vais vous en donner

---

[1] Persano.

quelques détails. Le matin du 22, quatre mille Piémontais travaillaient à une tranchée tout près de la place; ils avaient cru que les assiégés dont le feu cessait depuis plusieurs jours, ne tireraient pas; mais tout à coup, à huit heures et demie très-précises, Gaëte vomit sur ces malheureux plus de deux cents coups de canon; c'était à faire dresser les cheveux. Je me trouvais en ce moment sur le vaisseau amiral *le Marie-Adélaïde*. Je vis Persano frapper du pied avec rage, et aussitôt il donna l'ordre à l'escadre de se mettre en mouvement; *le Garibaldi*, qui connaissait mieux que les autres vaisseaux les positions de l'ennemi, fut un des premiers à donner l'attaque. Avant la première bordée, le commandant d'Amico nous fit une belle harangue en nous disant qu'il était sûr de notre courage. Il termina comme d'habitude par le cri de vive le roi! et de vive l'Italie! Les tambours battirent le *branlebas* et le feu commença; les bourboniens nous saluèrent avec douze canons, les maisons s'écroulaient de toutes parts, les plus belles tombaient comme les autres. Nous déchargeâmes neuf cent soixante et onze bombes sur la couronne du roi *Bombino* [1], en souhaitant de l'engloutir au fond du Vésuve. A six heures du soir on mangea et l'on resta en croisière. Hier (le 23), nous avons poursuivi deux bateaux à vapeur français, un espagnol, et capturé une barque. On dit que dans quelques jours nous irons encore au feu; Dieu le veuille. Sois tranquille, bonne mère, je ne mourrai pas.

« Jules Coscia. »

En me lisant cette lettre la mère tremblante était radieuse. Il se dégage toujours de l'héroïsme une énergie et une fierté qui se communiquent.

Pendant que le bombardement de Gaëte commençait et nous tenait tous dans l'attente, je continuais mes excursions, bien décidée à quitter Naples aussitôt que la forteresse serait tombée aux mains des Italiens. Un matin, M. Nisson vint me chercher pour aller au cimetière protestant et grec, où il faisait construire une tombe à sa femme. Les riches sépultures des Anglais et des Russes que la mort a surpris à Naples sont réunies dans un vaste enclos; elles n'ont pas, comme le Campo-Santo catholique, l'horizon de la mer et la vue de la cité; ces morts étrangers dorment là dans une solitude

---

[1] Nom donné à François II en souvenir de son père, appelé le roi Bomba.

absolue à l'abri des arbres et des sculptures; ils sont oubliés de tous; les amis et les parents qui gardent leur souvenir repartent pour leur pays, laissant en exil ces restes aimés. Nous parcourûmes les allées sablées bordées de fleurs; nous lûmes çà et là quelques inscriptions touchantes. M. Nisson goûtait dans ce lieu funèbre comme une douceur poignante; sa tristesse me gagnait, je pensais à ceux qui mouraient à Gaëte, et, pour distraire mon compagnon de sa douleur intime, je lui parlai de tous ces deuils que faisait en ce moment la mitraille. En sortant du cimetière nous montâmes jusqu'au Champ de Mars.

« J'ai vu là la dernière revue que François II a passée de son armée, me dit M. Nisson; cette armée paraissait fidèle; le jeune roi et la jeune reine étaient entourés de leur cour et des ambassadeurs de l'Europe; ma femme, parée et souriante, parcourait l'esplanade dans la voiture de l'ambassadeur de Prusse. Il faisait un temps radieux, qui mettait en fête toutes les âmes; la foule semblait participer de la sérénité de la nature. Quelques mois ont suffi pour emporter mon bonheur et la royauté. »

Du Champ de Mars nous gravîmes la *Strada nuova di poggio reale*, bordée de jardins maraîchers; quelques belles allées d'arbres bruissaient au vent de la mer; ces hauteurs se couronnaient autrefois de la villa des princes d'Anjou et d'Aragon dont il ne reste aucun vestige. Du plateau où elle s'élevait on embrasse en entier le panorama de Naples et de ses environs. Un vent furieux mugissait dans l'étendue, soulevait le golfe, battait les montagnes, remuait les terres et poussait vers nous des nuages de poussière. Nous rentrâmes à Naples par la vieille porte *Capuana*.

Je fis le lendemain une promenade plus riante à la villa *Salzo*, située sur le versant de la côte de Pausilippe. L'habitation est somptueuse, les terrasses et les grottes ont été taillées dans les grands rocs d'où des sources jaillissent; des pelouses et des massifs d'orangers tapissent les ravins; les mandarines parfument l'air et font ployer les rameaux; de petits ponts jetés d'une rive à l'autre conduisent à des chalets et à des temples grecs; des glaces ou des peintures disposées dans le creux des rochers prolongent les perspectives des jardins qui, à travers les méandres et les surprises, descendent jusqu'à la mer. Les vagues se brisent en écume sur des récifs où sont amarrées deux embarcations élégantes. Un beau lion antique en marbre blanc, du haut d'un balustre tout ruisselant de volubilis, semble jeter ses rugissements au golfe lumineux dont il domine l'étendue.

XXXI

Le jour suivant (25 janvier 1861), à dix heures du matin, la comtesse della Rocca et le général vinrent me chercher pour aller à Pompeï, où M. Fiorelli les attendait. Nous entrâmes du côté de la porte *Stabia* comme à ma première excursion; nous revîmes les maisons, les théâtres et les temples dont j'ai déjà parlé; puis nous visitâmes les *bagni nuovi*, évidemment réservés aux hommes; on traverse d'abord une grande cour entourée de portiques et de murailles décorés d'ornements en stuc colorié: cette cour servait aux exercices gymnastiques; dans un renfoncement est une large vasque carrée en marbre blanc. A droite se trouvent trois salles; l'enceinte de la première est bien conservée; le plafond, presque entièrement écroulé, garde des restes de décoration en stuc; des patères en bronze fixées aux parois servaient à suspendre les vêtements des baigneurs. La seconde salle, presque détruite, était le *tepidarium*; la troisième (*caldarium*) renfermait les bains à vapeur. On voit ensuite les restes des fours qui chauffaient l'eau et les débris des réservoirs qui la déversaient dans deux autres salles, dont une renferme une vasque ronde; sur la voûte de ces deux salles se trouvait un réservoir d'eau pluviale. On passe de là dans un corridor où sont à droite plusieurs cabinets de bains particuliers. Ils ont une entrée indépendante de la cour du gymnase. Une autre entrée réservée aux serviteurs se trouvait derrière les fours et les chaudières.

Près des *bagni nuovi* est la *maison des princes de Russie*, fouillée en 1851, en l'honneur des fils du czar Nicolas. Un portique subsiste encore: on voit sur les murs des fresques représentant les dieux de l'Olympe; quelques figures, portant des instruments de guerre, sont d'un grand style. Au bord du bassin de l'*atrium* se dresse une superbe table en marbre blanc soutenue par quatre griffons à la gueule ouverte et dont les ailes déployées encadrent deux cornes d'abondance. On rêve des lits de pourpre à l'entour de cette table et une famille antique y prenant ses repas par les beaux soirs d'été. Un peu plus loin est la maison des *Suonatrici*, une des plus curieuses de Pompeï; dans le jardin qui suit l'atrium est une fontaine surmontée d'une niche en rocaille et en petits coquillages encadrée de deux colonnes de marbre et abritant une statuette qui presse une outre d'où l'eau jaillissait en cascade sur des degrés, puis retombait dans la vasque; des figurines de faunes, d'Amours et de différents animaux se groupent alentour; tout cela est joli et mièvre comme l'art moderne; des tuyaux de plomb épargnés par l'éruption sont encore visibles dans le jardin. Suivant l'usage antique, l'habitation enserrait l'atrium; nous admirons plusieurs belles fresques: l'une représente une musicienne qui joue de la double flûte; une autre un satyre soulevant le voile qui couvre une nymphe, puis quelques ornements formés par des génies debout sur des chars. Cette maison riante appartenait à *Lucretius*, flamine de Mars, dont on a retrouvé le nom et la qualification sur des tablettes; dans un corridor à gauche est un escalier de huit marches: un squelette y fut découvert descendant les degrés. C'était sans doute celui du joyeux flamine, surpris par l'éruption. Un petit escalier de quatre marches conduisait dans l'appartement des femmes.

Les fouilles nouvelles se poursuivaient activement depuis deux semaines en face *della casa delle Suonatrici*. M. Fiorelli, qui était venu à notre rencontre, à travers Pompeï, nous conduisit à une petite maison dont trois chambres étaient remplies par la cendre durcie jusqu'à mi-hauteur des parois nues et effondrées. Dix ouvriers se mirent à l'œuvre, soulevant avec précaution des pelletées de détritus qu'ils tamisaient ensuite dans leurs mains. Nous nous penchions attentifs au bord des fosses qui se creusaient devant nous; nous en vîmes sortir quelques débris d'amphores, une petite lampe d'argile et un grand nombre de dessous de bouteilles, les uns en verre blanc et les autres en verre noir, d'une parfaite conservation. Ce fut tout; nous avions rêvé l'exhumation de médailles, d'ustensiles de bronze, de bijoux d'or. M. Fiorelli, pour nous dédommager de notre déception, nous conduisit à une maison fouillée la veille et à l'entrée de laquelle avait été trouvé un buste superbe en marbre blanc posé sur un hermès; ce buste, qui semblait sorti d'hier des mains d'un statuaire grec, portait le nom de *Cornelius Rufus*; c'était évidemment le portrait du propriétaire de la maison. Les murs de deux chambres voisines étaient revêtus de fresques gracieuses représentant des fleuves et des rivières. Quelques jours après, on découvrit à côté de la maison de *Rufus* une autre maison qui fut appelée *Casa nuova*. Dans la chambre du fond est une fresque représentant *Ariane abandonnée* : cette composition a été trouvée plusieurs fois à Pompeï; c'est la même fresque copiée par divers artistes. Ariane y est toujours représentée endormie; Morphée voltige autour d'elle et la couvre à moitié d'un nuage; Bacchus la regarde et parait hésiter; des musiciens et des danseuses, thyrses et lyres en mains, se pressent près de lui; la foule joyeuse et narquoise semble lui dire : « Viens ! qu'importe qu'elle pleure au réveil. » — Dans la même chambre de l'*Ariane abandonnée* est le *Triomphe de Bacchus*. Le dieu insoucieux, nu et beau comme une femme, s'appuie sur un Silène qui joue de la lyre ; un faune au corps grêle et nerveux, tenant une torche, contraste avec Bacchus; un Amour élancé joue de la flûte ; des figures et des ornements complètent la décoration de cette salle. Dans une chambre attenante se trouvent *le Jugement de Pâris* et *Achille reconnu par Ulysse*. Le *Jugement de Pâris* est une des fresques les plus naïves découvertes à Pompeï. L'attitude de Pâris est simple et naturelle : c'est bien le berger étonné d'avoir à juger des charmes de trois déesses; on devine qu'il suivra son seul attrait, sans se soucier de la puissance de Junon et de la colère de Minerve. Sûre du triomphe, Vénus est tranquille ; elle se contente de se laisser voir dans sa radieuse nudité; les deux autres sont menaçantes comme deux femmes jalouses; que leur importe d'être immortelles! en ce moment elles préféreraient à leur divinité la beauté d'Hélène, cette sœur terrestre de Vénus; déesses, elles envient la grâce des mortelles et le rayonnement que donne l'amour. Mercure regarde Pâris en souriant ; il tend vers lui trois doigts de sa main droite et semble lui dire : « Choisis ! »

Dans une troisième chambre se trouve un des chefs-d'œuvre les plus purs découverts à Pompeï; c'est une jeune néréide flottant au-dessus d'une source ; la tête manque, mais on devine ce qu'elle devait être à l'exquise morbidezza du corps. Corps adolescent, pudique et souple qui surpasse comme modelé le corps de la *Vénus de Médicis*, et qui à la rigidité du marbre oppose le moelleux du coloris; les bras et les jambes, qui planent, se détachent sur la transparence de l'air; une draperie légère tombe des doigts de la belle enfant et se suspend à l'un de ses pieds tendu ; radieuse, elle sort d'une eau pure où de jeunes dauphins dressent leur tête et arrondissent leur dos; on dirait qu'ils adorent cette forme idéale et voudraient la retenir : elle leur échappe; ses lèvres et ses yeux les défiaient sans doute! *La Néréide sans tête* est une œuvre grecque ainsi que plusieurs portraits peints de chaque côté de la *Casa nuova*, qui, de même que la maison de *Rufus*, n'a pas d'atrium. Dans la cuisine de la *Casa nuova* sont de belles tables en marbre blanc.

Au sud-ouest du mur d'enceinte on découvrit aussi, à cette époque, une porte nouvelle (*porta marina*, s'ouvrant sur la mer), dont le haut de l'arc est brisé; à droite de la porte se dresse une niche qui devait contenir une figure ou une lampe. En face des *bagni nuovi*, dont j'ai parlé plus haut, avait été trouvé, il y a quelques années, l'*Apollon citharíste*, jeune dieu auquel quelque éphèbe grec ou sicilien a dû servir de modèle. J'en ai parlé en décrivant le *Museo Borbonico*. La maison où fut découvert ce bronze admirable n'avait été qu'imparfaitement fouillée. M. Fiorelli, convaincu que l'*Apollon* n'était pas le seul chef-d'œuvre enfoui dans cette habitation élégante, y fit continuer les fouilles quelques jours après notre excursion, et bientôt il eut la joie de voir surgir au milieu de l'atrium une merveilleuse fontaine en marbre blanc demi-circulaire [1]; sur le rebord de la vasque est un sanglier de bronze, farouche, poils hérissés, poursuivi par des chiens; deux lions s'élancent des angles où ils forment comme deux groupes vivants. Ces animaux, demi-nature, ouvrage d'un statuaire grec, sont les plus beaux trouvés jusqu'à ce jour.

Les fouilles dirigées par M. Fiorelli avec tant d'intelligence et de bonheur n'ont pas cessé depuis mon départ de Naples. Le sol, ouvert dans la direction de la *Voie de l'Amphithéâtre*, a produit et promet encore les plus belles découvertes. Un de mes amis napolitains m'écrivait, il y a quelques mois : « Que n'étiez-vous ici pour voir sortir de terre une des plus grandes et des plus magnifiques maisons de Pompeï! Sans doute elle fut la résidence d'un haut dignitaire : elle a deux péristyles à colonnes élevées et plusieurs cours intérieures spacieuses; les salles de repos destinées aux hommes sont distribuées autour de l'atrium; elles ne tirent pas seulement, comme à l'ordinaire, le jour d'une porte; elles ont chacune une fenêtre, où l'on voit encore des fragments des petits carreaux de verre un peu opaque qui composaient les vitres antiques; derrière les peintures,

---

[1] Elle est à présent au Musée de Naples, classée sous le nom de *Fontaine de la chasse*.

dont ces chambres sont décorées, on a trouvé les murs revêtus de larges plaques de plomb qui préservaient à la fois les habitants et les fresques de l'humidité. Les pavés sont en mosaïques et en marbres de couleur. Les fresques les plus remarquables représentent des danseuses sur fond noir, encadrées dans des compartiments d'exquises arabesques. Une autre maison plus petite a révélé un propriétaire adorateur de Bacchus. L'histoire de ce dieu se déroule sur les parois des chambres, et sa statue en bronze, de deux pieds et demi de hauteur, se dresse dans l'atrium sur un piédestal. Cette figure est du style le plus pur. »

Durant cette promenade à Pompéi que je fis avec le comte et la comtesse della Rocca, le grand forum et ses monuments brisés m'apparurent magnifiquement éclairés par le soleil couchant : c'était comme une pourpre romaine jetée sur la cité morte. En face de nous, la cime des monts de Castellamare se détachait bleuâtre sur le ciel d'un azur plus sombre, tandis que les versants, couverts de végétation, découpaient dans l'air leurs bouquets d'arbres. Trois grandes zones distinctes, rouge, verte et bleue, remplissaient la perspective et se fondaient en teintes pâlies à l'horizon. Nous revîmes l'ineffable fresque de l'*Adonis blessé*, nous passâmes la *Porte d'Herculanum*, et traversâmes la voie des Tombeaux, dont la mélancolie éternelle enlace les âmes. Du haut de la *villa de Diomède* j'adressai des adieux muets à cette émouvante solitude peuplée par l'histoire et par l'art ; j'étais triste de la quitter sans la mieux connaître. Chaque colonne m'intéressait comme un témoin du passé prêt à le ranimer pour moi ; chaque portique me conviait à la rêverie ; j'aurais voulu,. à l'exemple de quelques artistes[1], me loger dans l'habitation d'un guide et vivre plusieurs mois dans ces ruines ; les contempler aux différentes lueurs du jour et de la nuit ; entrer en familiarité avec leurs mystères ; goûter l'émotion anxieuse des fouilles nouvelles ; voir un temple, un théâtre ou une demeure patricienne surgir tout à coup à la lumière avec ses marbres, ses bronzes et ses fresques ; oh ! comme j'aurais supplié M. Fiorelli de mettre en cage ces monuments intacts ! Quelles fêtes poétiques on aurait pu donner dans leur enceinte ! au lieu de dépouiller la *casa del Citarista,* pourquoi ne pas la restaurer patiemment ? Relier les arabes-

---

[1] C'est ainsi que M. Ferdinand Gaillard, grand prix de Rome, auteur des plus belles copies des fresques de Pompéi, s'est fait, toute une saison, l'habitant de la ville morte.

ques, relever les portiques, recouvrir les toitures, rejoindre les pavés de mosaïque, faire jaillir l'eau dans la *Fontaine de la chasse*, entourer de fleurs l'atrium, meubler les salles de lits, de siéges et de trépieds en bronze; draper les portes et les fenêtres de tissus d'Orient; remplir la cuisine d'ustensiles, les caves d'amphores contenant l'huile et le vin, transformer une des chambres en bibliothèque, où tous les auteurs grecs et latins seraient réunis; rendre enfin pour gardien à la demeure vivante cet adorable *Apollon cithariste*, qui, la lyre en main, chanterait la bienvenue aux poëtes. Hélas! tous les modernes sont des barbares! Les fanatiques même de l'antiquité ne savent pas l'honorer en la *pratiquant!* Qu'on me pardonne ce mot lourd et prosaïque, il rend seul mon idée; pratiquer l'antiquité sous le ciel de Grèce et d'Italie, ce serait revenir aux harmonieuses demeures qu'habitaient les anciens, à leurs costumes flottant sur la beauté des corps, à la vie en plein air, aux thermes, aux gymnases qui assainissaient et fortifiaient; se rapprocher de la nature en ranimant la civilisation grecque et latine dans ce qu'elle avait de beau et de pur, ce serait faire jaillir de nouveau une des sources de l'idéal perdu. Eh bien! aucun, entre les plus idolâtres du monde antique, n'oserait rejeter nos habits grotesques et renoncer à nos maisons-sépulcres; il en est de même des plus libres penseurs et de quelques hardis philosophes qui adorent la vérité, la proclament dans leurs écrits et n'en subissent pas moins toutes les entraves du despotisme enchaînant la vie publique et toutes les embûches de la superstition envahissant la vie intime.

Ces pensées se mêlaient aux regrets que j'éprouvais en m'éloignant de Pompéi; j'embrassais peut-être pour la dernière fois du regard et du cœur ces perspectives d'un monde disparu où je m'étais sentie revivre d'une vie antérieure; les lieux comme les êtres nous attachent suivant le degré d'émotion qu'ils nous ont causé: il est des villes qu'on habite longtemps et qu'on quitte sans tristesse; il en est d'autres, traversées en courant, dont le souvenir produit la nostalgie; de même il y a des amitiés récentes qui nous enlacent d'un lien plus fort et nous laissent une empreinte plus vive que de vieilles affections. Je l'avais bien compris le matin en me séparant de mademoiselle Mauro: elle s'embarquait pour Gênes avec son père, à l'heure où je partais pour Pompéi; en rentrant le soir, je ne la retrouvai plus dans cet hôtel où, durant plusieurs mois, elle avait été la compagne enjouée et intelligente de mes heures de solitude; la *casa straniera* me parut vide et morne. Le lendemain fut attristé par un autre adieu : M. Pascal Duprat quitta Naples avec son ami M. Arnold Reinach. La princesse de Morra redoubla pour moi d'empressement sympathique; je la voyais presque chaque jour; nature délicate et tendre, elle cachait sous l'élégance et la grâce une âme énergique, toujours prête à aimer et à se dévouer; elle avait soigné les blessés de la guerre de l'indépendance, et dit au roi et à Garibaldi en leur présentant ses quatre fils : « J'en fais quatre défenseurs de l'unité italienne! »

XXXI

Par une belle matinée des premiers jours de février on m'annonça qu'un bateau à vapeur allait partir pour *Capri* ; je me décidai aussitôt à m'embarquer avec quelques personnes de l'hôtel. En face de *Santa Lucia* le golfe n'avait pas une ride; mais à peine fûmes-nous arrivés à la hauteur de Sorrente, que des vagues énormes, poussées par la pleine mer, balancèrent en tous sens le bateau. J'étais étendue sur un canapé qui se trouvait sur le pont, et, bravant la tempête, j'insistai pour aller en avant.

« Pourrons-nous visiter la *Grotte d'azur?* demanda un Anglais qui était du voyage.

— *Impossibile!* répliqua le capitaine.

— En ce cas, reprit le logique interlocuteur, retournons à Naples et rendez-nous notre argent; nous irons à *Capri* un autre jour! »

A cette alternative de se dessaisir des *scudi* reçus, le capitaine prétendit que la tempête se calmerait, que ce n'était qu'un grain, facile à défier avec un peu de courage; disant cela, il ordonna aux chauffeurs de redoubler de vitesse.

« A quoi bon aborder à *Capri*, si l'on ne peut voir la grotte? » répétait l'Anglais.

Cependant des flots gigantesques se dressaient devant nous, jetant leur écume sur le pont. Le mal de mer nous gagnait tous; l'avis général fut qu'il fallait rentrer au port; le capitaine s'y décida en rechignant; quand nous lui réclamâmes le prix de nos places, il riposta que ce serait le voler; qu'il s'était engagé à nous conduire à *Capri*, et qu'il l'aurait fait sans notre effroi de la tempête; il était donc dans son droit en retenant notre argent. Un secrétaire de M. Farini se trouvait parmi les passagers; il opina pour porter plainte à l'administration des bateaux au *largo del castello;* nous trouvâmes au bureau un gros Napolitain, à redingote crasseuse, assis devant ses registres aussi sales que ses vêtements.

« Dans huit jours la mer sera bonne, et l'on vous conduira tous à *Capri* gratis, nous dit-il avec un sourire narquois.

— Dans huit jours je ne serai plus à Naples, objecta l'Anglais.

— En ce cas, milord, ce sera votre faute, répliqua le Napolitain; patientez un peu, et vous ne perdrez rien. »

Le secrétaire de M. Farini intervint.

« A Turin, à Milan, à Florence, à Bologne, toutes les administrations publiques se seraient fait, dit-il, un point d'honneur d'accéder à notre réclamation.

— *Che volete, Napoli è Napoli*, répliqua le bureaucrate en bourrant son nez de tabac.

— Naples doit prendre les habitudes de loyauté des pays libres, repartit le Piémontais avec roideur; j'en écrirai au gouvernement.

— Pactisons, reprit notre homme; je vous rendrai la moitié du prix de vos places; vous êtes allés jusqu'au bout du golfe; c'est du charbon de brûlé; il serait injuste que la Compagnie *dei vapori* vous eût fait faire pour rien une jolie promenade.

— Jolie en effet! » répondirent ceux que le mal de mer pâlissait encore.

Nous consentîmes, par lassitude, à la transaction proposée par le bureaucrate.

« *Va bène, cari signori, va bene*, répétait-il en nous faisant force saluts; *non si può dir piu che Napoli non sia paese di lealtà.* »

La bourrasque dura deux semaines.

Je passai mes journées à faire et à recevoir des visites, et mes soirées dans le monde. J'avais eu la joie de retrouver à Naples Giahnina Milli, l'improvisatrice inspirée; j'allai la voir un jour avec la princesse de Morra : elle demeurait *strada Santa Maria ogni bene*, une des rues qui s'échelonnent à gauche, au-dessus de la *strada di Toledo*. J'ai dit la puanteur de ce quartier et les immondices qui l'encombrent; l'équipage de la princesse gravissait au pas le pavé effondré; les chevaux soufflaient et suaient. Nous arrivâmes enfin dans la *strada Santa Maria ogni bene*, qui eût été mieux nommée *Santa Maria ogni male;* des têtes échevelées se mettaient aux fenêtres pour voir passer la *bella carrozza;* des cochons et des poules cherchaient pâture de compagnie dans des tas d'ordures gisant aux seuils des portes; les toiles d'araignée se suspendaient dans l'air, à travers rue, d'une toiture à l'autre; les numéros des maisons étaient illisibles. Le valet de pied se renseigna sur celui que nous cherchions. Vers le milieu de la *strada* il ouvrit la portière et dit, suivant l'usage, en désignant une grande masure décrépite et enfumée :

« *Principessa, ecco il palazzo.*

— Un *palazzo !* répétai-je en riant ; voilà bien l'emphase napolitaine. »

Nous franchîmes un escalier dont plusieurs marches étaient rompues; l'éponge et le balai y laissaient en paix la crasse séculaire; au second étage, nous sonnâmes à une porte cintrée, et pénétrâmes dans un appartement élégant qui révélait la muse : des fleurs, des oiseaux, des livres, des marbres, des tableaux, une harpe, un piano, décoraient un salon ; c'était comme une oasis au milieu d'un cloaque. Mademoiselle Milli rit la première du labyrinthe impur qui menait à son nid. Nous la trouvâmes entourée de quelques nobles napolitains, écrivains et publicistes; parmi les visiteurs était le duc de Caballino, l'illustre compagnon de bagne de Poërio. Il me parla avec une douloureuse émotion de la mort des deux frères Savio. Ami de leur mère, il lui avait envoyé le numéro d'*Indipendente* où j'avais parlé de ses deux fils héroïques.

« Pourquoi la mort, me dit-il, frappe-t-elle ces jeunes têtes au lieu de nous prendre, nous, vieux invalides de la liberté? »

En quittant Giannina Milli nous nous fîmes conduire sur les hauteurs de Pausilippe, où de petits paysans nous vendirent des bouquets de violettes et de fleurs de citronnier; la mer gonflait au soleil ses grands flots mugissants, qui se précipitaient sur tous les rivages du golfe et les escaladaient à moitié; je murmurai mentalement :

« Monte plus haut, monte toujours, ô robuste lavandière ! monte en jets formidables jusqu'à la *strada Santa Maria ogni bene* et jusqu'aux étables d'Augias voisines; frappe avec tes vagues, comme avec des battoirs, les murs, les dalles, les vitres ! Retombe en douches dans les chambres, dans les cuisines, dans les caves; nettoie, blanchis, polis toutes ces demeures puantes comme tu fais des cailloux de la grève des Bagnoli ! Enseigne à ce peuple, enlaidi par l'infection des moines, la propreté, cette élégance du pauvre ; qu'aux exhalaisons des excréments et des lèpres humaines succèdent les parfums des fleurs qui poussent, en toute saison, sur cette terre heureuse; que chaque fenêtre d'ouvrier ou de pêcheur se pare d'un pot de violettes et d'une bouture d'oranger; que des thermes immenses baignent tous ces corps dégradés et rendent aux femmes et aux hommes la beauté antique! sonne le glas des espèces variées de la vermine, et qu'elles soient emportées dans la robe *dei frati!* »

En rentrant ce jour-là à l'hôtel pour dîner, je trouvai à table d'hôte un grand nombre d'officiers de la garde nationale mobilisée par M. de Cavour; il y en avait de Milan, de Turin, de Bologne et de Florence; les uns venaient de tenir garnison à Capoue; les autres arrivaient de Reggio et de Bénévent; la princesse de Morra qui possède un château dans les environs de cette dernière ville l'avait mis à la disposition d'un bataillon de gardes nationaux bolonais, commandé par le comte Tattini et le marquis Pietra-Mellara. De son côté, la garde nationale de Naples était allée fraterniser avec les habitants de Turin et de Milan. C'était là une excellente idée pratique due au génie organisateur de M. de Cavour; les citoyens des diverses provinces annexées apprenaient ainsi à se connaître, à s'entr'aider, à s'aimer, à devenir solidaires comme les fils d'une seule patrie; je fis cette réflexion à un lieutenant de la garde nationale milanaise placé à côté de moi, et qui connaissait plusieurs de mes amis de Milan.

« Oui, l'idée est excellente pour l'Italie, me répondit-il; mais, ajouta-t-il en riant, elle est moins heureuse pour les amoureux et pour les maris; je me demande comment se consolent, depuis trois mois que nous sommes soldats, les femmes qui nous ont fait les plus doux serments?

— Il vous est facile de le savoir, répliqua gaiement l'un des convives.

— Par induction? reprit mon voisin.

— Non, avec certitude.

— Comment cela?

— Rappelez-vous l'accueil que vous ont fait les Calabraises, et observez celui que vont vous faire les Napolitaines; si elles oublient leurs amants et leurs maris absents pour service de la patrie, comme disent les journaux, soyez sûrs que vos maîtresses et vos femmes en font autant sous une autre latitude.

— *Diavolo!* riposta le Milanais, *questo non mi piace.* »

La conversation devint générale et fort gaie; la loi du talion en matière d'infidélité fut proclamée justice. Il y avait en face de moi un monsieur d'une cinquantaine d'années, au sourire franc, au regard direct et doux à travers le verre de ses lunettes, au front large et intelligent; sa physionomie honnête et calme rappelait le type hollandais; on sentait percer la décision et le courage sous la placidité de son visage sympathique; il se mêla à la causerie par des mots si fins et si justes, que j'eus la curiosité de savoir son nom: c'était M. Giovanni Bottero, député piémontais et directeur depuis quelques années du *Journal du Peuple* publié à Turin. Il arrivait des Abruzzes, où il avait été envoyé comme commissaire royal; sa fermeté et son patriotisme avaient conjuré les menées de quelques soldats bourbonniens débandés, que les moines excitaient, dès ce temps, au brigandage.

« Au risque d'émanciper les femmes, nous dit-il en riant, j'ai armé les maris; j'en ai fait des gardes nationaux qui protégent les routes et les villages. »

Vers le milieu du dîner, nous vîmes entrer dans la salle à manger le *mari à breloques*; il s'assit à une place vide assez près de M. Bottero, dont le regard sévère et froid parut l'intimider; il demanda au *cameriere* des vins étrangers et joua avec sa chaîne de montre chargée de nouveaux bijoux; il finit par redresser sa tête cynique en promenant ses yeux hardis sur tous les convives; ceux qui savaient qui il était le toisèrent et lui firent perdre contenance; il tenta de parler à quelques voyageurs auxquels il était inconnu; mais la contrainte que son apparition venait de produire tout à coup les tint sur leurs gardes; la présence de cet homme glaça l'entrain et le laisser aller de la conversation. Il avait eu en m'apercevant un mouvement saccadé; j'étais pour lui le témoin railleur de ses prouesses palermitaines; il n'attendit pas la fin du dîner, s'esquiva de l'hôtel et n'y reparut plus.

XXXII

J'allai le soir à la réception de la princesse Sant'Élia; j'arrivai au milieu d'une valse. La fille de la princesse valsait avec un homme d'une trentaine d'années, dont la vue me frappa comme l'apparition d'un spectre; j'étouffai un cri de surprise; la maîtresse de la maison était venue à moi, je lui dis aussitôt :

« Qui est donc, princesse, le valseur de votre fille? Quelle étrange pâleur! quelle singulière ressemblance!

— Oh! oui, répliqua la princesse en souriant; on dirait un fantôme, et c'est en effet un échappé de la mort. Vous avez dû entendre parler du général Dunne, volontaire anglais-garibaldien? Il fut assassiné, il y a trois mois, sur une place de Naples; sa blessure fut si grave qu'on la crut mortelle. Le meurtrier s'échappa; on prétend que son crime fut une vengeance politique; le pauvre général se lève à peine depuis quelques jours; je l'ai grondé de danser si vite et surtout de valser. Voyez comme son visage est livide; il porte sans cesse sa main au côté, comme si sa blessure allait se rouvrir... Mais de quelle ressemblance me parliez-vous donc?

— Tantôt, repartis-je, quand je suis entrée, en voyant tout à coup ce corps svelte, serré dans un habit noir, ces traits fins et nobles, ces blonds cheveux bouclés, j'ai cru voir apparaître l'ombre d'Alfred de Musset, d'Alfred de Musset à vingt-cinq ans, avec des dents blanches et sa belle chevelure inaltérée.

— Cette tête est aussi romanesque que charmante, me dit la princesse; cet intéressant général, sachant que vous viendriez ce soir, m'a déjà demandé de vous être présenté. »

La valse finissait en ce moment; le général vint droit à nous; il s'inclina devant la princesse, puis me salua en me regardant avec une fixité bizarre.

La princesse me nomma et me présenta le général.

« C'était inutile, me dit-il; en vous voyant entrer j'ai deviné que c'était vous. »

Je me mis à rire, ne sachant trop que lui répondre.

« Je vous attendais, poursuivit-il; je vous appelais comme un secours; je vous espérais comme un dictame.

— Faites votre consultation assis, dit avec enjouement la princesse en indiquant une chaise au général qui chancelait.

— Si madame veut bien accepter mon bras, répondit-il, nous passerons dans le boudoir où nous causerons plus tranquilles.

— Est-ce de sa blessure qu'il veut me parler? demandai-je tout bas à la princesse.

— Oui, d'une inguérissable *blessure*, » reprit le général qui avait entendu ce dernier mot.

Il me conduisit dans une petite pièce ovale, ornée de portraits de famille et d'étagères en bois de rose sur lesquelles était rangée une merveilleuse collection de vieux saxe : bergers et bergères, marquis et marquises, Amours et carlins de Watteau revivaient dans ces figurines.

« Voilà un décor du dix-huitième siècle, dis-je au général.

— Est-ce que je sais seulement où je suis, me répondit-il ; je vis en *elle* ; même à distance je respire l'air qu'elle respire.

— De qui me parlez-vous donc ? repartis-je en le regardant ébahie.

— De celle que j'aime, de celle pour qui j'ai été assassiné.

— Est-elle belle ? lui demandai-je. — C'est toujours la première question que fait une femme quand on lui parle d'une autre femme.

— Elle est belle, répliqua-t-il, comme la jeunesse auprès de la décrépitude, comme la résignation en face de la tyrannie, comme la naïveté en regard de l'astuce.

— Charme d'opposition et de contraste, repartis-je ; mais qui donc lui sert ainsi de repoussoir ?

— Un vieux mari, dit-il ; elle a vingt-cinq ans, le mari en a soixante.

— Vous me rappelez, général, un vers de ma façon :

« Toujours un vieux mari présage un jeune amant. »

Il reprit ingénument :
« Je ne suis encore qu'à l'état de *patito*. »

Avec la même ingénuité il me la nomma et me demanda si je la connaissais.

« Je ne connais que son nom et sa famille.

— Eh bien ! il faut que vous vous voyiez, poursuivit-il ; vous lui ferez comprendre qu'il n'y a de bonheur que dans l'amour. »

Comme le général prononçait ces paroles, la princesse Sant'Élia entra dans le cabinet pour donner un ordre à un domestique qui servait le thé. Elle sourit en me regardant.

« Ne vous scandalisez pas, princesse, lui dis-je tout bas ; je remplis en ce moment la fonction semi-respectable, semi-humiliante d'une confidente de tragédie classique. »

Le général, sans s'apercevoir de cet aparté, continuait à fixer sur moi ses regards de somnambule.

« Je suis certain, me disait-il, que si vous lui parlez, elle ne combattra plus son cœur; vous lui direz à quel excès je l'aime, avec le langage passionné de votre dernier roman, et elle vous croira.

— Mais voilà de la rhétorique, répliquai-je en riant; un mot, un regard de vous auront plus d'éloquence et d'émotion. D'ailleurs, je ne sais rien d'elle, de son genre de vie, de ses convictions, et ne sentez-vous pas qu'elle aurait le droit de s'effaroucher de votre confidence?

— Oh! vous refusez de m'entendre et de me sauver, me dit-il, les yeux pleins de larmes et avec une vivacité nerveuse; tantôt, quand je vous ai vue, une voix m'a crié : Voici l'âme droite et forte qui rassurera la sienne; et vous m'abandonnez! »

Il dit cela avec un tel accent de sincérité que j'en fus attendrie, malgré l'étrangeté de ses paroles.

« Vous l'aimez donc bien? lui demandai-je.

— J'aurais dû, répondit-il, vous raconter d'abord comment je la vis, comment je l'aimai, pour vous faire bien sentir que c'est fatal, irrévocable, décrété par Dieu. C'était un soir, à *San Carlo*, au commencement d'octobre, il y a de cela quatre mois, poursuivit-il en baissant les yeux comme pour lire en lui-même; j'étais au théâtre avec d'autres officiers garibaldiens, nous causions gaiement; tout à coup elle m'apparut dans une loge d'avant-scène : son cou un peu long se balançait flexible sur un burnous blanc; elle regardait de notre côté; ses grands yeux très-doux avaient une expression d'ennui et de lassitude; sa bouche large et fraîche nous souriait tristement; il me sembla qu'elle m'appelait! mon cœur bondit tout entier vers elle. Aussitôt je cherchai dans la salle quelqu'un qui la connût, et je me fis présenter. Je trouvai auprès d'elle un vieillard à physionomie hypocrite et terne, c'était le mari; on eût dit un père incestueux; il l'avait prise sortant du couvent, ignorante des dégoûts d'une union monstrueuse. Partout il la suit comme une ombre qui l'obscurcit, comme une caducité qui la fane; il a cherché à la rendre vaine, superstitieuse et gourmande pour l'engourdir. Ils ont un enfant étiolé, qu'elle idolâtre et qui ressemble à son père! Tout cela aurait dû me repousser; je me le suis dit ironiquement cent fois; mais je ne sais quoi est en elle, qui m'attire, me fascine et me perd. Dès ce premier soir je fus tout à elle; je devins sa seconde ombre, ombre jeune, énergique, passionnée, opposant une influence vivace à l'influence morbide de ce vieillard sacrilège. Je fus conduit chez elle par un de ses parents qui me déplaisait, mais dont je me fis le compagnon assidu, pour lui entendre parler d'elle et savoir à toute heure ce qu'elle faisait. Je rencontrais toujours son mari auprès d'elle; il m'était impossible de lui dire ce qu'elle m'inspirait d'ardent et d'irrité; je ne lui parlais que par mes regards troublés, ma pâleur se changeant tout à coup en rougeur brûlante, et, par cette électricité qui se dégage de chaque mouvement quand on aime; je sentais qu'elle m'entendait et qu'elle subissait le choc de tout ce qui m'agitait. Le mari aussi semblait me comprendre; triomphant et narquois, il affectait devant moi des familiarités vulgaires envers celle que j'aurais voulu emporter dans les nuages; alors j'étais tenté d'écraser comme un cloporte ce témoin de ma passion muette, ce possesseur satisfait et placide d'un bonheur inaccessible j'étais furieux qu'avec sa laideur et sa décrépitude il me rendit jaloux. Chaque fois que je sortais de chez elle, je me promettais de ne plus y revenir. « Puisqu'elle souffre ce cadavre près de sa jeu- « nesse, elle n'a pas d'âme, » me disais-je, et je la maudissais. Quand je la voyais au théâtre, parée et souriante, ou dans sa voiture, à la promenade, je la méprisais; je la comparais aux femmes vendues; comme elles, elle subissait un vieillard qui l'avait enrichie. J'essayais de regarder d'autres femmes, je ne voyais qu'elle; toutes me paraissaient sans charmes, même celles qui étaient en réalité beaucoup plus belles. Son parent ne me quittait plus; il s'était fait mon parasite; il déjeunait chaque matin avec moi et m'empruntait de l'argent; il révoltait tous mes instincts de gentleman; je lui aurais pourtant sacrifié mon meilleur ami, car il me parlait d'elle; il m'assurait qu'elle était triste, qu'il la surprenait parfois à pleurer. Quand j'hésitais à aller chez elle, il m'y entraînait; le mari me recevait d'une façon douceâtre et obséquieuse, il m'exprimait sa haine à sa manière; au moment où mes regards et l'accent de ma voix l'irritaient, il embrassait tout à coup sa femme et lui disait des mots d'une intimité indécente; alors, toute effarée, elle tournait vers moi des yeux suppliants comme pour me demander pardon d'être à la merci de cet homme. Je partais brusquement sans la saluer, fermant la porte avec colère. Ces folies, qui dévoilaient à tous mon amour, s'étaient renouvelées plusieurs fois, lorsqu'un jour, en sortant de chez elle, je fus assailli devant sa maison par un assassin qui portait l'habit garibaldien; il me frappa d'un coup de couteau dans le côté, et prit la fuite à travers les rues étroites et tortueuses; les passants se rassemblèrent autour de moi : mon sang coulait à flots, on me crut blessé à mort. C'est chez elle qu'on me transporta. Quand je repris connaissance, je la vis pâle, immobile et pleurant auprès de mon lit; son mari me soutenait entre ses bras en me disant : « Courage! la blessure n'est pas mortelle; c'est sans doute une vengeance politique.

« — Je ne me connais aucun ennemi, murmurai-je.

« — On poursuit l'assassin, reprit-il, il sera arrêté et la vérité éclatera. En parlant ainsi, il avait un sourire béat et faux qui me fit tout à coup penser qu'il avait soudoyé le meurtrier. Je le crus dès ce jour; je le crois encore. L'homme n'a pas été découvert ; j'ai refusé de porter plainte à cause d'elle. Elle me donna des soins assidus, mais toujours en présence de son mari et d'une vieille parente. Un soir pourtant, celle-ci étant sortie et notre geôlier à tous deux reconduisant jusqu'à la chambre voisine un de mes amis, elle se trouva seule avec moi. Je voulus l'attirer, elle résista; j'arrachai l'appareil de ma blessure, et, saisissant dans mes bras sa tête adorée, je lui dis en l'embrassant : « Je veux mourir ! » Sa robe fut inondée de mon sang; elle poussa un cri d'épouvante, son mari accourut : on me recoucha évanoui. Depuis ce jour, loin de me fuir, elle se montra plus empressée, plus clémente; elle avait pour sa vieille parente, quand elle était seule avec nous, des câlineries d'enfant. Un matin elle lui passa autour du cou une petite écharpe rouge qu'elle avait brodée, en lui disant : « *Cara Nina*, voyez comme cela vous sied ! » Nina alla se mirer dans une glace. Elle saisit alors ma main, y mit un anneau et me dit précipitamment : « Il est béni, il vous portera bonheur. » Nina se rapprocha de mon lit, je lui serrai les deux bras et la baisai passionnément au front, en m'écriant, fou de joie: « Vous avez aujourd'hui, mia cara, un grand air de jeunesse ! » La vieille, depuis ce jour, me prit en amitié, elle se prêta à ce qu'elle appelait mes fantaisies de malade : je lui demandais tantôt un livre, tantôt une fleur ou quelque breuvage que je ne voulais que préparé par elle. J'obtenais ainsi de rapides tête-à-tête où mon amour éclatait; je parlais alors avec violence à celle que tant d'obstacles me disputaient :

« — Vous quitterez cette maison pour me suivre; vous laisserez ce
« vieillard pour m'aimer; il a flétri votre jeunesse : je la ferai re-
« naître et refleurir; vous sortirez de la tombe pour entrer dans la
« vie; vous divorcerez d'avec ce spectre; je vous nommerai ma
« femme à la face du monde, nous irons en Écosse dans un château

« de ma sœur, comme nous serons heureux ! » Elle se lamentait en m'écoutant et traitait mon délire d'impiété; j'étais protestant, la faute serait double si elle se livrait à moi. Elle me donnait des images de la Madone et me mettait sous sa protection : « Je la prie
« ardemment pour vous, me disait-elle; laissez mon âme en paix
« sous sa garde! et mon enfant, mon cher enfant, comment vou-
« lez-vous que je l'abandonne? — Nous l'emmènerons, je l'aime;
« il vient de vous, je serai son père. » Dans un de ces moments où je croyais l'avoir vaincue, elle m'avoua qu'elle serait bientôt mère d'un autre enfant. Un enfant de cet homme, de mon assassin peut-être! comprenez-vous mon horreur! C'est la répulsion et la haine qu'elle aurait dû m'inspirer! Eh bien! non, je l'aimais toujours; je la désirais encore après cet aveu! Quel mystère que l'amour! quelle déchéance de tout orgueil!

« Tant que je demeurai chez elle, j'avais malgré tout des heures d'inexprimable douceur, mais ma convalescence arriva; je cessai presque de la voir, je me sentis désespéré; on me fit transporter chez moi; son mari venait chaque jour s'informer de mon état, il était de plus en plus affectueux, complaisant; on eût dit qu'il redoutait mes soupçons. Son hospitalité m'avait fait son ami, et, aux yeux de tout le monde, son obligé; sa famille le secondait. La vieille Nina me fit quelques visites; une après midi, par un beau soleil, les voitures remplissaient de bruit le quai de Chiaja, où je demeure, la porte de ma chambre s'ouvrit : Nina parut, elle était avec elle! Il me sembla que ma chambre s'emplissait d'une chaude lumière. Elle s'assit sur un fauteuil auprès de moi : « Je suis sortie,
« me dit-elle, pour me promener un peu, et j'ai voulu aussi savoir
« de vos nouvelles. » Elle prononça ces paroles avec enjouement. Je lui en voulais d'être si peu troublée; mais, en la regardant, je la vis si pâle et si amaigrie, que j'espérai qu'elle m'avait regretté. Nina l'emmena presque aussitôt. Dès le lendemain, je fis un effort pour sortir et me rapprocher d'elle. Je la cherche partout; je vais dans le monde dans l'espoir de la rencontrer; chaque fois qu'elle est au théâtre j'en suis averti, j'entre dans sa loge, où son mari me souffre sans murmure; je l'oublie, il n'est plus pour moi qu'une cariatide de la salle. Cette femme m'appartient plus qu'à lui, j'en suis certain, et, lui présent, je le défie; je me place derrière la chaise où elle est assise, j'effleure de mon souffle ses épaules nues; parfois je presse son bras à la faire crier, et, me penchant sur sa

tête, je lui murmure tout bas : « Tu es à moi! » Le vieillard ricane derrière nous; je me retourne alors menaçant, et lui dis, en m'asseyant tout près d'elle et en froissant sa robe de mes genoux : « Je souffre tant ce soir de ma blessure que je suis tenté d'exi-« ger une enquête pour découvrir celui qui me l'a faite! » Ces paroles suffisent pour faire de ce tyran couard un bonhomme, il tremble devant moi; il devient humble, il m'obéit; hier soir, à *San Carlo*, je l'ai fait sortir de sa loge pour aller m'acheter le journal. Elle m'a dit, terrifiée : « Vous êtes sans pitié! vous voulez donc « qu'il me tue en rentrant chez moi? » Je lui ai donné huit jours pour prendre un parti : huit jours pour choisir entre ce moribond et moi, entre ce lâche et mon épée qui la défendra. Elle hésite, malgré son amour, dont je suis certain; il faut que la voix d'une femme la soutienne et la décide; je compte sur vous. » En prononçant ces mots, le général prit ma main et la serra à la manière anglaise : « Si vous faites cela, me dit-il, vous aurez en moi un ami et un défenseur jusqu'à la mort. »

J'avais écouté son récit, sans l'interrompre, au bruit du piano, qui jouait des valses joyeuses, et du cliquetis des tasses et des cuillers de ceux qui buvaient le thé près de nous; en me parlant, il semblait frappé d'hallucination; tout ce qui n'était pas son amour avait disparu; il oubliait le va-et-vient des danseurs; les regards surpris de quelques personnes qui me voyaient depuis une heure assise à côté de lui, muette et curieuse, prêter à sa dramatique histoire l'attention qu'on donne, au théâtre, à une scène émouvante, tandis que le geste passionné, les yeux flamboyants, la lèvre ironique, il me parlait d'une voix couverte mais rapide, avec cette abondance de langage que trouve la passion.

Comme je gardais le silence après qu'il se fut tu, un peu étourdie par l'étrange intervention qu'il me demandait, il me dit tout à coup d'un ton froid et poli :

« Pardonnez-moi, madame, de vous avoir fatiguée si longtemps et peut-être endormie.

— Vous m'avez, au contraire, vivement intéressée, comme tout ce qui est sincère et tranché m'intéresse dans ce monde d'où le vrai disparaît, d'où l'audace s'enfuit; mais ce que vous me demandez est impossible, ou plutôt inutile.

— Ainsi, vous me refusez, reprit-il; je me suis donc trompé, j'avais cru que vous compreniez l'amour?

— Je m'explique, général. Ce que vous espérez de moi est impossible, parce qu'il ne m'appartient pas et qu'il n'appartient à personne, de dire à une femme, à une mère : « Rompez tous les liens qui vous paraissent sacrés. » C'est de plus inutile, car, si la passion est la plus forte, la femme qui vous aime se déterminera d'elle-même et trouverait mauvais qu'une autre femme intervînt dans ce mystère terrible de son cœur.

— Ainsi vous ne voulez pas la voir?

— J'en ai au contraire une très-vive curiosité, et, si je puis la rencontrer naturellement et lui parler de vous, je vous dirai à coup sûr si elle vous aime. »

Il réfléchit un moment.

« Je la forcerai à aller vous voir, reprit-il.

— Je préférerais une rencontre fortuite chez une de ses parentes que je connais, répliquai-je.

— Non, ce serait trop attendre; avant huit jours il me faut un dénoûment irrévocable; avant huit jours, si elle n'est pas allée chez vous, je donnerai une fête sous prétexte de célébrer ma guérison. Vous l'y verrez.

— Mais ira-t-elle chez vous en public? j'en doute, général.

— Elle viendra par magnétisme, son mari par terreur et toute son illustre famille par l'appât d'un souper. »

Je me mis à rire.

« Ne me raillez pas, s'écria-t-il d'un accent irrité.

— Je ne ris, je vous assure, que de son illustre parenté, accessoire bouffon de ce drame, dont vous riez vous-même.

— C'est vrai, me dit-il, si l'amour me rendait moins bête, il y aurait en tout ceci matière à épigramme.

— Pensez à ce côté comique, et, d'ici à huit jours, général, ne faites pas de folies.

— A condition que vous me permettrez de vous voir tous les jours et de vous parler d'elle.

— Comme il vous plaira.

— Allons, vous êtes bonne et quelque chose me dit que je vous devrai la vie, c'est-à-dire son amour. »

Plusieurs jeunes femmes nous entouraient; je lisais sur leur physionomie la surprise que ce beau et héroïque général eût pu s'occuper si longtemps d'une femme qui ne dansait plus. Je m'étais levée.

« Vous savez, dis-je à la princesse, qui était dans un groupe de jolies railleuses, la mission que je remplis? Je conseille et je console. »

Elle me répondit par une phrase aimable.

Je sortis, le général m'offrit son bras et insista pour me reconduire chez moi dans sa voiture.

« Ne me refusez pas, me dit-il, c'est pour vous parler d'elle. »

En route il m'exposa une sorte de programme qu'il s'était juré de suivre sur l'honneur.

« Dans huit jours je quitterai Naples avec elle ou sans elle, me disait-il; elle ne veut pas croire à ce départ; je sais que je suis indispensable à sa vie autant qu'elle l'est à la mienne, que, lorsque je ne serai plus là, sa jeunesse lui paraîtra vide et froide comme un vieux sépulcre; ma passion pour elle est l'air qui la réchauffe, l'esprit qui l'anime. Elle désire me garder, elle compte sur mon immolation sans fin à sa volonté; mais, en me voyant résolu à la quitter, elle me suivra. Voilà ce que je lui écris chaque nuit, et chaque matin elle trouve ma lettre à l'église, dans un gros bouquet déposé au pied d'une madone. »

Ce mode de correspondance me fit sourire.

« Cette nuit j'ajouterai à ma lettre que je veux qu'elle vienne vous voir, et elle viendra, car, je vous le répète, il y a entre elle et moi un courant électrique.

— Vous êtes dans la vérité en pensant qu'elle vous aime, repartis-je; mais, comme tous les hommes, vous n'avez pas l'intuition des mystérieux sentiments de la femme et de la mère : femme, elle vous en voudra de la confidence que vous m'avez faite; mère, l'enfant qui tressaille en elle lui parle à toute heure et combat contre vous! Si cet enfant vous appartenait, elle deviendrait votre esclave; mais cet enfant d'un autre est son maître et triomphe de vous.

— C'est vrai, » murmura-t-il, et il laissa tomber sa tête dans ses mains avec une explosion de larmes qui me toucha plus que tout son récit.

Voir pleurer ainsi un des plus braves des braves de Garibaldi, l'entendre avouer qu'il était vaincu par l'amour, me causa la plus ineffable et la plus poétique des sensations. Trouver tout à coup cette page de roman dans l'épopée guerrière de l'indépendance italienne triomphait du scepticisme désespéré que le monde parisien m'avait laissé.

En nous séparant à la porte de l'hôtel le général me dit :

« A demain, je sens que ma tête s'égare; laissez-moi vous voir chaque jour; traitez-moi comme ferait ma sœur. »

Le lendemain, à deux heures, je vis entrer dans ma chambre un superbe jeune homme à la chevelure noire, aux traits d'une pureté grecque; il était vêtu de la chemise rouge et portait à son ceinturon une longue épée; c'était le valet de chambre du général; à l'exemple de l'aristocratie anglaise, qui recherche la beauté dans ses domestiques, comme elle recherche les chevaux de race, le général avait choisi entre les plus beaux des volontaires un Vénitien intelligent, dont il avait fait à la fois son confident et son serviteur. Sa tête brune, expressive et joyeuse, contrastait d'une façon frappante avec celle de son maître. Pour un statuaire, ce type du Midi l'aurait emporté sur celui du Nord. Le sémillant Vénitien me remit un billet du général : « la fièvre le retenait au lit, m'écrivait-il, il la combattait par un breuvage oriental et viendrait me voir vers cinq heures. »

« *La Sua Eccellenza sta poco bene*, ajouta le domestique en manière de commentaire, *questo povero signore è del settentrione e non sa come si fa l'amore nel mezzogiorno.* »

Cette réflexion me parut si plaisante dans son sens pratique, que, quand le général, pâle comme un spectre, arriva chez moi, je la lui répétai en riant.

« Giovanni a raison, me dit-il, je n'entends rien à l'amour des Italiennes; j'aurais pourtant pu l'apprendre dans Byron, qui les connaissait bien; leur dévotion, que j'ai prise d'abord pour du mysticisme, me déroute. Le mysticisme est une fleur éthérée du Nord; la dévotion espagnole et italienne un fruit charnu et nourrissant qui pousse en plein soleil. Je crois que si je revêtais une robe de moine et lui parlais d'amour au confessionnal, j'aurais à merci la comtesse.

— Vous voilà en verve d'ironie, répliquai-je, cela vaut mieux pour vous que vos larmes d'hier au soir.

— Me croyez-vous guéri? s'écria-t-il indigné; je l'aime plus que jamais, je la veux à tout prix. Je viens de chez elle, j'ai trouvé le moyen de lui parler de vous. Vous la verrez. Peut-être va-t-elle entrer pendant que je suis là. Vous lui attesterez qu'elle me tue. Elle ne m'a pas promis qu'elle viendrait, mais je suis certain qu'elle est en route. Tenez ! on marche dans le corridor ! C'est elle ! »

Il ouvrit la porte et se heurta contre une grosse chambrière qui m'apportait une robe.

« Je suis fou, me dit-il en se jetant dans un fauteuil; mes lettres de chaque jour sont pleines d'extravagances; je lui écris en français, sachant un peu mieux cette langue que l'italien; n'importe je dois m'exprimer dans un style ridicule ; je ne trouve pas la forme naturelle et juste de ce qui est dans mon cœur. Oh ! si vous vouliez !... vous voudrez, n'est-ce pas ? Vous savez comme on émeut dans un livre, vous éviterez la déclamation, l'emphase. Laissez-moi vous lire ma lettre, vous en changerez les expressions fausses; je la blesse peut-être par des mots qui rendent mal ma pensée. Voici des pages que j'ai écrites tantôt et que je lui remettrai ce soir au théâtre; consentez à les entendre et à les corriger. »

Cette idée prêtait à rire, mais il me l'exprima avec tant d'ardeur et d'ingénuité qu'il me fut impossible de le persifler; je le sentais atteint du mal sacré; il en avait à la fois la grandeur et les enfantillages; il oubliait qu'étant Italienne elle ne pouvait être choquée du plus ou moins de correction de ses phrases françaises.

Il me lut sa lettre d'amour, incohérente, fiévreuse, où la prière et l'adoration se mêlaient à la menace et à la colère.

« N'y changez rien, lui dis-je, les cris du cœur n'ont que faire avec la syntaxe. »

Il me quitta pour aller à *San Carlo*, tout ranimé par l'espérance que la passion contenue dans sa lettre passerait dans l'âme de la femme aimée.

En entrant chez moi le lendemain, il me demanda si elle était venue.

« Oubliez le rêve de cette entrevue, et, croyez-moi, lui dis-je, au jour fixé par vous, quittez Naples, allez sous les murs de Gaëte; le bombardement de la place a commencé; ce grand jeu guerrier vous distraira du jeu puéril de l'amour.

— Oh ! vous qui parlez ainsi, répliqua-t-il, vous n'avez donc jamais aimé? J'irai me battre, sans doute, et me faire tuer si elle ne veut pas de moi, mais au loin, dans les Indes, en Chine; je quitterai cette terre italienne où je l'ai connue; en attendant, je prépare ma fête d'adieu; peut-être ma fête de fiançailles, ajouta-t-il en souriant, car vous verrez qu'elle me suivra. »

J'allais sortir pour faire visite à la princesse de Morra ; il m'accompagna chez elle et l'engagea à sa soirée; la princesse le connaissait, elle accepta son invitation pour elle et pour son mari. La princesse Sant-Elia avait consenti à faire les honneurs de cette fête donnée par un des libérateurs de Naples; c'était une certitude que le meilleur monde s'y trouverait réuni; les mères y conduiraient leurs filles avec le vague espoir que ce bel et romanesque Anglais pourrait devenir un mari enviable; on avait parlé de son amour comme d'une aventure éphémère.

« Vous seule, me disait-il, savez que je ne me soucie que d'elle; cette fête est pour elle et pour vous; vous la jugerez, vous comprendrez si je dois espérer; je veux que cette soirée soit splendide; on en parlera et elle en gardera le souvenir. »

En l'écoutant je pensais à ces héros des comédies du vieux Corneille, qui donnaient des concerts sur l'eau et des *media noche* à leurs maîtresses; il en avait le laisser aller charmant, la prodigalité, l'oubli absolu de tout ce qui n'était pas son amour. Ce galant magnifique, d'un autre siècle, tranchait sur la lésine napolitaine. Ma curiosité fut tenue en haleine durant une semaine par ce petit drame dont le dénoûment approchait; l'héroïne allait m'apparaître entourée de sa nombreuse famille; le général m'avait dit :

« Elle est comme Clarisse Harlowe, sa parenté l'environne d'une ombre et d'un rempart. »

Enfin ce soir arriva! A neuf heures nous nous rendîmes, avec la princesse de Morra, à l'hôtel d'Angleterre, où logeait le général. Les plus élégants salons du premier étage étaient éclairés à *giorno* et disposés pour la fête; les arbustes en fleurs décoraient l'escalier. Le beau Giovanni, en grande tenue, trônait dans l'antichambre près d'une corbeille pleine de bouquets qu'il offrait à chaque dame; un bouquet symbolique, à l'orientale, se trouvait parmi les autres. Giovanni me le désigna en me donnant le mien, et, clignant des yeux, il murmura :

« *Questo è il mazzetto d'amore.* »

Quelques vieillards jouaient aux cartes dans une première pièce; je les regardai, cherchant à deviner si le mari était parmi eux. Nous trouvâmes la princesse Sant-Elia dans un grand salon où un quadrille venait de se former; les jeunes filles dansaient avec cette animation sereine, d'un si pur attrait, ignorantes de l'atmosphère orageuse et passionnée qui les enveloppait; elles causaient, rieuses, avec leurs cavaliers, jeunes officiers de l'armée de Garibaldi et de l'armée régulière. Le général, debout devant la cheminée, les yeux fixés sur la porte par laquelle les invités arrivaient, semblait perdu dans un rêve. Sa belle tête se détachait plus pâle qu'à l'ordinaire au-dessus de son habit noir boutonné. Il vint à moi en m'apercevant :

« Elle n'arrive pas, me dit-il, oublieux de tout ce qui n'était pas elle. Prenez mon bras, j'ai une dernière prière à vous faire. »

En parlant ainsi il me conduisit dans la salle du buffet. Déjà quatre hommes mangeaient, assis à une table; je les montrai au général et j'ajoutai en riant :

« Voilà des invités bien pressés de souper.

— Ce sont deux de ses oncles et deux de ses cousins, qui sans doute n'ont pas dîné, » répliqua-t-il d'un ton sarcastique.

Rien ne choque plus un amoureux que de voir la femme qu'il aime dans un milieu vulgaire; il voudrait l'entourer de poésie et de magnificence, isoler son image et en briser le cadre, s'il n'est pas en harmonie avec la figure déifiée.

« C'est une fleur parmi les orties, reprit-il; quand je la ferai vivre dans une atmosphère digne d'elle, elle sera bien plus belle. Vous voyez ces deux fauteuils vides, ajouta-t-il en se rapprochant de la porte du salon où on dansait, je vous en supplie, asseyez-vous sur un et cachez l'autre de l'ampleur de votre robe, afin qu'il lui soit réservé; je la conduirai vers vous, vous lui direz...

— Pas de programme, de grâce, général, répartis-je en l'interrompant, ou je ne lui dis absolument rien. »

Tandis que je prononçais ces paroles, je sentis son bras trembler sous le mien et tout son corps fut pris d'un mouvement de trépidation comme s'il allait tomber; il se dégagea brusquement et me laissa seule pour courir vers une femme qui venait d'entrer. C'était elle! Je la devinai à son mari dont le sourire douceâtre laissait voir en entr'ouvrant ses lèvres le vide de sa bouche; ses cheveux gris et plats se confondaient avec le ton de la peau terreuse et flasque du visage; sans ses petits yeux qui petillaient, on eût dit que ce vieillard malsain et blafard allait se dissoudre; il jeta un regard rapide sur l'assistance et, y ayant reconnu plusieurs de ses proches, il parut rassuré, fit volte-face dans le salon de jeu et s'assit à une table de whist; d'ailleurs la vieille Nina, en robe jaune brodée de rouge et lamée d'or, suivait, comme une duègne attentive, la jeune femme qui marchait droit vers moi, conduite par le général. C'était une grande personne svelte, à la tournure noble;

son cou long, renflé vers le milieu, était entouré d'un rang de perles dont le fermoir en diamants était le seul rayonnement qui s'échappât d'elle; ses joues sans incarnat, sa bouche grande aux dents charmantes, mais sans sourire, ses beaux yeux bien fendus ternis par l'ennui, son front chargé de lassitude, révélaient un affaissement habituel, une torpeur incurable; le contact d'un vieux mari avait couvert ce jeune visage d'un masque morbide; émue et heureuse, cette femme fût devenue attrayante; portant le poids d'une vie manquée, la terreur de la passion, plus que son enchantement, elle avait une physionomie maussade qui me glaça. Sa toilette exquise raillait celle de Nina. Elle portait une robe en magnifique dentelle blanche, fixée au creux du corsage par une grosse rose teintée de pourpre dont la traînée de feuillage et de boutons flottait sur sa ceinture. Une rose semblable se groupait d'un côté des bandeaux ondés de ses cheveux châtains, massés vers la nuque par un peigne d'écaille blonde.

« Je lui ai fait un dessin de la toilette qu'elle aura ce soir, » m'avait dit le général.

Elle se laissa tomber comme épuisée sur le fauteuil placé à côté du mien. Le général nous présenta l'une à l'autre; puis, m'ayant jeté un regard suppliant, il offrit résolument son bras à Nina pour la conduire au buffet.

Je ne trouvai pas un mot à dire à cette personne inerte dont la destinée troublée ne se trahissait par rien d'attendri ni de sympathique; je la sentais plus vaine que fière, plutôt pliée au joug que convaincue du devoir. Je cherchais encore une parole à lui adresser lorsque le général revint. Il se pencha vers elle en passant, murmura je ne sais quelle prière, puis alla se placer en observation près de nous.

Sans me regarder elle me dit tout à coup :

« Madame écrit des romans ? »

Elle prononça cette phrase du ton un peu rogue qu'ont presque toutes les femmes du monde en parlant à une femme auteur.

« Oui, madame, répliquai-je en riant; écrire des romans distrait de ne plus en faire et de ne plus en inspirer.

— La vie ne produit pas les événements qui se trouvent dans les livres d'amour, reprit-elle en hésitant.

— Elle en produit de plus romanesques, de plus terribles et de plus doux, repartis-je; je vous assure que les poëtes et les romanciers sont forcés, en écrivant, d'atténuer plutôt que d'exagérer les drames vivants.

— Voilà ce que je n'aurais jamais cru, reprit-elle avec une sorte de finesse.

— C'est pourtant parfaitement vrai; c'est la réalité qui alimente l'imagination, c'est la vie même qui nous offre les scènes de nos fictions.

— Je crois plutôt que les romanciers prêtent à leurs héros ce qu'ils sentent, me répondit-elle avec un peu de roideur.

— C'est-à-dire, répliquai-je du même ton, qu'ils devinent mieux en autrui ce dont ils ont l'intuition. Ainsi, continuai-je, me décidant à brusquer sa dissimulation, il suffirait à tout observateur qui a connu ou analysé l'amour de regarder le général pour comprendre à sa pâleur étrange et à l'exaltation de sa physionomie qu'il est en proie à une passion violente.

— Il souffre beaucoup de sa blessure, reprit-elle avec tranquillité, le sang qu'il a perdu a laissé son cerveau vide et il s'est rempli de fantômes; un malade exalté par la fièvre voit le crime où il n'y a que l'honneur; de même, dans la pitié qu'inspire son état, il rêve des sentiments impossibles. »

Elle se décidait aux allusions, je poursuivis :

« Il y a une douleur réelle dans ce que vous traitez de songes. Le général parle de mourir, donc il souffre.

— S'il y pensait, il mourrait sans le dire, » répliqua-t-elle froidement.

Je ne sais si ces dernières paroles avaient été devinées par le général, mais il lança sur elle un regard plein de défi et de colère; il vint à nous tandis que l'orchestre jouait le prélude d'une valse.

« C'est moi seul qui vous fais valser, » lui dit-il.

Elle se leva comme cédant à une force électrique; il la prit dans ses bras et l'entraîna avec une rapidité convulsive; ses lèvres suivaient le mouvement de ses pieds; je devinais la véhémence de ses paroles; il tentait, par la violence et la tendresse, par le fluide qui se dégageait de la danse enivrante, de lui arracher une promesse. Attirée, vaincue, soumise, elle s'abandonna un moment tout entière. Mais tout à coup se maîtrisant, elle s'arrêta net et se roidit dans sa volonté.

« Oh! vous êtes fou, » lui dit-elle en se dégageant; puis elle vint s'asseoir près de moi.

« Avez-vous des enfants, madame? » me demanda-t-elle d'un ton calme.

Sur ma réponse que j'avais une fille, elle reprit :

« Comme on les aime, même tout petits; quelle douceur et quelle force on trouve à toute heure dans leurs caresses; j'en ai un qui est charmant; j'en aurai bientôt un autre; ils se souriront, se parleront et se querelleront; je les mettrai tous les deux sur les genoux de leur père, qui est bon et doux et que j'aime, » ajouta-t-elle d'un ton résolu, outre-passant le sentiment qui la sauvegardait.

Après ces paroles, elle se leva pour aller causer avec une jeune fille de sa famille. Le général se précipita vers moi.

« Eh bien! me dit-il, qu'espérer ?

— Rien, général, » repartis-je.

Il me répugnait de lui répéter les paroles que nous avions échangées; cette femme personnellement ne m'intéressait pas; mais elle me touchait comme mère, comme victime de toutes les contraintes et de toutes les souffrances communes aux femmes. Je m'identifiais aux tortures de son cœur plus peut-être qu'elle ne les sentait. En ce moment ces deux hommes pesant sur sa vie me semblaient également odieux; l'un pour la destinée morne qu'il lui avait faite, l'autre pour le trouble mortel dont il l'accablait. En la voyant marcher pâle et défaillante, je me disais : « Sa maternité peut la tuer, » et j'éprouvais pour elle un respect attendri, une sympathique pitié.

Le général insista :

« Enfin, que vous a-t-elle dit?

— Elle a refusé de me parler de vous; elle est tranquille et froide comme un de vos lacs d'Écosse.

— Ah! vous croyez, reprit-il sarcastiquement; je vous félicite de votre pénétration; vous allez voir. »

Il s'approcha de l'orchestre, qui faisait entendre le prélude d'un quadrille; il donna un ordre en répétant *prestissimo*, et un air de valse rapide retentit instantanément. Quelques valseurs et quelques valseuses déterminés s'écrièrent bravo! et se groupèrent aussitôt; lui, saisit dans ses bras celle qu'il prétendait dominer magnétiquement. A ma grande surprise, elle n'opposa pas plus de résistance que la première fois. Ranimée, énergique et comme résolue à l'étourdissement d'une dernière ivresse, elle bondissait dans le vertige de la valse; la mesure redoublait de vitesse; la *furia* des instruments se communiquait aux corps palpitants et pâmés; le général, éperdu, pressait de ses mains convulsives l'épaule nue et la taille flexible de l'heureuse femme, qui, rougissante et comme éclairée d'une flamme intérieure, m'apparut tout à coup vraiment belle.

J'étais la seule dans l'assistance à observer les péripéties de ce drame secret; beaucoup l'ignoraient; ceux qui le soupçonnaient y étaient indifférents ou en étaient distraits; les pères, les maris et les mères soupaient ou jouaient; les jeunes femmes et les jeunes filles causaient ou dansaient. La soirée du général était charmante; chacun s'y amusait sans remarquer qu'il en faisait les honneurs comme un fantôme. Ses manières aristocratiques et son habitude du monde suppléaient à son esprit qui flottait ailleurs. En ce moment personne, excepté moi, ne suivait le jeu expressif de sa physionomie, où l'exaltation et l'extase se lisaient tour à tour. Elle, domptée par son souffle qui l'enveloppait, lui souriait ravie.

La valse finie, il la fit asseoir sur un canapé loin de moi, puis il vint me dire :

« Je le savais bien, elle m'aime; nous partirons ensemble. »

Je ne lui répondis pas; il paraissait certain de son influence et j'étais sûre qu'il se trompait; il prenait une sensation éphémère pour une résolution réfléchie; il était évident qu'il était l'attrait de cette femme, mais sa volonté était contre lui.

Un épisode bizarre fortifia tout à coup sa résistance. Ce qui précède comme ce qui va suivre eut pour témoins plus de cent personnes, mais, je le répète, moi seule, par la confidence entière du général, je pus en saisir le trouble et la terreur.

On parlait à Naples depuis quelque temps d'une somnambule qui faisait des miracles; on y croyait comme à celui de saint Janvier; article de foi pour les uns, mystification pour les autres; curiosité et spectacle pour tous. Le général avait eu l'idée de nous offrir cet intermède : il amena au milieu du salon une femme petite, brune, au visage vulgaire, à la chevelure crépue. Quelques passes suffirent pour l'endormir. On l'étendit sur un canapé et nous fîmes cercle autour d'elle. L'héroïne du général s'était rapprochée de moi, elle avait repris son visage inexpressif; son vieux mari se tenait penché derrière elle auprès de Nina qui s'éventait en répétant : *Questo è stupendo!* la somnambule s'agitait comme une pythonisse; ses gros pieds relevés sur un coussin, ses jambes tordues sous les volants de sa robe marron, sa tête renversée et sauvage. Quelques femmes saisirent un de ses bras qui pendait inerte et l'interrogèrent en serrant sa main; elle répondit avec assez de suite et de justesse. Un officier garibaldien dit au général : « Demandez-lui donc qui fut votre assassin? » Le général prit dans ses doigts le poignet de la somnambule et lui adressa machinalement cette question dont le sens était double :

« Savez-vous de quoi je souffre?

— Vous souffrez à la fois par le cœur et par une blessure mal guérie. »

Craignant sans doute une révélation publique de son amour, le général insista sur sa blessure :

« Voyez-vous celui qui m'a frappé? reprit-il.

— Je le vois, il est armé d'un couteau et porte une chemise rouge.

— Tout Naples sait cela, s'écria en riant un des assistants.

— Pouvez-vous me dire qui arma cet homme, poursuivit le général en s'inclinant vers la sibylle.

— Attendez, reprit-elle, j'entrevois l'instigateur du crime, il s'approche, je le distingue, c'est un vieillard. »

A ces mots j'entendis murmurer à côté de moi : « C'est infâme! en public essayer de nous déshonorer! » C'était elle, tremblante, effarée, prête à s'évanouir; son mari ricanait impassible, seulement de chaque coin de ses lèvres livides sa salive sortait en écume. Le général, fasciné et crédule, poursuivit :

« Quel motif avait donc ce vieillard? » — L'oracle allait répondre peut-être par une divagation qui nous eût fait rire, mais peut-être aussi par une révélation, fausse ou vraie, due au mystérieux hasard, et qui, du même coup, eût jeté un soupçon infamant sur une famille honorable et frappé de mort ou de démence cette pauvre mère dont j'entendais près de moi la respiration étranglée; tous mes instincts de justice et d'humanité se révoltèrent; cet amoureux romanesque dont la passion m'avait touchée me sembla tout à coup un maniaque égoïste et méchant, transformant l'hospitalité cordiale du mari confiant en complicité de crime et changeant la séduction qu'il exerçait sur la femme en droit de torture. Exercer en public ce droit masculin, détestable et barbare, dont toutes nous avons plus ou moins souffert, me parut odieux. Cette sensation multiple traversa ma pensée comme un éclair; je m'approchai du général, je dégageai sa main de la main de la somnambule et lui dis tout haut en riant :

« — C'est fou et superstitieux ce que vous faites-là, c'est indigne d'un disciple de Bolingbroke, » tandis que j'ajoutais tout bas : « Mais « ne sentez-vous pas que vous la tuez, que vous perdez à jamais « son amour ! » Il tressaillit et, avec cette mobilité juvénile qui était un de ses charmes :

« Je vais réparer le mal que j'ai fait, » murmura-t-il, puis il s'écria :

« Madame a raison, cette prétendue voyante se moque de moi comme elle ferait d'un lazzarone crédule. Que m'importe d'ailleurs qui m'a frappé, puisque je suis guéri et que je fête ce soir tous mes amis ! » — en prononçant ces mots il alla droit au vieux mari.

« Voilà mon sauveur, » dit-il, et il lui secoua la main à le faire crier, puis il s'approcha de la jeune femme qui, immobile, les yeux fixes et baissés ressemblait à la statue de la Résignation. Je l'observais et comprenais que quelque chose se dissolvait en elle ; c'était son amour. Une lueur nouvelle avait pu l'éblouir, un souffle inconnu avait pu l'attirer, mais elle s'était pétrifiée sous le grondement de l'orage ; le général avait beau lui parler, la supplier du regard, elle semblait ignorer qu'il fût devant elle ; il s'enhardit à prendre ses doigts, elle les retira comme si une vipère l'avait touchée, et se mit à jouer avec un gros chapelet d'ambre qui flottait sur le bras rouge de Nina. — Le général vint à moi désespéré.

Cependant quelques femmes avaient encore interrogé la somnambule ; mais les plus jeunes, irritées par des réponses ambiguës qui blessaient leur cœur, déclarèrent que la danse valait mieux que ce jeu funèbre. L'orchestre aussitôt fit entendre un quadrille ; le vieux mari s'était assis près de sa femme, il se leva et lui offrit son bras ; elle s'y appuya d'une façon câline, elle fit le tour du salon, salua plusieurs personnes en souriant, puis sortit. Le général se précipita à sa suite. Je quittai moi-même la fête qui ne m'offrait plus aucun intérêt ; comme je descendais l'escalier, le général le remontait la face radieuse et les yeux pleins de flamme.

« Qu'avez-vous donc, lui demandais-je, pour être si joyeux ?

— J'ai, me dit-il, que je suis son dominateur et son maître ! tout obstacle est brisé par la force de l'amour ; je l'ai pressée sur mon cœur en la mettant en voiture, j'ai enveloppé de mon souffle son visage adoré, mes lèvres ont pressé ses lèvres muettes, et son cœur m'a dit : « Oui je te suivrai! » Oh! je suis bien heureux! je voudrais donner de mon bonheur au monde entier, à vous surtout, madame; j'irai vous dire adieu demain, c'est le dernier jour que je passe à Naples. »

Que pouvais-je répondre à cette hallucination nouvelle!

Ce qui me remplit de surprise le lendemain fut de le voir reparaître gai, aimable et toujours plus certain de la félicité qu'il rêvait. Nous passâmes presque toute cette journée ensemble ; il me conduisit à la *promenade de la Villa*, où nous trouvâmes quelques-uns de ses invités de la veille ; un ami lui dit : « Le bruit court dans Naples que c'est un bal de fiançailles que vous nous avez donné ; on nomme mademoiselle *** comme votre future.

— On dit vrai, répliqua-t-il tout rayonnant, je porte déjà la bague des épousailles, » et, parlant ainsi il roulait autour de son doigt le petit anneau béni qui lui venait d'elle.

Le soir il revint chez moi comme je sortais pour faire visite aux Mancini.

« Je vous accompagne, me dit-il, j'ai lu de beaux vers d'amour de madame Mancini, et j'ai un désir inquiet de la connaître.

— *Inquiet*, repartis-je, est une épithète trop significative pour un cœur si plein d'une autre femme ; vous ne partez donc pas demain?

— Oh! vous en doutez encore, répliqua-t-il en riant, votre doute est comme un mauvais augure qui me portera malheur, si le malheur pouvait m'atteindre avec elle.

— L'avez-vous revue?

— Non.

— Vous a-t-elle écrit?

— Non, et son silence même est la confirmation de sa promesse. »

Je croyais en l'écoutant entendre un être fantastique ; il reprit : « Je vous apporte mes souvenirs d'adieu. » —Il me remit son portrait, qui atteste la singulière et frappante ressemblance dont j'ai parlé ; puis une bague en émail bleu, en me disant : « C'est un talisman indien, croyez-y ; pressez-en la petite fleur en perles, quand un bras pour vous défendre ou un cœur pour vous consoler vous seront nécessaires, et vous me verrez venir ; vous tenez désormais à mon âme par un fil indestructible.

— Mais, général, répliquai-je émue de son enfantillage affectueux, je n'ai rien fait pour vous; peut-être même vous ai-je desservi auprès d'elle.

— Je n'en crois rien, s'écria-t-il, vous m'avez arrêté quand je la frappais à mort en interrogeant la somnambule, quand j'allais la perdre à jamais; c'est donc par vous que je l'ai reconquise. Nous parlerons ensemble de vous l'été au bord des lacs, l'hiver auprès des grands feux flambants de mes sapins d'Écosse; je veux lui faire une vie si belle et si douce qu'elle ne se lasse pas de m'aimer. Demain à bord je prétends qu'on la traite en reine; Giovanni vient d'acheter un tapis turc qu'il étendra sur le pont lorsqu'elle voudra s'asseoir, puis des bonbons et des jouets pour son enfant qui rira près d'elle; j'ai envoyé de l'argent à sa camérière pour qu'elle la suive sans hésiter; elles sortiront ensemble demain à l'aube, comme pour aller à la messe; elles se rendront à bord et s'y tiendront cachées jusqu'à ce que nous soyons hors du golfe. Je lui écris les dernières précautions à prendre, lisez et vous serez convaincue. »

Je parcourus une lettre qu'il me tendait, où palpitait la sécurité de son amour; il finissait par un tableau sombre de ce qu'aurait été la vie de la pauvre femme, lui parti, parti sans elle. « Vous figurez-vous vos longues journées après cette vision d'amour évanouie? la famille vulgaire et narquoise et ce vieillard caressant et hideux; mon fantôme toujours là vous rappelant nos extases, nos transports furtifs et un long bonheur entrevu? Les soirées de *San-Carlo* deviendraient des veillées funèbres; chaque fois qu'on ouvrirait la porte de votre loge vous tressailleriez et jamais je n'entrerais! Vos prières à la Madone vous sembleraient maudites; que vous dirait-elle, n'étant plus la messagère de notre amour? Vos enfants même vous irriteraient; leurs caresses vous feraient songer aux miennes plus brûlantes et plus tendres. Suppliciée à toute heure dans votre solitude, une idée surtout vous ferait mourir : où vit-il? où le retrouver? il est trop tard! une autre a pris ma place, elle a tout cet amour que j'ai laissé s'enfuir. Oh! vous ne voudrez pas de ce néant désespéré, de cette décomposition qui dissoudrait votre âme veuve. »

Quand j'eus fini de lire, il cacheta sa lettre, puis appela Giovanni, qui attendait ses ordres dans le corridor; il entra, son visage expressif reflétait le contentement de son maître; il tenait d'une main un tapis roulé, et de l'autre une boîte de sucreries sur laquelle flottaient les jambes d'un grand polichinelle.

« Dépose en passant tout cela chez moi et cours porter ma lettre à la *cameriera* ; elle t'aime un peu, je crois, et c'est pour le mieux, ajouta le général, elle sera plus discrète. »

Giovanni s'inclina devant moi : *All' l'onore di rivederla*, me dit-il, et il sortit en sifflant une barcarolle.

J'eus un long sourire dont le général s'obstina à me demander la cause. « Mais parlez vrai, répétait-il, car si vous me trompez, je le sentirai.

— Eh bien! repartis-je, je me figurais être au théâtre et entendre le comte Almaviva comploter avec Figaro d'enlever Rosine.

— C'est cela même, fit-il, pris d'une hilarité folle; le vieux jaloux qui la tient prisonnière fera demain la superbe grimace que faisait Lablache dans le rôle de Bartholo. »

Nous partîmes pour aller chez les Mancini ; nous trouvâmes la eune mère entourée de sa fraîche nichée d'enfants; le général fut très-frappé de cette beauté blonde, tranquille et pure, qu'une vive intelligence illumine.

« Vous me faites penser, lui dit-il avec grâce, à ce qu'aurait été la Marguerite de Gœthe, mariée, heureuse. »

Madame Mancini lui parla avec intérêt de ses beaux faits d'armes et de sa blessure.

« C'est un héros de roman, dis-je en riant, il nous quitte demain pour courir les aventures.

— En vérité, reprit gaiement l'aimable femme, et moi qui allais vous offrir ma sympathie.

— Je la veux, je l'accepte, répliqua-t-il, et si je vous avais vue plus tôt je serais resté à Naples. »

Cette sensation nouvelle, exprimée tout à coup, me déroutait et me faisait rire.

« Voilà le comte Almaviva infidèle, lui dis-je en sortant.

— C'est cette muse aux traits de Madone et au regard ferme et résolu que j'aurais dû aimer, me répondit-il très-sérieusement.

— Oh! général, c'est pour le coup que votre tête s'égare; il n'y a pas la place d'une page de roman dans l'histoire radieuse de cette noble femme; imitez son mari, épousez quelque jeune Écossaise; ayez beaucoup d'enfants et vivez en paix.

— Moi! s'écria-t-il brusquement, murer ma jeunesse comme un quaker! vous oubliez les émotions tumultueuses qui me font vivre et la félicité qui m'attend demain.

— Êtes-vous bien certain de ce vrai bonheur?

— En seriez-vous envieuse, que vous en doutez?

— Vraiment non, général, je connais trop le réveil de semblables rêves pour les regretter. »

Il resta silencieux et sombre jusqu'à l'hôtel.

Je regardais, sans lui parler, la mer en furie qui battait les quais. Quand la voiture s'arrêta, il prit ma main.

« Cette nuit de tempête est pleine de fantômes, me dit-il, soyez charitable, ne me quittez pas jusqu'au moment du départ. Nous irons à Portici, à Pouzzoles, à Baïa, où vous voudrez; il faut que je tue ces heures d'attente.

— Ma nuit est au sommeil, mon cher général.

— Est-ce qu'on dort tant qu'on se sent vivre, tant qu'on sent battre son cœur?

— Le mien ne bat plus que d'émotions collectives.

— Je vaux mieux que vous, reprit-il, car je souffrirai de ne plus vous voir.

— Adieu, grand enfant héroïque, lui dis-je en serrant sa main, je ne vous oublierai pas et j'écrirai quelque jour votre histoire. »

La porte de l'hôtel se referma sur moi; le roulement des voitures et tous les bruits du quai se confondaient avec les mugissements du golfe.

Le lendemain, en passant *riviera di Chiaja* avec la princesse de Morra, nous demandâmes si le général était parti :

« *Si signore*, nous dit le *cameriere, oggi al mattino sopra il vapore francese.* »

Ainsi donc son roman était clos, le dénoûment était irrévocable. La tempête s'était calmée, la mer roulait des flots bleus coupés de lames d'or. J'entrevoyais l'héroïne à travers ce fond lumineux, assise à la proue du navire sur le tapis turc; son enfant jouait avec le grand polichinelle, et le général riait, plus joyeux que l'enfant.

Le soir, j'allai à *San Carlo*; il y avait peu de monde; une toilette élégante y faisait événement. Je vis entrer dans une loge d'avant-scène une femme vêtue de rose et couronnée de fleurs; c'était elle! elle me salua avec beaucoup de grâce et affecta durant tout le spectacle d'être en belle humeur!

Mais les pleurs de sa nuit, qui donc les a vus?...

XXXIII

Ce petit drame intime s'était passé du premier au huit février (1861); je n'ai pas voulu y mêler les nouvelles de Gaële et le récit habituel de mes journées napolitaines.

Un soir, la princesse de Morra était venue me chercher pour aller au théâtre de *San Carlino*, où joue le fameux polichinelle populaire : *Pulcinella*, à travers le temps, a transmis à des générations d'acteurs son type et son costume; on dirait toujours le même homme survivant aux foules joyeuses et éphémères, qui l'ont applaudi successivement. Il compte vingt siècles d'ancêtres; l'antique bouffon Maccus est le fondateur de sa race. Qui n'a-t-il pas raillé, l'impérissable frondeur, depuis les triomphateurs romains, depuis Néron peut-être, jouant de la lyre sur le théâtre de Naples, jusqu'au roi *Nasone*[1], mari de la reine *Caroline*, Nelson et sa concubine, les Anglais et les Français, protégeant tour à tour le pays pour escamoter à leur profit son indépendance, le roi *Bomba*, mitrailleur du peuple, le roi *Bombino* et ses défenseurs, enfermés dans Gaëte comme une meute enragée qui mord et déchire la liberté. Le despotisme a pu éternellement exploiter, enlaidir, avilir le pauvre peuple de Naples si gai et si bon; mais ce qui a été impossible aux tyrans de tous les âges, c'est de l'empêcher de bafouer leurs vices et leurs cruautés par la voie de *Pulcinella*.

Le *Pasquino* de Rome n'a que la parole écrite pour censurer ses autocrates mitrés; son frère de Naples, a la parole vivante, le geste, les regards, la pose, toute une pantomime expressive qui rend par signes ce qu'il n'ose dire, et que la foule entend, devine et complète à son tour par ses bravos, ses rires et ses cris; ainsi, les chœurs de la tragédie grecque commentaient l'action des personnages.

De même qu'on n'a pu imposer l'Inquisition[2] à Naples, il eût été

---

[1] *Nasone* était le surnom donné par le peuple de Naples au roi Ferdinand Ier à cause de son gros nez bourgeonné.

[2] « Il est remarquable, dit Duclos dans son *Voyage d'Italie*, que dans un État feudataire de Rome l'Inquisition soit dans une telle horreur qu'il serait aussi dangereux de tenter de l'établir à Naples qu'à Londres. C'est une arme de moins

mpossible de lui infliger une servitude muette; ce peuple a su garder le droit de discuter avec ses rois et ses prêtres, et d'interpeller saint Janvier; la voix de *Pulcinella* a servi de tout temps aux protestations les plus hardies; aujourd'hui *Pulcinella* vise moins haut; ses victimes sont moins redoutables; il ne les choisit plus sur le trône et même dans le ciel, il les prend au hasard, parmi les personnages ridicules et vaniteux, que la révolution met en scène. *Pulcinella* égratigne encore, il ne mord plus jusqu'au sang; il n'enfonce plus ses ongles de lion dans la chair vive de la royauté; le rire lui suffit désormais; avec la liberté sa tâche est accomplie; il est vaincu par son triomphe même.

Il y a hiver et été deux représentations par jour au théâtre de *San Carlino*, l'une dans l'après-midi, l'autre le soir; la jolie petite salle ne désemplit jamais; il faut s'y prendre plusieurs jours à l'avance pour avoir une loge. Nous occupions ce soir-là une des meilleures avec la princesse de Morra et son fils aîné, qui à mesure que les acteurs parlaient me traduisait le dialogue, dont le patois napolitain m'était presque inintelligible. On jouait deux farces où figuraient des défenseurs du droit divin, des garibaldiens et des gardes nationaux. Dans la première parade *Pulcinella* apparaît vêtu en soldat bourbonien, et, au lieu des vivat et des bravos auxquels il était accoutumé, les sifflets, les trépignements et les huées le criblent de toute part, comme un feu de peloton; ahuri, piteux, navré, *Pulcinella* épuise avec le public le vocabulaire des gestes parlants napolitains : palpitations des sourcils, moues, sourires, mouvements rapides des doigts, disent tour à tour : hélas ! je joue un rôle qui m'est odieux, cet habit me déplaît autant qu'à vous, mais, *Bombino* (et à ce nom il imite le sifflement des bombes) ne m'en a pas laissé d'autre; je ne puis pas pourtant aller tout nu ! A ce dernier geste exprimant l'état de nature, un garibaldien lui jette une chemise rouge, un autre son képi, un troisième son sabre; les applaudissements éclatent, *Pulcinella* fait peau neuve, se pavane et continue son rôle de défenseur du despotisme sous l'uniforme d'un soldat de la liberté.

---

entre les mains des gens d'Église qui ne peuvent joindre la terreur à la séduction dont ils tirent assez d'avantage. » En 1547, le vice-roi don Pedro de Tolède, cherchant tous les moyens d'asservir le pays, voulut introduire à Naples le tribunal de l'Inquisition; le peuple se révolta et choisit pour chef un pêcheur de Sorrente nommé Tomaso Aniello; ce nom qui semblait prédestiné fut rendu célèbre cent ans plus tard par *Masaniello*.

Dans la seconde pièce, *Pulcinella*, devenu garde national, subit toutes les infortunes conjugales, dont les probabilités furent, on s'en souvient, discutées à la table d'hôte de l'hôtel de Rome. Le grand défaut de ces deux parades de circonstance était de faire perdre à *Pulcinella* son caractère séculaire ; de frondeur il devenait frondé ; il ne bernait plus, il était berné. Ce qui me charma dans tous les acteurs du petit théâtre de *San Carlino*, ce fut leur naturel parfait ; pas une attitude, pas un mouvement, pas une inflexion de voix, qui ne fût dans la vérité du rôle. Ces gens-là sont à l'aise sur la scène, ils y vivent de la vie réelle ; ils parlent et gesticulent comme le peuple de *Sant' Lucia* et du *Mercato*. L'acteur qui jouait *Pulcinella* me parut excellent, j'aurais préféré le voir dans un de ses vieux rôles, revêtu du costume traditionnel, « au demi-masque noir, au bonnet gris pyramidal, à la camisole blanche sans fraise, au large pantalon blanc serré à la ceinture par une cordelière ; grand garçon aussi droit qu'un autre, bruyant, alerte, au nez crochu comme un petit poulet (*Pulcinello*) dont il a tiré son nom [1]. » Le Polichinelle français, matamore et fanfaron, avec sa double bosse et son habit éclatant, et le *Punch* anglais à l'humour mélancolique ou brutale, ne sont que des bâtards incertains de leur père napolitain. *Pulcinella* a, dans Naples même et dans tout le Midi de l'Italie, une foule de rejetons plus authentiques qui couvrent les rues et les carrefours ; quelques-uns montent sur les planches et aspirent à la gloire paternelle à laquelle ils succèdent un jour. Pour ceux-là, le petit théâtre de *San Carlino* est le Capitole ; mais le plus grand nombre défraye les baraques des marionnettes en plein air, ce sont les plus libres, les plus joyeux, les plus applaudis, les plus réellement populaires ; incisifs et tranchants comme Figaro, avant qu'il fût aux gages du comte Almaviva, ils jettent à la foule tous les lazzis et toutes les épigrammes populaires du monde entier. Rois, princes, évêques, maris trompés, femmes galantes, tout leur est cible. Les *birichini* de Naples et de Sicile, descendants des polissons d'Athènes, s'inspirent de ces fils disséminés de *Pulcinella*, et à leur tour, les gamins de Paris passés maîtres, diraient en les voyant : « De par la blague universelle, fraternisons. »

Le *Pulcinella* de carrefour eut longtemps pour rivaux les moi-

---

[1] Ch. Magnien, *du Théâtre antique*.

nes quêteurs de Naples. « Il est assez plaisant, dit Duclos, de voir sur la place ce bateleur rassembler auprès de ses tréteaux une foule de badauds, et à quelque distance de là, un moine qui monte sur une escabelle, un crucifix en main, prêcher une pareille assemblée, de sorte que les deux orateurs s'enlèvent alternativement le même auditoire suivant le degré de leur éloquence[1]. »

XXXIV

Un autre soir, j'avais rencontré chez les Mancini, M. Francesco Lattari directeur des grandes Archives de Naples, il me fut présenté et nous causâmes aussitôt des deux glorieux frères Attilio et Emilio Bandiera, dont il avait été l'ami. Il possédait plusieurs manuscrits laissés par ces deux martyrs, il m'offrit de me les communiquer et de me faire visiter les archives. Madame Mancini intervint : — « Je vous mènerai madame demain, » dit-elle avec sa bonté toujours en éveil.

Le jour suivant, à deux heures, elle était à ma porte, en voiture, accompagnée de deux de ses filles et de son fils enfant; son mari occupé au ministère, avait promis de nous rejoindre plus tard. Les grandes Archives de Naples, occupent depuis 1835 l'ancien et magnifique monastère de *San Severino e Sossio*. Ce couvent de bénédictins était une succursale de celui du *Monte Casino*. Nous montâmes la *Strada di Toledo*, tournâmes à droite sur la place de l'ancien palais des Jésuites, et après avoir franchi quelques rues étroites et sales, nous vîmes apparaître, *Largo Marcellino*, la belle façade enfumée et dégradée du vieux couvent, où M. Lattari nous attendait. Au delà d'une première cour, nous trouvâmes l'intérieur de l'ancien monastère, propre, riant et somptueux; un cloître en marbre blanc encadrait de quatre portiques à colonnes le préau gazonné où se groupaient les grands arbustes de camellias, de citronniers, d'orangers couverts de fleurs et de fruits, auxquels s'enlaçaient des jasmins d'Espagne et des rosiers grimpants. Au milieu de cet abri embaumé s'élève une statue antique de la Science. M. Lattari secoua les hautes branches, où pendaient des

[1] *Voyage d'Italie.*

oranges mûres; nous en remplîmes nos poches en souriant au souvenir des moines qui avaient construit et planté ce cloître poétique. A droite nous trouvâmes l'immense réfectoire des bénédictins, transformé en salle des *actes royaux et vice-royaux*. Ces archives des souverains qui ont gouverné Naples, commencent à Charles III et se continuent jusqu'à nos jours. La vaste salle est décorée d'une magnifique fresque imitée de celle que Francesco et Leandro de Porta peignirent au couvent du mont Cassin, à la fin du seizième siècle ; les deux frères avaient été chargés de représenter le miracle de la multiplication des pains ; ils symbolisèrent le sujet et exécutèrent la multiplication des couvents, regardant sans doute les moines comme les distributeurs du pain divin, du pain de vie. Le Christ apparaît sur des nuages dans la partie supérieure du tableau ; au-dessous est saint Benoît entouré de religieux et de religieuses de son ordre ; viennent ensuite des chevaliers représentant des ordres chevaleresques, qui dépendaient de celui de saint Benoît. Cette fresque du monastère de Naples, d'une conservation parfaite, est aussi remarquable par la vigueur du coloris que par le mouvement des figures ; elle est l'œuvre de Belisaire Corenzio qui l'exécuta en quarante jours. Ce peintre, d'une verve magistrale, tomba d'un échafaudage en retouchant une des ses compositions dans l'église du même couvent ; il mourut des suites de sa chute, et fut enterré au-dessous de son œuvre.

Nous passons sous une voûte monumentale où s'élance l'escalier, et montons aux salles du premier étage, remplies par les archives ; dans une chambre, dite de Charles d'Anjou, se trouvent de curieux diplômes signés par Charles VIII roi de France ; dans une autre, des lettres autographes de personnages célèbres. Parmi les plus intéressants documents que nous présente M. Lattari, je parcours une requête de Jean-Baptiste Vico (juillet 1734), implorant de Charles III la charge d'historiographe du roi et « le suppliant, y est-il dit, est très-âgé, très-pauvre, a une nombreuse famille et ne reçoit pour sa chaire de rhétorique à l'Université royale, que cent scudi par an et quelques petites sommes qu'il gagne avec les examens des études de droit. »

Je ne puis toucher sans attendrissement à ces lignes tracées par ce grand homme dans la misère. C'est un sentiment tout contraire, c'est l'indignation, que je ressens en lisant une lettre du cardinal Ruffo au ministre Acton ; la lettre est datée de Melito (février 1799).

Ce cardinal, devenu général d'armée, combat la révolution dans les Calabres. Mitrailleur implacable des populations et des villes, « il me semblerait utile, écrit-il au ministre de Caroline, d'envoyer une frégate de guerre contre Cotrone et de la détruire entièrement pour faire un exemple. » Il insiste et répète plus bas : « Je crois me souvenir qu'on a sauvé de Naples une barque bombarde, qui suffirait pour anéantir Cotrone, — les jacobins de ces provinces ont excessivement peur, j'espère être bientôt à Cozenza ; je tâche de m'organiser, mais je fais peu de progrès faute de troupes, je n'ai que quatre cents hommes de troupes régulières. »

« Voilà, j'espère, un cardinal sabreur, dit madame Mancini.

— Pie IX et François II, en cherchent en vain de semblables dans le sacré-collège, repartit M. Lattari ; tous attisent le feu, mais aucun ne s'y expose. »

Un autre document caractéristique attira mon attention, c'était une déclaration faite par un nommé Jean Stabile de Naples, attestant que Masaniello fut tué sous ses yeux, dans un corridor du couvent des Carmes, par les frères Carlo et Salvator Catania. Cette déclaration, sous forme de requête, adressée au ministre du roi Charles II, et revendiquant le prix du sang pour les héritiers des assassins de Masaniello, me parut une page d'histoire si curieuse, que je priai M. Lattari de vouloir bien la copier pour moi, en voici la traduction fidèle :

« Les héritiers de Carlo et Salvator Catania, ont appris que Sa Majesté (que Dieu garde !) avait accordé un salaire à Tomaso de Caro et à Aniello di Ferrante pour les services que les dits Tomaso et Aniello rendirent pendant les troubles populaires de ce royaume et particulièrement en donnant la mort à Aniello d'Amalfi (*Masaniello*), et les faits exposés par les susdits Tomaso et Aniello étant faux, les susdits n'ayant rien fait de ce qu'ils prétendent, et la nouvelle en étant parvenue aux suppliants, ils se voient forcés de recourir à Sa Majesté catholique, conjurant à cet effet Votre Excellence, que le salaire en question ne soit pas accordé, jusqu'à ce qu'il plaise à Sa Majesté de décider ce qui lui conviendra ; représentant également à Votre Excellence, que les susdits suppliants, ont dépensé cinquante ducats pour se procurer les papiers nécessaires à la consignation de cette demande et qu'ils tiendront ce qu'ils sollicitent, pour grâce particulière de la grandeur de Votre Excellence. (Suit la nomenclature des titres consignés, après quoi, le pétitionnaire continue :) Moi, Giovan Battista Stabile de Naples, âgé de soixante-quinze ans, demeurant dans le *Vico del Celso*, hors la porte des Carmes, j'affirme, pleinement et indubitablement, que je porterai témoignage de ce que présentement j'expose, n'importe de quelle manière, en justice, partout, et même sous la foi du serment : comme quoi, dans l'année 1647, au temps des troubles de cette ville, je me trouvais présent quand Tomaso Aniello d'Amalfi, premier moteur de ces troubles, fut tué par les frères Carlo et Salvator Catania, sous la galerie du couvent des Carmes majeurs de cette ville. J'étais un de la troupe dudit Carlo, dans laquelle je ne vis point Aniello de Ferrante, quand ce fait se passa ; mais cette mort fut accomplie seulement par les frères Catania, après quoi, on leur brûla pour cette action, leurs maisons, leurs meubles et leurs effets ; aucune autre personne de la même bande ne subit de dommage pour cette mort, et n'y prit part, ceci je le sais très-bien, car j'étais présent, ainsi que je viens de l'écrire, et en témoignage de la vérité, j'ai fait la présente déclaration signée de mes propres mains. Naples, 7 février 1682. Moi, Giovan Battista Stabile, j'affirme ; — moi, docteur Carlo de Roggiero, je suis témoin ; — moi, Nicola Auzinia, je suis témoin. — Je certifie comme quoi, la signature ci-dessus a été écrite de la propre main de Giovan Battista Stabile, en ma présence et en celle des soussignés témoins, et en foi de quoi, moi, notaire Gio... Pietro Petrez de Naples, j'ai signé. — Moi, Giovanni Benedace, je suis témoin. — La présente copie a été extraite de l'original qui m'a été présenté, et je certifie sa parfaite conformité en foi de quoi, moi, notaire requis, Michaël Gaëtan Campanila de Naples, j'ai signé. »

Il y avait trente-cinq ans que Masaniello avait été massacré devant le couvent des Carmes lorsqu'un des témoins de sa mort, peut-être un de ceux qui prêtèrent main-forte à ses assassins et mirent en pièces son cadavre, adressa cette requête au ministre du roi d'Espagne. Ce Giovan Stabile devait être un vieux drôle qui se tint coi tant que dura le pouvoir populaire. Le meurtre de Masaniello ne mit pas un terme à l'insurrection ; le peuple, attendri par cette fin tragique, recueillit le corps *mutilé* du pêcheur d'Amalfi, roi fantastique, dont le règne dura six jours, et qui, à la tête de cent mille révoltés, tint en échec le vice-roi d'Espagne. On lui fit de pompeuses funérailles ; la vengeance raviva le courage des insurgés ; bientôt une révolution nouvelle éclata ; don Juan d'Autriche, commandant une flotte espagnole, vint bombarder Naples. Le peuple se défendit énergiquement et proclama la république; il fallut plusieurs années aux rois d'Espagne pour rentrer en possession de la riche et joyeuse cité qu'ils appauvrissaient par leurs exactions et attristaient de leur fanatisme; ils eurent maille à partir avec ce peuple descendant des Grecs, qui repoussa l'Inquisition et combattit l'écrasement des impôts par des révoltes formidables.

Après la visite des archives, M. Lattari nous conduisit dans un long corridor bordé par les riantes cellules des anciens bénédictins: celles de droite ont jour sur le beau cloître dont j'ai parlé, celles de gauche sur le golfe; trois de ces dernières composaient le logement de M. Lattari; la plus jolie, à voûte ogivale en marbre, et à fenêtre cintrée, lui servait de cabinet de travail. Au-dessous de la fenêtre, dans une cour intérieure, de grands orangers pliaient sous les fruits d'or; la ville, le port, le Vésuve, Portici, Castellamare, Sorrente et toute l'étendue de ces splendides rivages se groupaient sous nos yeux.

« Je suis envieuse de votre cellule, dis-je à M. Lattari; j'en veux une semblable, et je vais écrire à M. de Cavour de me l'accorder; travailler ici, y vivre, y mourir, en face de ces enchantements de la création qui forcent à croire au Créateur, comblerait les vœux d'un poëte.

— Vous n'avez pas tout vu, me répondit M. Lattari; les bons moines s'étaient construit des terrasses dont Babylone eût été jalouse. Si vous avez le courage de marcher et de monter encore, nous pourrons les parcourir.

— *Andiamo*, dit madame Mancini en souriant; les muses ont des ailes.

— Permettez que je vous montre d'abord, reprit M. Lattari, mes archives intimes, celles qui me sont les plus chères; je ne donnerais pas pour tous les *actes royaux* entassés dans le réfectoire ces actes, testament de deux martyrs qui ont confessé et présagé la liberté. »

Il étala devant nous, sur une table d'ébène, les manuscrits des pauvres Bandiera; les deux frères, Attilo et Emilio, avaient écrit dans leur cachot (1844) le récit de leur aventureuse expédition en Calabre; je parcourus, attendrie, ce manuscrit autographe auquel était jointe la copie de la lettre adressée par les deux héros, la veille de leur mort, au régisseur de la prison de Cozenza: « Gardez, monsieur, disaient-ils à la fin de cette lettre, les papiers que nous vous confions ; et si aux jours de honte de l'Italie Dieu fait succéder des jours moins tristes, vous montrerez aux défenseurs survivants de la liberté ce legs douloureux pour nous et pour la patrie ; ils vous remercieront et vous honoreront. »

Un souvenir personnel doublait l'émotion que je ressentais en lisant ces lignes tracées par les frères Bandiera. Le jour où j'appris leur mort, il y avait alors dix-sept ans, j'avais écrit des strophes d'enthousiasme sur leur dévouement et d'imprécations contre leurs bourreaux ; *la Revue de Paris* publia ce chant qui m'attira l'amitié des exilés italiens.

En sortant de l'adorable cellule de M. Lattari, nous montâmes un large escalier, aux marches douces, qui nous conduisit jusqu'aux combles du couvent ; de vastes terrasses, bordées de balustres, formaient la toiture du majestueux édifice ; sur des supports de marbre souriaient, çà et là, des bustes de femmes ; l'éclat du jour faisait paraître incommensurable le panorama que nous dominions : Naples, la campagne, le golfe et ses bords les plus lointains poudroyaient sous le soleil qui en dévoilait les masses et les détails ; l'intensité de la lumière rendait ce tableau tellement vertigineux, qu'on se sentait flotter dans l'infini comme un atome qu'il absorbe et s'assimile. Le grand air, dans les contrées méridionales, produit souvent cette sorte d'ivresse ; elle me gagnait au point de me faire chanceler ; je m'appuyai contre la balustrade pour la combattre ; je détournai mes yeux de l'étendue et regardai près de moi les toits et les fenêtres, aux vitres brisées, des maisons qui entourent le riche couvent ; la plupart sont habitées par les teinturiers de Naples ; de longues bandes d'étoffe, trempées dans l'indigo, séchaient sur des barres en bois suspendues aux croisées ; quelques visages, bleuis par la teinture, se montraient çà et là ; j'entrevoyais l'intérieur sale et dénué de plusieurs chambres d'ouvriers. Quel contraste avec les cellules des moines !

« Ces gaillards-là, me dit M. Lattari, à qui j'exprimais ma sensation, comprenaient le bien-être, le luxe et l'art ; ils en pratiquaient les jouissances en épicuriens ; mais ils se gardaient bien d'y convier le pauvre peuple. Le reléguer dans l'ignorance et la saleté leur semblait œuvre divine ; l'humilité et la pénurie du peuple sauvegardaient l'orgueil et la richesse des grands.

— Les sociétés plus justes et plus humaines qui nous succéderont, répliquai-je, s'étonneront que vos prêtres aient pu si longtemps, au nom d'une religion de renoncement, percevoir la dîme de leur insatiable superflu sur le nécessaire du pauvre. Les moines quêteurs prélèvent encore dans les campagnes les poules et les fruits des paysans; et l'espoir d'une indulgence, la promesse d'une oraison, la tentation d'un miracle qui peut guérir leurs enfants malades, déterminent les mères à tous les sacrifices, parfois même à celui d'une dîme impure; en récompense de cet abandon des biens passagers et du corps périssable, vos joyeux *frati* promettent l'éternité du paradis, et cette vision des joies indestructibles d'un autre monde fait passer à travers celui-ci les faibles victimes courbées et soumises comme des ombres châtiées. Toutes les religions, et surtout le catholicisme, ont abusé de ce mirage céleste; c'est le grand dissolvant des indignations populaires et l'auxiliaire commode de toutes les tyrannies; la philosophie seule, en imposant pour juge à l'homme sa conscience, l'efficacité du bien, la responsabilité des actes de la vie, nous offre un idéal plus pur et, je dirai, plus certain. Cet idéal, qui sera la foi de l'avenir, affermit l'homme dans la justice, le fait passer, sympathique et clément, à travers la terre et le transporte tranquille au delà. »

Tout en causant de la sorte nous marchions sur les longues terrasses de marbre; au-dessus, le ciel, d'une limpidité uniforme, suspendait son voile d'azur, voile impénétrable, derrière lequel toutes théogonies ont placé leurs dieux. Je me serais volontiers oubliée là jusqu'au soir.

M. Lattari nous engagea à descendre; il avait, ajouta-t-il en souriant, une dernière halte à nous proposer.

Arrivés au premier étage du monastère, il nous fit entrer dans une jolie salle octogone, décorée de fresques, et au milieu de laquelle une table était dressée; toutes sortes de gâteaux et de sucreries remplissaient des plats en vieille faïence; les sorbets et les *pezze dure* s'alternaient avec les vins les plus exquis des Deux-Siciles que dorait le cristal de flacons à facette. Une acclamation unanime remercia l'aimable archiviste.

L'air vif que nous avions respiré nous avait tous altérés et même un peu affamés. Tandis que nous savourions la délicieuse collation, une des filles intelligentes de madame Mancini me dit gaiement:

« Vous ne médirez plus des moines, nous sommes aussi gourmands qu'eux. »

Elle avait entendu les réflexions échangées entre M. Lattari et moi, et en avait saisi l'apparence critique plus que le fond ; la jeunesse a des perceptions vives, mais incomplètes sur toutes choses ; l'expérience seule affermit l'esprit et lui donne son extension entière. « Tout comprendre, c'est tout pardonner, » a dit, je crois, avec une grâce indulgente madame de Staël ; je retournerai volontiers l'axiome d'une façon plus sévère : « Tout comprendre, c'est être juste, » et, partant, inexorable pour le mal qui s'impose impudemment sous le masque du bien. Je répondis à la jeune fille avec moins de pédantisme :

« Ce que je blâme surtout dans les moines et les prêtres qui régissent encore le Midi de l'Italie, c'est de repaître leur sensualité par l'extorsion ; c'est de dépouiller le peuple au moyen de la superstition ; c'est d'inoculer une crédulité couarde aux races qui furent les plus fières du monde antique, et de substituer à la dignité des êtres l'immolation des âmes, en vue d'un Dieu qui châtie éternellement et d'un Créateur qui a pour agréable la souffrance et même la destruction de sa créature ! D'une telle doctrine à l'abrutissement il n'y a qu'un pas. Relever la chair, ennoblir ses instincts et ses passions, rendre la matière respectable, est le plus sûr moyen que l'esprit qui flotte en elle ne s'avilisse point.

— A la force du peuple ! à son bien être ! dit M. Lattari en remplissant nos verres d'un vin de Lacryma-Christi qui sortait d'une autre cave que celle de l'auberge de l'Ermitage [1].

— A l'unité de l'Italie ! m'écriai-je.

— *Alla libertà dell' Italia !* ajouta madame Mancini.

— *All' armada ! alla patria !* » dit avec force son fils, bel enfant de dix ans, qui rêvait de rejoindre son frère à Gaëte.

Tandis que nous choquions nos verres, une voix, venant du fond du corridor, répéta :

« *Italia ! patria !*

— Voilà un écho que je n'avais pas encore entendu dans ce couvent, reprit M. Lattari ; c'est quelque âme qui tressaille et secoue la poussière des archives.

— Ce n'est pas, à coup sûr, celle du cardinal Ruffo, repartis-je ; ses pareils n'ont pas plus de patrie qu'ils n'ont de famille ; où les entrailles du père sont desséchées, celles du citoyen sont en cendres. »

---

[1] Située sur un versant du Vésuve.

La voix qui se rapprochait répéta avec une intonation plus vibrante :

« *Italia! patria!*

— C'est l'âme des frères Bandiera, s'écria madame Mancini qui avait deviné l'écho.

— Ou celle, repris-je, du pauvre philosophe Vico, qui, de nos jours, eût fêté la liberté.

— Ou celle du pêcheur d'Amalfi, ajouta M. Lattari ; Masaniello, s'il vivait, serait un lieutenant de Garibaldi.

— *Garibaldi!* répéta l'écho, cette fois tout près de nous, et comme s'il vibrait derrière la porte qui, en s'ouvrant, nous laissa voir M. Mancini.

— Bravo! s'écria M. Lattari ; pourquoi donc arrivez-vous si tard?

— Ce maudit siège de Gaëte donne de la besogne au ministère, répondit M. Mancini en s'asseyant à la place qui lui avait été réservée près de moi ; mais, ajouta-t-il, nos bombes ont fait hier de si rudes dommages aux assiégés, qu'on peut présager qu'avant six jours nous serons maîtres de la place. »

Nous bûmes, à cette espérance, une bouteille d'excellent vin de Capri, puis une autre, du plus exquis Marsala, à Garibaldi qui, par son débarquement hardi dans le *Port de Dieu*[1], avait donné la liberté au royaume de Naples. Sans le correctif des *dolci*, des gelées de fruits et des mandarines, tous ces vins, où le soleil s'infuse, nous auraient mis le feu au cerveau ; ils ne nous inspirèrent qu'une bruyante gaieté qui éclata en un dernier toast porté au savant et courtois archiviste.

Cette friande collation m'empêcha de paraître à table d'hôte et d'y apprendre les nouvelles du jour ; je passai l'heure du dîner dans ma chambre ; et, tout en rêvant de ce beau couvent de *San Severino* dont les terrasses se recouvraient à cette heure d'un dôme étoilé, j'écrivis les strophes suivantes que j'adressai, le lendemain, à M. Lattari :

> Moine austère et nouveau d'un cloître aux vastes salles
> Où dort silencieux chaque siècle écoulé,
> Tandis que vous fouillez de lointaines annales
> Et que des morts fameux les ombres idéales
> Bordent le corridor de leur long défilé ;

[1] Marsala, *port de Dieu* en arabe.

Au préau, l'oiseau chante; et comme font les grâces,
Le jasmin, l'oranger, s'enlacent aux piliers;
Le soleil resplendit sur les larges terrasses,
Du ciel et de la mer il zèbre les espaces,
Et ceint d'un cadre d'or Naples et le golfe entiers.

La nuit calme descend; l'air embaumé circule;
Les étoiles, chassant les feux trop vifs du jour,
De leur suavité baignent votre cellule;
Et tel qu'un grand trépied, le Vésuve, qui brûle,
Raille, éternel veilleur, le néant de l'amour.

XXXV

A huit heures (6 février 1861) j'allai au palais royal pour savoir des détails sur le bombardement de Gaëte; comme je causais avec la comtesse della Rocca, le baron Perrone de San Martino entra dans le salon en habits de voyage; il arrivait du camp où il résidait depuis quelques jours avec le prince de Carignan; il nous parla avec enthousiasme de l'attaque de la veille au soir. « C'était superbe, nous dit-il; l'armée de terre et la flotte ont déchargé à la fois toutes leurs batteries; les bombes décrivaient des ellipses de feu sur le fond de la nuit et éclairaient les créneaux de la citadelle et la haute tour d'Orlando; les maisons tremblaient et se brisaient de toutes parts comme les vitres d'une fenêtre où la foudre éclate; le vaisseau *le Garibaldi* a fait merveille. Quel spectacle! je ne l'oublierai de ma vie, c'était d'une beauté sinistre; nous tressaillions de joie sans songer aux morts qui tombaient sous les décombres. La guerre enivre et fait bondir les cœurs comme des obus; au plus fort de l'attaque, l'ambassadeur de Saxe, enfermé dans Gaëte avec François II, a fait demander à Cialdini d'en sortir: « Qu'il sorte, s'il le peut! » a répondu le général. Le prince de Carignan a passé ce matin les troupes en revue et leur a adressé de grands éloges. Un parlementaire bourbonien est venu demander une suspension d'armes. Quelques heures de répit ont été accordées aux assiégés pour ensevelir leurs morts; j'en ai profité pour accourir à Naples, d'où je repars dans une heure. »

Deux jours après j'allai chez la marquise Salza, j'y trouvai madame Coscia, la jeune mère du courageux lieutenant de marine dont j'ai parlé ; elle venait de recevoir une lettre de son fils : je la donne ici, elle complète le récit de M. Perrone sur cette attaque du 5 février qui prépara la capitulation de Gaëte :

« A bord du vaisseau *le Garibaldi*.

« Ma chère mère,

« Je vais très-bien, Dieu merci, et je commence par vous le dire pour vous tranquilliser. Vous aurez vu dans les journaux l'attaque que *le Garibaldi* a faite à lui seul le 5 au soir contre les deux batteries ennemies de l'*Annunziata* et du *Standardo*. La première batterie était armée de quatre-vingt-six canons et l'autre de cinquante. Nous sommes restés deux heures au feu, sous une pluie de bombes et de grenades qui nous éclairaient comme en plein soleil quoiqu'il fit nuit sombre. Je vous assure que c'était un spectacle imposant et sublime. Nous nous sentions invulnérables et comme protégés par le nom magique de notre héros Garibaldi; nous avons eu les éloges de toute l'armée et du prince de Carignan en particulier, qui nous a envoyé ses félicitations par notre chef d'état-major. Hier matin je suis allé porter le rapport de l'attaque à l'amiral Persano, il m'a dit avec bonté : « Écrivez à votre mère que vous avez l'honneur d'appartenir à un navire qui s'est toujours distingué. » — L'armistice demandé par le général *Ciccio*, pour ensevelir les morts très-nombreux de cette sanglante et terrible affaire, durera jusqu'à demain soir. Je vous embrasse, chère mère, et suis pour la vie votre fils respectueux,

« Jules Coscia. »

J'ai cité les deux lettres de ce brave de dix-sept ans, pour faire comprendre à mes lecteurs jusqu'où allait en ce moment l'enthousiasme patriotique et le mépris de la mort de tous les défenseurs de l'unité italienne. Volontaires garibaldiens et soldats de l'armée régulière donnaient depuis six mois au monde un des plus beaux exemples de foi et d'héroïsme qui soient dans l'histoire; ils s'armaient en chantant, et mouraient joyeux pour une idée : l'espoir de rendre une âme à cette terre si belle et si longtemps affligée qui était leur mère, leur faisait oublier d'autres larmes maternelles; les femmes d'ailleurs étaient dignes de leurs fils et les poussaient à l'armée. « Vous êtes heureuse, m'écrivait à cette époque mon

« ami Antoni Deschamps, d'assister à la résurrection de ce grand
« peuple; combien les petites passions de Paris, littéraires et autres,
« me semblent peu de chose; il n'y a plus qu'une jeunesse, c'est
« la jeunesse italienne. » Je lus à Poërio cette noble lettre du poëte
et des vers inspirés que m'adressait en même temps Émile Deschamps. Je n'ai jamais séparé les deux frères dans mon amitié; la eur faisait écho en ce moment à l'émotion que me causaient les combats de Gaëte; cette émotion était dans l'air; on s'attendait à chaque instant à la prise de la place.

Pour remplir les heures de cette attente anxieuse, M. Bottero me proposa d'aller à Pœstum avec quelques députés de ses amis. J'acceptai ravie malgré les bourrasques qui soufflaient sur mer; je ne voulais pas quitter Naples sans voir le golfe de Salerne et les trois temples debout sur une de ces plages adorables que les Grecs et les Romains choisissaient en artistes pour y élever leurs villes. Il était réservé aux barbares du Nord de s'emprisonner sous le double suaire de la pluie et du brouillard.

Nous décidâmes que nous partirions le samedi 9 février (1861) à six heures du matin; deux jours devaient nous suffire pour faire l'excursion complète dont nous avions à l'avance tracé l'itinéraire.

A l'heure dite j'étais sous le porche de l'hôtel; il faisait encore nuit; la tempête soulevait le golfe, et la pluie commençait à tomber; deux voitures nous attendaient pour nous conduire au chemin de fer. — « Brava! me dit M. Bottero en m'apercevant, vous êtes la première au rendez-vous! ces messieurs vont nous faire manquer le convoi si je ne vais pas les arracher au sommeil. » — Il me quitta pour cela, il alla frapper en face à *l'hôtel de Russie*, et il envoya à d'autres, hôtel de Chiaja, son secrétaire et un brave serviteur qui l'avait accompagné durant sa périlleuse mission des Abruzzes. Je restai seule quelques minutes, regardant le ciel nébuleux. Un homme sortit du corridor et me salua en prononçant mon nom : je fis un mouvement de surprise; je venais de reconnaître l'inconnu à la haute taille et au type allemand qui, pris un soir à table d'hôte pour un général autrichien au service de François II, avait donné lieu à la scène que j'ai racontée.

« Je sais maintenant, madame, qui vous êtes, me dit-il, je l'ai su hier au môle de Gaëte, où j'ai entendu des officiers d'artillerie boire à votre santé en rappelant que vous aviez présagé leur victoire. Je me suis joint à eux; je vous ai porté un toast, je le devais à la précision de votre enthousiasme qui a mis en déroute mes calculs de vieux tacticien. Désormais Gaëte ne peut tenir plus de trois jours, et elle sera aux Italiens au terme que vous avez prédit. »

Je l'écoutais toute étonnée et émue d'apprendre que mon nom avait été prononcé par ces braves; sans doute le jeune Gloak de Balfour et le comte de Sambuy, amis d'Émile Savio, étaient parmi eux.

Sortant de ma rêverie, je dis à l'inconnu :

« Puisque vous savez mon nom, monsieur, vous devriez bien m'apprendre le vôtre. »

Il sourit et allait répondre, lorsque M. Bottero, son secrétaire et son serviteur revinrent en courant, poussés par le vent qui faisait tourbillonner la pluie; ils ne ramenaient qu'une seule personne les autres nous faussaient compagnie par terreur de la bourrasque.

« Partons vite, me dit M. Bottero, qui maugréait contre ses timides confrères.

— Une minute, répliquai-je, je touche à la découverte d'un mystère. »

Je tournai la tête pensant que l'inconnu était toujours là; il avait disparu. Je fis un pas vers le vestibule de l'hôtel, il n'y était point; je regardai l'étendue déserte du quai sans l'apercevoir; c'était à croire à la magie.

« Mais qu'attendez-vous donc, s'écria M. Bottero? Allez-vous aussi renoncer au voyage? »

Je montai en voiture toute désappointée, ne me doutant pas qu'un nouveau hasard me ferait bientôt retrouver l'inconnu.

« Vous semblez troublée et irrésolue, reprit M. Bottero; que nous importe la tempête? puisque la première journée de notre excursion doit se passer sur terre.

— Oui, repartit son confrère à la chambre, qu'il avait eu grand peine à entraîner, mais notre seconde journée est manquée; nous embarquer à Amalfi et longer la côte jusqu'à Capri est une idée folle par une mer pareille.

— Elle se calmera, repartit M. Bottero.

— Elle redoublera de furie, riposta l'autre.

— Vous êtes un poltron.

— Vous, un entêté.

— Un tyran, dis-je à mon tour à M. Bottero.

— Vous voilà devenue une poule mouillée, me répondit-il.

— Moi! je vous en voudrai jusqu'à la mort de m'avoir fait perdre le mot d'une énigme, mais je n'en braverai pas moins avec vous tous les cataclysmes pour voir Pœstum et Capri. »

Nous étions arrivés à l'embarcadère, l'orage redoublait.

« Je vous abandonne à vos extravagances et m'en retourne dormir, » nous dit le récalcitrant député que M. Bottero avait arraché au sommeil; il s'esquiva comme nous prenions nos billets.

« Je raconterai ta couardise dans le *Journal du peuple*, lui cria M. Bottero. »

Lorsque nous fûmes montés dans le wagon qui devait nous conduire jusqu'à *Torre dell' Annunziata*, M. Bottero me présenta ses deux compagnons de route.

« Commençons par le patriote et le martyr, me dit-il en me montrant son *ordinanza* que j'ai désigné comme son serviteur : voici, madame, le brave Achile Grilli; il fut arrêté en même temps que Poërio; il tenait à Naples un petit café; on l'accusa d'y recevoir les conjurés libéraux, et il fut condamné au bagne. Lorsque après douze ans de fers la peine des prisonniers fut commuée en celle de la transportation, Grilli était sur le même navire qui emportait Poërio et le duc de Cabalino en Amérique. Délivré comme eux sur les côtes de l'Irlande, il séjourna en Angleterre et en France, mais n'obtint pas, comme ces victimes illustres, les représailles de la célébrité. Il avait été pourtant un des martyrs les plus purs et les plus dévoués de la cause de la liberté. Le sacrifice du pauvre est plus grand, plus absolu, plus irréparable que celui du riche. Revenu à Naples, après le triomphe de Garibaldi, Grilli n'a recouvré ni patrimoine, ni biens confisqués qui pussent lui être rendus; il ne possédait que son travail, son petit commerce ruiné par sa longue prison; sa famille était tombée dans une extrême misère. Il fut admis parmi les gardiens de la sûreté de Naples; il donna tant de preuves de dévouement et de courage, que je le choisis entre tous pour m'accompagner dans les Abruzzes où, par sa présence d'esprit, il m'a plus d'une fois sauvé la vie. — Si vous le permettez, madame, Grilli mangera à notre table, je le traite en ami et non en subalterne.

— Ces derniers mots étaient inutiles, répondis-je à M. Bottero, il me suffisait de connaître son martyre pour être honorée de sa compagnie. » — Je tendis la main au brave Grilli, dont la physionomie énergique et franche révélait le caractère : — « Il est glorieux pour vous d'avoir été une des victimes de la tyrannie au milieu de ce peuple napolitain qui trop souvent, lui dis-je, parut sommeiller pendant qu'on menait ses chefs au supplice. »

Le secrétaire de M. Bottero, il signor Odoardo Felzani, contrastait avec la stature forte et carrée de Grilli : c'était un grand garçon mince et comme désossé, au teint olivâtre, à la bouche très-large, aux lèvres épaisses, aux grands yeux éclatants; il ressemblait d'une façon étonnante au cardinal Antonelli (ce qui me frappa à Rome quelques jours après); il était né dans la même province que le fameux ministre; en tous deux se retrouvait le type sarrazin abâtardi. Élevé dans un séminaire, le jeune Felzani avait les manières douces et discrètes; il était lettré et nous citait volontiers des vers latins et italiens; la multiplicité de ses gestes et le mouvement perpétuel de ses yeux et de ses lèvres me faisaient sourire.

« C'est le meilleur des êtres, me disait M. Bottero; il est sincèrement libéral; il m'a suivi dans les Abruzzes où, avec son allure indécise, je l'ai vu tenir tête aux plus endiablés. »

Tandis que je causais avec mes compagnons d'excursion, l'orage s'apaisait; de grandes places bleues se montraient dans le ciel au-dessus des montagnes de Castellamare; bientôt un rayon de soleil perça les dernières nuées sombres. Quand nous descendîmes de wagon à *Torre dell' Annunziata*, l'orage avait cessé. Grilli nous trouva aussitôt une voiture pour aller à Salerne en passant par Nocera.

Me voici dans un paysage inconnu; je cesse de parler et regarde attentivement la campagne; nous franchissons le *Sarno*, torrent qui va se jeter dans la mer près du village de ce nom; nous passons à travers une vallée ceinte de collines dont quelques-unes sont de la même formation volcanique que la *Somma*; les plus hautes crêtes forment des mamelons dont l'un se couronne d'un superbe couvent de Capucins, l'autre d'un petit fort en ruine; c'est au pied de ces rochers que se trouve le temple de Diane, transformé en église. Nous nous arrêtons au bourg de Nocera, situé, au milieu de la vallée, sur l'emplacement de la *Nuceria* des Romains, ancienne rivale de Pompeï. Cette ville resta puissante et redoutable au moyen âge; l'empereur Frédéric II y établit vingt mille Sarrazins envoyés de Sicile, qui furent la terreur du pays. Aujourd'hui, Nocera n'a plus que cinq mille habitants, dont les traits révèlent l'origine. Comme nous mettons pied à terre, une foule de têtes expressives, aux yeux flamboyants, aux cheveux crépus, s'agitent autour de nous. M. Bottero demande un guide pour nous conduire au temple de Diane; un vieillard écloppé se présente et marche devant nous; nous sortons de Nocera, descendons, à gauche, un chemin défoncé et arrivons en face de la rotonde antique, consacrée à Sainte-Marie-Majeure par l'empereur Constantin. Les murs de l'église, dans lesquels le temple a été enclavé, sont en reconstruction; les ouvriers maçons ne travaillent pas ce jour-là, la porte est close. Grilli, renseigné par notre guide, va chercher la clef à Nocera; le chef des maçons est à la chasse; les autorités sont au marché de la *Cava;* Grilli revient sans clef et nous propose d'enfoncer la porte; je suis de son avis.

« On réparera la porte avec les murailles, » dis-je à M. Bottero.

Mais la porte résiste et le temple de Diane reste fermé pour nous. Nous avisons heureusement une longue échelle qui atteint jusqu'à l'entablement en saillie d'une des fenêtres; M. Bottero monte le premier; il penche sa tête dans l'intérieur de la rotonde.

« On voit très-bien, me crie-t-il; c'est superbe! Venez, montez sans crainte. »

J'arrive au dernier échelon; mon regard plonge dans l'enceinte antique; trente-deux colonnes en porphyre, d'ordre corinthien, décrivent la rotonde intacte; le porche intérieur décoré de peintures sur fond d'or et soutenu par des colonnes byzantines, nuit, de même que les fresques des parois dont les figures s'effacent, à l'harmonie du monument antique. «Au lieu de réparer les murs de l'église, il fallait les abattre, m'écriai-je, dégager le temple, lui rendre sa divinité primitive; choisir la plus belle entre les statues de Diane et la replacer sur son piédestal, au centre de la rotonde, en l'entourant d'arbres, de fleurs et de gazon. — Et de deux ou trois cents gendarmes, ajouta M. Bottero, pour empêcher les Anglais de tenter, à prix d'or, les paysans en leur proposant d'enlever la déesse.

— Hélas! vous avez raison, repartis-je; tout rêve, même un rêve d'art, reçoit de la réalité un démenti prosaïque. »

Je descendis, en vacillant, l'échelle que Grilli et le jeune Felzani étayaient; et, pendant qu'ils la gravissaient, je fis le tour de l'enceinte extérieure de Sainte-Marie-Majeure. Derrière le temple, sur la cime d'une montagne, se dressent les grandes ruines d'un château de la reine Jeanne; une tour les domine. Je me demande si c'est là la citadelle dans laquelle le pape Urbain VI soutint un siège de six mois, excommuniant chaque jour, du haut des créneaux, l'armée assiégeante, et mettant à la torture, dans une citerne, six cardinaux dont il se méfiait.

Nous remontons en voiture ; la route que nous suivons est bordée de peupliers ; elle traverse une délicieuse vallée plantée d'oliviers, où se groupent des maisons blanches. De hautes tours se détachent sur la croupe des coteaux. Nous voici à la *Cava*, célèbre par le monastère de bénédictins (*della Trinità della Cava*) bâti sur le *monte Finestra*.

« Il faut choisir entre ce couvent pittoresque et Pœstum, me dit M. Bottero ; si nous visitons le cloître, nous ne verrons pas, ce soir, le soleil se coucher à travers les colonnades des trois temples.

— Je me sens trop païenne en matière d'art pour ne pas préférer Pœstum désert à ce couvent peuplé de moines.

— Grâce pour eux ! répliqua le docte Felzani ; respect aux savants bénédictins, qui construisirent, au commencement du onzième siècle, *la Trinità della Cava*, et y donnèrent asile aux lettres dans les temps barbares ; ils ont réuni dans leur bibliothèque quarante mille parchemins et soixante mille diplômes relatifs à l'histoire du moyen âge [1].

— Et les plus anciens de ces diplômes, répliquai-je, furent peut-être tracés sur les manuscrits mêmes qui contenaient les auteurs grecs et latins, dont les textes nous manquent ; j'ai bien peur que ces moines érudits n'aient traité parfois la littérature antique comme les Papes traitèrent les monuments de Rome.

— Nous devons aux bénédictins ce qui subsiste de lettres grecques et latines, objecta le secrétaire de M. Bottero, comme nous devons aux papes les marbres réunis au Vatican.

— Ils n'ont pu tout détruire, répondis-je ; la Renaissance est venue, qui les a forcés à capituler avec la science et l'art. »

Je fus distraite de cette dissertation pédantesque par la singulière décoration des boutiques de la longue rue à arcades qui traverse la petite ville de la *Cava* ; la viande et la charcuterie, les fromages et les bocaux, les fruits et les légumes, les pâtes et le macaroni, les objets de mercerie, les toiles et les étoffes, se suspendaient tour à tour en guirlandes ou se dressaient en pyramides derrière les ar-

[1] Filangieri s'enferma dans le couvent de la Cava pour y écrire son grand ouvrage *de la Science de la Législation*.

ceaux; chaque denrée et chaque marchandise décrivaient des dessins réguliers; la forme et la symétrie, l'aspect monumental ravit en toute chose les Italiens; ils se plaisent à donner à leurs pâtisseries, à leurs bonbons, à leurs hachis et à leurs fritures des figures d'animaux, de fleurs, de fruits, d'étoiles, de carquois, et voire même d'amours et d'anges. En attendant cette transformation définitive, tout ce qui sert à l'alimentation et à l'usage leur fournit des matériaux à ornementation architecturale. Les épiciers et les charcutiers construiraient, au besoin, un cirque en fromages et en mortadelles les maraîchers des portiques de choux, de navets et de carottes, où le céleri s'épanouirait en chapiteaux corinthiens. Au bout de cette longue rue, majestueuse et grotesque, nous trouvâmes, à droite, une petite église dont les portes ouvertes laissaient voir toute la nef éclairée : des pénitents noirs, blancs et bleus, tenant chacun un cierge, entouraient une bière et chantaient le *Miserere* qui, s'échappant de l'enceinte sonore, nous frappa au passage comme un appel sinistre; au-dessus de l'église, un pin, parasol géant, vigoureux, défiant la mort, faisait bruire dans le ciel bleu ses aigrettes vertes. Notre voiture croisait, sur une belle route, des *corricoli* rapides allant à Salerne ou en revenant; à gauche, dans un pli ombreux des collines, le grandiose viaduc du chemin de fer élançai au-dessus d'un torrent ses arches colossales, aussi imposantes que les arches romaines du pont du Gard. Nous franchîmes une gorge enchantée nommée *Val Arsiccia*, un vrai paysage suisse sous le soleil du Midi; les vignes et les oliviers s'y enchevêtrent à travers rocs, pelouses et ruisseaux; à droite, dans l'anfractuosité des rocs, le beau village de Vietri descend jusqu'au rivage sur le petit cap *Scutolo*, qui décrit un demi-cercle sur la mer. Le golfe de Salerne, plus large et plus régulier que celui de Naples, se déroule devant nous; il se termine à l'ouest par le cap *Campanelle*, et à l'est, au delà de Pœstum, par le cap *della Licosa*. La vieille Salerne, si fameuse au moyen âge, nous apparaît couchée au sud sur la plage et abritée au nord par de pittoresques montagnes, où s'échelonnent des *villas*; le plus haut sommet se couronne d'un château fort démantelé. L'ancien port, creusé par Jean Procida (1260), médecin célèbre de Salerne, est envahi par les sables; quelques barques de commerce, quelques bateaux de pêcheurs parcourent seuls la rade, que sillonnèrent tour à tour de grandes flottes grecques, romaines, sarrazines et normandes. La cité déchue est morne et muette; la coupole du dôme dépasse la toiture des maisons qui paraissent abandonnées ; quelques rares habitants vont et viennent le long du port. Nous nous y arrêtons et déjeunons en hâte à *l'hôtel de la Vittoria*, tandis qu'on nous procure une voiture, attelée de trois forts chevaux de poste, pour aller à Pœstum. Nous repartons vers midi et suivons d'abord la route de la Calabre, qui s'avance entre la mer et les collines ; la campagne devient déserte. Nous passons devant la taverne de *Vicenza*, située sur l'emplacement de l'antique *Picentia*. Nous quittons la grande route, traversons le petit torrent de *Tusciano* et arrivons dans la plaine malsaine nommée le désert de *Sant' Agata* ; de grands buffles y paissent à l'aventure; à gauche, du côté du golfe, des charbonnières fument à l'horizon ; des bouquets d'arbres verdoient, et une haute montagne se dresse comme un rempart gigantesque ; sur un de ses versants, le bourg de Hauteville s'étale en amphithéâtre. C'est une solitude d'un aspect superbe : la lumière l'inonde, fouille les déchirures des rocs, les herbes, les flaques d'eau, et fait reluire, comme de l'ébène, l'échine noire des bœufs sauvages. Nous arrivons au bord du *Sele*, le *Silarus* des anciens ; sur un tertre à droite, formé par la vase durcie du torrent, qui souvent inonde en hiver toute la plaine, se groupent, en ce moment, trois bergers au milieu d'un troupeau de moutons ; l'un, grand vieillard au visage taciturne, aux cheveux blancs pendant sur son cou ridé, est enveloppé, avec majesté, d'un manteau en laine blanche, rayée de noir ; il nous regarde, immobile, appuyé sur son long bâton ; on dirait l'ombre centenaire de Spartacus, qui, lui aussi, fut berger[1] ;

---

[1] Spartacus, berger de la Thrace, y fut enlevé et vendu comme esclave aux Romains. Voici comment Tite Live raconte l'origine de la guerre des esclaves qui choisirent pour chef Spartacus à Capoue :

« Soixante-quatorze gladiateurs s'enfuirent de la salle d'escrime (*ex ludo*) de Cneius Lentulus. La plupart étaient Gaulois ; ils ne pouvaient plus supporter le sort affreux auquel les avait conduits quelque délit, mais que leur imposait surtout l'iniquité du maître. Lorsqu'ils se furent violemment échappés de la ville, — armés de broches et des couteaux de cuisine saisis à leurs cabarets, ils se jetèrent sur quelques chars destinés à porter les armes des gladiateurs.

« Alors, dans la joie de cette provision d'armes qui leur étaient offertes comme par une faveur divine ; ils firent halte sur une colline qu'ils fortifièrent, et se choisirent trois généraux. Le plus éminent de ces trois chefs était Spartacus, Thrace d'origine, et pendant les premières années de sa vie, humble berger. Mais c'était un homme plein de fermeté et de grand courage, ayant acquis même quelque habileté dans l'art de la guerre, pendant les campagnes qu'il avait faites avec les troupes fournies par les tributaires. La prudence et la mol'autre, d'une cinquantaine d'années, nerveux, agile, au nez aquilin, aux yeux éclatants, siffle en mesure pour rappeler ses bêtes qui se débandent; il s'approche du bord de la route où nous sommes descendus, et demande à M. Bottero si Garibaldi est toujours roi de Naples, s'il porte des habits d'or et de beaux chapeaux à plumes ; le Libérateur est déjà un héros de légende pour ces bergers qui vivent perdus dans les landes. Celui qui nous parle avait vu Naples une fois; le plus vieux n'y était jamais allé; il descend, à pas lents, vers nous pour écouter l'autre, suivi d'un petit pâtre de quinze ans, dont la jolie tête naïve, aux cheveux noirs frisés, s'épanouit au-dessus d'un gilet rouge et d'un caban fauve au drap poilu, ressemblant à une peau d'ours : on dirait le *Damœtas* de Théocrite. Je demande au bel adolescent s'il aime Garibaldi. Il rit d'un air étonné, en nous montrant toutes ses dents blanches, un bracelet de perles serti de corail rose; je l'engage à nous chanter une chanson des vallées du *mont Alburno* ; il secoue la tête en riant plus fort.

« *Questo è una bestia*, me dit l'interlocuteur de M. Bottero, *non sa parlare ch'alle bestie* » (Celui-là est une bête, il ne sait parler qu'aux bêtes.)

Cependant les gardiens du bac, avec la lenteur italienne, le font tourner vers nous de l'autre rive où il vient de déposer une charrette et quelques mulets chargés de ballots. Tandis que notre voiture glisse dans l'embarcation, je regarde les eaux troubles du vieux fleuve romain que semble garder encore l'ombre de Spartacus. C'est entre le Silarus et Pœstum que l'armée de l'héroïque esclave fut vaincue par Crassus. Le grand révolté du Cirque avait réuni pour la dernière lutte cent mille déshérités comme lui ; autant de gladiateurs qui tombèrent sanglants dans cette immense arène, close au sud par la mer, et au nord par l'amphithéâtre des bois et des montagnes. « Spartacus, dit Tite Live, se mit à la tête de ses fantassins : là, devant le front de bataille, il tua de sa propre main son cheval, en disant que s'il était vaincu, il n'en avait plus besoin; et que, vainqueur, il en trouverait bien d'autres, et d'excellents. Le combat fut acharné, et le succès en fut longtemps douteux; il ne

---

dération tempéraient les âpres instincts de son origine et de ses habitudes premières. Sa femme, de même pays que lui, l'accompagnait. Elle se vantait d'être inspirée par Bacchus; et à l'époque où Spartacus fut conduit à Rome et vendu comme esclave, ayant vu un jour un serpent roulé autour de la tête de son mari, pendant qu'il dormait, elle lui avait prédit une grande destinée. »

cessa de l'être qu'au moment où Spartacus succomba, en faisant de son glaive intrépide un rempart pour les siens, du côté où le général romain portait ses plus grandes forces. Après avoir tué deux centurions qui couvraient Crassus, il ne put arriver jusqu'à ce dernier; blessé à la jambe, il combattit en s'appuyant sur son genou; et il fut tué dans la mêlée. La terreur se répandit alors dans son armée; et la bataille devint un massacre. Quarante mille de ses soldats furent tués dans ce combat. Les vainqueurs ne firent qu'une perte de mille hommes. En compensation desquels, on reprit trois mille citoyens romains, prisonniers de Spartacus. Le cadavre de celui-ci ne put être retrouvé. L'armée des esclaves se dispersa et chercha des refuges dans les montagnes et dans les forêts. Pompée survenant, écrasa ces débris de l'armée de Spartacus. Il écrivit au sénat que Crassus avait battu les fugitifs; et que lui avait coupé les racines de cette guerre. Soixante mille esclaves périrent à la journée de Silarus, et à la suite de la déroute, six mille furent pris, et mis en croix, le long de la route qui va de Capoue à Rome[1]. »

Deux arches du pont en pierre, que Murat fit construire sur le *Sele* et qui fut emporté par les inondations, saillissent à gauche de la route. Nous voilà sur l'autre rive; la voiture reprend sa course rapide à travers des plaines à la fois plus pittoresques et plus fertiles. La terre s'est assimilée depuis des siècles la poussière des légions romaines et des légions d'esclaves qui se sont égorgées là. Les forêts peuplées de cerfs et de sangliers se déroulent au pied du mont *Alburno*; à droite, des champs de blé et de tabac, des pâturages et des marais où errent des troupeaux de moutons, de porcs, de buffles et de chevaux, s'étendent jusqu'au rivage. Tout à coup, dans cette solitude, les trois temples de Pœstum nous apparaissent sur la plage de la mer : leur majesté et leur élégance éternelles empruntent une beauté nouvelle à l'aspect désolé du sol qui les environne. Nous dépassons les débris des murs d'enceinte de la cité évanouie, et voyons d'abord à droite de la route le temple de Cérès, puis celui de Neptune, puis la Basilique. Le temple de Neptune se détache splendide sur le fond de lumière du soleil couchant: on dirait qu'un fluide d'or, roulant des rubis, submerge le ciel et monte à travers les colonnes du portique. Nous descendons de voi-

[1] Sur la voie Appienne (*regina viarum*) qui allait de Rome à Capoue et plus tard s'étendit jusqu'à Brindes.

ture devant une misérable *osteria*, sur la porte de laquelle boivent attablés quelques bersaglieri de l'armée italienne et quelques gardes nationaux mobilisés : un Lombard, un Vénitien, un Toscan, un Romain, qui tous nous entourent en criant : *Viva l'Italia una!* Le Vénitien, beau parleur, nous demande où en est le siége de Gaëte.

« Avant trois jours Gaëte aura capitulé, » lui répond M. Bottero.

A ces mots, le Romain et le Vénitien bondissent de joie et se serrent la main.

« Dans un mois, dit le Romain, Victor-Emmanuel et Garibaldi seront à Rome.

— Puis viendra le tour de Venise, » s'écrie l'autre.

Je n'oublierai jamais cette petite scène patriotique qui avait pour cadre le temple de Cérès où, tout en causant, les soldats nous avaient suivis. Ce premier temple (le plus petit des trois), se dresse ainsi que les deux autres sur un terrain inculte où les ronces s'enchevêtrent aux pierres ; un bel arbre au tronc tordu, couvert de lierre, étale ses branches entre les interstices des six colonnes qui composent une des faces du monument ; sur l'autre face se déploient six colonnes semblables, et de chaque côté onze colonnes. Ces trente-quatre colonnes du temple de Cérès sont d'ordre dorique ; elles reposent sur des bases ; la pierre de cet édifice a le ton blanc du marbre contrastant avec le beau ton doré des deux autres temples.

Tandis que mes compagnons de route causent avec les soldats et quelques pauvres paysans, blêmis par la fièvre, qui nous font cortége, appuyée contre une colonne du temple de Cérès, je regarde attentive la configuration de l'antique Pœstum : son mur d'enceinte de deux mètres et demi de hauteur avait quatre portes correspondantes aux quatre points cardinaux ; une partie de la *porte orientale* subsiste encore ; des tombeaux étaient alignés le long du mur d'enceinte ; on en a retrouvé plusieurs ornés à l'intérieur de peintures à fresque et renfermant des vases grecs. Pœstum est borné au nord-est par des montagnes dont les sources vives étaient déversées à la cité par des aqueducs ; la plaine où s'élevait Pœstum fut toujours malsaine ; le *Salsum*, petit ruisseau aux eaux pétrifiantes, baignait les remparts et se mêlait aux flots saumâtres et sulfureux de l'Accius (*Solfone*). Sur une des collines (au levant) s'étage aujourd'hui le beau village de Capaccio [1], dont quelques habitants

---

[1] Dix-huit cents âmes.

viennent tour à tour à Pœstum pour recevoir les voyageurs. A côté de la pauvre *osteria* dont j'ai parlé sont quelques masures, puis une auberge plus grande fermée en ce moment; c'est là toute la Pœstum moderne. La Pœstum grecque, antérieure aux Romains, colonie de Sybaris, se nommait Posidonia; elle est célèbre par ses champs de roses qu'ont chantés les poëtes latins; quelques églantiers en fleurs se montrent encore çà et là comme un vestige vivant des roses antiques. Je tourne mes regards du côté de la mer : toute la plage rayonne d'une lumière incandescente; l'orbe du soleil se suspend entre le ciel et l'eau comme une planète qui tombe; la montagne de l'Acropole, fermant à l'est l'emplacement de Pœstum, s'avance en promontoire sur les vagues empourprées; au bord du rivage se dresse une tour habitée par les douaniers; derrière les trois temples paissent des troupeaux de moutons blancs et noirs. Je suis arrachée à ma rêverie par le brave Grilli qui me présente trois médailles antiques en argent qu'un paysan vient de lui vendre un *scudo*. Je lui demande de me les céder. Sur une est une tête de Vénus qui me ravit.

« Ces médailles sont fausses et de fabrique anglaise[1], » me dit M. Bottero en riant de mon enchantement. Le vendeur nous jure par la Madone qu'il les a trouvées la veille à trois pieds au-dessous du mur d'enceinte. Nous quittons le *Temple de Cérès* au cri de vive Garibaldi! poussé par le garde mobile vénitien auquel toutes nos voix font écho. De ce premier temple au *Temple de Neptune* sont les ruines d'un amphithéâtre, et çà et là de grands blocs brisés de monuments disparus.

Aucune description ne saurait donner une idée de l'effet que produit le grand temple de Neptune sur cette plage abandonnée. C'est après ceux d'Athènes le plus beau des temples grecs. Je doute que le Parthénon, entouré d'une ville moderne, frappe d'un tel saisissement. La solitude et le silence prêtent aux monuments antiques une majesté idéale; l'esprit se recueille et les repeuple à son gré. A travers les vapeurs rouges du soir qui descend, on croit voir passer sous les portiques du temple harmonieux les longues files de prêtres avec leurs robes aux plis droits comme les cannelures du fût des colonnes; les théories chantent et se déploient, les instruments retentissent, le peuple portant des offrandes se presse autour

---

[1] Elles étaient parfaitement antiques.

de l'enceinte; la nuit vient : les étoiles scintillent sur le faîte du temple et estompent de lueurs indécises les bas-reliefs effacés du fronton et des frises ; l'imagination les devine et les sculpte ; elle replace dans la *cella* la statue du Dieu armé de son trident ; le Dieu parle, il s'anime, il tonne, il mugit dans la voix de la mer voisine.

Ce qui fait que les monuments d'Athènes l'emportent sur tous ceux de l'antiquité, c'est le souvenir des héros, des poëtes et des artistes immortels de cette terre sacrée. L'âme de l'histoire manque aux ruines de Pœstum. Ce peuple n'a pas d'annales ; pas un guerrier illustre, pas un statuaire, pas un écrivain, ne projette son ombre lumineuse sur la morne étendue des siècles que Pœstum a vécu ; colonie grecque issue de Sybaris, elle semble avoir dormi sur son lit de roses, dans une mollesse encore plus obscure que la cité mère. Colonie romaine, elle n'obtint pas même, comme tant d'autres villes de la Campanie, l'honneur d'une ligne de Tacite. Les terres où l'homme n'a point laissé de traces de son passage nous attristent et nous humilient ; la nature les ressaisit ; elle les enveloppe d'un suaire que rien ne soulève ; implacable, muette et fatale, la nature nous écrase de sa force insensible ; triomphante des civilisations, elle nous épouvante par son mystère.

Nous montons les degrés du *Temple de Neptune*, quarante colonnes d'ordre dorique, (six sur chaque face et quatorze de chaque côté), décrivent à son pourtour un portique continu. A l'intérieur se déroule un double rang de colonnes plus petites que celles du dehors, et sur lesquelles repose une architrave qui supportait un autre rang de colonnes, plus petites encore, servant d'appui à la toiture des péristyles latéraux. Le milieu du temple était à ciel ouvert. Tout le monument a cette belle teinte rousse, qui infuse au marbre et à la pierre des reflets d'or. C'est au temps qu'est due cette splendeur nouvelle ; quelques colonnes du péristyle encombrées de terre jusqu'au tiers de leur hauteur, ayant été déblayées, avaient conservé sur leurs cannelures, des empreintes de stuc colorié comme aux monuments de Pompeï.

La *Basilique*, du même ton fauve que le *Temple de Neptune*, est plus vaste encore ; elle est entourée de cinquante colonnes doriques, dont le fût diminue de la base au sommet, et qui sont comme écrasées sous la lourdeur de l'architrave. Ce monument révèle une époque de décadence, et n'a pas l'imposante harmonie du temple de Neptune.

L'atmosphère est si douce et une telle sérénité règne sur la terre et sur la mer, que je ne puis m'imaginer qu'aucune émanation dangereuse s'en échappe ; le calme de la soirée m'enchaîne sur ces ruines ; je comprends l'invincible attrait des anciens habitants de Pœstum et le charme qui les immobilisa dans cette vallée tranquille chargée d'aromes, caressée par la mer et abritée des vents par les collines. Un parfum subtil et délétère s'insinue dans cette aménité ; on l'aspire en souriant et sans souffrance. Il en est ainsi des amours qui tuent et dont on prend plaisir à mourir.

« Marchons, me dit M. Bottero, qui m'offrit son bras pour descendre les degrés effondrés de la basilique ; l'immobilité à cette heure attire la fièvre ; on ne la combat que par le mouvement. »

Nous essayâmes de courir jusqu'aux débris du mur d'enceinte, qui fermait Pœstum du côté du levant, mais les pierres, les ronces et les fossés creusés en tous sens, nous arrêtèrent à chaque pas ; nous passâmes devant le fragment de la porte orientale resté debout. Je voulais parcourir et raser le rivage de la mer, qui miroitait plane et murmurait tout près de nous ; il fallait plus de trois quarts d'heure pour en atteindre le bord, à travers un sol marécageux.

Nous revînmes par la route frayée, à la pauvre *osteria*, devant laquelle les bersaglieri faisaient flamboyer un grand feu de tourbe. La nuit radieuse descendait sur des vapeurs roses ; nous remontâmes en voiture comme les premières étoiles se levaient au ciel ; les soldats s'alignèrent sur le chemin pour nous voir partir, et au moment où le postillon fouetta ses chevaux, le double cri de *Viva Garibaldi ! Viva la Patria !* fut poussé instantanément par cette vingtaine de défenseurs de l'Italie libre.

Les trois temples qui disparaissaient derrière nous, vibrèrent comme des harpes éoliennes, puis nous fûmes enveloppés par la solitude muette de la campagne déserte.

La route était sûre ; les brigands à la solde de François II n'en faisaient pas encore un coupe-gorge, où l'on détroussait les voyageurs. Nous arrivâmes vers onze heures. Salerne, profondément endormie, paraissait aussi morne que les plaines désolées que nous venions de traverser ; ce n'était plus la Salerne du moyen âge, à la fois grecque, sarrasine et normande, avec ses élèves en médecine ergoteurs et bruyants.

Nous dévorâmes, en affamés, un souper qui nous attendait depuis longtemps, après quoi nous ne songeâmes plus qu'à dormir.

Le lendemain, le *cameriere* de l'hôtel vint frapper à cinq heures à la porte de ma chambre, il faisait encore nuit; insensiblement des nuées d'or zébrèrent le ciel et le golfe, tandis qu'au couchant, la côte qui mène à Amalfi, restait couverte de ténèbres; bientôt un jour nacré l'inonda mollement, le petit cap *Scutolo*, près de moi à gauche du port, dessina sa pointe dans la mer, ses bouquets d'arbres frissonnaient au souffle de l'aube; les maisons blanches de *Vietri* se coloraient sous un pinceau invisible; une teinte rose, souriante et fraîche, emplissait l'air et se jouait sur ses vagues; il était un peu plus de six heures, quand je rejoignis mes compagnons de voyage. Nous bûmes à la hâte du café noir.

« Et maintenant, *andiamo presto*, me dit M. Bottero; il nous reste à peine une demi-heure pour voir le Dôme, à sept heures il faut que nous soyons en voiture sur la route d'Amalfi. »

Nous traversâmes la plage couverte de maraîchers, de marchands de fleurs et de fruits; des pyramides de mandarines embaumaient le quai. Grilli, toujours attentif, en remplit les poches. « *Il giorno sarà molto caldo*, » me dit-il. Le jeune Felzani m'offrit un bouquet de roses, en me citant un vers latin, sur les roses de Pœstum.

Des reconstructions successives ont fait perdre tout caractère à la vieille cathédrale que nous visitons. Robert Guiscard la fonda au onzième siècle; après avoir conquis Salerne et les environs, traitant Pœstum en triomphateur, il enleva à quelques monuments de la cité profanée[1] des colonnes de vert antique et des bas-reliefs dont il décora l'église. Un hideux badigeon recouvre ces marbres précieux. Deux tombeaux romains, où sont sculptées des bacchanales, ont été respectés; nous les regardons en passant ainsi que quelques tombes de princes normands et celle d'Hildebrand, Grégoire VII, mort en exil à Salerne. Nous descendons dans la crypte, bien plus intéressante que l'église; l'autel d'une fort belle chapelle renferme, dit-on, le corps de saint Matthieu évangéliste. Ces bons apôtres ont des sépultures multiples, toutes réputées authentiques, dont la foi des croyants s'accommode.

En sortant de la crypte nous trouvons un jour éclatant; le soleil

---

[1] A cette époque, Pœstum était encore debout.

dégagé tout entier de la brume empourprée du matin, darde ses rayons sur la mer ; le ciel est devenu d'un bleu uniforme. Une calèche découverte nous emporte sur la belle route taillée à pic dans le roc, et qui côtoie le golfe à droite jusqu'à Amalfi. Nous traversons de nouveau le village de *Vietri*, dont la vue nous a charmés la veille ; puis nous commençons à gravir la montagne. Nous rencontrons d'abord le hameau de *Cetera* juché dans les roches ; il fut à la fin du dix-huitième siècle un nid redoutable de pirates, il est aujourd'hui habité par des pêcheurs, dont les filets sèchent au soleil ; en face, à la base de la montagne, sur un petit promontoire pointant comme une flèche, se dressent une vieille tour et les débris d'un fort ; un peu plus loin, je remarque un étroit récif d'un ton noir, couvert d'une ruine aux murs crénelés ; les vagues le caressent et l'entourent de draperies d'écume, on dirait de blanches naïades baisant les pieds d'un géant. Dans le creux des grands monts, les oliviers s'étagent, s'alternant avec de merveilleuses cultures, soutenues par des murs très-hauts en cailloux, qui dessinent d'agrestes mosaïques ; les plus jolis galets du golfe sont utilisés pour ces constructions, comme l'est la lave durcie à *Torre del Greco*, à *Portici* et à *Resina*. Le rivage sur lequel nous planons, forme autant de petites anses où sont des maisonnettes entourées de jardins mignons : un carré de légumes, deux ou trois oliviers centenaires, quelques ceps de vignes poussent sur ces langues de terre, où les flots jettent leurs murmures. Nous voici à *Majori*, dont les belles fabriques [1] et les maisons riantes dominent la mer. Une forteresse d'un aspect superbe couronne la montagne, où s'échelonnent les orangers ; les terres, étayées par des murailles, se superposent en gradins immenses jusqu'au ciel.

Nous longeons ensuite la gracieuse ville de *Minori*, dont les oranges exquises sont les plus renommées du littoral. Les vergers de citronniers, d'orangers et d'oliviers continuent à draper la montagne ; les rochers ont des structures magnifiques qu'on voudrait dessiner. Puis vient *Atrani* avec ses maisons blanches aux aériennes terrasses ; la lumière éclatante du soleil, qui se joue sur le golfe, est d'un effet merveilleux ; elle illumine les vagues, scintille dans les arbres et miroite la polissure des rocs. C'est un dimanche, les habitants d'*Atrani* se mettent sur leurs portes ou s'accou-

---

[1] Fabriques de pâtes d'Italie et de papier.

dent aux balustres des terrasses, pour nous voir passer. Un bienêtre tranquille semble régner dans toutes ces petites cités de la côte; pas un seul mendiant depuis Salerne ! — *Atrani* et *Amalfi* ne formaient autrefois qu'une même ville; des champs et une grande tour les séparent aujourd'hui. Ces tours sarrasines et normandes composent de distance en distance, depuis Vietri jusqu'aux îles des Sirènes, une décoration sur le rivage. Nous arrivons à Amalfi, dont les maisons pendent et s'amoncellent sur les rochers, comme des grappes de raisin sur des ceps. Bâtie mi-partie dans une gorge et mi-partie sur la plage, Amalfi se déploie dans un des paysages les plus attrayants du golfe que du haut de son quai on embrasse en entier; elle fut fondée au quatrième siècle par des familles patriciennes émigrées de Rome; elle releva d'abord des empereurs d'Orient, puis devint au moyen âge une république puissante, gouvernée par des doges. Les marchands d'Amalfi luttèrent de richesse en Italie et de puissance en Orient, avec ceux de Venise. On a longtemps attribué à Flavio Gioja, né à Amalfi, l'invention de la boussole. La vieille cité comptait encore, au douzième siècle, cinquante mille habitants; elle n'en a plus que trois mille aujourd'hui. Elle soutint des luttes acharnées contre les Sarrasins, fut prise au douzième siècle par Roger de Calabre, puis par les Pisans. Deux siècles plus tard, la mer, soulevée par une grande tempête, l'inonda et l'engloutit à moitié. L'action éternelle des vagues a fini par détruire son port, ses arsenaux et la plus grande partie de ses quais; mais l'enchantement de la nature lui reste : ses pentes ombreuses se mirent dans le miroir bleu du golfe; l'air tiède, la fête permanente du soleil, des fruits et des fleurs, font chanter du matin au soir, durant leurs travaux, les *contadini* et les pêcheurs d'Amalfi; ils se souviennent avec orgueil de Masaniello, né sur ce rivage, et répètent son nom dans leurs cantilènes. Nous nous arrêtons sur un débris du quai en terrasse, au-dessus de la mer; nous montons le joli escalier extérieur de la *Locanda della Luna*, ancien couvent, dont le petit cloître byzantin, embaumé de roses et d'orangers, nous charme en passant. Les salles et les cellules sont devenues des chambres d'une propreté exquise. L'auberge est déserte ; sa solitude même la rend plus charmante ; le voyageur, enlacé par l'attrait du lieu, se dit : « Pourquoi partir ? Quel nid pour une idylle de la jeunesse! »

Nous commandons à l'hôtelier, qui est à la fois *cuoco* et *padrone di casa*, un copieux déjeuner ; et, tandis que sa fille et sa femme (la fille est belle comme Diane) s'empressent à le seconder, nous allons visiter ce qui reste de l'ancienne Amalfi. Nous passons sur la plage effondrée; quelques grandes barques avariées dorment sur ces eaux qui ont porté des flottes superbes. Nous montons une rue tortueuse conduisant à la place du marché, où les vendeurs de poissons, de légumes et de fruits crient et gesticulent. Au pied d'un escalier monumental qui relie la place à la cathédrale se dresse une fontaine couronnée d'une statue bizarre de saint André, patron d'Amalfi. L'église du Dôme que nous allons visiter est dédiée à ce saint. Le péristyle, formé par neuf colonnes de porphyre, dépouilles d'un temple de Pæstum, se déroule sur une belle terrasse d'où l'œil embrasse, à la fois, toute l'étendue du golfe et toutes les anfractuosités de la *Vallée des Moulins*, dans laquelle ondulent, tels que les plis d'un manteau gigantesque, les villas, les usines, les fabriques [1], les myrtes, les oliviers, les orangers. En face de nous, sur la montagne, s'élève le *Couvent des capucins* avec son beau cloître du treizième siècle ; plus à droite et plus haut, le *Campo santo* se déroule sur un versant ombreux. Les tombes planent sur les maisons, la mort domine la vie. Au-dessus du *Campo santo*, une grande tour et les ruines d'une forteresse se découpent sur l'éther. Ce merveilleux panorama semble flotter entre le ciel et la mer, porté par le fluide lumineux que répand, sur l'horizon entier, le soleil à son zénith. Cette journée de février est tellement chaude et limpide, qu'elle fait bourdonner les insectes autour de nous et rend visible le prisme de leurs ailes de gaze. Au temps de la gloire d'Amalfi, quand les navires couvraient la rade, au milieu des prêtres en surplis blancs, des chantres aux voix graves, des bannières mouvantes des encensoirs fumants, des cloches carillonnant et des orgues qui gémissaient, comme la mer voisine, tandis que le peuple, agenouillé sur les degrés, sur la place et sur le rivage répétait les psaumes sacrés, l'évêque, revêtu de sa chasuble d'or, la main appuyée sur sa crosse d'ivoire, le front rayonnant des pierreries de sa mitre, bénissait la flotte, prête à partir, du haut de ce péristyle dont les colonnes avaient vu, dans une pompe semblable, les grands prêtres des dieux de l'Olympe !

C'est un cortège moins solennel qui nous entoure ; c'est une mu-

[1] Fabriques des macaronis les plus renommés de l'Italie.

sique moins religieuse qui nous charme en ce moment : une douzaine de petits chanteurs en guenilles nous accompagnent et nous répètent tous les airs populaires du golfe. Je ne me lasse pas d'écouter ces mélodies, d'une douceur pénétrante, chantées par ces voix justes et fraîches.

« Je vous promets une traversée en musique, » me dit M. Bottero, qui aussitôt communique à Grilli et au jeune Felzani une idée charmante, dont il veut me laisser la surprise.

Avant de pénétrer dans l'église, nous regardons ses belles portes en bronze, ouvrage byzantin du commencement du onzième siècle ; l'intérieur de la nef, restauré et altéré, a perdu tout caractère. Une coupe en rouge antique, trouvée près d'Amalfi, sert de fonts baptismaux ; à côté sont deux tombeaux, dont les bas-reliefs représentent l'*enlèvement de Proserpine* et le *vieux Pélée épousant Thétis*. Nous descendons dans la crypte par l'escalier à droite du chœur ; le maître-autel renferme le corps de saint André, qu'on entrevoit desséché à travers une grille ; au-dessus de l'autel est une grande statue en bronze du saint, coiffé d'une mitre d'argent. Je préfère à cette statue une magnifique figure en bois de la Vierge, que nous trouvons reléguée dans un angle obscur en remontant l'escalier de gauche. Cette sculpture byzantine a la pureté de l'antique statuaire grecque ; le bedeau qui nous conduit en éclaire la beauté avec un long cierge ; tandis que je contemple ce visage idéal, les orgues jouent au-dessus de nos têtes. Nous admirons dans la sacristie un autre chef-d'œuvre byzantin ; c'est un superbe tableau sur fond d'or, représentant la Vierge et l'enfant Jésus : saint André d'un côté, saint Pierre de l'autre, adorent le Dieu qui vient de naître. Au-dessus planent les trois figures de la Trinité ; toutes les têtes sont du plus beau type grec ; une porte transversale nous conduit dans un délicieux petit cloître, gâté par le badigeon. Nous passons devant une grande tombe gothique, surmontée d'un bas-relief en marbre, d'un travail exquis, représentant la Vierge, et nous nous retrouvons sous le péristyle où la troupe de petits chanteurs nous attend. Elle nous accompagne jusqu'à la *locanda della Luna*, en répétant en chœur une *cantilena* mélancolique.

On nous sert à déjeuner dans une salle qui s'ouvre sur le cloître ; les orangers nous envoient leurs aromes, la mer son harmonie. Au dessert Grilli nous quitte ; il revient bientôt nous avertir que la barque nous attend ; elle doit nous faire longer la côte jusqu'aux îlots des *Sirènes* et nous mener jusqu'à Caprée, si la nuit n'y met obstacle. Nous descendons un escalier taillé dans le roc et aboutissant à une anse formée par un petit récif, que la mer recouvre de grosses vagues écumeuses; plane au loin, l'immense respiration de ses eaux la gonfle et la soulève au rivage. La barque est forte et sûre; dix rameurs, portant des pantalons et des chemises en toile écrue, la taille serrée par une ceinture rouge, la tête coiffée du bonnet phrygien en laine fauve, saisissent les avirons. On a disposé pour moi, au fond de la barque, un matelas et des coussins, recouverts d'un beau tapis turc. Je m'étends sur la couche moelleuse et remercie M. Bottero de cette délicate attention, qui me fait défier le mal de mer.

« Je voudrais vous offrir, me dit-il, la trirème de Cléopâtre, avec ses mâts pavoisés de fleurs, ses voiles de pourpre et ses musiciens aux harpes d'or; vous aimez l'Italie, et tous les Italiens doivent vous aimer, vous soigner et vous fêter, ajouta-t-il avec cette cordialité caressante qui est la grâce du cœur; vous allez, comme la reine d'Égypte, voguer en musique. »

En disant ces mots, il fait un signe aux rameurs, qui entonnent aussitôt une *barcarola*.

Un enfant de dix ans, *figlio del padrone*, qui s'est élancé d'un bond dans la barque en nous voyant partir, se place à la proue et joue des castagnettes; il saute, gambade, et fait la roue quand le chant est joyeux; il imite le bruit des balles et le cri des sentinelles quand vibre un vieil air des pirates; il penche sa tête expressive, sourit tristement et clôt les yeux, quand deux amoureux se lamentent dans une complainte; ses cheveux noirs flottent au vent, ses bras, ses pieds, tout son corps se meut sans trêve dans une pantomime variée, toujours juste et saisissante. Chaque pose est vraie, chaque geste inspiré. Ce mime de la nature l'emporte sur tous ceux que j'ai vus à la scène.

« Il ferait fortune sur un théâtre de Paris, » dis-je à M. Bottero.

Les bateliers nous font entendre tout leur répertoire. Dans un refrain retentit le nom de Garibaldi; paroles nouvelles sur un vieil air; déjà le Libérateur est à l'état de légende; il va remplacer, pour les pêcheurs d'Amalfi, Masaniello, leur ancien héros. A chaque chanson qui finit, le petit Angelino nous tend son bonnet phrygien, en répétant : *Signori, un macaroni!* Des stances d'amour, d'une mélopée voluptueuse et triste, qui rappelle les airs arabes que les

Sarrazins laissèrent sur ces bords, me ravissent plus que tous les autres chants; je les fais répéter trois fois; j'en fredonne moi-même la musique lente, qu'on dirait rhythmée par le balancement des flots. Les vers, en idiome napolitain, me sont presque inintelligibles. Je leur substitue ces strophes d'Émile Deschamps:

>Sœur d'Athène, antique Italie,
>Par le ciel et l'art embellie,
>Tes fils aiment avec folie
>   Ton sol de feu
>   Sous l'éther bleu.
>
>Simple et grande, tu t'abandonnes
>Au culte des cœurs ingénus
>Et tu gardes à tes Madones
>La beauté qu'avaient tes Vénus.
>
>Terre des fleurs et des oranges,
>Terre des amours et des anges,
>Des Dantes et des Michel-Anges,
>   Soleil, beauté !
>   Chants, liberté !

« Ces vers sont charmants, me dit M. Bottero, qui m'avait écoutée, ils caractérisent bien ma chère patrie. Mais vous imaginez-vous par hasard, poursuivit-il en riant, qu'ils expriment le sentiment unique et monotone des quatre stances que nous chantons?

— Peu m'importe, repartis-je; l'air s'adapte aux vers français, cela me suffit; je les ai reçus il y a quelques jours de Paris; depuis lors je les murmure sans cesse; vos marbres, votre ciel de saphir, vos poëtes, vos statuaires, vos dieux antiques, vos madones et votre vierge nouvelle, la Liberté, se groupent sur un fond lumineux dans ces trois strophes concises.

— La chanson populaire en dit moins long et parle sans art, répliqua M. Bottero; ce n'est qu'une plainte amoureuse qui, depuis des siècles, sert aux amants des trois golfes à exprimer leurs tourments; Felzani va vous écrire en pur italien ces molles paroles auxquelles le chant prête sa passion et sa flamme; vous pourrez ensuite, si elles vous plaisent, les traduire en français. »

Je tendis au secrétaire de M. Bottero le carnet où je prenais des notes, et il transcrivit pour moi la chanson, tandis que les bateliers la répétaient de nouveau en battant la mesure sur la mer avec leurs rames. Voici mot à mot l'ardente *cantilena* dont l'idiome expressif formait la chair et dont la musique était l'âme:

I

Je pleure mon malheur si le sort me prive de toi. — A toi seule, tant que je vivrai, — je donnerai mon amour.

II

Mais si tu restes inflexible — et que tu me veuilles à tes pieds, — je te le répète, c'est toi, toi seule que je veux aimer.

III

Je te donne ce bouquet, — et je te donne aussi mon cœur. — Oh! mon Adorée bien-aimée, — je ne pourrai jamais t'oublier.

IV

Si tu doutes de tant d'amour, — je te rendrai la foi jurée. — Mais quand nous serons à nos derniers jours, — tu verras bien que je t'avais dit vrai.

Je n'oublierai jamais l'enchantement de cette journée! l'anniversaire en revient pour moi après deux ans, dans Paris, brumeux et sombre; la pluie clapote devant mes fenêtres, les passants affairés marchent dans la boue; un corbillard noir comme le ciel emporte au cimetière un être racheté du labeur de la vie; labeur sans trêve, sans doux *far niente*, sans caresses de la nature, sans rayon d'en haut souriant au trépassé. Frissonnante auprès d'un feu qui fume, j'évoque le mirage du golfe embrasé, je me ranime en le décrivant. Couchée dans la barque mélodieuse, les vagues me bercent et le soleil m'inonde; les courbes des rivages de Salerne et de Pœstum, jusqu'au *cap de la Licosa*, s'arrondissent derrière nous et se prolongent à gauche comme un cirque immense: l'arène est la mer; ses vagues phosphorescentes soulèvent une poussière d'or; le prisme qui s'en échappe bat la côte que nous rasons à droite; les décors se succèdent à chaque coup de rame.

En sortant d'Amalfi nous passons devant la *Grotte de Santa Croce*, renfermant une chapelle. Au jour de la Fête-Dieu la procession s'y rendait autrefois en suivant la plage maintenant submergée. Puis vient la *Grotte de Conca*, couronnée d'un somptueux couvent de bénédictines; des gradins montent de la mer aux terrasses du cloître; quelques nonnes, accoudées aux balustrades, dessinent leurs silhouettes blanches sur la transparence de l'éther. Nos bateliers leur envoient des baisers; les recluses inclinent la tête et nous regardent passer. Plus loin la base de grandes roches à pic est couverte de mousse blanche tachetée de corail; on dirait des gouttes de sang sur la neige. Bientôt le petit cap de *Conca* nous apparaît surmonté d'une haute tour carrée; au-dessus, les riantes maisons d'*Agerola* [1] se groupent sur le plus haut sommet de la côte; les tours normandes et sarrasines s'élancent par intervalle des rocs ou des bouquets d'arbres; les montagnes deviennent démesurées; elles s'élèvent à quinze cents mètres au-dessus de nos têtes. Comme un nid d'aigle au bord d'un précipice sauvage, le village de *Furore* rit de la fureur des tempêtes qui lui donna son nom; *Prajano* s'échelonne sur des pelouses en pente. Nous tournons un petit promontoire, et le superbe village de *Positano* monte de la mer jusqu'au haut d'un rocher, au milieu des figuiers, des myrtes, des oliviers et des orangers. Boccace a parlé de ce rivage comme d'un des plus enchanteurs de l'Italie. La barque file parallèlement à la côte, et nous voyons toutes ces belles perspectives comme suspendues dans l'air. Les flots, plus pressés et plus tempétueux à l'approche des *îles des Sirènes*, engouffrent des tourbillons d'écume dans les déchirures des rochers; on dirait de blanches cavales. Grâce au lit de sybarite où je suis étendue, je brave leurs bonds indomptables; les rameurs en rient comme d'un jeu connu. M. Bottero et son secrétaire tiennent ferme; mais Grilli, le plus robuste d'entre nous, pâlit, chancelle et tombe inerte sur un banc de la barque. L'immobilité de sa longue prison lui a fait désapprendre la mer et les tempêtes qu'il narguait autrefois; il ne veut pas troubler notre plaisir, nous dit-il, par la vue de son vertige humiliant. Stoïque, il s'enveloppe de son manteau et nous supplie de l'oublier jusqu'au débarquement. Après *Positano*, les bateliers nous signalent un écho magique, qu'on a cru longtemps hanté par un démon, et qui répercute formidable de roc en roc un cri jeté de la mer. La barque s'arrête un moment au pied de la montagne, notre petit mime se dresse sur ses orteils; il prend une pose héroïque, brandit sur sa tête une rame en guise d'épée, et s'écrie par deux fois : *Viva Garibaldi! viva l'Italia!* Nous l'imitons tous. Grilli se soulève, pâle comme un fantôme, et, d'une voix que la volonté affermit, il répète le double salut patriotique. L'écho le fait bondir de mont en mont, ainsi qu'une décharge d'artillerie; l'étendue du golfe en tressaille. Debout sur la barque immobile, nous restons un moment comme pétrifiés de cet assentiment immense de l'invisible.

[1] Petite ville de quatre mille habitants.

Nous recommençons à marcher; les vagues s'empourprent devant nous des teintes du couchant; c'est sur ce fond d'un rouge lumineux que nous voyons surgir tout à coup les trois petites îles des Sirènes; puis la pointe du cap Campanella, et au delà le rivage sud de *Capri.* Les îles des Sirènes (*Sirenum scopuli* de Virgile) ne sont plus que d'étroits récifs sans végétation. Le plus grand de ces rochers se couronne d'une tour [1]; de là le nom moderne de *Galli,* donné à ces îlots.

Il ne nous reste qu'une heure de jour; nous délibérons si nous irons jusqu'à Caprée. Les bateliers, un peu las, nous objectent que nous n'y arriverons qu'à la nuit close; ils nous assurent que la mer sera bonne le lendemain et que nous pourrons dans la matinée nous rendre facilement de Sorrente à l'île de Tibère. Nous sommes pourtant bien tentés d'aller en avant, mais le malaise de Grilli nous détermine à débarquer sur la petite langue de terre de *Scaricatajo,* d'où un escalier à peine tracé dans le roc conduit au sommet du *mont Morphée,* qui nous cache Sorrente. M. Bottero a tout prévu; six porteurs nous attendent avec une chaise à dossier pour me faire gravir la montagne; ces messieurs me composent un coussin avec leurs manteaux. Nous commençons l'ascension, salués par les cris d'adieu de nos bateliers, qui repartent pour Amalfi; le petit mime fait tinter dans son bonnet les *carlini* de nos *buoni mane* et nous envoie des baisers comme il a fait aux nonnes. Grilli, en prenant terre, a retrouvé toute sa vigueur; il ouvre la marche dans l'escalier abrupte; M. Bottero et son secrétaire forment l'arrière-garde. Cinq de mes porteurs, déjà grisonnants, se nomment *Andrea*; ils ont tous pour patron le saint vénéré d'Amalfi; le sixième, jeune et beau, au type arabe, s'appelle Alfonso; il chante en montant un air plaintif et lent que ses aïeux sarrasins apportèrent sur ce rivage. Nous faisons une première halte à la maisonnette du douanier bâtie au-dessus du golfe. Nous trouvons là un jardinet de trois mètres de long, bordé et ombragé par des figuiers d'Inde; quatre carrés de choux, de cardons, de persil et de laitue le remplissent tout entier. Le douanier, encore vêtu d'une capote bourbonienne, nous reçoit d'un air rogue.

« Qu'avez-vous pour nous rafraîchir ? lui demande M. Bottero.
— *Pane e vino,* » réplique-t-il sans se découvrir.

[1] Au moyen âge des forteresses bâties sur ces rochers servaient de prisons.

En ce moment les bateliers nous aperçoivent de la mer et nous saluent une dernière fois par le cri de *viva Garibaldi!* Nous leur répondons tous par le nom magique du Libérateur, excepté le douanier, qui reste muet et taciturne.

« *Questo è troppo amico dei frati, non ama il grand' uomo,* » me dit le jeune Alfonso.

Lo scudo dont M. Bottero paye grassement le vin et le pain de ce futur brigand, endoctriné par les moines, ne parvient pas à le dérider.

Je bois la première dans son verre unique, qui circule ensuite de lèvres en lèvres. Mes porteurs vident deux énormes *fiasconi;* les voilà alertes comme des biches ; ils m'enlèvent en cadence de roc en roc. Une large grotte ouverte se dessine dans les flancs d'une partie du mont surplombant la mer ; cette grotte est tapissée d'oliviers bleuâtres et de grands buis d'un vert sombre ; en face sont les trois îlots des Sirènes. Je plane en ce moment sur toute l'étendue du golfe désert de Salerne. A peine quelques barques à voiles latines le rasent çà et là comme des oiseaux aquatiques. Ces eaux tranquilles, que le soleil qui décline transforme à nos pieds en draperies de pourpre et d'or, ont vu passer des flottes grecques, romaines, sarrasines et normandes ; elles ont vu une flotte espagnole vaincue par une flotte française que commandait André Doria. Bientôt le golfe disparaît derrière nous ; nous avançons à travers la montagne toute parsemée d'abris charmants et de broussailles fleuries qui bordent le sentier ; les violettes embaument l'air ; mes trois compagnons de route m'en font des bouquets où se mêlent de jolies graminées à étoiles d'un lilas pâle. Nous sommes sur le plateau du mont, couronné par de belles fermes ; quelques femmes, dont une allaite un enfant, prennent le frais sous une treille. Le crépuscule commence à voiler le jour de lueurs d'opale. A l'extrémité du plateau, le versant du mont déploie tout à coup devant nous son panorama inattendu : les méandres, entrecoupés de jardins, des maisons de *Sorrente*, de *Meta* et de la *Marina* descendent jusqu'au rivage du golfe de Naples, rose encore du reflet des dernières nuées ardentes qui disparaissent à l'occident. Nous nous arrêtons un moment pour mieux voir cet ensemble inouï, et pour l'empreindre à jamais dans notre souvenir. Un guide, qui a pris les devants, revient avec quatre chevaux de selle. Je refuse de monter sur celui qui m'est destiné : la sensation craintive que j'éprouve toujours à cheval me gâterait le ravissement de cette belle soirée. M. Bottero m'offre son bras, m'assurant, dans sa bonté inépuisable, que la rude ascension du *mont Morphée* ne l'a point fatigué. Nous marchons à travers des chemins en pente, bordés de murs, au-dessus desquels s'élèvent des massifs de citronniers et d'orangers pliants sous les fruits, de rosiers et de camellias en fleurs; des palmiers et des pins parasols découpent dans l'air les arêtes vertes de leurs hautes branches. C'est un dimanche; quelques jeunes couples nous croisent sur la route embaumée; les femmes portent le costume déjà décrit; les hommes sont coiffés du bonnet rouge phrygien au bord duquel ondulent quelques boucles de leurs cheveux noirs. Comme nous arrivons dans les rues de Sorrente, nous entendons chanter en chœur l'hymne de Garibaldi. Nous demandons si l'on célèbre la prise de Gaëte? « *No, signore*, nous répond un *contadino, ma sara per domani, sicuro.* » Les rues que nous traversons ne sont éclairées que par les lampes qui brûlent devant les madones; mais tout à coup une lueur plus vive débouche d'une petite place; le refrain guerrier retentit plus sonore; il est chanté par une troupe de masques qui fête le dimanche gras en brandissant des torches; la plupart portent en guise de domino des cagoules de pénitents noirs et blancs. Un *Pulcinella* les précède, flairant l'air de son grand nez postiche démesuré, et interpellant les passants. Sur notre observation que son cortége funèbre semble le porter en terre, il réplique aussitôt :

« *No, signore, è Francesco, è il re Bombino che portiamo al campo santo.* »

Nous arrivons à *l'hôtel des Sirènes*, situé au milieu d'un jardin en fleurs; ses terrasses et ses chambres dominent le golfe; un excellent souper nous dispose au sommeil. Avant de me mettre au lit, j'ouvre ma fenêtre et contemple la bienfaisante sérénité de la terre et du ciel; les vagues murmurent à peine; le firmament roule des essaims d'astres. En face, sur le rivage assombri, Naples projette quelques lignes lumineuses; l'atmosphère est si douce et si pure que je me dis en m'endormant : « C'est certain, demain nous irons à Caprée. »

A six heures je suis réveillée par des mugissements sourds : le golfe bat la plage; la nuit a changé en furie la mer clémente de la veille. Je me lève désespérée; j'ai contre la tempête une colère qui fait rire M. Bottero.

« Narguons-la, lui dis-je, et allons quand même à Caprée ; l'homme doit braver les éléments. »

Plusieurs bateliers amenés par Grilli déclarent que la traversée est impossible ; nous délibérons pendant deux heures, espérant que la rafale cessera ; elle triomphe, se rue sur les eaux, les entr'ouvre en abîmes et les dresse en montagnes ; il faut se résoudre à retourner à Naples. Ce n'est pas seulement l'excursion de Caprée que je regrette en partant : après avoir parcouru cette île, nous devions aborder au cap Campanella, puis aller à *Santa Agata*, dont le merveilleux couvent, appelé *il Deserto*, est juché sur la pointe d'un roc dominant les deux golfes ; visiter ensuite *Massa*, où l'antiquité éleva un temple à Junon et où les temps modernes en devraient un à Vénus, car les femmes de ces montagnes sont les plus belles du double littoral.

La voiture qui nous mène à Castellamare laisse derrière nous ces lieux que j'aurais voulu voir, et le vent qui gronde sur la mer soulève des tourbillons de poussière qui nous dérobent le *piano di Sorrento* ; à peine le mont de *Santa Maria a Castello*, formant un magique décor au-dessus de Sorrente, nous apparaît-il dans l'azur au nord-est ; le joli village d'*Arcola* se suspend à mi-côte dans des ravins ombreux ; d'*Arcola* un escalier, taillé à travers le roc, conduit à *Positano*, sur le golfe de Salerne ; encore un paysage qu'il faudrait voir. En tournant la base du mont Sant' Angelo, je songe aux défilés sauvages qui sillonnent ces pics gigantesques ; je voudrais les explorer durant tout un été, passer par *Gragnano* et *Lettere*, m'arrêter dans les couvents et dans les villes, voir *Scala* avec ses murailles flanquées de tours et *Ravello* avec sa vieille église de Saint-Pantaléon et son palais Rufolo [1], aux terrasses sarrasines, d'où l'œil embrasse le golfe de Salerne et les montagnes de la Calabre ; puis, de ces hauteurs, je descendrais le ravin *del Dragone* jusqu'à la côte adorable que j'ai longée la veille, bercée par les chants des mariniers, et je me retrouverais au point même où *Minori* repose souriante dans des bois d'orangers.

« Et les Abruzzes, me dit M. Bottero à qui je faisais part des regrets qui m'obsédaient, n'en rêvez-vous pas aussi ? Elles ont des beautés sauvages dont les paysages des Alpes ne surpassent pas la grandeur et la sublimité. Avant de voyager dans les Abruzzes je

---

[1] Appartenant aujourd'hui à lord Ryde.

ne me doutais pas que le Midi lumineux de l'Italie renfermât des précipices aussi sombres et des monts aussi formidables; le lac *Fuccino* n'a rien à envier aux lacs suspendus des Alpes; les villes et les villages, bâtis aux bords des abîmes et au milieu des forêts, rappellent la Suisse avec un ciel plus pur. Le mont *Corno*, éternellement couvert de neige, vaut le mont Blanc; on y chasse les chamois et les ours: à l'est et au sud, ses derniers versants sont revêtus d'oliviers et de vignes; les sources y bondissent à travers rocs et pelouses; il faudrait passer là tout un été, lorsqu'un ciel torride pèse sur Naples. »

Tout en évoquant ces visions enchantées nous arrivons à Castellamare, où la saleté et la mendicité napolitaines reparaissent; la tempête va grossissant sur le golfe; tandis que nous traversons *Torre dell'Annunziata*, *Torre del Greco*, *Resina* et *Portici*, l'air est obscurci par les cendres refroidies du Vésuve, amoncelées sur tout le rivage. Nous rentrons à Naples vers midi (le lundi 11 février 1861).

XXXVI

La journée du lendemain se passa encore dans l'attente de la capitulation de Gaëte.

Pendant que cette citadelle, réputée imprenable, agonise, je vais visiter un autre fort du despotisme, si redoutable au moyen âge; le *Château de l'Œuf* est, depuis mon arrivée à Naples, la perspective la plus rapprochée du golfe que domine en entier l'hôtel où je demeure; chaque matin j'aperçois, à mon réveil, ce rocher ovale, déchiré de creux profonds que les vagues remplissent d'une écume irritée; on dirait des lèvres furieuses dont l'imprécation fait sortir la salive. Tous les soirs, quand une vapeur blanche monte des créneaux aux étoiles, je crois voir la grande ombre de Campanella planer vengeresse au-dessus du cachot où le pur philosophe a subi quarante-huit fois la torture. C'est lui qui m'attire à travers les dédales boueux de la forteresse. Les lieux où souffrirent les générateurs de nos doctrines doivent nous être sacrés comme les tombes de nos pères. Je traverse la longue jetée qui relie le quai de *Chiatamone* au *Castel dell'Ovo*. La roche sur laquelle se groupent ses constructions décrit la pointe du promontoire de Pizzofalcone. Dans l'antiquité. Lucullus avait sur ce récif, aride aujourd'hui, une villa entourée de jardins; un fort y fut élevé en 1154; successivement agrandi et entouré de murailles, il ne cessa d'être, durant des siècles, une prison d'État. Poërio et ses compagnons y furent enfermés, avant d'être conduits à Nisida. Depuis l'entrée de Garibaldi à Naples le *Château de l'Œuf* était devenu un pénitentiaire militaire; je le trouve gardé par une vingtaine de soldats qui surveillent gaiement quelques-uns de leurs camarades, condamnés à une courte reclusion pour des fautes légères. Parmi les prisonniers sont plusieurs *chemises rouges*; les délits de discipline sont des péchés véniels pour ces soldats improvisés; ils supportent la correction aussi allégrement qu'ils ont commis le délit. J'en aperçois quelques-uns en montant la ruelle où s'alignent au soleil les petites geôles à portes grillées; leur tête expressive sourit à travers les barreaux; plusieurs d'entre eux reçoivent en ce moment des visites; des femmes leur apportent des fruits et du vin, j'en remarque une qui tient un gros bouquet.

« Elle va voir un officier détenu pour une huitaine, » me dit mon guide.

Ce n'est plus là « *la roche consacrée aux tyrannies secrètes* [1]; » les hideux cachots, où tant de victimes illustres ont souffert la question, les fosses humides, creusées dans le roc au-dessous de la mer, sont enfin vides pour toujours d'êtres gémissants; les plus sinistres ont été comblées, les autres servent de caves au vin des prisonniers, ou bien sont devenues des hangars, fort sales, je l'avoue, où gisent amoncelées les viandes et les légumes. Je me renseigne en vain sur quelques cachots historiques; ni le sergent qui me conduit ni même les plus vieux gardiens du fort ne peuvent m'en indiquer aucuns; les martyrs que je leur nomme n'ont jamais existé pour eux. Quand donc viendra le jour où le peuple honorera le vrai martyrologe de ceux qui moururent pour lui, au lieu des saints problématiques consacrés par la superstition? — Pas une inscription, pas un détail d'architecture ne peut m'aider dans ma pieuse recherche; ces murs, où tant de sanglantes agonies se sont accomplies, n'en gardent aucun vestige. Le deuil éternel des grandes âmes n'est porté ici-bas que par les poëtes. Je sors de la forteresse regrettant de ne pas l'avoir explorée en compagnie du savant directeur des Archives ou du docte

[1] Campanella.

Michel Baldachini[1], qui m'aurait montré à coup sûr le *poggio di mare* où Campanella fut plongé douze ans.

Comme je traversais le quai de *Chiatamone*, je rencontrai la princesse de Morra, qui venait de chez moi :

« J'allais pour vous porter une bonne nouvelle, me dit-elle, le bruit vient de se répandre à l'instant dans Naples que Gaëte était prise. »

Je montai dans sa voiture; nous passâmes ensemble à la chancellerie de France pour nous informer; on ne savait rien encore.

A dîner, la grande nouvelle se confirma; elle nous fut apportée par M. Bottero; tous les verres se choquèrent aussitôt; on but à l'unité de l'Italie, à la délivrance de Rome. « Avant un mois le roi et Garibaldi seront au Capitole, » disaient toutes les voix.

J'abrégeai le dîner et me hâtai de me rendre au palais royal. Le général della Rocca me lut la dépêche télégraphique qu'il venait de recevoir du général Cialdini : « Gaëte a capitulé : le roi part demain avec la reine sur le bateau à vapeur français *la Mouette*; les ambassadeurs sur *le Colomb*; la garnison de trois mille hommes est prisonnière. A demain les détails. »

« Où va-t-on conduire le roi déchu? demandai-je au général della Rocca.

— J'espère bien que c'est en Espagne, me répondit-il, et que Cialdini aura exigé son éloignement du sol italien; il pouvait le faire prisonnier; c'eût été mieux. »

Je fus de l'avis du général, et tout Naples espéra, durant vingt-quatre heures, que les clauses de la capitulation contenaient l'engagement formel du roi d'aller vivre à l'étranger. On se souvenait des crimes et des vengeances de ses prédécesseurs, toutes les fois que Naples s'était soustraite à leur domination; des guerres civiles excitées par eux, du brigandage soudoyé avec l'or qu'ils avaient emporté; de la reine Caroline correspondant avec les deux chefs de voleurs *Fra Diavolo* et le féroce *Mammone*, les appelant ses amis et les félicitant d'avoir massacré dans les Marais-Pontins plus de quatre cents Français ou Napolitains. Laisser à François II la possibilité de pareilles alliances, c'eût été duperie; tant que Rome, réunie à l'Italie, n'était pas devenue sa capitale (exigée par la logique des événements), on pressentait que les prêtres feraient de

---

[1] Auteur d'une histoire de Campanella.

Rome le centre de leurs conspirations; permettre à ces éternels ennemis de la patrie de s'adjoindre les prétendants obstinés du droit divin serait une faiblesse qu'on ne pouvait s'imaginer. Il est des heures pour les nations où la plus sévère rigueur n'est que justice; laisser à l'ennemi public qu'on a terrassé les moyens de nuire encore, c'est pactiser fatalement d'avance avec le mal qu'il peut commettre un jour.

Au moment où je sors du palais, Naples s'illumine; le fort Saint-Elme tire cent coups de canon; la foule crie de toutes parts : « Vive Garibaldi! » Pour le peuple, ce nom c'est la gloire, c'est la patrie. On ne lui persuadera jamais qu'un grand fait d'armes eût pu s'accomplir sans lui en Italie. Le bulletin triomphal arrivé de Gaëte est signé *Cialdini*; le bulletin se trompe, c'est *Garibaldi* qui est revenu de Caprera pour chasser *Bombino* de son dernier repaire. J'entends ces commentaires dans tous les groupes que je traverse en parcourant en voiture la rue de Tolède; on ferait un mauvais parti à tout contradicteur. On porte en triomphe le buste du Libérateur, le vivat de son nom retentit plus sonore après chaque coup de canon; on chante son hymne de guerre dans toute l'étendue de Naples, on le demande aux théâtres, on l'impose aux casernes. Une sorte de logique se dégage de cet enthousiasme aveugle: ce héros est le seul qui reçoive le grand baptême populaire, parce que sans lui Naples ne serait pas libre; si Gaëte est tombée, c'est que Garibaldi a brisé les assises de la tyrannie bourbonienne, c'est que, portant en lui l'âme collective de l'Italie, il a seul entrepris la sublime aventure de son affranchissement entier. Ce fanatisme des Napolitains pour l'homme qui leur donna la liberté, les Français l'ont eu, plus déraisonnablement, pour l'homme qui leur donna la gloire. Le nom de Napoléon fut chez nous, parmi le peuple, le symbole enivrant de la splendeur nationale; vaincu et mort, son prestige resta; il a fondé le nouvel empire. Beaucoup de ténèbres président à ces élections de la foule, quand un principe supérieur à elle ne les inspire point. Pour fonder, défendre ou délivrer la patrie, l'instinct des masses suffit. L'intronisation d'un chef demande une clairvoyance plus sûre, une entente plus réfléchie de ce qui compose la grandeur morale de l'homme. Dans les sociétés de l'avenir ces abdications des capacités de tous en faveur de la capacité d'un seul apparaîtront monstrueuses; il est un droit supérieur à la décision du nombre, c'est le droit des doctrines qui sont la base immuable de l'émancipation de tous. L'âme d'un peuple se perd par l'exercice prématuré et purement matériel d'une volonté inconsciente.

XXXVII

Ma première visite, le lendemain, fut pour madame Mancini. Je la trouvai radieuse; son fils vivait et Gaëte était prise!

« Je veux aller embrasser au camp ce brave enfant, me dit-elle; il a fait merveille à la dernière attaque; voulez-vous m'accompagner dans la ville fumante?

— Oh! de tout mon cœur, répondis-je; quand partons-nous?

— Dans trois jours seulement, reprit-elle; il est interdit de pénétrer ni aujourd'hui ni demain dans ces débris encombrés de morts; ces deux jours sont réservés aux funérailles; les pertes des deux côtés sont énormes. Que de deuils, mon Dieu! que de mères en larmes! » Ses beaux yeux se mouillèrent, elle tressaillit à l'idée du désespoir qui l'avait menacée. L'heureuse mère comprimait sa joie; tant d'autres pleuraient! « Nous partirons avec mon frère, ajouta-t-elle; mon mari est occupé au ministère, il voudrait même me retenir sous le prétexte que le typhus s'est déclaré à Gaëte; je n'y crois pas, et d'ailleurs je veux voir mon fils, mais vous?...

— Moi, je trouve toujours dans un danger une attraction romanesque; je crois même qu'un peu de bravade envers les maladies et la mort est une chance de vivre longtemps.

— En tout cas, répliqua-t-elle, on a vécu comme il convient de vivre, sans supprimer les émotions du cœur et de l'esprit. »

Il fut décidé que nous irions à Gaëte aussitôt qu'on pourrait pénétrer dans la place en ruines. Il ne restait plus désormais au roi déchu, sur la terre italienne, que la citadelle de Messine et le petit fort de *Civitella*, dans les Abruzzes.

Cette journée s'acheva dans l'incertitude des clauses de la capitulation de Gaëte. J'allai le lendemain, dans la matinée, à la légation française. Le baron Aimé d'Aquin m'apprit que *la Mouette* avait conduit la veille le roi François II et la reine à Terracine, d'où ils s'étaient ensuite rendus à Rome.

« Si Rome n'est pas, d'ici à un mois, la capitale de l'Italie, lui dis-je, la guerre civile éclatera tôt ou tard dans le royaume de Naples.

— Qu'est-ce que cela vous fait, me répondit-il en souriant, puisque vous êtes Française?

— C'est justement parce que je suis Française, jalouse et fière à la fois de notre force nationale et de l'indépendance de notre territoire que j'admire le même sentiment chez les autres nations; je n'admets pas de principes partiels; le droit d'un peuple implique celui de tous les autres. »

Tandis que nous échangions ces paroles, nous vîmes à travers la fenêtre, un bateau à vapeur français entrer dans le golfe.

« Voilà *la Mouette* qui arrive, » me dit le baron.

La nouvelle que le roi était allé s'installer à Rome se répandit aussitôt dans la ville et y produisit une grande agitation : « Il va conspirer contre la liberté, disaient les uns. — Peu nous importe, repartaient le plus grand nombre, Victor-Emmanuel et Garibaldi feront leur entrée à Rome avant que Francesco ne soit revenu de sa stupeur. »

Cette espérance de la réalisation prochaine d'un vœu universel était si profonde qu'elle résista à tout ce qui pouvait la combattre. Le ministère de M. de Cavour et le général Cialdini ayant été, les jours suivants, accusés de faiblesse pour n'avoir pas fait François II prisonnier, leurs amis politiques les disculpèrent, en assurant que le gouvernement français avait exigé qu'on ne touchât pas à la personne du roi, et qu'on le laissât entièrement maître de choisir pour sa résidence l'État qui lui conviendrait.

« Fort bien, objectaient les croyants ardents de la fortune italienne, l'Empereur a voulu se montrer une dernière fois magnanime; c'est une manière comme une autre d'humilier un rejeton des vieilles races royales; mais quelle apparence qu'un Bonaparte protége réellement un Bourbon, le laisse armer contre nous et conspirer avec la Papauté, qui, elle aussi, est l'ennemie de la race nouvelle qui usurpe en France le droit divin? L'Empereur a la patience des forts, mais sa décision est certaine; il ne voudra pas s'affaiblir en nous affaiblissant, et miner en nous le principe qui est toute sa force. »

Je partageais cette illusion de toutes les âmes droites et fermes. Le roi d'Italie prendrait possession de sa capitale avant un mois, salué par l'armée française, comme il le fut à Milan après Solferino. Protégé d'abord par nos soldats contre les représailles du peuple, le Pape achèverait de se racheter lui-même en redevenant le pasteur des âmes, l'interprète véritable des doctrines évangéliques; puis la France évacuerait Rome, et, mère puissante et idolâtrée de l'Italie qu'elle aurait enfantée, elle la verrait grandir sans ombrage. Ce beau rêve était plus logique que la réalité déplorable qui nous attriste depuis deux ans. Certaine de le voir s'accomplir, je préparai tout pour mon départ.

« Je quitte Naples dans trois jours, dis-je à la princesse de Morra, qui me fit visite comme je revenais de la légation française; vous êtes dans mes regrets du départ le plus vif et le plus cher.

— Et moi donc! me dit-elle avec sa grâce charmante; comment me ferai-je à ne plus vous voir? en attendant, je vous accapare; nous allons finir cette journée ensemble. Vous n'avez pas vu *San Severo*, et, malgré votre dédain pour tout ce qui n'est pas la statuaire antique, je veux vous forcer à admirer le *Christ au suaire*. »

La chapelle San Severo fut érigée, au commencement du dix-septième siècle, par Alfonso di Sangro, patriarche d'Alexandrie, pour servir de sépulture aux princes de San Severo di Sangro. Les groupes et les statues qui décorent les tombes sont de l'école de Bernini; tours de force de la statuaire, détails caressés à outrance; les linéaments des chairs, la trame des tissus sont reproduits par le marbre avec un fini merveilleux; les grandes lignes, la noblesse, l'expression et le naturel ont disparu sous le travail infime du ciseau. Le custode nous mène d'abord devant le *marmo stupendo* du *Vice convaincu* enchevêtré dans un filet où il se démène; ce sont surtout les mailles du filet qu'on admire. Ce pauvre Vice, emprisonné comme un poisson, paraît grotesque. Une *statue de la Pudeur*, enveloppée d'un long voile, a une physionomie mièvre et coquette; on dirait une ingénue de théâtre. La plus renommée de ces figures, œuvres de la décadence, est le *Christ au suaire*; le corps du Nazaréen étendu, déjà roidi par la mort, est couvert d'un linceul que la sueur de l'agonie a collé à son cadavre; la tête, renversée, éclairée par des lampes d'argent suspendues à la voûte du caveau, est bien celle d'un spectre; sa pâleur fantasmagorique fait illusion et trompe sur le mérite de l'œuvre; une sorte d'admiration se dégage du saisissement funèbre que cause ce marbre.

En sortant de San Severo, on éprouve le besoin d'aller revoir au *Museo Borbonico* la radieuse figure de Psyché.

La princesse de Morra m'emmena dîner chez elle, et me conduisit le soir au théâtre français; entre deux vaudevilles, l'amiral Persano, l'un des vainqueurs de Gaëte, entra dans une loge, accompagné de quelques officiers. Ils furent salués par la salle entière.

Notre excursion à Gaëte, avec madame Mancini et son frère, avait été fixée au lendemain (samedi 16 février). J'étais sur pied à six heures; à sept, nous nous rendîmes au chemin de fer de Caserte. Nous devions nous arrêter à *Santa Maria* et y louer une voiture pour aller coucher à *Mola di Gaeta;* nous emportions des vins rares, des provisions et toutes sortes de *dolci,* non-seulement pour nous, mais aussi pour le jeune Mancini et ses amis; après des mois de périls et de privations, les joyeux vainqueurs ne seraient pas insensibles à ces gâteries qui rappellent le toit maternel.

Nous manquâmes le convoi d'une seconde; nous vîmes les wagons s'enfuir devant nous.

« Un capitaine anglais, même deux, m'a-t-on assuré, nous dit le frère de madame Mancini, ont organisé des trains de plaisir de Naples à Gaëte; leurs bateaux partent ce matin, l'un à huit heures, l'autre à dix; nous serons peut-être à temps pour prendre le premier. »

Nous promîmes au cocher une forte *buona mano* et il nous conduisit rapidement au port; comme nous arrivions et cherchions du regard le bateau anglais, il prenait le large sur le golfe agité.

« Hâtons-nous de retourner à l'embarcadère, dit madame Mancini; nous prendrons le convoi de neuf heures.

— Je crois qu'il n'y a plus de départ avant midi, objecta son frère.

— Allons voir toujours, » répondis-je.

Nouvelle course vaine; le frère de madame Mancini avait raison; nous ne pouvions partir qu'à midi; il nous restait l'espérance du second bateau, qui levait l'ancre à dix heures. La mer devenait plus grosse, le vent mugissait; n'importe, nous étions résolus à nous embarquer. Nous traversâmes, pour la quatrième fois, la place du *Mercato* et le port marchand, et arrivâmes sur la jetée près de laquelle le bateau stationnait. Sa cheminée fumait et sa cloche donnait le signal du départ. Nous le hélâmes avec l'espérance qu'il nous attendrait. La ponctualité anglaise est aussi inflexible qu'une consigne militaire; le bateau regorgeait de voyageurs : « A quoi bon quelques-uns de plus? » se dit probablement le capitaine; et, sans se soucier de nos appels et de nos gestes suppliants, il se mit en marche tandis qu'une barque nous conduisait à bord. Ce dernier désappointement nous rendit furieux; mais l'obstacle augmentait notre obstination; le hasard nous jetait un défi que nous voulions vaincre; nous sentions pour aller à Gaëte quelque chose de l'ardeur qu'avait eue l'armée italienne pour s'en emparer.

« Mon mari, qui désapprouvait ce voyage, nous a jeté un sort, dit en riant madame Mancini; si je rentre à la maison, il ne me laissera plus partir; il serait cependant bien temps de déjeuner. »

Nous étions de cet avis; deux heures de course haletante et l'air frais du matin nous avaient affamés. Je proposai de déjeuner chez moi et de prendre, après, le convoi de midi.

« Que vous manquerez encore, repartit le frère de madame Mancini; je connais la lenteur des *cameriere* des hôtels de Naples.

— Je me charge de secouer leur torpeur, » répliquai-je.

Quelques minutes après, nous déjeunions dans ma chambre avec une partie des provisions que nous devions emporter; j'y fis ajouter une omelette et du café noir. Le café se faisait attendre; montre en main nous comptions les minutes; je cassai ma sonnette pour hâter le service; enfin nous remontâmes en voiture; nous arrivâmes à l'embarcadère comme midi sonnait.

« Encore trop tard! s'écria madame Mancini.

— Non, non; il y a toujours quelques minutes de grâce, » répliquai-je.

Un coup de sifflet me coupa la parole; la porte de la gare se referma: le convoi partait.

Cette rigoureuse exactitude, si peu habituelle à Naples, semblait nous narguer.

« C'est votre faute, mesdames; il fallait revenir attendre ici et déjeuner sans tant de délicatesse dans ce sale petit café, nous dit le frère de madame Mancini, en nous désignant gaiement une *bettola* infecte où des cochers de fiacre étaient attablés.

— Nous partirons quand même, répliqua madame Mancini; nous irons en voiture coucher à Capoue, et demain matin nous serons à *Mola di Gaeta*. Allez donc, *caro fratello*, vous mettre en quête dans ce petit café, qui vous paraît si attrayant, d'un cocher qui nous conduise. » Cette dernière tentative échoua.

« Impossible d'arriver à Capoue avant la nuit! » objectèrent tous les hommes appelés.

D'ailleurs la route n'était pas sûre : les soldats bourboniens débandés pouvaient inquiéter les voyageurs. Un grand drôle, plus résolu que les autres, nous demanda un prix hyperbolique ; force nous fut de renoncer au voyage.

« Et mon cher fils qui m'attendait, me disait madame Mancini ; cette joie perdue va le désoler ; nous l'aurions fêté en compagnie de ses braves camarades, de Renzis, Somma et Pierantoni, trois officiers napolitains[1], avec qui vous avez dîné chez moi, il y a près d'un an, à Turin, lorsqu'ils vinrent offrir leur épée à Victor-Emmanuel. »

Je mêlai mes regrets à ceux de madame Mancini ; visiter cette formidable citadelle trois jours après sa reddition ; parcourir ses remparts en ruines ; voir la bannière italienne flotter sur la *tour d'Orlando*, vieux tombeau romain, devenu un trophée de l'Italie nouvelle ; saluer, fière de porter le même drapeau, *la colonne à douze faces*[2], qui a vu crouler tant de despotismes ; dire à l'ombre coupable du cardinal de Bourbon[3] : « Honte à qui touche à Rome, si ce n'est pour la faire revivre ! » à *Mola di Gaeta*, m'incliner devant le tombeau de Cicéron ; chercher les vestiges de la villa où il fut frappé par les soldats d'Antoine ; errer enfin tout un jour à travers le camp de l'armée victorieuse ; serrer les mains noires de poudre des jeunes braves, qui savaient mon nom et qui m'aimaient d'aimer l'Italie ; m'asseoir sous leur tente et, dans un repas fraternel, boire à la gloire de leur patrie, qu'ils faisaient forte et grande, c'était une suite d'émotions auxquelles je ne voulais pas renoncer.

« Nous partirons demain, dis-je à madame Mancini ; si votre mari vous retient, songez que votre fils vous appelle. »

Nous arrivions chez elle comme je prononçais ces paroles ; nous trouvâmes dans la cour M. Mancini, qui allait monter en voiture pour se rendre au ministère[4].

« Ah ! vous voilà, nous dit-il tout joyeux de nos mésaventures ; j'allais faire courir après vous : les cas de typhus sont doubles aujourd'hui ; les malades et les blessés encombrent les maisons ; vous

---

[1] Tous les trois ont reçu la croix de Savoie pour s'être brillamment distingués au siège de Gaëte.

[2] Où sont gravés les noms des douze vents en grec et en latin.

[3] Le connétable de Bourbon est enterré dans l'église de Gaëte.

[4] A Naples comme à Turin et dans toute l'Italie les ministres ne résident point dans les hôtels des ministères ; ils n'y vont que pour l'expédition des affaires.

n'auriez pu trouver un gîte ni à Capoue ni à *Mola di Gaeta :* toutes les auberges ont été transformées en ambulances.

— Nous aurions couché sous la tente, répliqua en souriant madame Mancini.

— J'oppose désormais mon *veto* à cette folie, reprit son mari.

— Faites-donc bonne garde, repartis-je; car demain matin j'enlève madame Mancini. »

Elle me fit un signe d'assentiment.

Je tombais de lassitude : je rentrai chez moi pour me reposer, bien résolue d'être sur pied dès l'aube du lendemain. Le soir j'allai au palais royal savoir les nouvelles; j'eus la bonne chance d'y rencontrer M. Perrone de San Martino qui arrivait du camp de Gaëte; il nous raconta qu'après le départ de François II un moine, étant entré dans sa chambre avant que personne n'y pénétrât, s'était emparé d'une cassette qu'il avait jetée à la mer, et qu'on cherchait à repêcher.

« Les morts n'ont été qu'imparfaitement ensevelis, ajouta M. Perrone, les exhalaisons de cadavres infestent la place et les alentours; le typhus s'est déclaré.

— Il aura cessé demain, repartis-je, un vent froid souffle sur la mer; le ciel est pour vous.

— Les trains de plaisir pour Gaëte sont interdits jusqu'à nouvel ordre, reprit M. Perrone, trop de curieux et surtout trop d'Anglais se rendaient au camp.

— J'irai demain, répliquai-je.

— Vous ne trouverez pas un bateau, et, si vous parvenez jusqu'à Capoue, pas une voiture pour aller plus loin, » ajouta M. Perrone.

Il disait vrai, le lendemain dimanche et le surlendemain lundi aucun bateau ne partit; la visite du camp était défendue pour une quinzaine de jours; il m'était impossible d'attendre; j'avais hâte d'aller à Rome, convaincue que l'armée italienne y arriverait bientôt.

J'aurais voulu prendre la voie de terre, soit par les Marais-Pontins et Terracine; soit par le mont Cassin, soit encore par Rieti, en m'arrêtant au château de *Petrella*, où Beatrix Cenci accomplit son glorieux parricide. Que de lieux fameux me restaient inconnus ! Combien d'horizons magnifiques se fermaient pour moi ! Les diligences et les voiturins ne faisaient plus leur service; je dus me résigner à la prosaïque traversée de Naples à *Civita-Vecchia*; je fixai mon départ au surlendemain, mardi (19 février 1861). La veille, à dîner, deux jeunes Anglais, qui arrivaient de Rome, nous racontèrent la joie du peuple romain en apprenant la prise de Gaëte ; la foule avait tenté d'illuminer les monuments antiques et s'était promenée toute la nuit le long du *Forum*. C'est toujours du Colisée au Capitole et sur le tracé de la voie Triomphale, que se produisent les manifestations patriotiques ; l'instinct du peuple ne se trompe point ; la Rome chrétienne représente l'abaissement et la tyrannie ; la Rome païenne, la vertu, le courage, la force, la liberté des grands citoyens de Tite Live.

« Rome tressaille d'espérance, ajoutèrent les deux Anglais, elle attend le roi et Garibaldi. »

Je me renseignai auprès de ces messieurs, d'un bon hôtel.

« Gardez-vous de l'*hôtel de la Minerve*, me dirent-ils, nous y sommes descendus et l'avons quitté le jour même ; c'est une propriété des jésuites où affluent les prêtres et les légitimistes du monde entier ; l'auberge est fort mal tenue, la chère y est aussi peu attrayante que les convives ; le plus confortable hôtel de Rome est l'*hôtel d'Angleterre*. » — Je notai cette indication.

Vers la fin du dîner, j'eus l'agréable surprise de voir entrer dans la salle, le jeune capitaine Visconti ; il arrivait de Gaëte ; il me remit l'ordre du jour adressé la veille par Cialdini à son armée ; je le donne ici comme l'expression de l'esprit d'héroïsme et de concorde, qui présidait alors à la délivrance de l'Italie.

Ordre du jour du 17 février 1861.

« Soldats,

« Gaëte est tombée ! l'étendard italien et la croix victorieuse de Savoie flottent sur la tour de Roland. Ce que je vous ai prédit le 13 janvier dernier, vous l'avez accompli le 13 du mois courant. Quand on commande des soldats tels que vous, on peut avec assurance prophétiser la victoire.

« Vous avez réduit en quatre-vingt-dix jours une place célèbre par les assauts qu'elle a repoussés et les sièges qu'elle a courageusement soutenus ; une place qui a su, au commencement du siècle, résister pendant près de six mois aux premiers soldats de l'Europe.

« L'histoire dira les fatigues et les dangers que vous avez soufferts, l'abnégation, la constance et le courage dont vous avez fait preuve ; elle racontera les gigantesques travaux que vous avez accomplis en si peu de temps. Le roi et la patrie applaudissent à votre triomphe, le roi et la patrie vous remercient.

« Soldats,

« Nous avons combattu contre des Italiens ; c'était un devoir, mais un devoir douloureux. Je ne saurais donc vous engager à vous livrer à des démonstrations de joie, ni aux fêtes insultantes du vainqueur.

« Je crois plus digne de vous et de moi de nous réunir aujourd'hui dans l'isthme et sous les murs de Gaëte, pour entendre la messe funèbre qui sera célébrée. Nous prierons pour les braves, qui, pendant le cours de ce siège mémorable, ont péri en combattant, soit dans nos bataillons, soit dans les rangs ennemis.

« La mort couvre de son voile les discordes humaines, et ceux qui ne sont plus sont tous égaux devant les âmes généreuses.

« Les colères ne doivent point survivre à la lutte.

« Les soldats de Victor-Emmanuel doivent combattre et pardonner.

« Le général Cialdini. »

À l'issue du dîner, je parcourus Naples illuminée et retentissante d'hymnes patriotiques, comme chaque soir depuis la prise de Gaëte. J'allai dire adieu à la comtesse della Rocca et à madame Mancini ; toutes deux devaient partir pour Turin dans quelques jours ; je les revis encore chez moi le lendemain matin, ainsi que Giannina Milli, qui m'apporta une lettre pour mademoiselle Teresa Gnoli, une jeune Romaine poëte.

« *Una sorella dell'Anima,* » me dit avec grâce l'aimable muse. Poërio avait quitté Naples, pendant mon excursion au golfe de Salerne ; M. Bottero devait s'embarquer pour Gênes, sur un bateau italien, à l'heure même où j'allais m'embarquer pour *Civita-Vecchia* sur un bateau français ; mais la princesse de Norra demeurait, et je sentis combien je l'aimais à ma douleur de me séparer d'elle ; je la voyais à toute heure ; sa vivacité de cœur toujours égale inspirait les recherches exquises de sa bonté toujours variée. Ce dernier jour elle arriva à midi, m'apporta des bonbons et des flacons d'essence et de sel. — « Je ne vous quitte plus que sur le pont du bateau, » me dit-elle.

Nous allâmes ensemble à la légation française; le baron Aimé d'Aquin, dont la protection avait personnifié pour moi la France à l'étranger, me remit des lettres pour le duc de Gramont, notre ambassadeur à Rome, et pour M. Breuil, notre consul à *Civita-Vecchia*.

La journée était radieuse, le golfe apaisé se déroulait limpide et bleu; la princesse me conduisit jusqu'à la montée de Pausilippe, pour me montrer une dernière fois cet horizon merveilleux. Nous mîmes pied à terre devant un joli palais qui bordait la route.

« Je voudrais vivre et mourir là, lui dis-je en lui désignant une fenêtre ouverte sur un balcon sculpté.

— L'appartement n'a que trois chambres, répliqua la princesse, vous pourriez l'avoir à vous pour le quart du loyer que vous payez à Paris.

— En êtes-vous sûre ?

— Très-sûre, me dit-elle, cette maison est à ma belle-mère.

— Je viendrai l'habiter dans un an, » repartis-je avec cette assurance que donne un vif désir.

Nous remontâmes ensuite toute la rue de Tolède, jusqu'au *Museo Borbonico*, que nous parcourûmes un moment; les fresques, les marbres et les bronzes semblaient m'adresser des adieux muets; j'étais comme enlacée par leur compagnie idéale. Nous nous rendîmes au port en traversant la place du *Mercato*. Nous longeâmes la rive jusqu'à la *Marinella*, puis retournâmes jusqu'au *Largo del Castello*; je jetai un dernier regard au *Castel Nuovo*, ce fort d'un si bel aspect avec ses quatre grandes tours massives, flanquées de quatre tourelles; on dirait des géants étreignant leurs fils; enfin nous prîmes une barque qui nous conduisit au bateau français; on n'attendait plus pour partir que les dépêches de la légation. La princesse s'assit près de moi sur le pont. Une heure s'écoula rapide et douce.

« Vous reviendrez, » me disait-elle, et les projets du retour égayaient la séparation; mais, quand les dépêches arrivèrent et qu'elle m'embrassa, nous n'avions plus de paroles. Elle descendit l'échelle : je la regardai partir dans la barque qui nous avait amenées; tant qu'elle m'aperçut, elle agita son mouchoir; bientôt le dédale des navires nous cacha l'une à l'autre. Le bateau marchait; je m'étendis sur un banc et contemplai le golfe une dernière fois: j'avais en face le rivage de Portici; le Vésuve fumait en blanc sur l'éther; à droite se découpaient en nettes saillies les montagnes de Castellamare et de Sorrente; à gauche le château Saint-Elme se dressait comme un majestueux piédestal; j'y rêvais toujours la statue de Garibaldi. La côte du Pausilippe déroulait le long décor de ses villas; puis vinrent Nisida et le cap Misène; tous ces lieux regrettés absorbaient mes regards, et l'image de l'amie que je venais de quitter remplissait mon cœur. Je n'avais pas conscience du mouvement des vagues ni des personnes qui m'entouraient. Tout à coup un des passagers se plaça devant moi et s'inclina en me nommant. Je levai la tête et poussai une exclamation de surprise en reconnaissant l'inconnu mystérieux dont l'étrange disparition me désappointa si fort le matin où je partis pour Salerne.

« Puisque j'ai la chance de vous retrouver, monsieur le général autrichien, m'écriai-je en riant, vous me direz, j'espère, votre nom, maintenant que nous sommes sur le sol français?

— Oh! je comprends, répliqua-t-il gaiement, vous m'avez pris pour un Autrichien, le premier soir, et cela m'explique les regards peu sympathiques que tous ces Italiens jetaient sur moi et auxquels, soit dit sans reproche, vous associiez les vôtres.

— Je l'avoue, je vous ai cru un officier autrichien ou bavarois, au service de François II.....

— Je ne suis ni Autrichien, ni Bavarois, dit-il en me remettant sa carte, sur laquelle je lus : « Le major-général de Kleen, au service de Sa Majesté le roi de Suède. » Je ne m'étais rendu à Gaëte, continua-t-il, que pour étudier les travaux de siége, tant d'attaque que de défense; je m'occupais de mon métier et ne faisais des vœux pour aucun parti.

— Oh! convenez, lui dis-je, que vous penchiez un peu pour le petit roi *Francesco*, et que cette préférence vous faisait juger la citadelle imprenable?

— Je crois encore que Gaëte, bien défendue, aurait pu résister plus longtemps, répliqua-t-il; quant à François II, il m'intéressait par sa jeunesse et par cette fatalité des circonstances qui a fait peser sur sa tête royale toutes les fautes de ses ancêtres.

— Dites tous les crimes, général.

— En France, reprit-il, vous avez vu tomber tant de rois, que vous les traitez avec rudesse et familiarité; en Suède nous les respectons encore.

— C'est qu'apparemment ils se respectent! »

Pendant que nous échangions ces paroles, on sonna la cloche du dîner; le général Kleen m'offrit son bras pour descendre au salon; il s'assit près de moi à table et me rendit ces bons petits soins si importants quand on souffre. Dîner à bord est toujours une lutte contre le mal de mer; on n'en triomphe qu'à la condition de rester immobile. La tête me tournait au dessert malgré toutes les attentions du général. Il me soutint pour remonter sur le pont; il m'enveloppa d'une couverture sur le banc où je m'étendis, et obtint qu'une tasse de café me serait servie en plein air : c'était une infraction au règlement contre laquelle le capitaine français protesta.

« Croyez-en un vieux militaire, lui dit gaiement le général, c'est ici le cas d'une de ces rares exceptions où l'on peut manquer à la lettre d'une consigne. »

Au moment où j'étais remontée sur le pont, nous passions devant Procida; nous rasions l'île du côté du cap Rocciola, au-dessus duquel le château royal, entouré d'un parc, étage ses blanches terrasses; tout le palais s'élance de cette base verte qui flotte sur la mer; le ciel lumineux le couvre d'un dôme zébré çà et là par des lambeaux de pourpre; à mesure que nous fuyons, le groupe merveilleux nous apparaît reflété par les eaux tranquilles. Nous distinguons sur la plage quelques habitants de l'île; je pense aux belles filles de Procida, qui portent le costume grec et dansent en s'accompagnant du tambour de basque. Le golfe de Naples s'efface, bientôt il s'évanouit au loin; le voilà perdu pour moi; un enlacement énergique et doux y retient mon âme. Mon père a vécu les beaux jours de son adolescence sur cette terre de la lumière, et moi mes derniers jours de force et d'enthousiasme. La nuit qui tombe achève de me dérober l'horizon; la vision enchantée s'éclipse dans les ténèbres informes de l'espace; les rivages se confondent à la mer; une sensation froide et mortuaire m'enveloppe; il me semble qu'une caducité anticipée descend tout à coup sur moi; je tourne mes regards vers les étoiles : le ciel habité et souriant plane sur la terre qui se dérobe. Quand l'âme a perdu tous les songes d'ici-bas, les rêves d'en haut la consolent.

La *cameriera* du bateau, l'attentive *misé Brun*, une alerte Marseillaise, vient m'avertir que la rosée du soir donne la fièvre et m'engage à me coucher. J'ai un tel effroi du mouvement, que je suis tentée de passer la nuit sur le pont.

« Laissez-vous faire, me dit-elle, dans trois minutes vous serez tranquille. » Elle me conduit dans une cabine, me déshabille et m'étend sous les couvertures ainsi qu'on fait d'un enfant docile, ou plutôt d'un mort qu'on met en suaire. C'est cette dernière idée que rappellent les couchettes superposées des navires comme sont les tombes dans le Campo Santo de Gênes.

Le roulis de la mer finit par m'endormir. Lorsque je m'éveille, le lendemain matin, à six heures, nous sommes en vue de Civita-Vecchia; à sept heures je monte sur le pont. La douane est fermée; l'officier de service dort encore. Civita-Vecchia me paraît une ville sans caractère, bâtie sur une lande déserte; quelques vaisseaux et quelques grandes barques stationnent autour de nous. Les remparts et la forteresse sont en partie ruinés; des gendarmes pontificaux et un plus grand nombre de soldats français se groupent sur les dalles disjointes du port. Durant la longue attente que nous impose la paresse de la douane, je cause avec le général Kleen.

« Je suis plus libéral que vous, me dit-il en riant; il me répugnerait d'aller à Rome en ce moment. J'ai pu m'intéresser au roi de Naples tant qu'il a défendu son trône les armes à la main; mais du moment que la voix du peuple et la victoire des Italiens ont prononcé contre lui, il n'eût jamais dû s'allier avec les ennemis de l'Italie. Comme protestant, l'esprit de la cour de Rome m'a toujours révolté. Mêler Dieu aux intrigues, aux querelles, et aux intérêts humains me semble impie. Vous autres, catholiques et Français, vous l'entendez autrement.

— Beaucoup de Français l'entendent comme vous, général, et si un jour vous lisez le récit de mon voyage (où vous figurerez, je vous en avertis), vous verrez bien que je ne suis pas papiste. »

Il me tendit sa main loyale.

« Au revoir, j'espère à Paris, général.

— Paris est l'âme du monde, me dit-il, le centre d'attraction de tous les esprits, et certainement nous nous y rencontrerons, si je ne meurs pas au service de mon bien-aimé roi dans quelque juste guerre. »

Plusieurs officiers garibaldiens, partis avec nous de Naples pour se rendre à Gênes, nous écoutent causer. L'un d'eux qui m'a vue à Caserte, me dit qu'il va rejoindre Garibaldi; je le charge de porter mon hommage au héros. « *E voi signora dové andate?* me demande-t-il.

— *A Roma*, repartis-je.
— *C'é n'adremo anché noi!* s'écrie-t-il.
— Oui, lui dis-je, vous y viendrez. Garibaldi, retiré à Caprera, projette sur l'Italie entière cette ombre formidable que l'Etna reflète sur toute la Sicile; le titan semble endormi, mais il se réveillera et Rome sera libre!

FIN DU TOME TROISIÈME

TABLE DES MATIERES

Mot de Ricasoli. — Conséquences logiques du principe révolutionnaire. — Billet du général della Rocca. — L'amiral Sera. — Le capitaine Alexandre Wright. — Le comte Giustiniani. — Départ de Gênes pour Naples, le 7 septembre 1860. — Relâche à l'île d'Elbe. — Le général Danesy. — Le fort *Falcone*. — Le pavillon *Stella*. — L'habitation de Napoléon. — Le capitaine Émile Savio. — L'aumônier gourmet. — Longue attente au port d'Hercule. — Messe sur mer. — Arrivée à Naples. — Ravissement de l'aspect du golfe. — Le drapeau italien flotte sur tous les forts. — Nous jetons l'ancre. — Rencontre de Garibaldi, qui va visiter la corvette amirale. — Je presse la main du libérateur. — Salves d'artillerie. — Aspect de la rue de Tolède et de *Chiaja*. — Les garibaldiens. — L'Italie entière représentée par les volontaires. — Le peuple de Naples. — Prédication du P. Cavazzi, en chemise rouge. — Le palais des jésuites transformé en hôpital militaire. 1

II

Lettre de recommandation de M. de Cavour, au marquis de Villamarina. — Mon entrevue avec le marquis; ce qu'il me dit de François II. — Il me donne un mot d'introduction auprès de Garibaldi. — Le palais d'Angri. — Mon entrevue avec le libérateur. — Son portrait. — Son espérance de délivrer Rome et Venise. — Miracle de saint Janvier. — Combats sous les murs de Capoue. — *Cajasso* enlevé à la baïonnette. — Je vais à Caserte. — Blessés de la veille. — Hymne de Garibaldi. — Héroïsme d'un bataillon d'adolescents. — Francesco Tedaldi. — Hospitalité de M. Rossi, architecte de l'État. — Le capitaine Litta. — Conjuration des royaux. — Hôpital et Château de Caserte. — Promenade dans les jardins. — Rencontre de Garibaldi. — M. Auguste Vecchy. — Famille du Libérateur. — Ce que le poëte doit à Garibaldi. 1

III

Le capitaine Émile Savio désirant la bataille comme une fête. — Le petit sergent. — Palais de *Capodimonte*. — Deux portraits de Caroline de Naples — Les jeunes recrues. — Entrevue avec M. Bertani. — Audace de M. de Cavour. — Entrée de l'armée italienne dans les Marches. — Prise d'Ancône. — Bataille meurtrière du Volturne le 1er octobre. — Deux mille prisonniers royaux conduits au château Saint-Elme. 25

IV

Seconde excursion à Caserte. — Maria, ma suivante improvisée. — Aspect du château un lendemain de bataille. — Je couche au château. — Nuit d'alarme. — Visites de l'hôpital de Caserte et de l'hôpital de Sainte-Marie. — Les blessés. — Tromperie de François II. — Disparition de Maria. — Retour à Naples. — Un gros chanoine et un chapelain garibaldien. — Les dames de Villamarina. — Une députation napolitaine va féliciter Victor-Emmanuel. — Visite du palais royal : cabinet de Ferdinand II; appartements de la reine mère. — Reliques et fétiches. — Cabinet de François II. — Les bonbons. — Comment les races finissent. — Ce palais attend un hôte plus glorieux. — L'armée italienne approche de Naples. — Arrivée de l'amiral Persano vainqueur d'Ancône. — Détail sur Lamoricière prisonnier. — Entrevue de l'amiral et de Garibaldi à Caserte. — Légion anglaise. — Alfred Edelman de Monteiro. — M. de Villamarina va à la rencontre de Victor-Emmanuel. — Mot du roi sur la journée du 1er octobre. — Toutes les grandes âmes de l'Italie concourant à sa renaissance. 30

V

Troisième excursion à Caserte. — Un colonel polonais. — Lady Dorothée Campbell. — Tranquillité de Caserte. — Le colonel Spangaro. — Caserte et Sainte-Marie votant le plébiscite. — Sant'Angelo. — Aspect de la route. — Soldats au bivouac. — Dépêche télégraphique annonçant une victoire de Cialdini. — Rencontre du capitaine Savio. — Il m'apprend la mort de son frère. — Hauteur et village de Sant'Angelo. — Le capitaine Savio nous rejoint. — Son cheval se cabre. — Dédain de la mort. — Canons sur le sommet de la montagne. — Ils tirent près de moi. — Décharge du côté des royaux. — Panorama de Capoue et de la plaine du Volturne. — Beauté du jour. — Sérénité de la mort en pleine lumière. — Soldats anglais blessés

— Mon pressentiment en quittant le capitaine Savio. — Dîner du colonel Spangaro. — Retour à Naples par la route royale. — Fête du plébiscite. — Naples illuminée. 44

VI

Ascension du Vésuve. — Fantasmagorie. — Ville incendiée. — Escalade des assiégeants. — Campo Santo des héros. 51

VII

Entrevue de Victor-Emmanuel et de Garibaldi près du village de *Sant' Agata*. — Bénédiction des drapeaux du régiment hongrois. — La marquise Pallavicini. — Dîner offert par le général Türr à Garibaldi. — Une mendiante embrassant le Libérateur. — Scène évangélique. — Puérile passion des Hongrois pour la danse. 54

VIII

La nature en deuil semble pleurer sur les morts de Capoue. — Lettre du général della Rocca sur la capitulation de Capoue. — Intrépidité imprudente du roi. — Détails sur la reddition de Capoue. — Excursion dans cette ville. — Sainte-Marie, la Capoue d'Annibal. — Trains de plaisir sur la route. — Aspect de la Capoue moderne. — Dégâts des obus. — Dîner en plein air. — Cirque antique. — Débris de statue. — J'emporte une cuisse de déesse. — Vestiges de la voie Appia. — Distribution de médailles d'honneur au bataillon des *Mille*. — Madame Crispi décorée par Garibaldi. 56

IX

Entrée de Victor-Emmanuel et de Garibaldi à Naples. — Mon adieu au Libérateur. — Le roi au théâtre San Carlo. — Tous les yeux y cherchent Garibaldi. — Son départ de Naples. — Rêve d'un monument en son honneur. . . 62

X

Tristesse et torpeur de Naples. — Garibaldi vrai roi populaire. — Première conspiration dans les couvents. — Souvenir de mon père. — Sa jeunesse à Naples. 65

XI

Récit rétrospectif. — L'*hôtel de Genève*. — Promenade à travers Naples. — Je porte des glaces aux officiers du navire *la Constitution*. — Le baron Aimé d'Aquin. — Alexandre Dumas à Naples. — Le quai de Chiaja. — Bains. — Superstition, turpitude et saleté des enfants napolitains. — Les cochers de Naples. — L'*hôtel de Rome*. — Ma terrasse. — Le golfe et le Vésuve. — Fleuve de lumière. — Enivrement des soirées. — *Largo del Mercato*. — Salle du *Théâtre San Carlo*, pleine des garibaldiens. — Table d'hôte de l'hôtel de Rome. — Le général Lungo. — Le duc de Noja. 71

XII

Promenade de la Villa Reale. — Grotte de Pausilippe. — Vallée des *Bagnoli*. — Nisida. — Rivage de Pouzzoles et de Baïa. — Coucher du soleil. — Souvenir d'Agrippine, de la reine Jeanne, de Brutus, de Cicéron, de Ferdinand II et de Poerio. — Les rois catholiques ont continué les monstruosités des Césars païens. — Vers à Poerio. — Grotte de *Sejano*. — Chant de madame Frasine — Villa d'un cardinal napolitain au milieu des ruines antiques. . . . 79

XIII

Museo Borbonico. — Fresques antiques. — Une muse. — Rencontre de M. Gaillard, grand prix de Rome. — Salle des marbres. — Galerie des bronzes. — Cheval du temple de Neptune, détruit par un archevêque de Naples. — Objets trouvés à Pompéi. — Salle de vases *italo-grecs*. — Cabinet des gemmes. — Musée secret. — Villa du duc d'Aquila. — Galerie de tableaux. — Cabinet numismatique. — Bibliothèque bourbonienne. 85

XIV

Mœurs napolitaines. — Saleté du peuple et des moines. — Les marchands de *frutti di mare*, joueurs enragés. — Loquacité des Napolitains. — Les pharmaciens. — Grand effet d'un petit nez sur un apothicaire. — Haute société de Naples. — Salon de la marquise de Villamarina. — *Campo Santo*. — Scène dramatique avec un cocher. — Un autre cocher me propose de me conduire gratis si je lui apprends le français. 100

XV

Portici. — Herculanum. — Déjeuner pendant l'orage. — Pompéi. — Retour. — Rencontre d'un mort à *Torre del Greco*. 108

XVI

Nouvel aspect de la table d'hôte. — M. et Mademoiselle Mauro. — M. et madame Joseph Romano. — MM. George Lévy, Bendix et Estève. — Une aventurière. — Le *mari à breloques* et sa femme. — Superbe d'infamie. . . . 122

XVII

Seconde excursion à Pompéi. — Rapt d'un petit pot. — L'Adonis mourant. — L'amphithéâtre de Pompéi... 127

XVIII

Ascension du Vésuve. — Mer aux vagues durcies. — Le guide Gennaro. — Aspect du golfe de Naples vu de la montagne, au soleil couchant. — Crevasses enflammées. — Observatoire météorologique. — Désert de la *Somma*. — Rapacité des guides. — Énergie de M. Estève. — Défaillance de M. Bendix. — Le cratère fumant et tonnant. — Fluide du volcan embrasant les êtres. — La cuisine du diable. — Dégringolade à travers la région des scories. — Coulées de lave enflammée. — Souper détestable à l'auberge de l'*Ermitage*. — Souper fantastique. — Retour. — Aspect sublime. — Guides et chevaux, accident. — Rencontre de garibaldiens montant au cratère. — L'aube blanchit. — Lever du soleil. — Arrivée à Naples. 132

XIX

Réjouissances en l'honneur du roi. — Illuminations. — Transparents. — Étrange décoration de la rue de Tolède. — Buste colossal de Napoléon III. — Églises de *Santa Chiara*, de *San Gennaro* et *del Gesù*. — Les miracles d'un père jésuite. — Arrivée de mes amis italiens à Naples. — Les aides de camp du général della Rocca. — Le marquis Fornari. — M. Armand Ruiz. — Visite du château Saint-Elme. — *Certosa San Martino*. — Les catacombes et le sang de *San Gennaro*. — La reine de Naples à Gaëte. — Un nouveau Barnave amoureux de la reine. — Tempêtes sur mer. — Visite de Liborio Romano. — Son portrait. — Doctrinaire italien. — Beau parleur. — Esprit classique. — Vieux galantin. — Vieux Zéphyre. 146

XX

M. Paternoster. — Excursion à Pouzzoles. — Temple de Sérapis. — Amphithéâtre. — *Solfatare*. 156

XXI

Visite à Poerio malade. — M. Antonio Ranieri. — Justice rendue par Poerio à Liborio Romano. — Je revois celui-ci. — Ses confidences. — Sa fameuse proclamation écrite pour François II. — Urgence de jouer le roi pour ne pas en être joué. — Conjuration du duc d'Aquila. — Inspiration factice des avocats. — Projet d'aller à Pompéi avec Liborio Romano. — Sa guerre de journaux avec Alexandre Dumas. — Grande revue passée par le roi au Champ de Mars. — Désappointement du peuple napolitain. — Arrivée des députés et des sénateurs à Naples. 159

XXII

Départ pour Palerme, à la suite du roi, sur le navire *l'Électrique*. — Le général Carini. — Le général de Brignone. — Nous rasons l'île de Caprée. — Idylle anglaise. — Le capitaine Perrone, de San Martino. — Mal de mer. — Arrivée à Palerme. — Aspect de la ville, couchée sur le rivage. — Ovation faite au roi par le peuple, la noblesse et le clergé. — La rue de Tolède. — Belles paroles du roi. — Devoirs des souverains que le peuple accepte pour régisseurs. 168

XXIII

Fatigue. — Impossibilité de trouver un logement. — Importance de l'hôtelier de l'auberge de la *Trinacria*. — Gracieuse hospitalité de la princesse Torremuzza, née princesse de la Trémouille. — L'avocat di Paolo Scoppa. — Illumination de Palerme. — Colonne en l'honneur de Garibaldi. — Le roi au théâtre de Palerme. — Seconde journée. — Revue passée par le roi. — Dîner au palais royal, auquel assistent les archevêques de Palerme, de *Monreale* et l'évêque de la *Monarchia*. — Rencontre du *mari à breloques* et de sa femme, le rang qu'ils usurpent à Palerme. — La cathédrale de Sainte Rosalie. — La crypte. — Quartier en ruine. — Souvenir du siége de Palerme par Garibaldi. — Les mères se réfugient sur les vaisseaux et les barques. — Fête d'aujourd'hui, due au Libérateur. — Une cuisine de chanoine. — Église et couvent de la *Martorana*. — Vêpres siciliennes. — Chronique des nonnes de Palerme. La famille Torremuzza. — Promenade à travers Palerme. — Bal à la cour. — Le palais royal. — Le chevalier d'Ondès. — Le *mari à breloques* et sa femme. — La princesse M.... — La nièce de l'avocat Scoppa. Sa beauté grecque. — Le lieutenant Barbesi. — La chapelle Palatine. — Souvenir de Louis-Philippe et de la reine Amélie. — Route de Monreale. — Le village de Parco. — Marche de Garibaldi sur Palerme. — Les habitants de Monreale, descendants directs des Sarrasins. — Cathédrale de Monreale. — Victor-Emmanuel à Monreale. — Réponse naïve du custode du couvent. — Retour à Palerme. — Bal au *Palazzo senatorio*. — Portraits de Victor-Amédée, roi de Sicile, et de sa femme, souriant à Victor-Emmanuel. — Encore le *mari à breloques* et sa femme. — La princesse M.... enviant le rôle des douairières de

Versailles au temps de la Du Barry. — Fière contenance du roi. — La sœur de Massimo Ruggieri. — Ma surprise en recevant la carte de la princesse M.... — Affection pour l'Italie, mais franchise. — Ordre de départ. — Je me rends à bord du navire l'*Électrique*. — Orage formidable qui nous empêche de prendre la mer. — Nuit passée à bord. — La Sicile et la Grande-Grèce parcourues à vol d'oiseau. — Déjeuner chez les Torremuzza. — La chapelle de Jérusalem au palais royal. — L'église Saint-François d'Assise. — Visite et adieux à l'avocat Scoppa. — Départ du roi. — Salve d'artillerie et fanfares. — Retour à Naples. 176

XXIV

Je ne retrouve plus ma chambre à terrasse. — Dîner chez M. et madame Joseph Romano. — Encore Liborio Romano. — Mystification d'un mystère de Pompéi. — Visite de Pascal Duprat. — Fripiers de Naples. — Mes adieux à la famille de Villamarina. — Arrivée de la comtesse della Rocca à Naples. — Soirée chez lady Stracham, marquise de Salza. — La princesse de Morra, fille du général français Manhès. — Dîner chez la comtesse della Rocca. — Le député Cornero. — Pascal Duprat, l'avocat Mancini et Poerio chez moi. — Sublimes paroles de Poerio sur les déportations en masse sans jugement. — Veille de Noël. — Rencontre du lieutenant Marinoni. Son récit. — Scène touchante d'intérieur vénitien. — Souper aux *Bagnoli*. — L'hôtelier veut me vendre son fils. — Le peuple napolitain avili par les rois et les prêtres. 211

XXV

Fêtes de Noël. Dîner chez les Mancini. — Ma brouille avec Liborio Romano. — Bal offert à Victor-Emmanuel par l'état-major de la garde nationale. — Fête du peuple sur la place du Palais. — Le roi quitte Naples. — Promenade autour du golfe aux lueurs de l'aube. — Vision. — La destruction du golfe par le Vésuve. 225

XXVI

Le jour de l'an. — Bonbons que les villes offrent au roi. — Promenade à Castellamare. — Le marquis Imperiali. — Chalet du prince de Lieven. — Casino royal. — Forçats napolitains. — Gaieté du retour. — Dîner au palais royal. 229

XXVII

Journée funèbre. — Cortéges de l'extrême-onction et des enterrements. — Dîner chez la marquise de Salza. — Embarras de Liborio Romano. — M. Mans. — M. Nisson. — Siége de Gaëte. — Menées du clergé. — Conjuration dans les couvents. — Paroles de concorde envoyées de Caprera par Garibaldi. — Course à Portici. — Fabriques de soieries. — Excursion à Sorrente. — Arrestation de huit généraux bourboniens. — Réponse énergique du député Cornero à quelques nobles napolitains. — Petits mendiants de *Torre del Greco.* — Grâce des femmes de Sorrente. — Beauté des hommes. — Vico, Meta. — *Piano di Sorrento.* — Villa du prince Fondi. — Paniers de mandarines. — Bouquets de camellias. — Écharpes et objets en marqueteries. — *Albergo del Tasso.* — Alentours de Sorrente. — Dîner au palais royal. — La comtesse Castiglione, mère de la comtesse della Rocca. — Dîner chez la princesse de Morra. — Son intérieur. — Souvenir de sa mère la princesse Pignatelli et de la reine Caroline Murat. — Histoire d'une montre. — Le portrait de Garibaldi. — Le colonel Fabrizzi. — Soirée au théâtre. — Troupe française. — La *strada nuova Vittorio Emmanuele.* — Soirée chez la comtesse della Rocca. — M. Fiorelli, directeur des fouilles de Pompéi. — Madame Lardner et ses filles. — La princesse Sant' Elia. — Promenade aux villas de Pausilippe avec M. Nisson. — Une ferme plus attrayante qu'un palais. — Soleil couchant sur le cap Misène. 233

XXVIII

Arrivée du prince de Carignan à Naples. — Le prince va s'installer à *Mola di Gaeta.* — Un général mystérieux à table d'hôte. — Égarement du patriotisme. — Scène d'enthousiasme. — Le lieutenant Gloak de Balfour. . . 246

XXIX

Excursion au golfe de Baïa avec M. Pascal Duprat et M. Arnold Reinach. — Tombeau de Virgile. — Souvenir du poëte Leopardi. — *Monte Barbaro* et *monte Nuovo.* — Le lac Lucrin. — Le lac Averne. — Souvenirs de Virgile et de Cicéron. — Grande arche romaine. — Le lac *Fusaro.* — Rendez-vous de chasse royal. — Dépôt d'huîtres. — *Stufe di Nerone.* — Solitude de la campagne. Grand roc; troupeau de chèvres; petit berger. — Tableau du golfe de Baïa. — Voûte rompue du temple de Diane. — Ruines de la villa de Julius César et du temple de Mercure. — La tarentelle. — La belle Adriana. — Le ménétrier maître d'école et *musico.* — Escorte de mendiants. — Le village de Baïa. — L'*osteria.* — Déjeuner en plein air sur la terrasse de l'auberge. — Aspect du golfe. — Souvenirs antiques. — *Speech* humoristique de M. Reinach contre les mendiants. — Temples de Vénus. — *Stanze di Venere.* — Bauli. — Tombeaux antiques et chemin de la croix. — *Picina Mirabile.* — Regrets de ne pas voir Cumes, l'*antre de la Sibylle* et le hameau de *Patria.* — Scipion l'Africain eût fraternisé avec Garibaldi. — *Il mare Morto.* — Possessions des jésuites. — Ischia et Procida nous tendent les bras. — Halte au-dessus du cap *Penata.* — Ruines des villas antiques de Lucullus et d'Hortensius. — Cimetière de pêcheurs au milieu des ruines de la villa de César. — Les *Cento Camerette.* — C'est là que Néron fêta sa mère pour la faire mourir. — Cap Misène. — Cimes vertes. — Habitations princières. — Somptueuse villas des jésuites. — Corinne n'est qu'une héroïne théâtrale. — Lecture de la mort d'Agrippine dans Tacite. — Forfaits de Caroline de Naples comparables à ceux de Néron. — Tranquillité de la nature. — Retour. — Garibaldi pure antithèse de tous les souverains infâmes. 249

XXX

Conjuration à Messine. — Arrestation du comte de Noé. — Continuation du siége de Gaëte. — Bal au cercle de l'Académie de Naples. — Deuil subit de la fête. — Nouvelle de la mort d'Émile Savio et de quarante hommes de l'armée assiégeante. — Mon article dans l'*Independenti*. — Vers de Madame Mancini sur les deux frères Alfred et Émile Savio. — Madame Coscia et son fils volontaire de la marine. — Lettre du jeune Coscia sur le bombardement de Gaëte. — Cimetière protestant et grec. — Champ de Mars. — *Strada nuova di Poggio Reale*. — Porte *Capuana*. — Villa Salza. 264

XXXI

Troisième excursion à Pompée avec M. et Madame della Rocca. — Fouilles nouvelles. — M. Fiorelli fait fouiller trois chambres sous nos yeux. — Désappointement. — Buste superbe et fresques déterrés la veille. — Beauté des découvertes récentes. — Fresques du *Jugement de Pâris* et de la *Néréide sans tête*. — *Fontaine en bronze de la chasse*. — Résurrection d'une maison de Pompéi. — Dernier regard sur la ville morte. — Regret de ne pouvoir y vivre quelques mois. — Tristesse des adieux. — Mademoiselle Mauro et M. Pascal Duprat quittent Naples. 268

XXXI bis

Départ pour l'île de Caprée. — La tempête nous force à rentrer au port. — Visite à Giannina Milli l'improvisatrice. — Immondices des rues de Naples. — Le duc de Caballino. — Les gardes nationaux mobilisés. Idée excellente pour la patrie, mais fatale aux ménages. — M. Giovanni Bottero député au parlement de Turin. — Dernière apparition du *mari à breloques* à table d'hôte. 274

XXXII

Soirée chez la princesse Sant'Elia. — Apparition sépulcrale du général Dunne. — Sa ressemblance inouïe avec Alfred de Musset. — Sa confidence. — Amour. — Assassinat. — Fête donnée par le général. — L'Héroïne. — Le mari. — La somnambule. — Dernier leurre de la passion. — Charme pur de Madame Mancini. — Départ du général. — Rire des lèvres, larmes du cœur. . . . 278

XXXIII

La princesse de Morra me conduit au théâtre San Carlino. — *Pulcinella* compte vingt siècles d'aïeux. Il descend de Marcus, le bouffon antique. Il ne meurt pas, il revit de ses cendres comme le phénix. Il est le frondeur éternel du pouvoir. — Ses innombrables bâtards bateleurs en plein vent. — Les moines prêcheurs rivaux autrefois de *Pulcinella*................... 302

XXXIV

M. Francesco Lattari, directeur des grandes archives de Naples. — Je vais avec madame Mancini et ses enfants à l'ancien couvent de bénédictins (S. *Severino e Sossio*) où sont renfermées les archives. — Beau cloître en marbre blanc. — Réfectoire. — Grande fresque imitée de celle du Mont-Cassin. — Chambre de Charles d'Anjou. — Diplômes de Charles VIII, roi de France. — Supplique de Jean-Baptiste Vico qui atteste sa misère. — Lettre du cardinal Ruffo, mitrailleur implacable, demandant une frégate de guerre pour détruire Cortone. — Requête des héritiers des assassins de Masaniello revendiquant le prix du sang. — Délicieuse cellule servant de cabinet à M. Lattari. — Manuscrits d'Attilo et d'Emilio Bandiera. — Ils espèrent en mourant la liberté de l'Italie. — Terrasses du couvent. — Splendide panorama du golfe. — Saleté des rues circonvoisines. — Incurie et couardise d'un peuple avili par les moines. — La vision de la vie éternelle auxiliaire de toutes les tyrannies. — Collation dans une salle du couvent. — Causerie. Toasts. — Un écho vivant vibre dans le corridor. — M. Mancini survient et nous donne des nouvelles du siége de Gaëte. — Strophes adressées à M. Lattari. 505

XXXV

Bombardement de Gaëte. — Détails donnés par le baron Perrone de San Martino, secrétaire du prince de Carignan. — Bel effet des bombes dans la nuit. — Réponse de Cialdini à l'ambassadeur de Saxe, enfermé à Gaëte avec François II. — Lettre de Jules Coscia à sa mère. — Ce que m'écrit Antony Deschamps sur la jeunesse italienne. — M. Bottero me propose d'aller à Pœstum. — Départ à six heures du matin. — Apparition et disparition du général mystérieux qui s'est montré un soir à table d'hôte. — Compagnons de route de M. Bottero : — Achille Grilli, condamné au bagne avec Poerio ; — Odoardo Felzani, secrétaire de M. Bottero : sa ressemblance avec le cardinal Antonelli. — Chemin de fer jusqu'à *Torre dell' Annunziata*. — Nous passons le Sarno. — Nocera. — Temple de Diane vu du haut d'une échelle. — Château de la reine Jeanne. — Le pape Urbain VI mettant à la torture six cardinaux dans une citerne. — Couvent *della Trinità della Cava*. — Je préfère Pœstum. — Dissertation avec le jeune Felzani. — La petite ville de la Cava. — Étrange décoration de la grande rue à arcades. — Appel d'un mort. — Murmure vivifiant d'un pin-parasol. — Bel effet d'un viaduc. — Val *Arsiccia*. — Vietri — Golfe de Salerne. — Salerne déchue et déserte. — Halte à l'hôtel de la *Vittoria*. — Nous repartons pour Pœstum. — Désert de *Sant' Agata*. — Trois bergers au bord du *Sele*. — Ombre de Spartacus. — Nous passons le bac. — Récit de Tite Live. — Plaines plus fertiles. — Le temple de Cérès. — Le temple de Neptune et la Basilique. — Misérable *osteria*. — Quelques gardes nationaux mobilisés. — Cris patriotiques. — Description du temple de Cérès. — Configuration de Pœstum. — Trois médailles antiques. — Réédification du temple de Neptune. — L'âme de l'histoire manque à Pœstum. — Grandeur de la Basilique. — Atmosphère malsaine et douce. — Mur d'enceinte. — Porte orientale. — La nuit vient. — Nous quittons Pœstum. — La route est sûre. — Nous arrivons à onze heures du soir dans Salerne endormie. — Souper. — Lever du jour sur le golfe de Salerne. — Oranges et fleurs. — La cathédrale. — Nous gravissons en voiture la côte d'Amalfi. — Vietri. — Cetera. — Récifs. — Mosaïques de cailloux. — Majori. — Minori. — Atrani. — Orangers. — Terrasses. — Mer lumineuse. — Amalfi, autrefois rivale de Venise, tombée à l'état de bourg. — Massaniello né à Amalfi. — *Locanda della Luna*. — Joli cloître byzantin. — Place d'Amalfi. — Fontaine. — Statue de saint André. — La vallée des Moulins. — Couvent des capucins. — Campo Santo. — Cathédrale. — Colonnes du péristyle. — Dépouilles d'un temple de Pœstum. — Pontifes païens et pontifes chrétiens. — Une troupe de petits chanteurs nous fait escorte. — Intérieur de l'église. — Coupes et tombeaux antiques. Crypte. — Tombe et corps de saint André. Sa statue en bronze coiffée d'une mitre d'argent. — Magnifique statue byzantine en bois de la Vierge. — Les orgues jouent au-dessus de nos têtes. — Sacristie. — Superbe tableau byzantin. — Petit cloître. — Tombeau gothique. — Déjeuner à la *locanda d. lla Luna*. — Nous nous embarquons. — Chants des bateliers. — Le petit mime Angelino. — Vieux airs sarrasins. — Garibaldi à l'état de légende. — Strophes d'Émile Deschamps. — Chanson d'amour. — Sombre anniversaire de ce beau jour. — Après Amalfi, grotte de *Santa Croce* et grotte de *Conca*. — Couvent de bénédictines. — Les nonnes accoudées aux terrasses. — Les bateliers leur envoient des baisers. — Corail à la base des rochers. — Cap de *Conca*. — *Angerola*. *Furore*. — *Prajano*. — *Positano*. — Rivage dont parle Boccace. — Grilli est pris du mal de mer. — Écho hanté par un démon. — Approche des îles des Sirènes. — Nous débarquons à Scaricatojo. — Mont Morphée — Je suis portée dans une chaise. — Un douanier bourbonien. — Sa maisonnette. — Nous dominons tout le golfe de Salerne. — Ascension de la montagne. — Plateau : *Sorrente, Meta, la Marina*. — Le golfe de Naples nous apparaît. — Arrivée à Sorrente. — Hymne de Garibaldi. — Mascarade. — Un *Pulcinella* satirique. — Nous couchons à l'*hôtel des Sirènes*. — Tempête. — Impossible d'aller à Caprée. — Regret des lieux que je n'ai pas vus. — M. Bottero me parle des Abruzzes. — Retour à Naples. 314

XXXVI

Attente de la capitulation de Gaëte. — Visite du *château de l'Œuf*. — J'y cherche en vain le cachot de Campanella. — Reddition de Gaëte. — Dépêche de Cialdini au général della Rocca. — Le fort Saint-Elme tire cent coups de canon. — Naples s'illumine. — Le peuple soutient que c'est Garibaldi qui a pris Gaëte. — Dangers des erreurs de l'enthousiasme populaire. 345

XXXVII

Joie patriotique et maternelle de madame Mancini. — Projet d'aller avec elle à Gaëte voir son fils. — Il ne reste plus à François II que la citadelle de Messine, et le petit fort de *Civitella* dans les Abruzzes. — Le roi déchu et la reine se font conduire à Terracine d'où ils se rendent à Rome. — Surprise des Napolitains en apprenant cette nouvelle. — Napoléon III ne peut pourtant protéger un Bourbon ! — Je me dispose à quitter Naples. — Je visite la chapelle *San Severo*. Statues maniérées de l'école de Bernini. — Soirée au théâtre français. L'amiral Persano dans une loge. — Quatre tentatives vaines pour aller à Gaëte avec madame Mancini et son frère. — Cas de typhus à Gaëte. — Cassette de François II jetée à la mer par un moine. — Des voyageurs anglais arrivent de Rome et nous apprennent la joie des Romains à la nouvelle de la prise de Gaëte. — Ordre du jour du général Cialdini. — Naples illuminée chaque soir. — Dernière journée passée tout entière avec la princesse de Morra. — Mes adieux au baron Aimé d'Aquin. — Il me donne des lettres pour le duc de Gramont, ambassadeur de France à Rome, et pour notre consul à Civita-Vecchia. — Tristesse de quitter Naples. — La princesse de Morra m'accompagne à bord. — Nos adieux. — Mes yeux ne peuvent se détacher du golfe qui fuit. — Je vois tout à coup près de moi, sur le pont, le général mystérieux pris pour un Autrichien. — Il rit de notre méprise. — Il m'apprend qu'il est le major général Klean, au service du roi de Suède. — Sa bonté. — Sa droiture. — Dîner à bord. — Nous rasons Procida et son château royal. — Nuit étoilée. — Sommeil. — Réveil à Civita-Vecchia. — Aspect du port. — Attente. — Le chef de la Douane dort encore. — Adieux du général Klean et des officiers garibaldiens. — Leur espérance d'aller à Rome.................. 347

FIN DE LA TABLE DU TOME TROISIÈME.

www.ingramcontent.com/pod-product-compliance
Lightning Source LLC
Chambersburg PA
CBHW050538170426
43201CB00011B/1474